Optimización SQL en Oracle

Javier Morales Carreras

El autor

Javier Morales Carreras es consultor de tecnologías Oracle desde el año 1999, cuando empezó impartiendo cursos de Administración Oracle en la Universidad Politécnica de Cataluña para un proyecto conjunto entre la Universidad y Oracle Ibérica. En 2002 obtuvo la certificación OCP en Administración Oracle y desde entonces ha impartido cursos de formación y ha desarrollado proyectos de consultoría basados exclusivamente en bases de datos Oracle desde la versión Oracle 8 hasta la Oracle 11g. Ha publicado artículos en CUORE (publicación del Círculo de Usuarios de Oracle España) y ha participado en ponencias tecnológicas sobre plataformas Oracle. Actualmente trabaja como administrador de bases de datos Oracle para la Generalitat Valenciana y mantiene un blog activo sobre la materia con artículos, opiniones, documentos técnicos, *scripts*, etc. http://oraclexperto.blogspot.com.

Los revisores

Arturo Gutiérrez Gómez lleva trabajando con bases de datos Oracle desde 1988. Ha trabajado en Oracle Ibérica durante más de 19 años. En Oracle University, ha liderado el área de Servidor de base de datos Oracle y ha colaborado en el diseño y la elaboración de distintos cursos como: Administración básica y avanzada, Oracle Real Application Clusters, Advanced Replication y también cursos y seminarios sobre nuevas versiones o *releases* desde Oracle 7.1. Está certificado en todas las versiones de Oracle, desde la 7.3 hasta Oracle 11g. Ha publicado más de una docena de artículos técnicos sobre optimización del uso de los productos Oracle y ha impartido conferencias a clientes y usuarios de Oracle. En la actualidad trabaja en distintos proyectos, en los que aporta soluciones en las áreas de rendimiento, escalabilidad y alta disponibilidad.

Jetro Marco Plasencia trabaja con bases de datos Oracle desde el año 2000. Ha trabajado en Oracle Ibérica dentro del departamento ACS (Advanced Customer Support), además de realizar varios proyectos como *freelance* para diferentes clientes nacionales e internacionales, aportando soluciones en Oracle RAC y Tuning de base de datos. Está especializado en Oracle Real Application Clusters y certificado en Oracle 11g. Trabaja como Database Senior Specialist en una empresa farmacéutica internacional.

Optimización SQL en Oracle

Javier Morales Carreras

ISBN-13: 978-1479190249
ISBN-10: 1479190241

Diseño gráfico: Rafa Cuchillo

Revisión técnica: Arturo Gutiérrez Gómez
                    Jetro Marco Plasencia

Revisión ortográfica y de estilo: Raquel García Rojas

A Myriam, mi mujer, por hacerlo posible.

A mis hijos: Teo, Jordi y Gael.

índice analítico

Índice de ilustraciones

Biblioteca recomendada y referencias

Advertencia al uso de hints

Para alterar el objetivo del optimizador

Para alterar la forma de acceder a un objeto

Para condicionar las transformaciones del SQL

Para definir el orden de combinación de las tablas

Para definir los métodos de combinación de las tablas

Para definir ejecuciones en paralelo

Otras hints

Glosario de hints

Optimización

+ Método de trabajo

Estudio de ordenaciones prescindibles

+ Manejando subconsultas

Funciones analíticas

+ Uso de IN y EXISTS

Uso correcto de los tipos de datos

Mejora de SQL - Casos y usos

Introducción
- A quién va dirigido
- Modo de uso

Entendiendo el optimizador
- Optimizadores y modos de optimización
- Uso de variables *bind* +
- Uso y abuso de hints
- Uso del paquete DBMS_STATS +
- Uso de asesores +

SQL en Oracle

Conceptos y herramientas
- Informes de rendimiento +
- Planes de ejecución +
- Trazas +

Mejoras en el diseño
- Tablas y otros segmentos de datos +
- Índices en árbol y otros índices +
- Las claves del particionamiento +

Una cierta mirada al *data warehouse*
- Una cierta mirada.
- Los procesos ETL: extracción, transporte y carga +
- Transformaciones, más cargas, transformaciones, más cargas +
- Finalmente, los informes +

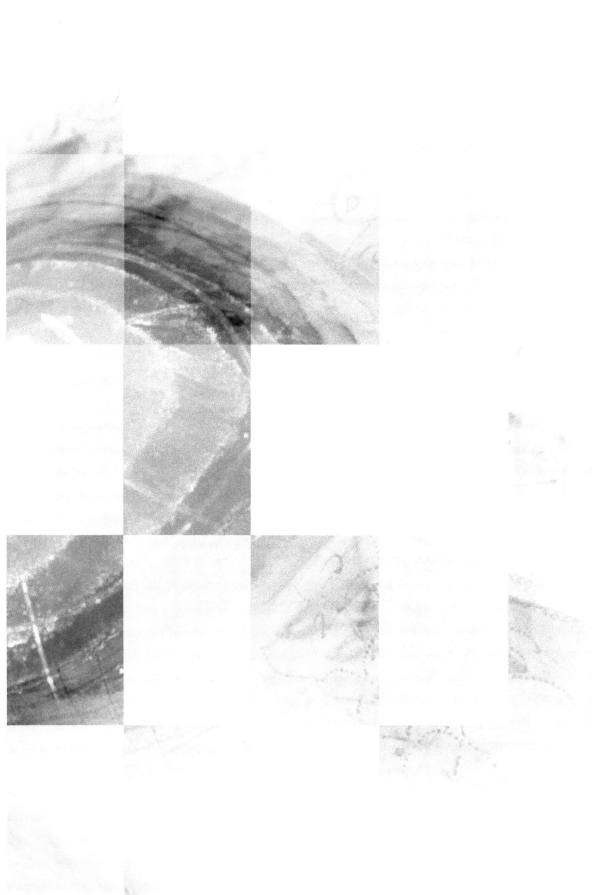

Glosario de *hints*

Introducción

Este libro pretende ser una guía práctica para la optimización del código SQL desde el código escrito al aún por escribir, desde el análisis y el diseño de nuevos proyectos de base de datos hasta el estudio de sistemas en producción en los que una sentencia SQL necesita mejorar sus tiempos de ejecución.

Hace unos años me propusieron colaborar en un proyecto de formación en el cual debía preparar un temario sobre código SQL mal escrito que recopilara los errores más frecuentes en la programación con Oracle y que sirviera tanto a desarrolladores como a administradores. La finalidad del curso era que los alumnos fueran capaces de optimizar un código SQL ineficiente basándose en errores frecuentes. La duración del curso debía ser de 25 horas.

Me sorprendió que, en las guías para realizar este curso, muchas de las premisas estaban basadas en falsos mitos o errores de concepto básicos: cómo hacer que una consulta use los índices óptimos; diferencia entre count(*) y count(1); uso de tablas temporales para almacenar resultados; eliminación del uso de EXISTS, etc.

Me costó más de una reunión convencer al equipo de que el enfoque del curso era erróneo. Las conversaciones se convertían en debates sobre si a unos les había funcionado cambiar esto o aquello, o si en la aplicación que otros usaban EXISTS daba peor rendimiento que IN, o si los de más allá sí utilizaban tablas intermedias que resumieran los totales…, y me di cuenta de que en la mayoría de los proyectos en los que había participado sucedía algo similar. El conocimiento de por qué ciertas cosas funcionaban pasaba de unos a otros como un dogma de fe. De pronto algo se convertía en recomendación del DBA y se seguía a pies juntillas y, lo peor de todo, nadie tenía ninguna capacidad para evaluar métricas, o para reportar qué pasaba a un nivel más bajo en el núcleo de la base de datos, o para comprender por qué de pronto el servidor se comportaba de forma distinta y los tiempos de ejecución se iban al eterno.

El curso había sido solicitado por los administradores de base de datos, que culpaban a los desarrolladores de los problemas de rendimiento. Del mismo modo, los desarrolladores se sentían totalmente desamparados por los administradores, que eran los únicos que ofrecían una solución a un SQL mal implementado, pero sin justificar cuál había sido el método seguido o el error del código.

Empecé de cero. Dividí el curso en dos partes: 15 horas de conocimiento teórico y 10 horas de prácticas resolviendo SQL con un comportamiento ineficiente. El curso fue un éxito, pero me quedé con la sensación de haber dado solo las primeras pinceladas a un método para poder comprender una ejecución SQL ineficiente y cómo afrontar una optimización de rendimiento con mayor solvencia técnica.

Desde entonces, en mis conversaciones con desarrolladores y administradores he podido ver como los escenarios de sus proyectos suelen ser bastante similares. Los administradores son responsables del funcionamiento interno de la base de datos en producción, y los desarrolladores implementan el código que funciona en un entorno totalmente estéril y con datos de pruebas, y cuando ambos mundos se unen en el pase a producción, el conflicto está servido.

En general, existe poca concienciación sobre la figura del "DBA de desarrollo". En los proyectos de programación debería haber un administrador dedicado a supervisar y orientar la creación de las tablas, índices y otras estructuras. Esta figura debería asesorar a los analistas en el diseño de los procesos y seguir los proyectos desde su creación. Si esta figura falla en el análisis y el desarrollo del código, el proyecto tiene todas las papeletas para sufrir problemas de tiempos en cuanto aumente el volumen de usuarios concurrentes o el tamaño de la base de datos.

El propósito de este libro es suplir esa carencia. Los conceptos que aquí se describen permiten a los DBA asesorar a los desarrolladores para mejorar la eficiencia de su código y a estos programar con un mayor conocimiento del motor de base de datos, el funcionamiento del optimizador, la física de las estructuras del servidor y las herramientas necesarias para ver el interior de las ejecuciones.

A quién va dirigido

Este libro no es un curso de SQL ni de programación en PL/SQL. Tampoco es un libro de introducción a la administración de bases de datos.

Es un libro dirigido a programadores SQL que necesiten comprender qué sucede en las entrañas de la base de datos y que formen parte de las tareas de optimización del código. También va dirigido a los DBA que precisen una metodología de optimización de aplicaciones y poder dar soporte a los desarrolladores que lo necesiten.

Además, este libro puede resultar interesante para jefes de proyectos de desarrollo basados en Oracle, analistas de bases de datos que quieran orientar las estructuras de datos y los procesos a un buen rendimiento futuro, y a cualquier técnico de Oracle interesado en realizar tareas de optimización.

En este libro se asume que el lector tiene conocimientos sólidos de lenguaje SQL (de no ser así, la documentación Oracle "SQL Reference" será el complemento ideal a la lectura), así como conocimientos básicos de programación, de sistemas gestores de bases de datos, de arquitecturas cliente/servidor y de la propia arquitectura Oracle en general.

Por supuesto, recomiendo también la lectura de los documentos y libros descritos en la bibliografía, sobre todo la documentación Oracle y los títulos de Tom Kyte y Jonathan Lewis.

Modo de uso

El libro está dividido en cinco partes y un anexo. No tiene por qué leerse de principio a fin y, según los conocimientos del lector, los capítulos pueden leerse individualmente como guía de consulta. No obstante, recomiendo leerlo al completo, pues muchas partes están interrelacionadas.

La mayor parte de los problemas que he observado se basan en conocimientos que se presuponen válidos, pero son erróneos o incompletos. Quizás el capítulo de tablas e índices puede parecer obvio, pero no lo es. Tampoco lo es el uso de vistas materializadas, la creación de índices, los diferentes tipos de particionamiento, el paralelismo o el capítulo de visión general de un *data warehouse*. En ellos se compilan conceptos críticos para un buen rendimiento y es necesario conocerlos.

El orden de los capítulos tampoco es casual. En mi opinión, en primer lugar hay que conocer el funcionamiento del motor, las herramientas de monitorización y análisis de SQL, y luego comprender la física del servidor de base de datos: cómo se organizan las filas, tipos de tablas, tipos de índices, organización de la información y cómo esta afecta al rendimiento, etc.

El apartado sobre *data warehouse* no solo habla de una arquitectura, sino que es una puesta en práctica de una disciplina de programación orientada a los grandes volúmenes de información histórica. Si el código SQL que se quiere optimizar corresponde a un *data warehouse*, por supuesto el capítulo es de imprescindible lectura. Si no lo es, quizás el capítulo dé algunas pistas sobre cómo manejar eficientemente grandes volúmenes en procesos puntuales.

El capítulo de casos prácticos supone poner encima de la mesa todo lo tratado, centrando los ejemplos en aquellos casos que pueden tener una especial incidencia en el rendimiento. Igualmente, los títulos de los capítulos pueden parecer obvios, pero el estudio de las ordenaciones, las subconsultas, las funciones analíticas o el comportamiento del optimizador cuando se utilizan tipos de datos ineficientes supone una visión completa de todos los elementos del proceso de mejora de rendimientos.

El glosario de *hints* no es únicamente un glosario, sino un diccionario con las *hints* más importantes y que desvela los diferentes comportamientos que puede tomar el optimizador. Para cada *hint* hay un ejemplo práctico de uso, incluso comparativas de costes para comprender el impacto de su utilización. Lo considero una parte interesante para su estudio, pero muy arriesgada para su puesta en producción. Soy consciente de que puede resultar la parte más atractiva del libro pero, créanme, una buena implementación de base de datos con un buen código y con unas estadísticas bien analizadas elimina la necesidad de especificar *hints* para que el optimizador haga su trabajo de forma eficiente.

Al final, una vez leído el libro en su totalidad, el lector habrá adquirido dos cosas: una visión completa del funcionamiento del optimizador, y un método práctico de uso de herramientas para monitorizar el rendimiento y las estrategias de ejecución del código SQL en el servidor.

El "método detectivesco" no deja de ser una metáfora que, a mi modo de ver, encaja en la tarea de optimizar código SQL. Los casos de éxito de SQL que funciona eficientemente no sirven. Me parece más interesante la comprensión sobre casos de fracaso, cuando de pronto hay un código que se comporta de forma hostil en producción, consume muchos recursos, bloquea el servidor, y hay que investigar la causa. Suelo usar esta metáfora refiriéndome a esas series policíacas en las cuales prácticamente usan siempre el mismo método y las mismas herramientas. El escenario del crimen podría ser la base de datos en producción; el cadáver, la reconstrucción de los hechos vistos como el plan de ejecución; el arma homicida como aquello que causa la lentitud; la investigación de las pistas o las pruebas de ADN serían las trazas; y la detención del asesino se da en una persecución trepidante cuando la ejecución pasa de tardar horas a tardar segundos.

En los cursos que he impartido he usado esta metáfora, y he alentado a los alumnos a afrontar una optimización de código como si se tratara de un misterio por resolver. Con las herramientas adecuadas y un sólido conocimiento de las estructuras, todos los crímenes finalmente se resuelven.

¿Existe el crimen perfecto?

Parte 1

Entendiendo
el optimizador

Optimizadores y modos de optimización

El módulo de Oracle responsable de analizar la mejor forma de optimizar una sentencia es el optimizador. El objetivo final del optimizador es la generación de un plan de ejecución óptimo. En sí, el plan de ejecución consiste en la definición de un conjunto de operaciones de acceso y procesamiento de los distintos objetos implicados.

Cada vez que una sentencia SQL se procesa en una base de datos, el primer paso es optimizar la consulta y buscar entre distintos planes de ejecución posibles cuál sería la forma más eficiente de ejecutarla.

Oracle dispone de dos optimizadores, uno basado en reglas y otro basado en costes. El primero utiliza reglas estáticas de preferencia, basadas en una puntuación de operaciones. Si una columna tiene un índice, tiene preferencia el uso del índice respecto al acceso FULL SCAN, y si existe a la vez un filtro por otra columna, que también tiene un índice, pero que es único, esta tendrá mejor puntuación para la decisión de la operación favorita del plan.

El optimizador basado en reglas no tiene conocimiento de los costes. No valora si la tabla tiene una o un millón de filas, ni cuán eficaz resulta el acceso a un índice.

El optimizador basado en costes apareció en la versión Oracle 7 y, desde entonces, ha sido el principal punto de mejora en la optimización de costes de sentencias. Los planes de ejecución del optimizador de costes son más arriesgados, y son la opción más efectiva si la base de datos tiene la información estadística al día. Actualmente, y desde la versión Oracle 10g, se desaconseja el uso del optimizador de reglas.

No obstante, sigue siendo posible, aun en Oracle 11g, ejecutar consultas que invoquen el viejo optimizador utilizando la *hint* de /*+RULE */. Úsenla bajo su propio criterio. Por mencionar un caso de utilidad, y también por curiosidad, conocer cuál sería el plan resuelto por reglas, sin evaluar costes, para ver una idea de la ruta o el camino inicial para recuperar las filas, puede resultar revelador en más de una ocasión.

El optimizador de costes, por otro lado, permite calcular diferentes tipos de aproximaciones a la evaluación del plan. Por defecto, su análisis se basará en la resolución de la sentencia que menos tarde en ejecutarse por completo, pero también puede evaluar los costes para la mayor velocidad en devolver la primera fila, o las cien primeras.

Estas distintas aproximaciones o modos de optimización resultan vitales en aplicaciones web que consultan un gran volumen de datos pero que visualizan un primer conjunto de elementos, o para aquellas aplicaciones de tipo cliente/servidor que necesiten que la base de datos vaya devolviendo las filas tan pronto las tenga listas para no caer en *timeouts* de los *drivers* de conexión o para no tener al usuario desesperado mientras se procesan todas las filas para ser devueltas.

Modos de optimización

Aunque este aspecto de la optimización puede configurarse de forma global para toda la base de datos, definiendo el parámetro OPTIMIZER_MODE, el modo de trabajo del optimizador puede cambiarse a nivel de sesión o para la ejecución de una sentencia en concreto.

Las distintas directivas posibles para definir el modo de optimización son las siguientes:

- **RULE**: fuerza el uso del optimizador de reglas.

- **CHOOSE**: disponible en versiones anteriores a Oracle 10g. Resuelve por costes ALL_ROWS si los objetos tienen información estadística, y por RULE si carecen de ella.

- **FIRST_ROWS**: prioriza la estrategia de ejecución al menor tiempo de retornar la primera fila.

- **FIRST_ROWS_n**: prioriza la estrategia de ejecución al menor tiempo para retornar la primera fila, las diez primeras, las cien primeras o las mil primeras.

- **ALL_ROWS**: obtiene el plan de ejecución orientado al menor coste de ejecución para la sentencia al completo.

A partir de la versión Oracle 10g, los dos primeros parámetros quedan obsoletos. Por un lado, el optimizador de reglas queda relegado a un uso muy concreto por parte del diccionario y se desaconseja su uso en aplicaciones, y por otro, respecto al uso de CHOOSE, si los objetos no tienen información estadística, Oracle realiza un muestreo de estadísticas (*dynamic sampling*) para contar con una mínima información de coste.

Los posibles valores del parámetro OPTIMIZER_DYNAMIC_SAMPLING van de 0 a 10. Un valor de "0" implica que si no hay estadísticas para un objeto, no se realizará una muestra dinámica de sus estadísticas, y "10" que estas se realizarán leyendo el total de bloques de las tablas sin estadísticas. Entre cero y diez, los diferentes valores significarán una recogida de estadísticas más a fondo, incluyendo más bloques en la muestra.

Cabe decir que el muestreo dinámico puede ser interesante para ciertas tablas que tengan un comportamiento muy volátil y experimenten borrados/inserciones masivos en poco tiempo. En estos casos, con el procedimiento DBMS_STATS.LOCK_TABLE_STATS, se puede indicar que no se recopile información estadística de una tabla en concreto para que siempre se ejecute un muestreo dinámico. Es importante considerar esta opción y valorar sus pros y sus contras, evaluando las consecuencias de dejar esta tabla fuera de los análisis estadísticos, y aplicarla únicamente en casos muy concretos.

El valor por defecto es 2. Los distintos niveles de análisis dinámico corresponden a las siguientes tareas de recolección:

- **Nivel CERO**. No se realiza la recolección dinámica de estadísticas durante la consulta.

- **Nivel UNO**. Se recopilan estadísticas para las tablas sin analizar que formen parte de una join (o aparezcan en una subconsulta o una vista), y tengan más de 32 bloques, pues este es el valor de muestreo por defecto que realiza la operación de dynamic sampling.

- **Nivel DOS**. Se recopilan estadísticas para las tablas sin analizar, recopilando dos veces el valor de muestreo, es decir, 64 bloques.

- **Nivel TRES**. Se recopilan las estadísticas de nivel dos incluyendo las tablas que tienen una o más expresiones en la cláusula WHERE.

- **Nivel CUATRO**. Se recopilan estadísticas de nivel tres, incluyendo las tablas que tienen predicados en la cláusula WHERE con dos o más columnas mediante OR o AND.

- **Nivel CINCO**. Se recopilan estadísticas de nivel cuatro, con un muestreo de 128 bloques de datos.

- **Nivel SEIS**. Se recopilan estadísticas de nivel cuatro, con un muestreo de 256 bloques de datos.

- **Nivel SIETE**. Se recopilan estadísticas de nivel cuatro, con un muestreo de 512 bloques de datos.

- **Nivel OCHO**. Se recopilan estadísticas de nivel cuatro, con un muestreo de 1.024 bloques de datos.

- **Nivel NUEVE**. Se recopilan estadísticas de nivel cuatro, con un muestreo de 4.086 bloques de datos.

- **Nivel DIEZ**. Se recopilan estadísticas de nivel cuatro, con un muestreo de todos los bloques de datos.

Para tomar la decisión del valor por defecto, conviene plantearse el impacto en cuanto una sentencia SELECT sobre una tabla no optimizada implique una recolección de estadísticas. Un análisis de tipo completo, en una tabla con millones de filas, puede llegar a demorar de forma considerable la ejecución. Por otro lado, si las estadísticas se actualizan con frecuencia, incluyendo cálculo de histogramas y demás, tal y como se detalla en el capítulo de uso de DBMS_STATS, es probable que solo se realice el muestreo automático en muy pocos casos.

Respecto al uso de ALL_ROWS y FIRST_ROWS, la perspectiva que hay que tomar sobre decidir un método de optimización u otro implica tener presente el funcionamiento de la aplicación: ¿se trata de un informe listo para imprimir o para rellenar un formulario web?; ¿estructurado en páginas de 10 o 100 elementos?; ¿es necesario manejar el total de las filas, o con los primeros resultados probablemente se resuelva la petición así como sucede en las búsquedas en Internet con buscadores?

Por ejemplo, una consulta que retorne un listado ordenado alfabéticamente por apellido1, apellido2 y nombre. La forma más rápida de gestionarlo es mediante una selección completa de la tabla CLIENTES y, una vez termine el FULL SCAN, ordenar las filas y devolverlas al usuario. Ese será el camino de menor coste. No obstante, la forma de devolver inmediatamente la primera fila del listado probablemente sea recorrer un índice y rescatar los valores individualmente, elemento por elemento.

La configuración por defecto de las bases de datos tiene el valor definido ALL_ROWS para todas las sentencias. Si la aplicación necesita funcionar con FIRST_ROWS, este valor puede definirse a nivel de sesión una vez establecida la conexión.

```
SQL> alter session set optimizer_mode=FIRST_ROWS_100;

Session altered.


SQL> show parameters optimizer

NAME                                 TYPE        VALUE
------------------------------------ ----------- -------------------
optimizer_capture_sql_plan_baselines boolean     FALSE
optimizer_dynamic_sampling           integer     2
optimizer_features_enable            string      11.2.0.2
optimizer_index_caching              integer     0
optimizer_index_cost_adj             integer     100
optimizer_mode                       string      FIRST_ROWS_100
optimizer_secure_view_merging        boolean     TRUE
optimizer_use_invisible_indexes      boolean     FALSE
optimizer_use_pending_statistics     boolean     FALSE
optimizer_use_sql_plan_baselines     boolean     TRUE
```

Si únicamente ciertas consultas necesitan optimizarse por ALL_ROWS o un FIRST_ROWS determinado, el valor de OPTIMIZER_MODE puede ajustarse a nivel de sentencia, definiendo la *hint* tal y como se comenta en el siguiente capítulo y en el ejemplo. Como puede apreciarse en el siguiente ejemplo, la optimización de FIRST_ROWS está estimando un coste de 218.000 y un tiempo de ejecución de 43 segundos, frente a la optimización para todas las filas ALL_ROWS que determina que el FULL SCAN tendrá únicamente un coste de 7.002 en un tiempo de cerca de un segundo y medio.

La ventaja de usar FIRST_ROWS es que las primeras filas se procesarán en un tiempo mucho menor a un segundo y medio. Quizás, una vez obtenidas estas, la ejecución no siga adelante por parte de la aplicación y no sea tan relevante el coste total de ejecutar la sentencia al completo. La primera fila de la tabla OBJETOS de la segunda ejecución se obtiene mediante la lectura de un índice (ordenado). La primera fila es inmediata, aunque devolver individualmente las más de 300.000 filas resulte más costoso.

Plan de ejecución de sentencia mediante ALL_ROWS

```
SQL> explain plan for
  2  select /*+ALL_ROWS */ object_name, object_id
  3  from objetos
  4  where object_name<'C'
  5  order by object_name;

Explained.

SQL> @?/rdbms/admin/utlxpls

PLAN_TABLE_OUTPUT
--------------------------------------------------------------------------------
Plan hash value: 816296374
```

```
---------------------------------------------------------------------------------
| Id  | Operation           | Name    | Rows  | Bytes |TempSpc| Cost (%CPU)| Time     |
---------------------------------------------------------------------------------
|   0 | SELECT STATEMENT    |         |  305K |  8953K|       |  7002   (3)| 00:01:25 |
|   1 |  SORT ORDER BY      |         |  305K |  8953K|   11M |  7002   (3)| 00:01:25 |
|*  2 |   TABLE ACCESS FULL | OBJETOS |  305K |  8953K|       |  4457   (2)| 00:00:54 |
---------------------------------------------------------------------------------
```

```
Predicate Information (identified by operation id):
---------------------------------------------------

   2 - filter("OBJECT_NAME"<'C')

14 rows selected.
```

Plan de ejecución de sentencia mediante FIRST_ROWS

```
SQL> explain plan for
  2  select /*+FIRST_ROWS */ object_name, object_id
  3  from objetos
  4  where object_name<'C'
  5  order by object_name;

Explained.

SQL> @?/rdbms/admin/utlxpls

PLAN_TABLE_OUTPUT
--------------------------------------------------------------------------------
Plan hash value: 2303210678
```

```
------------------------------------------------------------------------------------
| Id  | Operation                   | Name       | Rows  | Bytes |Cost (%CPU)| Time     |
------------------------------------------------------------------------------------
|   0 | SELECT STATEMENT            |            |  305K |  8953K| 218K  (1)| 00:43:41 |
|   1 |  TABLE ACCESS BY INDEX ROWID| OBJETOS    |  305K |  8953K| 218K  (1)| 00:43:41 |
|*  2 |   INDEX RANGE SCAN          | IDX_OBJETOS|  310K |       | 1548  (1)| 00:00:19 |
------------------------------------------------------------------------------------
```

```
Predicate Information (identified by operation id):
---------------------------------------------------

   2 - access("OBJECT_NAME"<'C')

14 rows selected.
```

Uso de variables *bind*

Una de las claves determinantes en el rendimiento del servidor es la reutilización del trabajo hecho por el optimizador. El optimizador es un componente encargado de analizar las sentencias y optimizarlas para un comportamiento óptimo. De este modo, el optimizador realiza varias tareas previas con el código a ejecutar para una compilación más efectiva, y para que su ejecución sea también lo más directa posible.

Para entender este componente hay que imaginar todo el amplio espectro de posibles consultas sobre diferentes tablas e índices, y la complejidad de decidir por qué orden empezar a combinar los elementos con el fin de filtrar de la forma más restrictiva posible el conjunto de resultados. El motor no solo debe evaluar que el código SQL recibido es correcto sintácticamente, sino que también debe comprobar que es lícito a nivel de permisos para el usuario, que las tablas tienen las columnas que se mencionan, los tipos de datos para las columnas, etc.

Una vez resuelto que el código es válido, el optimizador realiza una serie de transformaciones previas del código para facilitar su compilación: agrupa los filtros de las distintas vistas, sustituye un filtro IN con literales por concatenaciones de condiciones OR, y en algunos casos hasta reescribe completamente la consulta para acceder a una vista materializada que contenga los resultados agregados.

En este momento, el optimizador decide cuál será el plan de ejecución, es decir, cuál será la estrategia de acceso a objetos y combinación de resultados. Aquí se decide si una tabla tendrá un acceso FULL SCAN o si se accederá a un subconjunto de filas accediendo mediante un índice, o si dos tablas se combinarán antes o después que las demás. Todo ello evaluando pesos y costes de acceso, estimando cuántas filas cumplirán la condición y determinando la eficacia de usar unos u otros métodos de combinación entre tablas.

Una vez completadas las operaciones anteriores de análisis, se pasa a realizar la compilación del código. Por descontado, la compilación también implica un tiempo de CPU considerable.

Toda esta fase de la ejecución de una sentencia se denomina *parse*.

Dado el número tan alto de operaciones que tiene que realizar el optimizador en esta fase de *parse* por cada SQL que se ejecuta en el servidor, un alto número de *parses* pueden llegar a saturar la CPU y provocar un cuello de botella. Con el fin de evitarlo, el optimizador almacena las sentencias en la *library cache*, que es una zona de la memoria SGA destinada a almacenar todo el SQL compilado con la finalidad de reaprovechar la compilación y el estudio del plan de ejecución por parte del optimizador en caso de repetirse una sentencia SQL determinada de texto idéntico.

Es decir, Oracle almacena en esta zona compartida de memoria en el servidor el texto literal exacto correspondiente a la sentencia, el plan de ejecución asociado y el código compilado, y todo ello queda disponible para todas las sesiones de la base de datos. Cuando el servidor recibe una segunda vez la misma sentencia, el optimizador se ahorra todos los pasos anteriores haciendo lo que se llama un *soft parse* (análisis ligero). No necesita comprobar nada más, porque ya tiene todo el trabajo hecho.

El principal inconveniente es que no todo el mundo usa literales y variables en sus desarrollos. Si una sentencia como la siguiente se expresa con literales, como en el ejemplo que sigue a este párrafo, su análisis y compilación en la fase de *parse* será únicamente válida para búsquedas sobre ese NIF, de modo que la segunda vez que se consulte ese NIF el optimizador reaprovechará todo el trabajo realizado en el primer *parse*, pero si se ejecuta la misma consulta sobre un NIF distinto, para el optimizador esta será una sentencia SQL totalmente nueva y desconocida.

```
SQL> select * from clientes where nif='55971122-J';

NIF         NOMBRE          APELLIDOS                 S EC EL EDA_EDA_ID CIU
----------- --------------- ------------------------- - -- -- ---------- ---
55971122-J  Nombre9040      Apellido9040 Apellido9040 M SO AC          1 26
```

```
SQL> select * from clientes where nif='10040198-T';

NIF        NOMBRE          APELLIDOS                 S EC EL EDA_EDA_ID CIU
---------- --------------- ------------------------- - -- -- ---------- ---
10040198-T Nombre4168      Apellido4168 Apellido4168 M DI IN 1             29
```

En este caso, para ambas consultas, la conveniencia o no de usar índices o el método más eficaz de acceder a esa tabla será el mismo. Nuestro "olfato humano" nos da la pista de que, posiblemente, el NIF sea la clave única que identifica al cliente y, probablemente, aunque tengamos miles de clientes, una consulta que filtre por un único NIF usará el índice único de NIF para acceder a una única fila.

Sin embargo, el optimizador trata el segundo caso como si fuera la primera vez que aborda ese código. Igualmente, si consultamos varias veces los datos de clientes cambiando el NIF, estas consultas se almacenarán en la *library cache* como texto SQL nuevo, con un *parse* completo cada vez.

```
SQL> select sql_text from v$sqlarea where sql_text like '%clientes%';

SQL_TEXT
--------------------------------------------------------------------------------
select * from clientes where rownum<5
select * from clientes where nif='13215423J'
select * from clientes where nif='13215423-J'
select * from clientes where nif='17441167-R'
select * from clientes where nif='52347055-J'
select * from clientes where nif='55971122-J'
select sql_text from v$sqlarea where sql_text like '%clientes%'
```

Para que el optimizador sea capaz de reutilizar el análisis de este tipo de sentencias, el valor de NIF debería corresponder a una variable en vez de a un literal. Dado que las variables se resuelven en tiempo de ejecución, el análisis de una consulta con el siguiente formato se analizará una sola vez, y se ejecutaría tantas veces como fuera necesario usando el primer plan obtenido.

```
select * from clientes where nif=:variable;
```

Este tipo de variables se conocen como variables *bind*, o variables de enlace, y residen en el área de la sesión del servidor y no en la aplicación cliente. No hay que confundirlas con las variables propias de la aplicación, que cuando invocan el SQL a la base de datos reemplazan los valores y envían el código expresado como un literal.

Para cada tipo de implementación del cliente, bien sea con Java, .NET, o cualquier arquitectura de desarrollo, es preciso consultar en la documentación sobre la implementación de variables *bind* con Oracle. Para ilustrarlo con un ejemplo, en la aplicación cliente SQL*Plus, la forma de definir una variable *bind* es mediante el comando `variable`. Una vez definida la variable "nif" en el servidor, el valor de NIF podrá asignarse al valor que se precise mediante una invocación PL/SQL como un bloque anónimo o simplemente con el comando `exec` de SQL*Plus. Las ejecuciones que utilicen la variable de servidor :nif se compilarán con el mismo texto, y en tiempo de ejecución se resolverá el valor correspondiente a ese NIF.

```
SQL> variable nif varchar2(15)

SQL> exec :nif:='10012292-T'

PL/SQL procedure successfully completed.

SQL> select * from clientes where nif=:nif;

NIF         NOMBRE          APELLIDOS                 S EC EL EDA_EDA_ID CIU
----------  --------------- ------------------------- - -- -- ---------- ---
10012292-T Nombre1619       Apellido1619 Apellido1619 H SE IN 1          29

SQL> exec :nif:='10027301-L'

PL/SQL procedure successfully completed.

SQL> select * from clientes where nif=:nif;

NIF         NOMBRE          APELLIDOS                 S EC EL EDA_EDA_ID CIU
----------  --------------- ------------------------- - -- -- ---------- ---
10027301-L Nombre3347       Apellido3347 Apellido3347 H SO IN 3          15

SQL> exec :nif:='10039594-Q'

PL/SQL procedure successfully completed.

SQL> select * from clientes where nif=:nif;

NIF         NOMBRE          APELLIDOS                 S EC EL EDA_EDA_ID CIU
----------  --------------- ------------------------- - -- -- ---------- ---
10039594-Q Nombre4283       Apellido4283 Apellido4283 H SE IN 3          6

SQL> exec :nif:='10040198-T'

PL/SQL procedure successfully completed.

SQL> select * from clientes where nif=:nif;

NIF         NOMBRE          APELLIDOS                 S EC EL EDA_EDA_ID CIU
----------  --------------- ------------------------- - -- -- ---------- ---
10040198-T Nombre4168       Apellido4168 Apellido4168 M DI IN 1          29

SQL> exec :nif:='10063225-D'

PL/SQL procedure successfully completed.

SQL> select * from clientes where nif=:nif;

NIF         NOMBRE          APELLIDOS                 S EC EL EDA_EDA_ID CIU
----------  --------------- ------------------------- - -- -- ---------- ---
10063225-D Nombre532        Apellido532 Apellido532 H SE AC 2            10

SQL> exec :nif:='10066484-R'

PL/SQL procedure successfully completed.
```

Lo que sucede en el servidor es lo siguiente:

La variable :nif se crea en el área de sesión de usuario en el servidor. Antes de ejecutar la sentencia, se le asigna un valor y el comando que se envía a la base de datos para su ejecución es `select * from clientes where nif=:nif;` de modo que el optimizador evalúa la primera vez el código como: "Seleccionar todas las columnas de la tabla CLIENTES cuyo valor de NIF sea el de la variable :nif".

Esta fase de sustitución de valores de variables *bind* en sentencias SQL es conocida como *binding*.

En una posterior ejecución del mismo código, este ya está en la *library cache* y tanto el código optimizado y compilado como el plan de ejecución ya se encuentran en memoria, por lo que todas las siguientes ejecuciones tienen lo que se denomina un *parse* ligero o un *soft parse*. Los *parses* ligeros prácticamente no consumen CPU pues todo el trabajo ya está hecho de antemano.

Si echamos un vistazo al área de memoria que almacena las sentencias, únicamente aparece una consulta SQL para el total de las siete ejecuciones anteriores.

```
SQL> select sql_text from v$sqlarea where sql_text like '%clientes%';

SQL_TEXT
--------------------------------------------------------------------------------
select * from clientes where nif=:nif
select * from clientes where rownum<5
select * from clientes where nif='13215423J'
select * from clientes where nif='13215423-J'
select * from clientes where nif='17441167-R'
select * from clientes where nif='52347055-J'
select * from clientes where nif='55971122-J'
select nif from vuelos.clientes where rownum<10
select sql_text from v$sqlarea where sql_text like '%clientes%'
```

En algunos casos, tener que cambiar el código de la aplicación puede resultar un trabajo arduo y tedioso, si no inviable, pues puede suceder, por citar un ejemplo, que el código esté cerrado y no sea editable. Para estos casos puede ser conveniente el uso del parámetro CURSOR_SHARING, dándole el valor SIMILAR o FORCE que fuerza la conversión a variables *bind* de los literales del código SQL que se procese en el servidor.

El parámetro CURSOR_SHARING por defecto tiene el valor EXACT, es decir, el optimizador interpreta el código SQL exactamente como se ha enviado, dado que ese debería ser el comportamiento deseable. Es decir, los desarrolladores son los responsables de usar variables o literales en función de las características de la consulta, conociendo la implicación que tiene usar una u otra expresión para el uso de índices.

En el caso anterior, en el que se filtraba por la columna NIF, resulta comprensible pensar que la búsqueda retornará siempre un solo resultado, ya que probablemente el NIF corresponda al identificador del cliente y exista un índice único, cuyo acceso sea óptimo frente a recorrer por completo la tabla CLIENTES, y que, para todas las consultas con la misma estructura, el plan de acceso óptimo siempre será el mismo.

No obstante, cuando el filtro tiene importancia en el peso de la ejecución, es conveniente analizar con cuidado el uso de este parámetro. En entornos *data warehouse*, donde los filtros pueden descartar millones de elementos o escasas filas, y donde la estructura de la consulta puede reescribirse para acceder a una vista materializada, los resultados de usar CURSOR_SHARING en SIMILAR o FORCE en vez de EXACT pueden ser completamente dispares.

Por ejemplo, suponiendo dos estados de una factura: "pagado" e "impagado", es más que probable que la mayoría de las facturas de los últimos diez años tengan el estado "pagado" (o de lo contrario, tendríamos un problema bastante mayor que el rendimiento del servidor). El siguiente ejemplo refleja este caso.

Una vez creada una tabla de RESERVAS con un estado inicialmente "pagado", se modifican 42 filas al estado "impagado" y se analizan las estadísticas de tabla e índices con histogramas para todas las columnas.

```
SQL> create table reservas_estado
  2  as select r.*, 'PAGADO' estado
  3  from reservas r;

Tabla creada.

SQL> alter table reservas_estado modify estado varchar2(10);

Tabla modificada.

SQL> update reservas_estado set estado='IMPAGADO' where substr(id_reserva,3,2)='JA';

42 filas actualizadas.

SQL> commit;

Confirmación terminada.

SQL> create index idx_reservas_estado on reservas_estado2(estado);

Índice creado.

SQL> begin
  2      dbms_stats.gather_table_stats(
  3          ownname=>'VUELOS',
  4          tabname=>'RESERVAS_ESTADO',
  5          method_opt=>'for all columns size 75',
  6          cascade=>true);
  7  end;
  8  /

Procedimiento PL/SQL terminado correctamente.
```

En este escenario, las sentencias que busquen reservas con estado PAGADO resolverán un FULL SCAN y las que precisen el estado IMPAGADO un RANGE INDEX SCAN.

```
SQL> explain plan for
  2  select * from reservas_estado
  3    where estado='PAGADO';

Explicado.

SQL> @?/rdbms/admin/utlxpls

PLAN_TABLE_OUTPUT
--------------------------------------------------------------------------------

Plan hash value: 940015665


--------------------------------------------------------------------------------
| Id  | Operation          | Name            | Rows  | Bytes | Cost (%CPU)| Time     |
--------------------------------------------------------------------------------
|   0 | SELECT STATEMENT   |                 |  171K |  8184K|   361   (2)| 00:00:05 |
|*  1 |  TABLE ACCESS FULL | RESERVAS_ESTADO |  171K |  8184K|   361   (2)| 00:00:05 |
--------------------------------------------------------------------------------

Predicate Information (identified by operation id):
---------------------------------------------------

   1 - filter("ESTADO"='PAGADO')


SQL> explain plan for
  2  select * from reservas_estado
  3    where estado='IMPAGADO';

Explicado.

SQL> @?/rdbms/admin/utlxpls

PLAN_TABLE_OUTPUT
--------------------------------------------------------------------------------

Plan hash value: 2327085349


--------------------------------------------------------------------------------
| Id  | Operation                    | Name                | Rows | Bytes | Cost (%CPU)| Time     |
--------------------------------------------------------------------------------
|   0 | SELECT STATEMENT             |                     |   62 |  3038 |    4   (0)| 00:00:01 |
|   1 |  TABLE ACCESS BY INDEX ROWID | RESERVAS_ESTADO     | 62   | 3038  |    4   (0)| 00:00:01 |
|*  2 |   INDEX RANGE SCAN           | IDX_RESERVAS_ESTADO | 62   |       |    3   (0)| 00:00:01 |
--------------------------------------------------------------------------------

Predicate Information (identified by operation id):
---------------------------------------------------

   2 - access("ESTADO"='IMPAGADO')
```

En el primer caso se recuperaría prácticamente el 99 % de los resultados y sería más conveniente acceder a toda la tabla en un acceso TABLE FULL SCAN, y en el segundo caso, dado que hay un índice por esa columna, todas las facturas impagadas se recuperarían de forma más efectiva mediante un acceso al índice.

Si el optimizador ha de evaluar, en la fase del análisis, esta consulta usando variables *bind*, una decisión conveniente para un estado resulta desastrosa en el otro.

```
select * from facturas where estado=:estado;
```

Recuperar el 99 % de las filas de una tabla mediante un índice conlleva un coste altísimo y, por otro lado, si para recuperar solo diez facturas la decisión final implica acceder secuencialmente a la tabla al completo, definitivamente ese plan seguirá estando muy lejos de ser el óptimo.

Por este motivo, el parámetro CURSOR_SHARING en sus valores SIMILAR o FORCE deja ciego al optimizador respecto al análisis de histogramas de los índices. En aquellos casos en los que los índices tengan una distribución no uniforme de los valores, y si los histogramas proporcionan información adecuada para la optimización de las consultas, hay que tener en cuenta el impacto de esta pérdida de capacidad de análisis o contar con el comportamiento de Bind Variable Peeking.

Bind Variable Peeking

En Oracle 9i Release 2 se introduce el concepto de Bind Variable Peeking, que consiste en retrasar el cálculo del plan de ejecución a la fase de *binding* en las sentencias SQL ejecutadas por primera vez, es decir, espera a que se sustituyan los valores de las variables *bind* para obtener un plan de ejecución mejor. Si anteriormente el optimizador era ciego en lo que respecta a estas variables, con este comportamiento será capaz de evaluar los histogramas involucrados en referencias en la cláusula WHERE.

Volvamos al ejemplo anterior sobre una tabla EMP2 con la siguiente distribución no uniforme de valores para la columna indexada DEPTNO (número de departamento):

```
SQL> select deptno,count(*) from emp2 group by deptno;

    DEPTNO   COUNT(*)
---------- ----------
        30      49152
        20      40960
        10         21
```

```
SQL> variable B1 number;
SQL> exec :B1 := 20

Procedimiento PL/SQL terminado correctamente.

SQL> select * from emp2 where deptno=:B1;

40960 filas seleccionadas.

SQL> select plan_table_output from table (dbms_xplan.display_cursor());

PLAN_TABLE_OUTPUT
-----------------------------------------------------------------------
SQL_ID  cs9w5qy6bww0h, child number 0
-----------------------------------
select * from emp2 where deptno=:B1

Plan hash value: 2941272003

-----------------------------------------------------------------------
| Id  | Operation          | Name | Rows  | Bytes | Cost (%CPU)| Time     |
-----------------------------------------------------------------------
|   0 | SELECT STATEMENT   |      |       |       |  145 (100)|          |
|*  1 |  TABLE ACCESS FULL| EMP2 | 30044 | 1085K|  145   (2)| 00:00:02 |
-----------------------------------------------------------------------

Predicate Information (identified by operation id):
-----------------------------------------------

   1 - filter("DEPTNO"=:B1)
```

El optimizador ha tenido en cuenta que se están buscando los empleados del departamento 20. Si la columna tiene histograma, el optimizador lo utilizará para realizar el cálculo de la cardinalidad correcta. En caso de que no lo tenga, se realizará un cálculo sobre 1 partido por el número de valores distintos en la columna DEPTNO.

Lo mismo ocurrirá filtrando por el departamento 30, incluso por el departamento 10.

```
SQL> exec :B1 := 30

Procedimiento PL/SQL terminado correctamente.

SQL> select * from emp2 where deptno=:B1;

49152 filas seleccionadas.

SQL> select plan_table_output from table (dbms_xplan.display_cursor());

PLAN_TABLE_OUTPUT
-----------------------------------------------------------------------
SQL_ID  cs9w5qy6bww0h, child number 0
-----------------------------------
select * from emp2 where deptno=:B1

Plan hash value: 2941272003
```

```
-------------------------------------------------------------------------------
| Id  | Operation         | Name | Rows  | Bytes | Cost (%CPU)| Time     |
-------------------------------------------------------------------------------
|   0 | SELECT STATEMENT  |      |       |       |   145 (100)|          |
|*  1 |  TABLE ACCESS FULL| EMP2 | 30044 | 1085K |   145   (2)| 00:00:02 |
-------------------------------------------------------------------------------

Predicate Information (identified by operation id):
---------------------------------------------------

   1 - filter("DEPTNO"=:B1)

SQL> exec :B1 := 10

Procedimiento PL/SQL terminado correctamente.

SQL> select * from emp2 where deptno=:B1;

     EMPNO ENAME      JOB           MGR HIREDATE      SAL       COMM     DEPTNO
---------- ---------- --------- ---------- -------- ---------- ---------- ----------
      7782 CLARK      MANAGER      7839 09/06/81     2450                  10
      7839 KING       PRESIDENT         17/11/81     5000                  10
      7934 MILLER     CLERK        7782 23/01/82     1300                  10
      7782 CLARK      MANAGER      7839 09/06/81     2450                  10
      7839 KING       PRESIDENT         17/11/81     5000                  10
      7934 MILLER     CLERK        7782 23/01/82     1300                  10
      7782 CLARK      MANAGER      7839 09/06/81     2450                  10
      7839 KING       PRESIDENT         17/11/81     5000                  10
      7934 MILLER     CLERK        7782 23/01/82     1300                  10
      7782 CLARK      MANAGER      7839 09/06/81     2450                  10
      7839 KING       PRESIDENT         17/11/81     5000                  10
      7934 MILLER     CLERK        7782 23/01/82     1300                  10
      7782 CLARK      MANAGER      7839 09/06/81     2450                  10
      7839 KING       PRESIDENT         17/11/81     5000                  10
      7934 MILLER     CLERK        7782 23/01/82     1300                  10
      7782 CLARK      MANAGER      7839 09/06/81     2450                  10
      7839 KING       PRESIDENT         17/11/81     5000                  10
      7934 MILLER     CLERK        7782 23/01/82     1300                  10
      7782 CLARK      MANAGER      7839 09/06/81     2450                  10
      7839 KING       PRESIDENT         17/11/81     5000                  10
      7934 MILLER     CLERK        7782 23/01/82     1300                  10

21 filas seleccionadas.

SQL> select plan_table_output from table (dbms_xplan.display_cursor());

PLAN_TABLE_OUTPUT
-------------------------------------------------------------------------------
SQL_ID  cs9w5qy6bww0h, child number 0
-------------------------------------
select * from emp2 where deptno=:B1

Plan hash value: 2941272003

-------------------------------------------------------------------------------
| Id  | Operation         | Name | Rows  | Bytes | Cost (%CPU)| Time     |
-------------------------------------------------------------------------------
|   0 | SELECT STATEMENT  |      |       |       |   145 (100)|          |
|*  1 |  TABLE ACCESS FULL| EMP2 | 30044 | 1085K |   145   (2)| 00:00:02 |
-------------------------------------------------------------------------------

Predicate Information (identified by operation id):
---------------------------------------------------

   1 - filter("DEPTNO"=:B1)
```

La primera ejecución determinó el mejor plan de ejecución según la sustitución del primer valor (20). Este plan era óptimo para los valores con un número elevado de repeticiones, como 20 o 30, pues resulta más rápido acceder mediante FULL SCAN, pero para el valor 10, que solo tiene 21 elementos, resultaría más efectivo el acceso mediante el índice.

El optimizador ha utilizado el mismo plan de ejecución para los tres valores seleccionados.

Tras vaciar el área de memoria de la Shared Pool, donde se aloja la *library cache* (la zona de reaprovechamiento de planes de ejecución y SQL compilado), y aplicando en primer lugar el filtro por el valor más selectivo (10), el resultado es el siguiente:

```
SQL> alter system flush shared_pool;

Sistema modificado.

SQL> exec :B1 := 10

Procedimiento PL/SQL terminado correctamente.

SQL> select * from emp2 where deptno=:B1;

    EMPNO ENAME      JOB             MGR HIREDATE       SAL       COMM     DEPTNO
---------- ---------- --------- ---------- -------- ---------- ---------- ----------
      7782 CLARK      MANAGER        7839 09/06/81      2450                    10
      7839 KING       PRESIDENT           17/11/81      5000                    10
      7934 MILLER     CLERK          7782 23/01/82      1300                    10
      7782 CLARK      MANAGER        7839 09/06/81      2450                    10
      7839 KING       PRESIDENT           17/11/81      5000                    10
      7934 MILLER     CLERK          7782 23/01/82      1300                    10
      7782 CLARK      MANAGER        7839 09/06/81      2450                    10
      7839 KING       PRESIDENT           17/11/81      5000                    10
      7934 MILLER     CLERK          7782 23/01/82      1300                    10
      7782 CLARK      MANAGER        7839 09/06/81      2450                    10
      7839 KING       PRESIDENT           17/11/81      5000                    10
      7934 MILLER     CLERK          7782 23/01/82      1300                    10
      7782 CLARK      MANAGER        7839 09/06/81      2450                    10
      7839 KING       PRESIDENT           17/11/81      5000                    10
      7934 MILLER     CLERK          7782 23/01/82      1300                    10
      7782 CLARK      MANAGER        7839 09/06/81      2450                    10
      7839 KING       PRESIDENT           17/11/81      5000                    10
      7934 MILLER     CLERK          7782 23/01/82      1300                    10
      7782 CLARK      MANAGER        7839 09/06/81      2450                    10
      7839 KING       PRESIDENT           17/11/81      5000                    10
      7934 MILLER     CLERK          7782 23/01/82      1300                    10

21 filas seleccionadas.


SQL> select plan_table_output from table (dbms_xplan.display_cursor());

PLAN_TABLE_OUTPUT
--------------------------------------------------------------------------------
SQL_ID  cs9w5qy6bww0h, child number 0
-------------------------------------
select * from emp2 where deptno=:B1
```

```
Plan hash value: 3189661449

-----------------------------------------------------------------------------------
| Id  | Operation                    | Name          | Rows  | Bytes | Cost (%CPU)| Time     |
-----------------------------------------------------------------------------------
|   0 | SELECT STATEMENT             |               |       |       |   2 (100)|          |
|   1 |  TABLE ACCESS BY INDEX ROWID| EMP2          |    12 |   444 |   2   (0)| 00:00:01 |
|*  2 |   INDEX RANGE SCAN           | X_EMP2_DEPTNO |    12 |       |   1   (0)| 00:00:01 |
-----------------------------------------------------------------------------------

Predicate Information (identified by operation id):
---------------------------------------------------

   2 - access("DEPTNO"=:B1)
```

Este primer análisis ha determinado la ventaja de usar el índice para recuperar las filas del DEPTNO 10 a través de los histogramas, pero fijar este análisis como el favorito por el hecho de ser el primero es un error, pues las mismas siguientes ejecuciones con los valores 20 y 30 se resuelven del mismo modo, usando el índice X_EMP2_DEPTNO, que únicamente es efectivo en las búsquedas por el departamento 10.

Como el plan ya está resuelto, en futuras ejecuciones el optimizador no evaluará los histogramas otra vez. En este punto Oracle está convencido de que seguirán obteniéndose unas 12 filas aproximadamente, mientras que se seleccionan entre 40.960 y cerca de 50.000 filas al filtrar por los otros dos valores.

```
SQL> exec :B1 := 20

Procedimiento PL/SQL terminado correctamente.

SQL> select * from emp2 where deptno=:B1;

40960 filas seleccionadas.

SQL> select plan_table_output from table (dbms_xplan.display_cursor());

PLAN_TABLE_OUTPUT
---------------------------------------------------------------------------------
SQL_ID  cs9w5qy6bww0h, child number 0
-----------------------------------
select * from emp2 where deptno=:B1

Plan hash value: 3189661449

-----------------------------------------------------------------------------------
| Id  | Operation                    | Name          | Rows  | Bytes | Cost (%CPU)| Time     |
-----------------------------------------------------------------------------------
|   0 | SELECT STATEMENT             |               |       |       |   2 (100)|          |
|   1 |  TABLE ACCESS BY INDEX ROWID| EMP2          |    12 |   444 |   2   (0)| 00:00:01 |
|*  2 |   INDEX RANGE SCAN           | X_EMP2_DEPTNO |    12 |       |   1   (0)| 00:00:01 |
-----------------------------------------------------------------------------------
```

```
Predicate Information (identified by operation id):
---------------------------------------------------

   2 - access("DEPTNO"=:B1)

SQL> exec :B1 := 30

Procedimiento PL/SQL terminado correctamente.

SQL> select * from emp2 where deptno=:B1;

49152 filas seleccionadas.

SQL> select plan_table_output from table (dbms_xplan.display_cursor());

PLAN_TABLE_OUTPUT
-------------------------------------------------------------------------------------
SQL_ID  cs9w5qy6bww0h, child number 0
-------------------------------------
select * from emp2 where deptno=:B1

Plan hash value: 3189661449


-------------------------------------------------------------------------------------
| Id  | Operation                   | Name         | Rows  | Bytes | Cost (%CPU)| Time     |
-------------------------------------------------------------------------------------
|   0 | SELECT STATEMENT            |              |       |       |   2 (100)|          |
|   1 |  TABLE ACCESS BY INDEX ROWID| EMP2         |    12 |   444 |   2   (0)| 00:00:01 |
|*  2 |   INDEX RANGE SCAN          | X_EMP2_DEPTNO |    12 |       |   1   (0)| 00:00:01 |
-------------------------------------------------------------------------------------

Predicate Information (identified by operation id):
---------------------------------------------------

   2 - access("DEPTNO"=:B1)


19 filas seleccionadas.
```

El concepto de fijar el plan de ejecución para la primera ejecución, Bind Variable Peeking, introducido en Oracle 9i Release 2, es un intento por mejorar la visibilidad que tiene el optimizador de la información de las columnas por las cuales se filtra una sentencia. Sin embargo, en casos en los que se realicen, por ejemplo, bucles PL/SQL de procesamiento masivo con parámetros y se acceda a columnas con histogramas, puede suceder que el primer valor de la ejecución fije un plan de ejecución ineficiente para miles de ejecuciones posteriores.

En estos casos, una buena solución es borrar los histogramas de las columnas implicadas en la sentencia SQL y dejar que el optimizador elija un plan de ejecución usando la media de valores en la distribución de claves. A partir de Oracle 11g, la funcionalidad de Adaptive Cursor Sharing mitiga este problema considerablemente.

El Bind Variable Peeking también puede desactivarse, en casos en los que sea problemático su comportamiento, mediante un parámetro oculto: _optim_peek_user_binds=FALSE.

> **Aviso a navegantes.** Ni el comando EXPLAIN PLAN ni el AUTOTRACE de SQL*Plus sirven para obtener planes de ejecución válidos basados en sentencias con variables *bind*. Para ello es necesario ejecutar `select plan_table_output from table (dbms_xplan.display_cursor())` una vez ejecutada la sentencia.

Adaptive Cursor Sharing

En ocasiones como la anterior, el Bind Variable Peeking puede ocasionar graves problemas de rendimiento al fijar un plan de ejecución definitivo basado en la sustitución de valores de la primera ejecución. Así es en las versiones Oracle 9i y Oracle 10g. Si los histogramas pueden derivar en planes de ejecución distintos dependiendo de los valores a filtrar, el Bind Variable Peeking hace definitivo el primero y no vuelve a considerar su decisión.

A partir de Oracle 11g, el optimizador considera la sustitución de literales por variables en lo que se denomina el Adaptive Cursor Sharing, es decir, evalúa si mediante el uso de histogramas se pueden producir dos planes de ejecución con costes distintos y, en ese caso, mantiene los literales como tal. Esto supone una importante mejora en la inteligencia del optimizador y permite que el código bien implementado no se vea penalizado por un parámetro de sustitución completa de literales como es el CURSOR_SHARING a valores SIMILAR o FORCE (el valor SIMILAR queda decomisionado en Oracle 12c).

Es decir, el Adaptive Cursor Sharing permite que las sentencias SQL que utilicen variables *bind* consideren la capacidad de "adaptarse" a la situación real de las tablas en caso de que el primer plan de ejecución fijado resulte ineficiente en posteriores ejecuciones.

Así, en la primera ejecución de código SQL se sustituye el valor de las variables *bind* en la fase de *binding*, se optimiza la sentencia y se fija para futuras ejecuciones. Una segunda ejecución utilizará el plan fijado por el Bind Variable Peeking, pero tomará nota de los tiempos para asegurarse de que el plan fijado es adecuado también en este segundo caso. Si el tiempo de ejecución resultante dista mucho del tiempo de ejecución del primer plan o el número de filas devueltas de la segunda ejecución es considerablemente mayor que el de las filas retornadas en la primera, el optimizador marca ese plan como revisable, y en una siguiente ejecución evaluará la necesidad de generar otra vez el plan de ejecución y almacenarlo como alternativa o usar algún plan alternativo almacenado.

De este modo, Oracle almacena varios planes de ejecución para la misma sentencia SQL y estos serán elegidos por el optimizador de forma dinámica dependiendo de los valores que se consulten.

Repitiendo el caso anterior de Bind Variable Peeking, pero sobre Oracle 11g, los resultados son los siguientes:

```
SQL> variable b1 number

SQL> exec :B1 :=10

Procedimiento PL/SQL terminado correctamente.

SQL> select * from emp2 where deptno=:b1;

    EMPNO ENAME      JOB            MGR HIREDATE        SAL       COMM     DEPTNO
---------- ---------- --------- ---------- -------- ---------- ---------- ----------
      7782 CLARK      MANAGER       7839 09/06/81       2450                    10
      7839 KING       PRESIDENT          17/11/81       5000                    10
      7934 MILLER     CLERK         7782 23/01/82       1300                    10
      7782 CLARK      MANAGER       7839 09/06/81       2450                    10
      7839 KING       PRESIDENT          17/11/81       5000                    10
      7934 MILLER     CLERK         7782 23/01/82       1300                    10
      7782 CLARK      MANAGER       7839 09/06/81       2450                    10
      7839 KING       PRESIDENT          17/11/81       5000                    10
      7934 MILLER     CLERK         7782 23/01/82       1300                    10
      7782 CLARK      MANAGER       7839 09/06/81       2450                    10
      7839 KING       PRESIDENT          17/11/81       5000                    10
      7934 MILLER     CLERK         7782 23/01/82       1300                    10
      7782 CLARK      MANAGER       7839 09/06/81       2450                    10
      7839 KING       PRESIDENT          17/11/81       5000                    10
      7934 MILLER     CLERK         7782 23/01/82       1300                    10
      7782 CLARK      MANAGER       7839 09/06/81       2450                    10
      7839 KING       PRESIDENT          17/11/81       5000                    10
      7934 MILLER     CLERK         7782 23/01/82       1300                    10
      7782 CLARK      MANAGER       7839 09/06/81       2450                    10
      7839 KING       PRESIDENT          17/11/81       5000                    10
      7934 MILLER     CLERK         7782 23/01/82       1300                    10

21 filas seleccionadas.

SQL> select plan_table_output from table (dbms_xplan.display_cursor());

PLAN_TABLE_OUTPUT
--------------------------------------------------------------------------------
SQL_ID  f1a4actugyqvs, child number 0
--------------------------------------
select * from emp2 where deptno=:b1

Plan hash value: 3189661449

-------------------------------------------------------------------------------
| Id  | Operation                   | Name         | Rows | Bytes | Cost (%CPU)| Time     |
-------------------------------------------------------------------------------
|   0 | SELECT STATEMENT            |              |      |       |   2 (100)|          |
|   1 |  TABLE ACCESS BY INDEX ROWID| EMP2         |    1 |    37 |   2   (0)| 00:00:01 |
|*  2 |   INDEX RANGE SCAN          | X_EMP2_DEPTNO|    1 |       |   1   (0)| 00:00:01 |
-------------------------------------------------------------------------------

Predicate Information (identified by operation id):
---------------------------------------------------

   2 - access("DEPTNO"=:B1)
```

El sistema ha elegido realizar un acceso por el índice, ya que la clave 10 es muy selectiva. Aquí ha funcionado el mecanismo de Bind Variable Peeking y el plan se ha fijado para futuras ejecuciones.

```
SQL> exec :B1 :=20

Procedimiento PL/SQL terminado correctamente.


SQL> select * from emp2 where deptno=:b1;


SQL> select plan_table_output from table (dbms_xplan.display_cursor());

PLAN_TABLE_OUTPUT
-------------------------------------------------------------------------------------
SQL_ID  f1a4actugyqvs, child number 0
-------------------------------------
select * from emp2 where deptno=:b1

Plan hash value: 3189661449


-------------------------------------------------------------------------------------
| Id  | Operation                   | Name         | Rows  | Bytes | Cost (%CPU)| Time     |
-------------------------------------------------------------------------------------
|   0 | SELECT STATEMENT            |              |       |       |     2 (100)|          |
|   1 |  TABLE ACCESS BY INDEX ROWID| EMP2         |     1 |    37 |     2   (0)| 00:00:01 |
|*  2 |   INDEX RANGE SCAN          | X_EMP2_DEPTNO|     1 |       |     1   (0)| 00:00:01 |
-------------------------------------------------------------------------------------

Predicate Information (identified by operation id):
-------------------------------------------------

   2 - access("DEPTNO"=:B1)
```

En este punto, el comportamiento es idéntico a como se ejecutaría en Oracle 9i y Oracle 10g con el Bind Variable Peeking, pero el gestor de base de datos se ha dado cuenta de que algo va mal pues, con los datos de la segunda ejecución, detecta que el número de filas devueltas sobrepasa de forma muy significativa los calculados en la primera ejecución.

El gestor, por lo tanto, marca como "sensible de variables *bind*" esta SQL y en la próxima ejecución realizará un nuevo *parsing* de la consulta para comprobar si el valor buscado es selectivo o no, y con una siguiente revisión de los histogramas se podría concluir un plan de ejecución mejor.

En nuestro caso, al buscar por el departamento 30 el histograma revela que es una clave poco selectiva, por lo que genera un nuevo plan de ejecución.

```
SQL> exec :B1 :=30

Procedimiento PL/SQL terminado correctamente.

SQL> select * from emp2 where deptno=:b1;

49152 filas seleccionadas.

SQL> select plan_table_output from table (dbms_xplan.display_cursor());

PLAN_TABLE_OUTPUT
----------------------------------------------------------------------------
SQL_ID  f1a4actugyqvs, child number 1
-----------------------------------
select * from emp2 where deptno=:b1

Plan hash value: 2941272003

----------------------------------------------------------------------------
| Id  | Operation          | Name | Rows  | Bytes | Cost (%CPU)| Time     |
----------------------------------------------------------------------------
|   0 | SELECT STATEMENT   |      |       |       | 145 (100)|            |
|*  1 |  TABLE ACCESS FULL | EMP2 | 50191 | 1813K | 145   (2)| 00:00:02 |
----------------------------------------------------------------------------

Predicate Information (identified by operation id):
---------------------------------------------------

   1 - filter("DEPTNO"=:B1)
```

Oracle se ha adaptado a una ejecución óptima distinta de la primera fijada. Ahora la ejecución se realiza mediante un acceso secuencial y no usando el índice decidido en el primer plan.

El Adaptive Cursor Sharing mitiga considerablemente los efectos no deseables de fijar el primer plan de ejecución en sustitución de variables como el definitivo. En aquellas tablas en las que haya una distribución de valores irregular, como el caso anterior o el de las facturas "pagadas" o "impagadas", disponer de varias versiones del plan de ejecución para escoger la mejor en cada caso dotará al optimizador de un mayor acercamiento a la realidad de los datos de las columnas pertenecientes a un filtro.

La siguiente sentencia a la vista V$SQL informará de las distintas versiones que pueda haber de un mismo código SQL marcado como sensible a diferentes comportamientos según el valor del *binding*.

```
SQL> select sql_id, child_number, is_bind_sensitive, is_bind_aware, sql_text
  2  from v$sql
  3  where upper(sql_text) like '%EMP2%';

SQL_ID        CHILD_NUMBER I I SQL_TEXT
------------- ------------ - - ------------------------------------------------
f1a4actugyqvs            0 Y N select * from emp2 where deptno=:b1
f1a4actugyqvs            1 Y Y select * from emp2 where deptno=:b1
```

Uso y abuso de *hints*

Una *hint* o pista es un comentario en el código de la sentencia SQL dirigido a indicar al optimizador cómo ha de resolver un plan de ejecución. Se expresan justo después de la cláusula SELECT, INSERT, UPDATE o DELETE y tienen la siguiente sintaxis:

```
select /*+hint */ columna1, columna2
from tabla;

insert /*+hint */ into tabla values (valor1, valor2);

insert /*+hint_de_insert */ into tabla
select /*+hint_de_select */ columna1, columna 2
from tabla;

update /*+hint */ tabla set campo=valor;

update /*+hint */ tabla1 set campo=(select /*+hint_de_select */ campo from tabla2);

delete /*+hint */ from tabla1 where condicion;
```

Es decir, una *hint* solo se aplica al bloque del comando en el que se menciona. En un INSERT as SELECT, si la *hint* está en la SELECT afectará a la consulta, pero si aparece junto a INSERT hará referencia al modo de ejecución de la inserción.

Con las *hints* sería posible, por ejemplo, forzar al optimizador al uso de un determinado índice, aunque este evalúe que su uso no es óptimo.

```
SQL> explain plan for
  2  select /*+INDEX (objetos) */ *
  3  from objetos
  4  where object_id<1000;

Explained.

SQL> @?/rdbms/admin/utlxpls

PLAN_TABLE_OUTPUT
--------------------------------------------------------------------------------
Plan hash value: 734857049


--------------------------------------------------------------------------------
| Id | Operation                    | Name         | Rows  | Bytes | Cost (%CPU) | Time     |
--------------------------------------------------------------------------------
|  0 | SELECT STATEMENT             |              | 25281 | 2394K | 26031  (1)| 00:05:13 |
|  1 |TABLE ACCESS BY INDEX ROWID|   OBJETOS       | 25281 | 2394K | 26031  (1)| 00:05:13 |
|* 2 | INDEX RANGE SCAN             | IDX_OBJECT_ID | 25928 |       |    61  (2)| 00:00:01 |
--------------------------------------------------------------------------------
```

La estimación prevé un coste de 26.000, para una duración estimada de 5 segundos, que de no forzar el uso del índice no llegaría a 2 segundos.

```
SQL> explain plan for
  2  select *
  3  from objetos
  4  where object_id<1000;

Explained.

SQL> @?/rdbms/admin/utlxpls

PLAN_TABLE_OUTPUT
--------------------------------------------------------------
Plan hash value: 3955325447


--------------------------------------------------------------
| Id | Operation         | Name    | Rows  | Bytes | Cost (%CPU) | Time     |
--------------------------------------------------------------
|  0 | SELECT STATEMENT  |         | 25281 | 2394K | 8962  (2)   | 00:01:48 |
|* 1 | TABLE ACCESS FULL | OBJETOS | 25281 | 2394K | 8962  (2)   | 00:01:48 |
--------------------------------------------------------------
```

Posiblemente este ejemplo ilustre la eterna pregunta de por qué Oracle no ha usado un índice para acceder a la tabla si se trata de recuperar aproximadamente el 2 % de las filas. Esta tabla tiene más de un millón de filas, por lo que la estimación de no usar el índice se mantiene incluso para menos del 1 % en este caso en particular.

No obstante, hay personas que, creyendo que el optimizador está actuando incorrectamente al no usar un índice maravilloso por una columna filtrada en la cláusula WHERE, y que devuelve menos del 1 % de las filas, decide tomarse la optimización por su cuenta y forzar al optimizador a que use un acceso por índice.

Mi reflexión, en estos casos, siempre es: ¿por qué el optimizador, con toda la información de morfología de tablas e índices, con todo el conocimiento y la capacidad de evaluar planes de ejecución complejos, con una implementación capaz de priorizar entre distintas rutas de acceso a los datos, evaluando entre distintos tipos de formas de acceder a los datos, con histogramas de distribución de los datos en las columnas... ha olvidado usar un índice?

No, no lo ha olvidado. De hecho, es prácticamente lo primero que consideró como un posible acceso óptimo a la tabla, pero desechó esa opción. En realidad, prácticamente en la mayoría de optimizaciones que realiza, todos los elementos de juicio correspondientes a estrategias sobre accesos a objetos y métodos de combinación son los más adecuados. Lo son en función de la información que tiene y de lo que se le pide resolver. En la mayoría de los casos, si los objetos están creados correctamente, con tipos de datos adecuados (las fechas son DATE, los valores alfanuméricos son VARCHAR2 y los números son NUMBER, por ejemplo), si las estadísticas están analizadas con suficiente profundidad y las sentencias SQL están correctamente escritas, las conclusiones del optimizador son óptimas.

No obstante, existen aplicaciones que, intentando buscar esa situación en la que el optimizador pueda estimar de forma no tan acertada, intentan encontrar por fuerza bruta permutaciones del plan de ejecución principal para encontrar una ejecución menos costosa. Muchos programadores también lo intentan, alimentados por falsos mitos como forzar a usar siempre los índices, resolver por MERGE JOIN una combinación de tablas de gran volumen, o tratar sistemáticamente como un error la aparición de un producto cartesiano en un plan de ejecución.

Mi consejo es no pretender saber más que el optimizador, sino intentar proporcionarle a este el máximo de información para que pueda hacer su trabajo. Nunca uso una *hint* en producción que fuerce el uso de un índice, o un método de combinación entre dos tablas, sino que intento darle a Oracle las estadísticas precisas que le informen de aquello que el humano sabe, para que la máquina use esa información y mejore, si cabe, mis intuiciones de optimización.

Por ese motivo, sin gran mérito, he conseguido mejorar el rendimiento de consultas solo eliminando las *hints* que tuvieran. ¡Voilá! ¿Qué has hecho? Nada, solo he quitado la recomendación de pistas al optimizador y le he dejado hacer su trabajo: optimizar.

Sin embargo, existen un tipo de *hints* que suelo denominar "*hints* buenas" que proporcionan al optimizador información que por sí solo no podría aplicar en la búsqueda del mejor plan. Por ejemplo, la *hint* de PARALLEL, para informar de nuestra voluntad de que la ejecución se realice con paralelismo, o la *hint* de APPEND, en la que solicitamos que el INSERT se realice en los bloques del final de la tabla para que no haya tiempo perdido en la búsqueda de sitio libre entre los bloques de la tabla.

Las *hints* cambian entre versiones, la sintaxis no tiene por qué ser la misma, y un error de sintaxis, dado que las *hints* van entre símbolos de comentario y se ignora su contenido mientras se analiza el texto de la consulta, nunca producen un error. Por este motivo, en caso de que una *hint* esté mal escrita, el resultado será ignorado por el optimizador al no entender lo que se le pide.

Hay que tener cuidado con las *hints*, pues su ejecución es invisible. Un error de sintaxis no despierta ninguna alarma. Si en un cambio de versión esa *hint* desaparece, el código seguirá funcionando sin errores, pero sin ejecutarse del modo esperado.

La documentación del fabricante incluye con detalle las numerosas *hints* de cada versión concreta, con su sintaxis y efectos sobre el optimizador. Al final del libro se incluye un glosario completo de *hints*, con un estudio práctico de su impacto en las ejecuciones.

A lo largo del libro, a medida que se describen los diferentes elementos clave en la optimización, como métodos de acceso a los objetos, formas de combinar tablas para resolver consultas, etc., se proporciona el conjunto de *hints* que alteran el comportamiento del optimizador, unas veces para ilustrar ejemplos y casos de uso, y otras para condicionar al optimizador a una forma de trabajo deseado (insertar al final de una tabla, consultar con un número de procesos en paralelo, etc.). La idea es conocer esta técnica y usarla con fines predictivos para una futura optimización. En el peor de los casos, si una *hint* resuelve un problema crítico de rendimiento, si no hemos conseguido que el optimizador llegue a esa conclusión por sus propios medios, tampoco sería censurable usar ese conjunto de *hints* en producción.

Úsense pues con moderación, comprendiendo muy bien las implicaciones y, en la medida de lo posible, documentando por qué se incluye un código que altera el funcionamiento estándar del optimizador de la base de datos.

Uso del paquete DBMS_STATS

Consideremos el siguiente caso, sin más información. Filtremos una tabla por una columna. Esta columna está indexada. La norma sería usar ese índice, ¿cierto?

En general es así. La regla de usar siempre un índice cuando el filtro incluya una columna indexada es lo que se denomina "regla heurística", es decir, se basa en los hechos a realizar, sin entrar en si esos medios son más o menos costosos. Se ponderan diferentes puntuaciones para las diferentes operaciones y se prueban varias estrategias. Gana la propuesta con mejor puntuación.

En este caso, recorrer la tabla al completo tiene una puntuación baja, usar un índice tiene una puntuación mejor, aún mejor si se trata de un índice único, y un acceso directo por el *rowid* tendrá una puntuación máxima.

Cuando no existe información sobre el coste, las estimaciones solo pueden darse con reglas heurísticas, es decir, reglas que son ciertas en la mayoría de los casos para cualquier combinación.

Por ilustrar un caso, si la tabla tuviera un millón de registros y el índice filtrara novecientos mil, el coste de acceder a la tabla y filtrar por ese índice sería desastroso. Por ejemplo, factores como el número de filas de una tabla, la distribución de valores de una columna o un índice, la profundidad de un índice, etc., serán decisivos para escoger o no su uso. Sin esa información, los planes se construyen en función de una serie de premisas estándares, y no de la realidad de los objetos y su forma.

El optimizador de costes toma sus decisiones evaluando cuánto cuesta acceder a cada objeto, qué método de acceso dará mejor resultado, y cómo combinar los diferentes objetos para que el peso de ejecución sea el menor, entre otras estimaciones, y para ello es imprescindible que Oracle pueda conocer con la mayor precisión toda la morfología de objetos implicados en la ejecución de la sentencia. Toda esta información relativa a los objetos de la base de datos se denomina comúnmente "estadísticas".

Las estadísticas cuantifican la distribución de los datos así como las características de almacenaje de las tablas, columnas, índices y particiones. El principal inconveniente es que Oracle no mantiene esa información actualizada a tiempo real. El servidor de base de datos no controla si se añaden una, dos o un millón de filas a una tabla. Sería imposible mantener actualizados los índices de distribución de valores de una columna. Por este motivo, el análisis de estadísticas de un objeto queda bajo la responsabilidad del programador o del administrador de la base de datos.

Las estadísticas generadas incluyen la siguiente información:

-**Estadísticas de tabla:** número de filas, número de bloques, media de la longitud de la fila, etc.

-**Estadísticas de columna:** número de valores distintos (NDV), número de valores nulos, distribución de los datos mediante histogramas, etc.

-**Estadísticas de los índices:** número de bloques hoja, número de niveles del árbol, histogramas, etc.

Respecto a las estadísticas de índices, cabe destacar la necesidad de generar histogramas por aquellas columnas que puedan tener una distribución de valores no uniforme, ya que dependiendo del valor que se filtre en una consulta, Oracle podrá decidir con la ayuda de estas estructuras si usa el índice o no.

Un histograma, en sí, es una muestra de la distribución de valores de una columna dividida en secciones. Cada sección corresponde al mismo número de elementos y el histograma registra el valor máximo que hay en cada una de estas secciones.

Supongamos una columna con números de teléfono, de los cuales la mayoría son números nacionales que empiezan por el mismo prefijo. Los histogramas de esa columna almacenarían, como ejemplo, la siguiente información sobre 10 secciones de los valores ordenados alfabéticamente:

-Valor mínimo: +34 600 00 00 01
-Valor al 10 % de las filas: +34 600 67 00 23
-Valor al 20 % de las filas: +34 610 99 23 46
-Valor al 30 % de las filas: +34 610 67 11 15
-Valor al 40 % de las filas: +34 655 34 74 75
-Valor al 50 % de las filas: +34 670 43 45 45
-Valor al 60 % de las filas: +34 677 36 35 95
-Valor al 70 % de las filas: +34 690 74 67 23
-Valor al 80 % de las filas: +34 699 46 04 23
-Valor al 90 % de las filas: +34 951 23 33 23
-Valor máximo: +84 985 55 25

Gracias a este esquema de la distribución de los valores, a simple vista puede observarse que si se consultan todos aquellos teléfonos nacionales que empiecen por "+34", el uso de este índice está totalmente desaconsejado pero, sin embargo, para la consulta de los números de teléfono con prefijo "+84" este índice obtendrá, como máximo, el 10% de las filas. Además, se obtendrá un acceso óptimo si se accede de forma inversa: del final al principio, ya que el valor máximo de la columna cumple la condición del filtro.

No obstante, los histogramas no son útiles en los siguientes casos:

-Los datos están distribuidos uniformemente, pues no aportan información nueva a la que ya se estima del análisis principal de la columna.

-La columna es una clave única y solo se utiliza con condiciones de igualdad. En este caso, dado que no hay redundancia de los valores, la evaluación del coste no varía de tener un histograma a no tenerlo. Únicamente se trata de obtener un valor en un índice y acceder por *rowid* a la fila. No hay más consideraciones al efecto.

En versiones anteriores a Oracle 8i, la recolección de estas estadísticas y la generación de histogramas se hacían mediante el comando `analyze` y permitía analizar y recopilar estadísticas para tablas, índices y *clusters*, en un análisis completo o realizando una estimación de un porcentaje de las filas. Debía hacerse de forma explícita para cada objeto y no permitía ejecuciones con grado de paralelismo o con diferente porcentaje de estimación. Entonces apareció el paquete DBMS_STATS y lo cambió todo.

El siguiente ejemplo recopila las estadísticas de la tabla creando un histograma de 10 secciones (*buckets*) para la columna SALARY.

```
SQL> begin
  2    DBMS_STATS.GATHER_TABLE_STATS (OWNNAME=>'SCOTT',
  3         TABNAME=>'EMP', METHOD_OPT => 'FOR COLUMNS SIZE 10 SALARY');
  4  end;
  5  /
```

La cláusula SIZE define el número máximo de secciones del histograma (*buckets*). El valor por defecto es 75 secciones y la recomendación es dejar a Oracle estimar el número de *buckets* con el parámetro SIZE AUTO.

El paquete DBMS_STATS permite recopilar estadísticas de forma cómoda. Puede ejecutarse desde un bloque PL/SQL, lo cual facilita que el control de las estadísticas se pueda hacer desde la aplicación y sea el desarrollador quien decida cuándo ejecutarlo y con qué parámetros. Además, también permite manipular las estadísticas de los objetos definiendo valores directamente, así como exportarlas e importarlas entre bases de datos distintas.

Analizando objetos

Cuando se generan estadísticas sobre un objeto, estas se actualizan en el diccionario si existen y todas las sentencias SQL que estaban analizadas con las estadísticas anteriores se invalidan para tomar los nuevos valores en la siguiente ejecución, por lo que hay que tener cuidado al utilizar DBMS_STATS en producción, ya que planes de ejecución que estén dando un buen rendimiento se revisarán y volverán a procesar por el optimizador.

El paquete PL/SQL DBMS_STATS permite recolectar estadísticas desde una tabla o un índice hasta todos los objetos de un usuario, de toda la base de datos e incluso también estadísticas del sistema. Estas últimas son útiles para la optimización ya que no es lo mismo buscar el menor tiempo de ejecución de un proceso en un sistema con un altísimo consumo de CPU que en una máquina con poco consumo.

Los procedimientos para invocar cada una de estas recolecciones son los siguientes:

- **GATHER_INDEX_STATS:** recopila estadísticas de un índice.

- **GATHER_TABLE_STATS:** recopila estadísticas de tabla, columna, e índices asociados con el uso de la cláusula CASCADE=>true.

- **GATHER_SCHEMA_STATS:** recopila estadísticas de todos los objetos de un esquema.

- **GATHER_DATABASE_STATS:** recopila estadísticas de todos los objetos de la base de datos.

- **GATHER_SYSTEM_STATS:** recopila estadísticas de CPU y E/S del sistema.

En Oracle 11g existen además GATHER_DICTIONARY_STATS y GATHER_FIXED_OBJECTS_STATS, que permiten recopilar estadísticas para las tablas y vistas del diccionario, incluyendo usuarios SYS, SYSTEM, e incluso las tablas X$ internas.

La recolección de datos del sistema y el diccionario, no obstante, no debería planificarse para una ejecución diaria, pues la recomendación es tomar una instantánea del sistema y el diccionario y tomar toda esta información como una base de referencia para el optimizador. Esta recolección únicamente debería volver a ejecutarse cuando tanto el sistema como la actividad de la base de datos tengan un comportamiento considerablemente diferente, como un aumento de la carga de trabajo, un cambio en el *hardware*, aumento de la memoria del servidor, el número de CPU, etc.

Las estadísticas del sistema tienen en cuenta las operaciones de lectura y escritura en discos y el rendimiento de la CPU. Estos valores pueden variar dependiendo del momento en que se toman las estadísticas, por lo que se recomienda realizarlas en un instante de carga media de trabajo. Esto dará unos valores de actividad durante un periodo de tiempo en carga de trabajo y rendimiento normal.

Cada procedimiento tendrá un uso particular dependiendo del caso. Para GATHER_INDEX_STATS y GATHER_TABLE_STATS, por ejemplo, puede ser útil analizar únicamente un índice o una tabla con sus índices, sin alterar el resto de estadísticas, y sin tener que lanzar un proceso más global que pueda llevar más tiempo de ejecución, sin contar los bloqueos que se producen a nivel de objeto en el proceso de análisis de estadísticas.

El siguiente ejemplo recopilaría estadísticas para una tabla, incluyendo estadísticas para todos sus índices.

```
SQL> begin
  2         DBMS_STATS.GATHER_TABLE_STATS(OWNNAME=>usuario,
  3             TABNAME=>tabla,
  4             ESTIMATE_PERCENT=>dbms_stats.auto_sample_size,
  5             METHOD_OPT => 'FOR ALL INDEXED COLUMNS SIZE 10',
  6             DEGREE=>4,
  7             CASCADE=>TRUE);
  8  end;
  9  /

PL/SQL procedure successfully completed.
```

En la anterior ejecución de DBMS_STATS se han especificado cuatro parámetros:

- **ESTIMATE_PERCENT:** valor fijo numérico para definir el porcentaje de estimación para el cálculo de estadísticas sobre objeto. Si la tabla y los índices son pequeños, la estimación adecuada sería del cien por cien de los elementos. Si por el contrario, la tabla tuviera millones de filas, con un muestreo del uno por ciento para la recopilación de valores estadísticos ya sería suficiente para obtener una foto fiable de las características de la tabla y la dispersión de sus valores.

- **METHOD_OPT:** este parámetro permite definir histogramas por las columnas indexadas (*all indexed columns*) o por todas las columnas de la tabla (*all columns*) definiendo el número de agrupaciones de valores que contendrá el histograma. En este caso, los histogramas se generan con diez secciones por cada columna indexada.

- **DEGREE:** define el grado de paralelismo para la ejecución. DEGREE=>4 lanza hasta cuatro procesos para analizar, por separado, particiones de tabla y particiones de índice, lanzando procesos esclavos que recopilen en paralelo la recolección de estadísticas.

- **CASCADE:** analiza en cascada todos los objetos dependientes. Muy recomendable cuando se necesita analizar una tabla con índices o un usuario cuyas tablas puedan tener índices creados bajo otro usuario.

Cuando se trata de analizar todos los objetos de un usuario o de toda la base de datos, el tiempo de ejecución del análisis pasa a ser un dato a tener en cuenta. En bases de datos del orden de terabytes, una ejecución de DBMS_STATS.GATHER_DATABASE_STATS puede resultar tan costosa que haga plantear ciertas estrategias para optimizar la recolección de estadísticas. Para estos casos, y para dejar que el motor busque los valores óptimos para los análisis de cada objeto, existe la opción de especificar variables propias del paquete que, mediante algoritmos internos, establecen valores adecuados de forma dinámica.

Este es el caso de la variable DBMS_STATS.AUTO_SAMPLE_SIZE, que define un valor dinámico en función de las características del objeto a analizar. Oracle recomienda el uso de DBMS_STATS.AUTO_SAMPLE_SIZE sobre todo al analizar toda la base de datos o, según los volúmenes, un usuario completo.

Además, también existen DBMS_STATS.DEFAULT_DEGREE, para definir el grado de paralelismo que tenga la base de datos por defecto, DBMS_STATS.AUTO_DEGREE, para definir el grado de paralelismo de forma dinámica según las características del objeto, o DBMS_STATS.AUTO_CASCADE para que sea Oracle quien determine si debe analizar objetos dependientes o no.

```
SQL> begin
  2          DBMS_STATS.GATHER_TABLE_STATS(OWNNAME=>'VUELOS',
  3            TABNAME=>'RESERVAS',
  4            ESTIMATE_PERCENT=>DBMS_STATS.AUTO_SAMPLE_SIZE,
  5            METHOD_OPT => 'FOR ALL INDEXED COLUMNS SIZE 10',
  6            DEGREE=>DBMS_STATS.AUTO_DEGREE,
  7            CASCADE=>DBMS_STATS.AUTO_CASCADE);
  8  end;
  9  /

Procedimiento PL/SQL terminado correctamente.
```

Otro recurso para la recolección de estadísticas de forma más rápida es analizar únicamente los objetos que han sufrido cambios.

Una tabla que almacene información histórica, si está particionada, únicamente sufrirá cambios para las particiones vigentes. Los años contablemente cerrados permanecerán sin cambios y no tiene sentido volver a analizar toda la tabla al completo para obtener una y otra vez los mismos resultados. En este caso, el parámetro OPTIONS permite definir los siguientes valores para un análisis más selectivo de los objetos:

-**GATHER STALE:** recolecta estadísticas para aquellas estructuras que hayan sufrido un 10 % de cambios en sus valores y estén desfasadas.

-**GATHER:** recolecta estadísticas en todas las tablas, índices y *clusters*.

-**GATHER EMPTY:** recolecta estadísticas en los objetos que no tienen estadísticas.

-**GATHER AUTO:** recolecta estadísticas para objetos sin estadísticas o con estadísticas que no están actualizadas.

El uso de este parámetro, combinado con los anteriores, permite que una generación de estadísticas para una base de datos pueda hacerse diariamente, con unos tiempos de ejecución aceptables, por lo que no debería haber ningún inconveniente en que se planificaran estas tareas para ejecutarse en la base de datos diariamente, fuera de la ventana de usuario, por ejemplo, con el fin de mantener el optimizador informado con los datos relativos al coste totalmente actualizados.

Sin embargo, cuando Oracle recolecta estadísticas del sistema, a diferencia de las otras estadísticas, los comandos SQL analizados siguen vigentes. Los nuevos comandos tendrán en cuenta las nuevas estadísticas.

```
BEGIN
    DBMS_STATS.GATHER_SYSTEM_STATS(
            gathering_mode => 'interval',
            interval => 720,
            statid => 'OLTP');
END;
/
```

Copiar estadísticas

El paquete DBMS_STATS tiene una funcionalidad adicional de gran utilidad para los equipos de desarrollo: la migración de estadísticas.

En muchos casos los entornos de producción son lo suficientemente críticos como para no permitir que las pruebas de mejora de rendimiento se hagan sobre sistemas con volúmenes y datos reales. También en la mayoría de los casos no es necesario acceder a los datos reales en producción, pero sí conocer la información estadística de estos entornos. En producción puede haber tablas con millones de filas y procesos que pueden tardar horas. En un entorno de pruebas el principal objetivo es analizar el estudio de la ejecución, no tanto la ejecución real en sí.

Además, en estos mismos casos, lo ideal sería acceder a una tabla con filas de ejemplo, pero con la información estadística de producción. De este modo, si ejecutamos una consulta que estima recorrer gigas de información sobre un número reducido de datos de ejemplo, pero teniendo en cuenta un plan de ejecución estimado en función de los costes del entorno de producción, los resultados podrían obtenerse de forma inmediata y esto permitiría comprobar que los cambios hechos en el desarrollo de la sentencia no alteran los resultados.

Para ilustrarlo con un ejemplo, duplicaremos la estructura de tablas del usuario VUELOS sobre un usuario VUELOS_DEV, sin incluir las filas.

La utilidad de exportación Export Data Pump, con la opción de CONTENT=METADATA_ONLY, exporta no solo la estructura de las tablas, sino también el conjunto de estadísticas de estas.

```
C:\Users\TechLevel>expdp dumpfile=exp_vuelos.dmp userid="'/ as sysdba'" schemas=vuelos
content=metadata_only

Export: Release 11.2.0.2.0 - Production on Mié Ene 30 20:29:43 2013

Copyright (c) 1982, 2009, Oracle and/or its affiliates. All rights reserved.

Conectado a: Oracle Database 11g Enterprise Edition Release 11.2.0.2.0 - 64bit
Production
With the Partitioning, OLAP, Data Mining and Real Application Testing options
Iniciando "SYS"."SYS_EXPORT_SCHEMA_01": dumpfile=exp_vuelos.dmp userid="/******** AS
SYSDBA" schemas=vuelos content=metadata_only
Procesando el tipo de objeto SCHEMA_EXPORT/USER
Procesando el tipo de objeto SCHEMA_EXPORT/SYSTEM_GRANT
Procesando el tipo de objeto SCHEMA_EXPORT/ROLE_GRANT
Procesando el tipo de objeto SCHEMA_EXPORT/DEFAULT_ROLE
Procesando el tipo de objeto SCHEMA_EXPORT/PRE_SCHEMA/PROCACT_SCHEMA
Procesando el tipo de objeto SCHEMA_EXPORT/SEQUENCE/SEQUENCE
Procesando el tipo de objeto SCHEMA_EXPORT/CLUSTER/CLUSTER
Procesando el tipo de objeto SCHEMA_EXPORT/CLUSTER/INDEX
Procesando el tipo de objeto SCHEMA_EXPORT/TABLE/TABLE
Procesando el tipo de objeto SCHEMA_EXPORT/TABLE/INDEX/INDEX
Procesando el tipo de objeto SCHEMA_EXPORT/TABLE/CONSTRAINT/CONSTRAINT
Procesando el tipo de objeto SCHEMA_EXPORT/TABLE/INDEX/STATISTICS/INDEX_STATISTICS
Procesando el tipo de objeto SCHEMA_EXPORT/TABLE/COMMENT
Procesando el tipo de objeto SCHEMA_EXPORT/PROCEDURE/PROCEDURE
Procesando el tipo de objeto SCHEMA_EXPORT/PROCEDURE/ALTER_PROCEDURE
Procesando el tipo de objeto SCHEMA_EXPORT/TABLE/CONSTRAINT/REF_CONSTRAINT
Procesando el tipo de objeto SCHEMA_EXPORT/TABLE/TRIGGER
Procesando el tipo de objeto SCHEMA_EXPORT/TABLE/INDEX/FUNCTIONAL_AND_BITMAP/INDEX
Procesando el tipo de objeto
SCHEMA_EXPORT/TABLE/INDEX/STATISTICS/FUNCTIONAL_AND_BITMAP/INDEX_STATISTICS
Procesando el tipo de objeto SCHEMA_EXPORT/TABLE/STATISTICS/TABLE_STATISTICS
Procesando el tipo de objeto SCHEMA_EXPORT/TABLE/POST_TABLE_ACTION
Procesando el tipo de objeto SCHEMA_EXPORT/MATERIALIZED_VIEW
Procesando el tipo de objeto SCHEMA_EXPORT/TABLE/MATERIALIZED_VIEW_LOG
La tabla maestra "SYS"."SYS_EXPORT_SCHEMA_01" se ha cargado/descargado correctamente
******************************************************************************
El juego de archivos de volcado para SYS.SYS_EXPORT_SCHEMA_01 es:
C:\APP\TECHLEVEL\ADMIN\TEST\DPDUMP\EXP_VUELOS.DMP
El trabajo "SYS"."SYS_EXPORT_SCHEMA_01" ha terminado correctamente en 20:31:20
```

Al importarse con Import Data Pump, el nuevo esquema VUELOS_DEV, aunque sin filas, contendrá la misma información estadística del entorno original.

```
C:\Users\TechLevel>impdp dumpfile=exp_vuelos.dmp userid="'/ as sysdba'"
remap_schema=vuelos:vuelos_dev

Import: Release 11.2.0.2.0 - Production on Mié Ene 30 20:49:53 2013

Copyright (c) 1982, 2009, Oracle and/or its affiliates.  All rights reserved.

Conectado a: Oracle Database 11g Enterprise Edition Release 11.2.0.2.0 - 64bit
```

```
Production
With the Partitioning, OLAP, Data Mining and Real Application Testing options
La tabla maestra "SYS"."SYS_IMPORT_FULL_01" se ha cargado/descargado correctamente
Iniciando "SYS"."SYS_IMPORT_FULL_01":  dumpfile=exp_vuelos.dmp userid="/******** AS
SYSDBA" remap_schema=vuelos:vuelos_dev
Procesando el tipo de objeto SCHEMA_EXPORT/USER
Procesando el tipo de objeto SCHEMA_EXPORT/SYSTEM_GRANT
Procesando el tipo de objeto SCHEMA_EXPORT/ROLE_GRANT
Procesando el tipo de objeto SCHEMA_EXPORT/DEFAULT_ROLE
Procesando el tipo de objeto SCHEMA_EXPORT/PRE_SCHEMA/PROCACT_SCHEMA
Procesando el tipo de objeto SCHEMA_EXPORT/SEQUENCE/SEQUENCE
Procesando el tipo de objeto SCHEMA_EXPORT/CLUSTER/CLUSTER
Procesando el tipo de objeto SCHEMA_EXPORT/CLUSTER/INDEX
Procesando el tipo de objeto SCHEMA_EXPORT/TABLE/TABLE
Procesando el tipo de objeto SCHEMA_EXPORT/TABLE/INDEX/INDEX
Procesando el tipo de objeto SCHEMA_EXPORT/TABLE/CONSTRAINT/CONSTRAINT
Procesando el tipo de objeto SCHEMA_EXPORT/TABLE/INDEX/STATISTICS/INDEX_STATISTICS
Procesando el tipo de objeto SCHEMA_EXPORT/TABLE/COMMENT
Procesando el tipo de objeto SCHEMA_EXPORT/PROCEDURE/PROCEDURE
Procesando el tipo de objeto SCHEMA_EXPORT/PROCEDURE/ALTER_PROCEDURE
Procesando el tipo de objeto SCHEMA_EXPORT/TABLE/CONSTRAINT/REF_CONSTRAINT
Procesando el tipo de objeto SCHEMA_EXPORT/TABLE/TRIGGER
Procesando el tipo de objeto SCHEMA_EXPORT/TABLE/INDEX/FUNCTIONAL_AND_BITMAP/INDEX
Procesando el tipo de objeto
 SCHEMA_EXPORT/TABLE/INDEX/STATISTICS/FUNCTIONAL_AND_BITMAP/INDEX_STATISTICS
Procesando el tipo de objeto SCHEMA_EXPORT/TABLE/STATISTICS/TABLE_STATISTICS
Procesando el tipo de objeto SCHEMA_EXPORT/TABLE/POST_TABLE_ACTION
Procesando el tipo de objeto SCHEMA_EXPORT/MATERIALIZED_VIEW
Procesando el tipo de objeto SCHEMA_EXPORT/TABLE/MATERIALIZED_VIEW_LOG
El trabajo "SYS"."SYS_IMPORT_FULL_01" ha terminado correctamente en 20:50:55
```

Los dos esquemas parecerán idénticos para el optimizador respecto a la información de su contenido, de tablas e índices, aunque estén vacíos.

```
SQL> select owner, table_name, num_rows
2 from dba_tables
3 where owner in ('VUELOS','VUELOS_DEV')
4 and table_name in ('AEROPUERTOS','AGENCIAS','VUELOS','RESERVAS')
5 order by owner, table_name;

OWNER                          TABLE_NAME                    NUM_ROWS
------------------------------ ----------------------------- ----------
VUELOS                         AEROPUERTOS                   34
VUELOS                         AGENCIAS                      102
VUELOS                         RESERVAS                      171113
VUELOS                         VUELOS                        57711
VUELOS_DEV                     AEROPUERTOS                   34
VUELOS_DEV                     AGENCIAS                      102
VUELOS_DEV                     RESERVAS                      171113
VUELOS_DEV                     VUELOS                        57711

8 filas seleccionadas.


SQL> select owner, index_name, blevel, num_rows
  2  from dba_indexes
  3  where owner in ('VUELOS','VUELOS_DEV')
  4  and table_name in ('AEROPUERTOS','AGENCIAS','VUELOS','RESERVAS')
  5  order by owner, index_name;
```

```
OWNER                           INDEX_NAME                          BLEVEL    NUM_ROWS
------------------------------- ------------------------------- ---------- ----------
VUELOS                          AER_CIU_FK_I                             0          34
VUELOS                          AER_PK                                   0          34
VUELOS                          AGE_CIU_FK_I                             0         102
VUELOS                          AGE_EVIA_FK_I                            0         102
VUELOS                          AGE_PK                                   0         102
VUELOS                          IDX_FECHA_VUELO                          1       57711
VUELOS                          IDX_FECHA_VUELO_CHAR                     1       57711
VUELOS                          IDX_RESERVA_IMPORTE                      1      171113
VUELOS                          RES_AGE_FK_I                             1      171113
VUELOS                          RES_CLI_FK_I                             2      171113
VUELOS                          RES_PK                                   1      171113
VUELOS                          RES_PLA_FK_I                             1      171113
VUELOS                          RES_TRS_FK_I                             1      171113
VUELOS                          VUE_AER_FK_I                             1       57711
VUELOS                          VUE_AER_ORIGEN_FK_I                      1       57711
VUELOS                          VUE_CAT_FK_I                             1       57711
VUELOS                          VUE_COMP_FK_I                            1       57711
VUELOS                          VUE_PK                                   1       57711
VUELOS                          VUE_TVUE_FK_I                            1       57711
VUELOS_DEV                      AER_CIU_FK_I                             0          34
VUELOS_DEV                      AER_PK                                   0          34
VUELOS_DEV                      AGE_CIU_FK_I                             0         102
VUELOS_DEV                      AGE_EVIA_FK_I                            0         102
VUELOS_DEV                      AGE_PK                                   0         102
VUELOS_DEV                      IDX_FECHA_VUELO                          1       57711
VUELOS_DEV                      IDX_FECHA_VUELO_CHAR                     1       57711
VUELOS_DEV                      IDX_RESERVA_IMPORTE                      1      171113
VUELOS_DEV                      RES_AGE_FK_I                             1      171113
VUELOS_DEV                      RES_CLI_FK_I                             2      171113
VUELOS_DEV                      RES_PK                                   1      171113
VUELOS_DEV                      RES_PLA_FK_I                             1      171113
VUELOS_DEV                      RES_TRS_FK_I                             1      171113
VUELOS_DEV                      VUE_AER_FK_I                             1       57711
VUELOS_DEV                      VUE_AER_ORIGEN_FK_I                      1       57711
VUELOS_DEV                      VUE_CAT_FK_I                             1       57711
VUELOS_DEV                      VUE_COMP_FK_I                            1       57711
VUELOS_DEV                      VUE_PK                                   1       57711
VUELOS_DEV                      VUE_TVUE_FK_I                            1       57711

38 filas seleccionadas.
```

El procedimiento para trasladar las estadísticas de producción a un entorno de test o desarrollo mediante DBMS_STATS se basa en el uso de los procedimientos de EXPORT e IMPORT_STATS, de los cuales existe un método para cada tipo de recolección de estadísticas, es decir, es posible copiar estadísticas de un índice, una tabla, un esquema, de toda la base de datos, e incluso del diccionario.

El primer paso es crear una tabla de transporte, para que el paquete DBMS_STATS traspase las estadísticas sobre esta tabla. El procedimiento es DBMS_STATS.CREATE_STAT_TABLE.

```
SQL>  exec dbms_stats.create_stat_table('SYSTEM','ESTADISTICAS_PROD');

PL/SQL procedure successfully completed.
```

```
SQL> desc system.estadisticas_prod

Name                                    Null?    Type
--------------------------------------- -------- -------------------------
STATID                                           VARCHAR2(30)
TYPE                                             CHAR(1)
VERSION                                          NUMBER
FLAGS                                            NUMBER
C1                                               VARCHAR2(30)
C2                                               VARCHAR2(30)
C3                                               VARCHAR2(30)
C4                                               VARCHAR2(30)
C5                                               VARCHAR2(30)
N1                                               NUMBER
N2                                               NUMBER
N3                                               NUMBER
N4                                               NUMBER
N5                                               NUMBER
N6                                               NUMBER
N7                                               NUMBER
N8                                               NUMBER
N9                                               NUMBER
N10                                              NUMBER
N11                                              NUMBER
N12                                              NUMBER
D1                                               DATE
R1                                               RAW(32)
R2                                               RAW(32)
CH1                                              VARCHAR2(1000)
CL1                                              CLOB
```

Esta tabla, creada en la base de datos de producción, será el recipiente donde se copiarán las estadísticas.

Los procedimientos de DBMS_STATS para realizar la recolección de estadísticas del sistema y traspasarlas a la tabla creada son los siguientes:

- **EXPORT_COLUMN_STATS:** exporta las estadísticas de una columna.

- **EXPORT_DATABASE_STATS:** exporta las estadísticas de toda la base de datos.

- **EXPORT_DICTIONARY_STATS:** exporta las estadísticas de los usuarios SYS, SYSTEM y de otros componentes del motor.

- **EXPORT_FIXED_OBJECTS_STATS:** exporta las estadísticas de las FIXED_TABLES (tablas X$ sobre las cuales se construyen las vistas de diccionario v$ y dba_, user_ y all_).

- **EXPORT_INDEX_STATS:** exporta las estadísticas de un índice.

- **EXPORT_SCHEMA_STATS:** exporta las estadísticas de un esquema.

- **EXPORT_SYSTEM_STATS:** exporta las estadísticas de sistema.

- **EXPORT_TABLE_STATS:** exporta las estadísticas de una tabla.

En resumen, Oracle permite exportar a una tabla todas aquellas estadísticas susceptibles de ser recopiladas con GATHER_xxxx_STATS.

Esta tabla, creada en la base de datos de producción, será el recipiente donde se copiarán las estadísticas. Una vez contenga la información del esquema o las tablas e índices que necesitemos, estas podrán importarse sobre otro esquema, sobre las mismas tablas con filas de prueba. De este modo, el entorno de desarrollo, a ojos del optimizador de costes, será idéntico al de producción.

```
SQL> exec dbms_stats.export_dictionary_stats ('ESTADISTICAS_PROD')

Procedimiento PL/SQL terminado correctamente.

SQL> exec dbms_stats.export_schema_stats ('SYS','ESTADISTICAS_PROD','VUELOS')

Procedimiento PL/SQL terminado correctamente.

SQL> select count(*) from estadisticas_prod;

COUNT(*)
----------
160628
```

Esta tabla SYS.ESTADISTICAS_PROD, creada anteriormente, contiene ahora toda la información estadística del usuario VUELOS y del diccionario. Exportar esta tabla a otro entorno y realizar la invocación a DBMS_STATS para importar los valores de la tabla al diccionario permitirá que el nuevo entorno tenga la apariencia del de producción, a ojos del optimizador de costes, respecto al usuario VUELOS y a los usuarios de sistema SYS, SYSTEM, XDB, OUTLN, repositorios de APEX, etc.

Los procedimientos para importar son exactamente los mismos que existen para exportar, sustituyendo EXPORT por IMPORT en el nombre del procedimiento.

- **IMPORT_COLUMN_STATS:** importa las estadísticas de una columna.

- **IMPORT_DATABASE_STATS:** importa las estadísticas de toda la base de datos.

- **IMPORT_DICTIONARY_STATS:** importa las estadísticas de los usuarios SYS, SYSTEM y de otros componentes del motor.

- **IMPORT_FIXED_OBJECTS_STATS:** importa las estadísticas de las FIXED_TABLES.

- **IMPORT_INDEX_STATS:** importa las estadísticas de un índice.

- **IMPORT_SCHEMA_STATS:** importa las estadísticas de un esquema.

- **IMPORT_SYSTEM_STATS:** importa las estadísticas de sistema.

- **IMPORT_TABLE_STATS:** importa las estadísticas de una tabla.

```
SQL> exec dbms_stats.import_dictionary_stats ('ESTADISTICAS_PROD')

Procedimiento PL/SQL terminado correctamente.

SQL> exec dbms_stats.import_schema_stats ('SYS','ESTADISTICAS_PROD','VUELOS')

Procedimiento PL/SQL terminado correctamente.
```

Efectos secundarios

Puede suceder que, en ciertas ocasiones, la recopilación de estadísticas empeore el rendimiento de ejecución de ciertas consultas, sobre todo por la generación de histogramas y sus efectos adversos sobre la resolución de variables *bind* mejorada con el Bind Variable Peeking.

Como menciona acertadamente Jonathan Lewis en su blog Oracle Scratchpad (Artículo "Philosophy -1" del 6 de mayo de 2009): "Los histogramas y las variables *bind* existen por razones diametralmente opuestas – no funcionarán correctamente juntas sin ayuda"[1].

Por un lado, las variables *bind* existen para utilizar la misma compilación de un mismo código en el que únicamente cambian los valores de las variables. La misma resolución del plan óptimo es ideal para la mayoría y no es necesario analizar y recompilar cada vez la ejecución en un *hard parse*, pues conviene reutilizar ese trabajo, y de ahí el sentido de que Oracle almacene el texto de la sentencia, el plan y el código compilado en memoria.

Por otro lado, los histogramas diferencian ejecuciones de un mismo código que pueden producir volúmenes de resultados muy diferentes. Según el valor de la

---

[1] Traducción propia. "Histograms and bind variables exist for diametrically opposed reasons –they won't work well together without help".

consulta, será el óptimo un plan u otro. Por ejemplo, si vuelven pocos datos irá mejor el plan que usa el índice, y si vuelven muchos, aquel que hace un FULL SCAN de la tabla. Un plan puede ser ideal para unos valores y nefasto para otros, y la herramienta para estimar el volumen de filas que corresponde a cada valor es el histograma.

En resumen, una tecnología ofrece un plan bueno para todas las ejecuciones, y la otra busca ofrecer planes idóneos para cada ejecución.

Por ese motivo, puede suceder que la creación de histogramas altere la ejecución de ciertas consultas, y que al resolverse por sustitución de variables *bind*, se omita el uso de índices que sí producen un beneficio o se usen otros que resultan en devolver un volumen de filas mayor del esperado.

Para cuando una ejecución de DBMS_STATS de recopilación de estadísticas produzca efectos adversos y sea necesario volver a los valores estadísticos anteriores, un conjunto de procedimientos de RESTORE permitirá recuperar la información de una generación de estadísticas en un momento en que las sentencias tenían una ejecución óptima. En los siguientes procedimientos, el parámetro AS_OF_TIMESTAMP determinará el momento en el que restaurar las estadísticas para diccionario, esquema, tabla, etc.

- **RESTORE_DICTIONARY_STATS:** restaura las estadísticas del diccionario.

- **RESTORE_FIXED_OBJECTS_STATS:** restaura las estadísticas de las FIXED_TABLES.

- **RESTORE_SCHEMA_STATS:** restaura las estadísticas de un esquema.

- **RESTORE_SYSTEM_STATS:** restaura las estadísticas de sistema.

- **RESTORE_TABLE_STATS:** restaura las estadísticas de una tabla.

```
SQL> exec dbms_stats.restore_schema_stats('VUELOS',to_date('14-ENE-2013','DD-MON-YYYY'))

Procedimiento PL/SQL terminado correctamente.
```

Además, y como complemento a los procedimientos de RESTORE_STATS, también puede ser conveniente bloquear las estadísticas de un esquema o tabla, para que una recopilación de estadísticas más genérica, como GATHER_DATABASE_STATS, por ejemplo, no actualice los valores de esos objetos. El procedimiento para bloquear

estadísticas es LOCK_SCHEMA_STATS, LOCK_TABLE_STATS o
LOCK_PARTITION_STATS (para particiones de tabla).

```
SQL> exec dbms_stats.lock_schema_stats('VUELOS')

Procedimiento PL/SQL terminado correctamente.
```

Para desbloquearlas, y que se registre la información de nuevo con la siguiente
recopilación de estadísticas, bastará con ejecutar los procedimientos
UNLOCK_SCHEMA_STATS, UNLOCK_TABLE_STATS o
UNLOCK_PARTITION_STATS.

```
SQL> exec dbms_stats.unlock_schema_stats('VUELOS')

Procedimiento PL/SQL terminado correctamente.
```

Una forma muy interesante de probar los posibles efectos futuros de una recolección
de estadísticas consiste en cambiar las propiedades de una tabla para que las
estadísticas no se publiquen una vez generadas y dejarlas en estado *pending*.

Definiendo el parámetro a nivel de sesión
OPTIMIZER_USE_PENDING_STATISTICS a TRUE, todas las sentencias que se
ejecuten considerarán estas estadísticas pendientes de ser confirmadas y servirá
para valorar el impacto sobre los planes de ejecución o los tiempos que tardarán las
sentencias con estos nuevos valores.

```
SQL> exec dbms_stats.set_table_prefs('VUELOS','RESERVAS','PUBLISH','FALSE')

Procedimiento PL/SQL terminado correctamente.

SQL> exec dbms_stats.gather_table_stats('VUELOS','RESERVAS')

Procedimiento PL/SQL terminado correctamente.

SQL> select owner, table_name, num_rows, blocks, avg_row_len, sample_size
  2  from dba_tab_pending_stats;

OWNER         TABLE_NAME              NUM_ROWS    BLOCKS    AVG_ROW_LEN SAMPLE_SIZE
------------- ----------------------- ---------- ---------- ----------- -----------
VUELOS        RESERVAS                  171113       1126           42      171113

SQL> alter session set optimizer_use_pending_statistics=true;

Sesión modificada.
```

En caso de obtener una mejora, para publicarlas basta con ejecutar el procedimiento PUBLISH_PENDING_STATS y, para descartarlas, DELETE_PENDING_STATS.

```
SQL> exec dbms_stats.publish_pending_stats('VUELOS','RESERVAS')

Procedimiento PL/SQL terminado correctamente.

SQL> select owner, table_name, num_rows, blocks, avg_row_len, sample_size
  2  from dba_tab_pending_stats;

ninguna fila seleccionada
```

Uso de asesores

No existe una varita mágica para acelerar el rendimiento de una base de datos. De existir, o de existir una aplicación que solucionara totalmente el rendimiento, este libro no tendría sentido.

Esto no quiere decir que no podamos atender a los consejos de los asesores. Existen muchas aplicaciones en el mercado, además de componentes propios de Oracle como Oracle Diagnostics Pack y Oracle Tuning Pack de la herramienta de gestión Oracle Enterprise Manager Grid Control que pueden darnos una pista de cuál podría ser la solución a un SQL con un consumo susceptible de mejorarse por otros medios que no sean los propios del optimizador de sentencias.

Estos packs de diagnóstico y *tuning* también pueden usarse desde la consola *standalone* de Database Control o desde PL/SQL, tal como muestran los ejemplos de este capítulo.

Por ejemplo, es relativamente fácil detectar que una columna presente en una condición de la cláusula WHERE de una consulta no está usando un índice, tomando el número de filas que tiene la tabla respecto al número de filas que restringe el filtro. Estos productos pueden detectar a vista de pájaro que ahí falta un índice y que probablemente este mejore sensiblemente el rendimiento.

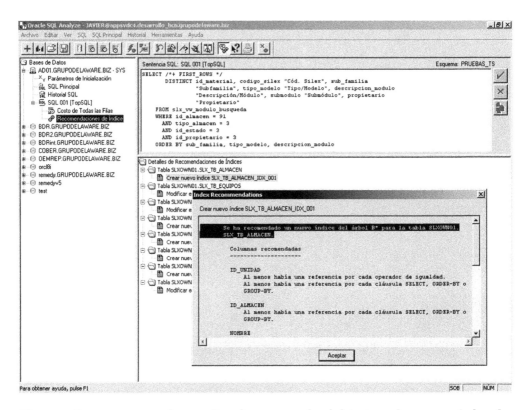

Figura 1. Los asesores pueden resultar de gran ayuda al detectar columnas no indexadas presentes en los filtros de la consulta.

Es importante mencionar la importancia de consultar al DBA si en la base de datos donde se quieren utilizar están licenciados estos componentes, pues en muchos casos se necesita una licencia adicional, con el fin de evitar problemas en una auditoría.

El uso de estos paquetes queda registrado automáticamente en la base de datos en la vista del diccionario DBA_FEATURE_USAGE_STATISTICS incluyendo el número de ejecuciones y la fecha de la primera y la última ejecución.

```
SQL> select name, detected_usages, feature_info
  2  from dba_feature_usage_statistics
  3  where lower(name) like '%tuning advisor%';
```

```
NAME                 DETECTED_USAGES FEATURE_INFO
-------------------- --------------- --------------------------------------------------------------
SQL Tuning Advisor                 3 <advisor_usage>
                                       <reports>
                                         <first_report_time>14-feb-2013 18:19:24</first_report_time>
                                         <last_report_time>28-feb-2013 23:38:19</last_report_time>
                                         <num_db_reports>49</num_db_reports>
                                       </reports>
                                     </advisor_usage>

SQL Tuning Advisor                 0
Automatic Maintenanc              28
e - SQL Tuning Advis
or

Automatic Maintenanc               3
e - SQL Tuning Advis
or

Automatic SQL Tuning              28 Execution count so far: 14, Executions with auto-implement: 0, SQ
 Advisor                             L profiles recommended so far: 2, Projected DB Time Saved Automat
                                     ically (s): 0

Automatic SQL Tuning               2 Execution count so far: 9, Executions with auto-implement: 0, SQL
 Advisor                             profiles recommended so far: 0, Projected DB Time Saved Automati
                                     cally (s): 0

6 filas seleccionadas.
```

A partir de Oracle 10g, este tipo de consultas pueden hacerse directamente a la base de datos, dando el texto de la sentencia a analizar y lanzando una tarea "tuning_task" mediante el paquete DBMS_SQLTUNE.

```
SQL> variable sentencia varchar2(4000)
SQL> exec :sentencia := 'select count(*) from vuelos.clientes where
apellidos=''APELLIDO2''';

Procedimiento PL/SQL terminado correctamente.

SQL> variable ajuste varchar2(30)
SQL> exec :ajuste := dbms_sqltune.create_tuning_task(sql_text=>:sentencia)

Procedimiento PL/SQL terminado correctamente.

SQL> exec dbms_sqltune.execute_tuning_task(:ajuste)

Procedimiento PL/SQL terminado correctamente.

SQL> column informe format a100
SQL> select dbms_sqltune.report_tuning_task(:ajuste) informe from dual;

INFORME
--------------------------------------------------------------------------------
GENERAL INFORMATION SECTION
--------------------------------------------------------------------------------
Tuning Task Name    : TAREA_2226
Tuning Task Owner   : SYS
Workload Type       : Single SQL Statement
Scope               : COMPREHENSIVE
Time Limit(seconds) : 1800
Completion Status   : COMPLETED
Started at          : 02/14/2013 18:23:32
Completed at        : 02/14/2013 18:23:33
--------------------------------------------------------------------------------
```

Optimización SQL en Oracle

```
Schema Name: SYS
SQL ID     : 785s4z6q8x71t
SQL Text   : select count(*) from vuelos.clientes where apellidos='APELLIDO2'

-------------------------------------------------------------------------------
FINDINGS SECTION (1 finding)
-------------------------------------------------------------------------------

1- Index Finding (see explain plans section below)
---------------------------------------------------
  El plan de ejecución de esta sentencia se puede mejorar mediante la creación
  de uno o más índices.

  Recommendation (estimated benefit: 96.32%)
  ------------------------------------------
  - Puede ejecutar el Asesor de Acceso para mejorar el diseño del esquema
    físico o crear el índice recomendado.
    create index VUELOS.IDX$$_08B20001 on VUELOS.CLIENTES("APELLIDOS");

  Rationale
  ---------
    La creación de índices recomendados mejora significativamente el plan de
    ejecución de esta sentencia. Sin embargo, puede ser preferible ejecutar el
    "Asesor de Acceso" mediante una carga de trabajo SQL representativa en
    contraposición a una única sentencia. Esto permitirá obtener
    recomendaciones de índice globales que tienen en cuenta la sobrecarga de
    mantenimiento de índice y el consumo de espacio adicional.

-------------------------------------------------------------------------------
EXPLAIN PLANS SECTION
-------------------------------------------------------------------------------

1- Original
-----------
Plan hash value: 2773641102


-------------------------------------------------------------------------------
| Id  | Operation           | Name     | Rows | Bytes | Cost (%CPU)| Time     |
-------------------------------------------------------------------------------
|   0 | SELECT STATEMENT    |          |    1 |    26 |    27   (0)| 00:00:01 |
|   1 |  SORT AGGREGATE     |          |    1 |    26 |            |          |
|*  2 |   TABLE ACCESS FULL | CLIENTES |    1 |    26 |    27   (0)| 00:00:01 |
-------------------------------------------------------------------------------

Predicate Information (identified by operation id):
---------------------------------------------------
   2 - filter("APELLIDOS"='APELLIDO2')

2- Using New Indices
--------------------
Plan hash value: 3072184257


-------------------------------------------------------------------------------
| Id  | Operation          | Name           | Rows | Bytes | Cost (%CPU)| Time     |
-------------------------------------------------------------------------------
|   0 | SELECT STATEMENT   |                |    1 |    26 |    1    (0)| 00:00:01 |
|   1 |  SORT AGGREGATE    |                |    1 |    26 |            |          |
|*  2 |   INDEX RANGE SCAN | IDX$$_08B20001 |    1 |    26 |    1    (0)| 00:00:01 |
-------------------------------------------------------------------------------

Predicate Information (identified by operation id):
---------------------------------------------------
   2 - access("APELLIDOS"='APELLIDO2')
-------------------------------------------------------------------------------
```

Del mismo modo, otros asesores del motor como el SQL Segment Advisor pueden indicar que una tabla tiene un alto número de filas encadenadas y necesita reorganizarse, o que un índice necesita reconstruirse por estar fragmentado.

Tomemos como ejemplo el caso de una tabla que tiene filas encadenadas y profundicemos más en él. Una tabla sufre encadenamiento de sus filas cuando estas reciben un alto número de actualizaciones de tipo *update* que aumentan el tamaño de la fila y este aumento no cabe en el bloque de datos. Oracle decide partir esa fila y continuarla en otro bloque o en varios bloques. El impacto de esta operación al rendimiento es claro: cuando se acceda a esta fila, Oracle leerá el bloque donde esté, y tendrá que volver a acceder a otro bloque para continuar con la información que le falta, y así por cuantos bloques llegue a esparcirse la fila.

Un encadenamiento masivo de filas puede llegar en cualquier momento. Tan solo basta añadir una columna de texto con un valor por defecto asignado un tanto grande para que, una vez lleno el espacio libre asignado para el crecimiento de las filas, todas las demás se encadenen sobre otros bloques al final de la tabla.

Figura 2. Ejemplo de recomendación de mejora de una sentencia mediante el asesor de SQL de Oracle Enterprise Manager Grid Control 11g.

Si alguien nos dijera: "Añadimos una columna descripción a la tabla, y desde entonces los accesos se han ralentizado al doble", podríamos intuir fácilmente este caso. No obstante, esto no suele ser así. La caída en el rendimiento la notarían los usuarios finales, que no son los que han alterado las columnas de la tabla, y su queja suele ser: "Todo iba bien, y ahora de pronto va mal".

Los asesores de SQL y de segmentos resuelven esta parte evidente de la investigación. Si en una tabla el cincuenta por ciento de sus filas están partidas, eso causa una caída del rendimiento y su solución es una y única: reorganizar la tabla. Además, con toda certeza la reorganización resolverá el problema siempre y cuando las filas no ocupen más que el tamaño de bloque de la tabla, lo cual es poco probable. Un asesor diagnosticará el encadenamiento y la solución al problema estará a golpe de clic: "¿Desea usted reorganizar la tabla?" Aceptar.

Los asesores carecen de olfato humano. No son capaces de imaginar que quizás la columna CODIGO_CLIENTE de la tabla FACTURAS y la columna ID_CLIENTE de la tabla CLIENTES puedan tener una correspondencia, o incluso una integridad referencial, si no existe una *constraint* entre ellos. Del mismo modo, no les resulta sospechoso que la tabla FACTURAS tenga cien filas en lugar de cien mil, o viceversa, porque el motor de base de datos no sabe si nuestra empresa vende bolígrafos o aviones.

Los asesores carecen también de la "inteligencia" del optimizador. Oracle conoce internamente los objetos y si el optimizador estima que combinar una tabla por el método HASH_JOIN es menos óptimo en este caso que usar NESTED_LOOPS, no hay base científica para contradecir sus decisiones salvo una prueba por fuerza bruta: cuánto tarda uno frente a cuánto tarda otro.

Existen aplicaciones que someten el SQL a analizar forzando al optimizador a proporcionar tiempos de aquellos métodos que ha descartado. Toman el SQL a analizar y le aplican *hints* para alterar el uso de los índices, el orden de combinación de las tablas, o el método de unión. De esta batería de pruebas y sus tiempos, recomiendan alterar el SQL para que Oracle actúe de forma distinta a su recomendación.

Personalmente no recomiendo estas herramientas que usan pruebas de fuerza bruta para obtener mejores planes de rendimiento proporcionando *hints* como único método para la solución de problemas. La respuesta que proporcionan no debe asumirse como una verdad universal y sí conviene someterla a una evaluación crítica pues, en la práctica, es algo así como afirmar: "Pide al optimizador que tome esta decisión, aunque él la evalúe como menos eficiente, porque he comprobado que es más rápida aunque no sé por qué".

¿Por qué el optimizador de uno de los mejores sistemas gestores de base de datos del mundo, con todo el conocimiento de las estructuras físicas y un montón de estadísticas, está descartando una solución que comprobamos puede ser más eficaz?

¿Qué información necesita para llegar a esa conclusión?

Es importante que la decisión de la optimización la haga el optimizador y no nosotros o una aplicación que pruebe permutaciones de un código y compare tiempos de ejecución. No solo porque es su trabajo y debe hacerlo bien, sino porque debe hacerlo bien siempre. Cuando una de las tablas de la consulta cambie, y ya no sea eficiente usar el índice que forzamos a Oracle a usar, el optimizador no será capaz de tomar una decisión aún mejor que la que nosotros le forzamos a tomar.

Oracle invalida los planes cuando las tablas han sufrido cambios importantes, o cuando las estadísticas han quedado obsoletas, o cuando se añaden nuevos índices que pueden mejorar el acceso. Si nosotros le seguimos forzando a usar el mismo índice que una vez ganó el pulso a las otras ejecuciones tendremos un sistema rígido, con las mismas conclusiones para el mismo problema. Quizás al cabo de un tiempo, alguien realice un mantenimiento sobre una de las tablas y el optimizador podría concluir que acceder en FULL SCAN a la tabla sería más eficiente que acceder a sus filas mediante un índice, pero no le dejaremos sitio para evaluar de nuevo sus conclusiones. El sistema irá siempre igual de bien. El sistema también lo hará igual de mal. Forzar el optimizador es anular su funcionalidad.

Recuerdo una de las optimizaciones más rápidas que hice. Fue un código lleno de *hints* y recomendaciones, forzando al optimizador a usar unos índices en un orden determinado y combinando tablas por métodos concretos. Fue tan sencillo como eliminar las *hints* para comprobar cuál sería la ejecución sugerida por el optimizador, y su ejecución bajó de 20 minutos a 17 segundos. El equipo de desarrollo había estado probando durante días, forzando el uso de unos índices u otros, y trabajando muy duro en la investigación de *hints* que pudieran ganarle el pulso al optimizador.

Lo consiguieron, pero al cabo de una semana una carga de datos aumentó el volumen de un par de tablas y los tiempos de ejecución se vinieron abajo.

Claro está, este caso fue anecdótico y se solucionó dejando al optimizador volver a evaluar todas las posibilidades. No quiero decir que la solución a un código con *hints* sea eliminarlas. Los asesores son recomendadores de una solución que se ha probado con mejor resultado. Los desarrolladores de este último caso pretendían hacer lo mismo, y funcionó durante ese espacio de tiempo hasta que la morfología de los objetos cambió.

No se puede formular una solución universal o, lo que denominan los británicos, una *silver bullet* o bala de plata. Cada caso será distinto, toda ayuda será bienvenida, las métricas y la comprensión humana del problema también serán buena parte de la solución al caso. Mi intención en este libro es optimizar desde esa comprensión de las métricas, visualizando físicamente qué está sucediendo internamente en las ejecuciones, para detectar dónde aportar una mejora. A poder ser, aportando al optimizador las herramientas para determinar los mejores planes por sí solo.

Aunque nadie es perfecto. A veces basta una sola fila para cambiar todo un plan de ejecución. A veces, el plan de ejecución anterior daba mejor resultado. A veces, mucho mejor resultado.

En este sentido, el SQL Tuning Advisor quizás pueda sernos de ayuda, como una forma válida de por dónde empezar, o como último recurso cuando ya no se nos ocurre qué más podemos hacer ante un fallo de rendimiento de SQL. Es necesario, por tanto, que hablemos sobre SQL Profiles y SQL Baselines.

SQL Profiles

En versiones anteriores a Oracle 10g existía un conjunto de paquetes que permitían almacenar redefiniciones de un plan de ejecución, a gusto del consumidor, llamado Stored Outlines. Estas *outlines* consistían en una especie de edición del plan de ejecución dado a una sentencia, de modo que ciertas operaciones dentro de un plan se cambiasen por otras, así como el modo de optimización (de costes a reglas, por ejemplo), el método de acceso a un objeto, la forma de *join* entre tablas, etc.

A partir de la versión Oracle 10g aparece un nuevo conjunto de utilidades orientadas a registrar y analizar el comportamiento del SQL procesado y mediante invocaciones al paquete DBMS_SQLTUNE, además de recomendaciones de índices como en el ejemplo de la sección anterior, Oracle nos puede aconsejar sobre el uso de SQL Profiles y SQL Baselines.

Un SQL Profile es una propuesta de ejecución alternativa. A diferencia de las Stored Outlines, es el propio motor el que evalúa y considera que una ejecución debería utilizar otras rutas, otra forma de acceder a los objetos, etc., partiendo de la información del SQL ejecutado en la base de datos existente en la *library cache*, en una instantánea de AWR o de un SQL Tuning Set.

Por ejemplo, la recomendación para una consulta sobre una tabla que tiene un índice ideal para aplicar a nuestro filtro de búsqueda, pero forzada a ignorarlo, tendrá la siguiente propuesta alternativa de SQL Profile:

```
SQL> variable sentencia varchar2(4000)

SQL> exec :sentencia := 'select /*+ FULL(r) */ count(*) from vuelos.reservas r --
> where cli_nif=''72881723H''';

Procedimiento PL/SQL terminado correctamente.

SQL> print sentencia

SENTENCIA
--------------------------------------------------------------------------------
select /*+ FULL(r) */ count(*) from vuelos.reservas r where cli_nif='72881723H'
```

```
SQL> variable ajuste varchar2(30)

SQL> exec :ajuste := dbms_sqltune.create_tuning_task(sql_text=>:sentencia)

Procedimiento PL/SQL terminado correctamente.

SQL> exec dbms_sqltune.execute_tuning_task(:ajuste)

Procedimiento PL/SQL terminado correctamente.

SQL> select dbms_sqltune.report_tuning_task(:ajuste) informe from dual;

INFORME
--------------------------------------------------------------------------------
GENERAL INFORMATION SECTION
--------------------------------------------------------------------------------
Tuning Task Name    : TAREA_2229
Tuning Task Owner   : SYS
Workload Type       : Single SQL Statement
Scope               : COMPREHENSIVE
Time Limit(seconds): 1800
Completion Status   : COMPLETED
Started at          : 02/14/2013 18:42:53
Completed at        : 02/14/2013 18:43:07
--------------------------------------------------------------------------------
Schema Name: SYS
SQL ID      : bnu5yj4unm51y
SQL Text    : select /*+ FULL(r) */ count(*) from vuelos.reservas r where
              cli_nif='72881723H'
--------------------------------------------------------------------------------
FINDINGS SECTION (1 finding)
--------------------------------------------------------------------------------

1- SQL Profile Finding (see explain plans section below)
--------------------------------------------------------
  Se ha encontrado un plan de ejecución potencialmente mejor para esta
  sentencia.

  Recommendation (estimated benefit: 99.73%)
  -------------------------------------------
  - Puede aceptar el perfil SQL recomendado.
    execute dbms_sqltune.accept_sql_profile(task_name => 'TAREA_2229',
            task_owner => 'SYS', replace => TRUE);

  Validation results
  ------------------
  Se ha probado SQL profile  ejecutando su plan y el plan original y midiendo
  sus respectivas estadísticas de ejecución. Puede que uno de los planes se
  haya ejecutado sólo parcialmente si el otro se ha ejecutado por completo en
  menos tiempo.

                        Original Plan  With SQL Profile  % Improved
                        -------------  ----------------  ----------
  Completion Status:       COMPLETE         COMPLETE
  Elapsed Time (s):        1.288609          .00004        99.99 %
  CPU Time (s):              .0312              0           100 %
  User I/O Time (s):       .485124             0           100 %
  Buffer Gets:              1130               3          99.73 %
  Physical Read Requests:    177               0           100 %
  Physical Write Requests:     0               0
  Physical Read Bytes:     3682304             0           100 %
  Physical Write Bytes:        0               0
  Rows Processed:              1               1
  Fetches:                     1               1
  Executions:                  1               1
```

```
Notes
-----
1. Statistics for the original plan were averaged over 2 executions.
2. Statistics for the SQL profile plan were averaged over 10 executions.

-------------------------------------------------------------------------
EXPLAIN PLANS SECTION
-------------------------------------------------------------------------

1- Original With Adjusted Cost
------------------------------
Plan hash value: 1397555022

--------------------------------------------------------------------------
| Id  | Operation          | Name     | Rows  | Bytes | Cost (%CPU)| Time     |
--------------------------------------------------------------------------
|   0 | SELECT STATEMENT   |          |    1  |   11  |   310   (1)| 00:00:04 |
|   1 |  SORT AGGREGATE    |          |    1  |   11  |            |          |
|*  2 |   TABLE ACCESS FULL| RESERVAS |    1  |   11  |   310   (1)| 00:00:04 |
--------------------------------------------------------------------------

Predicate Information (identified by operation id):
---------------------------------------------------

   2 - filter("CLI_NIF"='72881723H')

2- Using SQL Profile
--------------------
Plan hash value: 472569743

----------------------------------------------------------------------------
| Id  | Operation          | Name        | Rows  | Bytes | Cost (%CPU)| Time     |
----------------------------------------------------------------------------
|   0 | SELECT STATEMENT   |             |    1  |   11  |     3   (0)| 00:00:01 |
|   1 |  SORT AGGREGATE    |             |    1  |   11  |            |          |
|*  2 |   INDEX RANGE SCAN | RES_CLI_FK_I |    1  |   11  |     3   (0)| 00:00:01 |
----------------------------------------------------------------------------

Predicate Information (identified by operation id):
---------------------------------------------------

   2 - access("CLI_NIF"='72881723H')
----------------------------------------------------------------------------
```

En el informe se nos ofrece una recomendación de ejecución mejor a la original, que forzaba un acceso FULL SCAN, obteniendo una mejora de un 99,73 %. Esta mejora tan exacta es porque ha realizado las dos ejecuciones, tal como muestra el cuadro inferior al consejo: 99 % de mejora en tiempo, en consumo de memoria, en lecturas físicas, dejando claro que la ejecución original se ha ejecutado dos veces, y la alternativa diez.

Para aceptar que esta sentencia se ejecute usando este SQL Profile, basta con seguir la ejecución que nos indica textualmente.

```
Recommendation (estimated benefit: 99.73%)
------------------------------------------
- Puede aceptar el perfil SQL recomendado.
  execute dbms_sqltune.accept_sql_profile(task_name => 'TAREA_2229',
        task_owner => 'SYS', replace => TRUE);
```

Pues, una vez aceptado el SQL Profile, las ejecuciones de ese código se realizarán utilizando el índice óptimo, ignorando la *hint* de FULL SCAN. El *explain plan* indica que se ha usado un SQL Profile para realizar la ejecución.

```
SQL> begin
  2      dbms_sqltune.accept_sql_profile(task_name => :ajuste,  task_owner => 'SYS',
replace => TRUE);
  3  end;
  4  /

Procedimiento PL/SQL terminado correctamente.

SQL> explain plan for
  2  select /*+ FULL(r) */ count(*) from vuelos.reservas r where cli_nif='72881723H';

Explicado.


SQL> @?/rdbms/admin/utlxpls

PLAN_TABLE_OUTPUT
--------------------------------------------------------------------------------
Plan hash value: 472569743


--------------------------------------------------------------------------------
| Id  | Operation          | Name        | Rows  | Bytes | Cost (%CPU)| Time     |
--------------------------------------------------------------------------------
|   0 | SELECT STATEMENT   |             |     1 |    11 |     3   (0)| 00:00:01 |
|   1 |  SORT AGGREGATE    |             |     1 |    11 |            |          |
|*  2 |   INDEX RANGE SCAN| RES_CLI_FK_I |     1 |    11 |     3   (0)| 00:00:01 |
--------------------------------------------------------------------------------

Predicate Information (identified by operation id):
--------------------------------------------------

   2 - access("CLI_NIF"='72881723H')

Note
-----
   - SQL profile "SYS_SQLPROF_013cdae513940000" used for this statement
```

Con el uso de los SQL Profiles la mejora de los planes de ejecución se limita a los que únicamente detecta el SQL Tuning Advisor. No ha sido posible indicarle alternativas con otras *hints*, o modos de optimización, etc. Solo ha habido una recomendación, y las dos opciones son aceptar el perfil o descartarlo.

SQL Baselines

Los SQL Baselines aparecen en Oracle 11g en una nueva implementación llamada SPM (SQL Plan Management) mediante la cual es posible manejar varios planes de ejecución como válidos para distintos contextos de ejecución, por ejemplo, con diferentes valores de variables *bind*, mediante el uso de SQL Baselines.

Los SQL Baselines se componen del texto SQL, su *outline*, las variables *bind* y el entorno en el que se ha compilado. La ejecución inicial determina el primer plan como el óptimo, y en posteriores ejecuciones se evalúa el plan de ejecución si es distinto al almacenado en el histórico de planes y se plantea si es más efectivo que el actual. De este modo, el optimizador escogerá siempre el plan con menor coste del histórico, basado en los valores actuales.

```
SQL> alter session set optimizer_capture_sql_plan_baselines=true;

Sesión modificada.

SQL> show parameters baseline

NAME                                TYPE                            VALUE
----------------------------------- ------------------------------- ---------------
optimizer_capture_sql_plan_baselines boolean                         TRUE
optimizer_use_sql_plan_baselines     boolean                         TRUE
```

El parámetro OPTIMIZER_CAPTURE_SQL_PLAN_BASELINES permite que Oracle almacene las nuevas SQL Baselines y el parámetro OPTIMIZER_USE_SQL_PLAN_BASELINES considera el uso de estas para su ejecución.

Supongamos una sentencia que busque por un rango de fechas, que se ejecuta con volúmenes de resultados que impliquen planes de ejecución óptimos diferentes. En un primer lugar, la búsqueda de vuelos anteriores a 25-mayo-2004 a las 00:00, que devuelve 7.993 filas y cuya ejecución óptima se basa en acceder a RESERVAS y VUELOS en accesos FULL SCAN y combinados con HASH JOIN, y una segunda ejecución consultando vuelos anteriores a 24-mayo-2004 a las 21:00, con únicamente 58 filas, y cuya ejecución óptima es mediante accesos a las tablas RESERVAS y VUELOS mediante índices y combinados con NESTED LOOPS.

La primera vez que se ejecute la sentencia, Oracle no creará un SQL Plan Baseline. De este modo se evita que aquel código que solo vaya a ejecutarse una vez destine tiempo a analizar y almacenar su *baseline*.

En la segunda ejecución, de 7.993 filas devueltas, el optimizador crea una primera *baseline* con el plan de ejecución determinado. Para este caso, el plan óptimo era el de FULL SCAN de las dos tablas, y dado que se trata de la primera ejecución, se marca el plan como habilitado y aceptado.

```
SQL> select cli_nif, importe, fecha_vuelo, detalles, aer_id_aero, aer_id_aero_destino
  2  from vuelos.vuelos, vuelos.reservas
  3  where vuelos.id_vuelo=reservas.vue_id_vuelo
  4    and fecha_vuelo<to_date('25/05/2004','DD/MM/YYYY')
  5    order by cli_nif;

CLI_NIF        IMPORTE FECHA_VU DETALLES                         AER AER
---------- ---------- -------- ------------------------------   --- ---
99765517-T     162,18 24/05/04 VUELO74679                       BLC BON
99765517-T     117,72 24/05/04 VUELO17182                       MDR ESX
99778638-X     199,58 24/05/04 VUELO78789                       LIV CHI
99778638-X      152,3 24/05/04 VUELO91931                       MDE SVL
99819490-B     195,34 24/05/04 VUELO19858                       PMP LND
99838336-U     185,93 24/05/04 VUELO1088                        PAR HEA
99859854-M     136,76 23/05/04 VUELO2942                        HEA BOS

[...]

99872197-K     103,73 24/05/04 VUELO98717                       MDR VLC
99872197-K     113,27 24/05/04 VUELO20728                       HEA BRL
99892994-X     183,84 24/05/04 VUELO6112                        LSB BRL
99893019-P     100,21 24/05/04 VUELO46396                       MLG ESX
99893019-P     191,65 24/05/04 VUELO21641                       VLC SVL
99895339-S      109,3 24/05/04 VUELO9645                        SVL HEA
9994221-X      185,44 24/05/04 VUELO93178                       LSB SCZ
9996353-I      190,32 24/05/04 VUELO9475                        MDR LIO
99966957-C     149,85 24/05/04 VUELO41071                       HEA FLO
99967869-N     152,34 24/05/04 VUELO55785                       BON LIO

7993 filas seleccionadas.


SQL> select sql_handle, sql_text, plan_name, origin, enabled, accepted, fixed
  2    from dba_sql_plan_baselines
  3   where sql_text like '%vuelos.reservas%';

SQL_HANDLE SQL_TEXT                            PLAN_NAME            ORIGIN        ENA ACC FIX
---------- ---------------------------------   -------------------- ------------  --- --- ---
SQL_4c60e5 select cli_nif, importe, fecha      SQL_PLAN_4ss75snxj72 AUTO-CAPTURE  YES YES NO
c53b138b39 _vuelo, detalles, aer_id_aero,      ttc44ec2b1
           aer_id_aero_destino
           from vuelos.vuelos, vuelos.res
           ervas
           where vuelos.id_vuelo=reservas
           .vue_id_vuelo
             and fecha_vuelo<to_date(:"SY
           S_B_0",:"SYS_B_1")
             order by cli_nif


SQL> select plan_table_output
  2    from table(dbms_xplan.display_sql_plan_baseline('SQL_4c60e5c53b138b39'));
```

```
PLAN_TABLE_OUTPUT
-----------------------------------------------------------------------------
SQL handle: SQL_4c60e5c53b138b39
SQL text: select cli_nif, importe, fecha_vuelo, detalles, aer_id_aero,
          aer_id_aero_destino from vuelos.vuelos, vuelos.reservas where
          vuelos.id_vuelo=reservas.vue_id_vuelo   and
          fecha_vuelo<to_date(:"SYS_B_0",:"SYS_B_1")   order by cli_nif
-----------------------------------------------------------------------------
-----------------------------------------------------------------------------
Plan name: SQL_PLAN_4ss75snxj72ttc44ec2b1       Plan id: 3293495985
Enabled: YES    Fixed: NO      Accepted: YES    Origin: AUTO-CAPTURE
-----------------------------------------------------------------------------

Plan hash value: 212771226

-----------------------------------------------------------------------------
| Id  | Operation           | Name     | Rows  | Bytes |TempSpc| Cost (%CPU)| Time     |
-----------------------------------------------------------------------------
|   0 | SELECT STATEMENT    |          | 8990  | 465K|       |  606  (2)| 00:00:08 |
|   1 |  SORT ORDER BY      |          | 8990  | 465K| 576K|  606  (2)| 00:00:08 |
|*  2 |   HASH JOIN         |          | 8990  | 465K|       |  487  (3)| 00:00:06 |
|*  3 |    TABLE ACCESS FULL| VUELOS   | 2886  | 92352 |       |  174  (3)| 00:00:03 |
|   4 |    TABLE ACCESS FULL| RESERVAS | 171K| 3509K|       |  311  (2)| 00:00:04 |
-----------------------------------------------------------------------------

Predicate Information (identified by operation id):
---------------------------------------------------

   2 - access("VUELOS"."ID_VUELO"="RESERVAS"."VUE_ID_VUELO")
   3 - filter("FECHA_VUELO"<TO_DATE(:SYS_B_0,:SYS_B_1))

31 filas seleccionadas.
```

Si ahora ejecutamos la misma sentencia usando un rango de fechas distinto, filtrando unicamente 58 filas, el optimizador reconocerá un nuevo plan de ejecución y creará un nuevo plan a la *baseline*.

```
SQL> select cli_nif, importe, fecha_vuelo, detalles, aer_id_aero, aer_id_aero_destino
  2  from vuelos.vuelos, vuelos.reservas
  3  where vuelos.id_vuelo=reservas.vue_id_vuelo
  4    and fecha_vuelo<to_date('23/05/2004:21:00:00','DD/MM/YYYY:HH24:MI:SS')
  5    order by cli_nif;

CLI_NIF      IMPORTE FECHA_VU DETALLES        AER AER
---------- ---------- -------- --------------- --- ---
10382418-B    185,23 23/05/04 VUELO42298      MUN VEN
11861319-L    161,66 23/05/04 VUELO12045      BLB WSH
11875476-Q    135,04 23/05/04 VUELO6699       PAR MIL
12388222-G    141,36 23/05/04 VUELO27265      MIL LAN

[...]

95889914-Z    123,42 23/05/04 VUELO27546      PMP LAN
95970763-Q    113,85 23/05/04 VUELO6699       PAR MIL
96337451-U    163,37 23/05/04 VUELO27265      MIL LAN
99859854-M    136,76 23/05/04 VUELO2942       HEA BOS

58 filas seleccionadas.
```

```
SQL> select sql_handle, sql_text, plan_name, origin, enabled, accepted, fixed
  2    from dba_sql_plan_baselines
  3    where sql_text like '%vuelos.reservas%';


SQL_HANDLE SQL_TEXT                      PLAN_NAME             ORIGIN       ENA ACC FIX
---------- ----------------------------- -------------------- ------------ --- --- ---
SQL_4c60e5 select cli_nif, importe, fecha SQL_PLAN_4ss75snxj72 AUTO-CAPTURE YES NO  NO
c53b138b39 _vuelo, detalles, aer_id_aero, tt3db708dc
            aer_id_aero_destino
           from vuelos.vuelos, vuelos.res
           ervas
           where vuelos.id_vuelo=reservas
           .vue_id_vuelo
             and fecha_vuelo<to_date(:"SY
           S_B_0",:"SYS_B_1")
             order by cli_nif

SQL_4c60e5 select cli_nif, importe, fecha SQL_PLAN_4ss75snxj72 AUTO-CAPTURE YES YES NO
c53b138b39 _vuelo, detalles, aer_id_aero, ttc44ec2b1
            aer_id_aero_destino
           from vuelos.vuelos, vuelos.res
           ervas
           where vuelos.id_vuelo=reservas
           .vue_id_vuelo
             and fecha_vuelo<to_date(:"SY
           S_B_0",:"SYS_B_1")
             order by cli_nif




SQL> select plan_table_output
  2    from table(dbms_xplan.display_sql_plan_baseline('SQL_4c60e5c53b138b39'));


PLAN_TABLE_OUTPUT
--------------------------------------------------------------------------------


--------------------------------------------------------------------------------
SQL handle: SQL_4c60e5c53b138b39
SQL text: select cli_nif, importe, fecha_vuelo, detalles, aer_id_aero,
          aer_id_aero_destino from vuelos.vuelos, vuelos.reservas where
          vuelos.id_vuelo=reservas.vue_id_vuelo    and
          fecha_vuelo<to_date(:"SYS_B_0",:"SYS_B_1")    order by cli_nif
--------------------------------------------------------------------------------


--------------------------------------------------------------------------------
Plan name: SQL_PLAN_4ss75snxj72ttc44ec2b1      Plan id: 3293495985
Enabled: YES     Fixed: NO      Accepted: YES    Origin: AUTO-CAPTURE
--------------------------------------------------------------------------------


Plan hash value: 212771226


---------------------------------------------------------------------------------------
| Id  | Operation            | Name     | Rows  | Bytes |TempSpc| Cost (%CPU)| Time     |
---------------------------------------------------------------------------------------
|   0 | SELECT STATEMENT     |          |  8990 |  465K |       |   606   (2)| 00:00:08 |
|   1 |  SORT ORDER BY       |          |  8990 |  465K |  576K |   606   (2)| 00:00:08 |
|*  2 |   HASH JOIN          |          |  8990 |  465K |       |   487   (3)| 00:00:06 |
|*  3 |    TABLE ACCESS FULL | VUELOS   |  2886 | 92352 |       |   174   (3)| 00:00:03 |
|   4 |    TABLE ACCESS FULL | RESERVAS |  171K | 3509K |       |   311   (2)| 00:00:04 |
---------------------------------------------------------------------------------------
```

```
Predicate Information (identified by operation id):
---------------------------------------------------

   2 - access("VUELOS"."ID_VUELO"="RESERVAS"."VUE_ID_VUELO")
   3 - filter("FECHA_VUELO"<TO_DATE(:SYS_B_0,:SYS_B_1))

---------------------------------------------------------------------------
Plan name: SQL_PLAN_4ss75snxj72tt3db708dc        Plan id: 1035405532
Enabled: YES     Fixed: NO     Accepted: NO      Origin: AUTO-CAPTURE
---------------------------------------------------------------------------
Plan hash value: 492929910
```

Id	Operation	Name	Rows	Bytes	TempSpc	Cost (%CPU)	Time
0	SELECT STATEMENT		8990	465K		14169 (1)	00:02:51
1	SORT ORDER BY		8990	465K	576K	14169 (1)	00:02:51
2	NESTED LOOPS						
3	NESTED LOOPS		8990	465K		14049 (1)	00:02:49
4	TABLE ACCESS BY INDEX ROWID	VUELOS	2886	92352	|169	(0)	00:00:03
* 5	INDEX RANGE SCAN	IDX_FECHA_VUELO	519			3 (0)	00:00:01
* 6	INDEX RANGE SCAN	IDX_RESERVAS_ID_VUELO	3			1 (0)	00:00:01
7	TABLE ACCESS BY INDEX ROWID	RESERVAS	3	63		5 (0)	00:00:01

```
Predicate Information (identified by operation id):
---------------------------------------------------

   5 - access("FECHA_VUELO"<TO_DATE(:SYS_B_0,:SYS_B_1))
   6 - access("VUELOS"."ID_VUELO"="RESERVAS"."VUE_ID_VUELO")

57 filas seleccionadas.
```

No obstante, este nuevo plan reconocido no está aceptado. Es preciso que el optimizador garantice que el tiempo de ejecución de este nuevo plan es inferior al aceptado previamente por la *baseline*. Así, esta última ejecución de 58 filas resultantes seguirá usando el SQL plan principal de la *baseline* realizando FULL SCAN y HASH JOIN.

```
SQL> select cli_nif, importe, fecha_vuelo, detalles, aer_id_aero, aer_id_aero_de
  2  from vuelos.vuelos, vuelos.reservas
  3  where vuelos.id_vuelo=reservas.vue_id_vuelo
  4    and fecha_vuelo<to_date('23/05/2004:21:00:00','DD/MM/YYYY:HH24:MI:SS')
  5    order by cli_nif;

CLI_NIF        IMPORTE FECHA_VU DETALLES              AER AER
---------- ---------- -------- -------------------- --- ---
10382418-B     185,23 23/05/04 VUELO42298            MUN VEN
11861319-L     161,66 23/05/04 VUELO12045            BLB WSH
11875476-Q     135,04 23/05/04 VUELO6699             PAR MIL

[...]

95970763-Q     113,85 23/05/04 VUELO6699             PAR MIL
96337451-U     163,37 23/05/04 VUELO27265            MIL LAN
99859854-M     136,76 23/05/04 VUELO2942             HEA BOS

58 filas seleccionadas.
```

```
SQL> select plan_table_output from table (dbms_xplan.display_cursor());

PLAN_TABLE_OUTPUT
--------------------------------------------------------------------------------
SQL_ID  3wfw378dwgtsn, child number 0
-------------------------------------
select cli_nif, importe, fecha_vuelo, detalles, aer_id_aero,
aer_id_aero_destino from vuelos.vuelos, vuelos.reservas where
vuelos.id_vuelo=reservas.vue_id_vuelo   and
fecha_vuelo<to_date(:"SYS_B_0",:"SYS_B_1")   order by cli_nif


Plan hash value: 212771226


--------------------------------------------------------------------------------
| Id  | Operation            | Name     | Rows  | Bytes | Cost (%CPU)| Time     |
--------------------------------------------------------------------------------
|   0 | SELECT STATEMENT     |          |       |       | 488  (100)|          |
|   1 |  SORT ORDER BY       |          |   110 |  5830 | 488    (3)| 00:00:06 |
|*  2 |   HASH JOIN          |          |   110 |  5830 | 487    (3)| 00:00:06 |
|*  3 |    TABLE ACCESS FULL | VUELOS   |    35 |  1120 | 174    (3)| 00:00:03 |
|   4 |    TABLE ACCESS FULL | RESERVAS |  171K |  3509K| 311    (2)| 00:00:04 |
--------------------------------------------------------------------------------


Predicate Information (identified by operation id):
---------------------------------------------------

   2 - access("VUELOS"."ID_VUELO"="RESERVAS"."VUE_ID_VUELO")
   3 - filter("FECHA_VUELO"<TO_DATE(:SYS_B_0,:SYS_B_1))

Note
-----
   - SQL plan baseline SQL_PLAN_4ss75snxj72ttc44ec2b1 used for this statement


29 filas seleccionadas.
```

La forma de solicitar al optimizador que considere habilitar los planes de ejecución incorporados al SQL Baseline es mediante el procedimiento DBMS_SPM.EVOLVE_SQL_PLAN_BASELINE. Si al tratar de evolucionar la SQL Baseline poniendo a prueba los planes de ejecución secundarios obtiene mejores tiempos, pasa a habilitarlos. Si, por el contrario, los tiempos son peores, permanecerán deshabilitados aunque presentes en la SQL Baseline.

```
SQL> variable report clob
SQL> exec :report := -
  2 dbms_spm.evolve_sql_plan_baseline(sql_handle=>'SQL_4c60e5c53b138b39')

Procedimiento PL/SQL terminado correctamente.

SQL> print report

REPORT
--------------------------------------------------------------------------------

--------------------------------------------------------------------------------
                    Evolve SQL Plan Baseline Report
--------------------------------------------------------------------------------
```

```
Inputs:
-------
  SQL_HANDLE = SQL_4c60e5c53b138b39
  PLAN_NAME  =
  TIME_LIMIT = DBMS_SPM.AUTO_LIMIT
  VERIFY     = YES
  COMMIT     = YES


Plan: SQL_PLAN_4ss75snxj72tt3db708dc
-------------------------------------
  Plan was verified: Time used ,374 seconds.
  Plan passed performance criterion: 15,58 times better than baseline plan.
  Plan was changed to an accepted plan.

                             Baseline Plan     Test Plan     Stats Ratio
                             -------------     ---------     -----------
  Execution Status:             COMPLETE        COMPLETE
  Rows Processed:                     58              58
  Elapsed Time(ms):                26,33            ,322            81,77
  CPU Time(ms):                   27,733               0
  Buffer Gets:                      1711             110            15,55
  Physical Read Requests:              0               0
  Physical Write Requests:             0               0
  Physical Read Bytes:                 0               0
  Physical Write Bytes:                0               0
  Executions:                          1               1


-------------------------------------------------------------------------
                               Report Summary
-------------------------------------------------------------------------
Number of plans verified: 1
Number of plans accepted: 1
```

El nuevo plan de ejecución, con la combinación de índices, ha resultado dar en ejecución 15 veces mejor tiempo que el plan de ejecución principal de la SQL Baseline, de modo que el plan pasa a ser ACEPTADO y a ser el plan de ejecución válido para ese conjunto de variables *bind*.

```
SQL> select cli_nif, importe, fecha_vuelo, detalles, aer_id_aero, aer_id_aero_de
  2  from vuelos.vuelos, vuelos.reservas
  3  where vuelos.id_vuelo=reservas.vue_id_vuelo
  4    and fecha_vuelo<to_date('23/05/2004:21:00:00','DD/MM/YYYY:HH24:MI:SS')
  5    order by cli_nif;

CLI_NIF       IMPORTE FECHA_VU DETALLES             AER AER
----------  --------- -------- -------------------- --- ---
10382418-B    185,23 23/05/04 VUELO42298           MUN VEN
11861319-L    161,66 23/05/04 VUELO12045           BLB WSH
11875476-Q    135,04 23/05/04 VUELO6699            PAR MIL

[...]

96337451-U    163,37 23/05/04 VUELO27265           MIL LAN
99859854-M    136,76 23/05/04 VUELO2942            HEA BOS

58 filas seleccionadas.
```

```
SQL> select plan_table_output from table (dbms_xplan.display_cursor());

PLAN_TABLE_OUTPUT
--------------------------------------------------------------------------------
SQL_ID  3wfw378dwgtsn, child number 0
-------------------------------------
select cli_nif, importe, fecha_vuelo, detalles, aer_id_aero,
aer_id_aero_destino from vuelos.vuelos, vuelos.reservas where
vuelos.id_vuelo=reservas.vue_id_vuelo    and
fecha_vuelo<to_date(:"SYS_B_0",:"SYS_B_1")    order by cli_nif

Plan hash value: 492929910

--------------------------------------------------------------------------------
| Id  | Operation                      | Name             | Rows  | Bytes | Cost (%CPU)| Time     |
--------------------------------------------------------------------------------
|   0 | SELECT STATEMENT               |                  |       |       |  207 (100)|          |
|   1 |  SORT ORDER BY                 |                  |   110 |  5830 |  207   (1)| 00:00:03 |
|   2 |   NESTED LOOPS                 |                  |       |       |           |          |
|   3 |    NESTED LOOPS                |                  |   110 |  5830 |  206   (0)| 00:00:03 |
|   4 |     TABLE ACCESS BY INDEX ROWID| VUELOS           |    35 |  1120 |   38   (0)| 00:00:01 |
|*  5 |      INDEX RANGE SCAN          | IDX_FECHA_VUELO  |    35 |       |    2   (0)| 00:00:01 |
|*  6 |     INDEX RANGE SCAN           | IDX_RESERVAS_ID_VUELO |  3 |     |    1   (0)| 00:00:01 |
|   7 |    TABLE ACCESS BY INDEX ROWID | RESERVAS         |     3 |    63 |    5   (0)| 00:00:01 |
--------------------------------------------------------------------------------

Predicate Information (identified by operation id):
---------------------------------------------------

   5 - access("FECHA_VUELO"<TO_DATE(:SYS_B_0,:SYS_B_1))
   6 - access("VUELOS"."ID_VUELO"="RESERVAS"."VUE_ID_VUELO")

Note
-----
   - SQL plan baseline SQL_PLAN_4ss75snxj72tt3db708dc used for this statement
```

La primera ejecución, óptima en accesos FULL SCAN, no se verá afectada, pues seguirá usando el SQL_PLAN inicial.

```
SQL> select cli_nif, importe, fecha_vuelo, detalles, aer_id_aero, aer_id_aero_destino
  2  from vuelos.vuelos, vuelos.reservas
  3  where vuelos.id_vuelo=reservas.vue_id_vuelo
  4    and fecha_vuelo<to_date('25/05/2004','DD/MM/YYYY')
  5    order by cli_nif;

CLI_NIF      IMPORTE FECHA_VU DETALLES                        AER AER
---------- --------- -------- ------------------------------- --- ---
99765517-T    162,18 24/05/04 VUELO74679                      BLC BON
99765517-T    117,72 24/05/04 VUELO17182                      MDR ESX
99778638-X    199,58 24/05/04 VUELO78789                      LIV CHI
99778638-X     152,3 24/05/04 VUELO91931                      MDE SVL
99819490-B    195,34 24/05/04 VUELO19858                      PMP LND
99838336-U    185,93 24/05/04 VUELO1088                       PAR HEA
99859854-M    136,76 23/05/04 VUELO2942                       HEA BOS

[...]

99872197-K    103,73 24/05/04 VUELO98717                      MDR VLC
99872197-K    113,27 24/05/04 VUELO20728                      HEA BRL
99892994-X    183,84 24/05/04 VUELO6112                       LSB BRL
```

```
99893019-P     100,21 24/05/04 VUELO46396              MLG ESX
99893019-P     191,65 24/05/04 VUELO21641              VLC SVL
99895339-S     109,3 24/05/04 VUELO9645               SVL HEA
9994221-X      185,44 24/05/04 VUELO93178              LSB SCZ
9996353-I      190,32 24/05/04 VUELO9475               MDR LIO
99966957-C     149,85 24/05/04 VUELO41071              HEA FLO
99967869-N     152,34 24/05/04 VUELO55785              BON LIO

7993 filas seleccionadas.

SQL> select plan_table_output from table (dbms_xplan.display_cursor());

PLAN_TABLE_OUTPUT
-------------------------------------------------------------------------------
SQL_ID  3wfw378dwgtsn, child number 3
-------------------------------------
select cli_nif, importe, fecha_vuelo, detalles, aer_id_aero,
aer_id_aero_destino from vuelos.vuelos, vuelos.reservas where
vuelos.id_vuelo=reservas.vue_id_vuelo    and
fecha_vuelo<to_date(:"SYS_B_0",:"SYS_B_1")    order by cli_nif

Plan hash value: 212771226
```

Id	Operation	Name	Rows	Bytes	TempSpc	Cost (%CPU)	Time
0	SELECT STATEMENT					593 (100)	
1	SORT ORDER BY		7915	409K	512K	593 (2)	00:00:08
* 2	HASH JOIN		7915	409K		487 (3)	00:00:06
* 3	TABLE ACCESS FULL	VUELOS	2541	81312		174 (3)	00:00:03
4	TABLE ACCESS FULL	RESERVAS	171K	3509K		311 (2)	00:00:04

```
Predicate Information (identified by operation id):
---------------------------------------------------

   2 - access("VUELOS"."ID_VUELO"="RESERVAS"."VUE_ID_VUELO")
   3 - filter("FECHA_VUELO"<TO_DATE(:SYS_B_0,:SYS_B_1))

Note
-----
   - SQL plan baseline SQL_PLAN_4ss75snxj72ttc44ec2b1 used for this statement
```

En posteriores ejecuciones en las que el optimizador entienda un nuevo plan de ejecución alternativo, lo almacenará igualmente pendiente de aceptación una vez contrastado su beneficio respecto a los planes por defecto de la *baseline*.

Introducimos una nueva ejecución. Vuelos del mismo día, pero de hora anterior a las 22:00, lo cual arroja un resultado de 249 filas. En este caso el optimizador determina un mejor plan de ejecución basado en el uso de un único índice para acceder a la tabla VUELOS y posteriormente un acceso FULL SCAN a RESERVAS.

```
SQL> select cli_nif, importe, fecha_vuelo, detalles, aer_id_aero, aer_id_aero_de
  2  from vuelos.vuelos, vuelos.reservas
  3  where vuelos.id_vuelo=reservas.vue_id_vuelo
  4    and fecha_vuelo<to_date('23/05/2004:21:00:00','DD/MM/YYYY:HH24:MI:SS')
  5    order by cli_nif;
```

```
CLI_NIF        IMPORTE FECHA_VU DETALLES              AER AER
----------  ---------- -------- --------------------- --- ---
1034502-X      136,56 23/05/04 VUELO61764            MDE MDR
10382418-B     185,23 23/05/04 VUELO42298            MUN VEN
10463423-S     162,53 23/05/04 VUELO61718            MDE LSB
10648458-K     118,24 23/05/04 VUELO50727            BRL MIL

[...]

98728259-F     129,92 23/05/04 VUELO44633            ESX BLC
98768649-A     112,81 23/05/04 VUELO58877            PLM SVL
99400873-Z     156,68 23/05/04 VUELO51847            MUN BCN
99859854-M     136,76 23/05/04 VUELO2942             HEA BOS

249 filas seleccionadas.


SQL> select sql_handle, sql_text, plan_name, origin, enabled, accepted, fixed
  2    from dba_sql_plan_baselines
  3   where sql_text like '%vuelos.reservas%';

SQL_HANDLE SQL_TEXT                       PLAN_NAME            ORIGIN       ENA ACC FIX
---------- ----------------------------- -------------------- ------------ --- --- ---
SQL_4c60e5 select cli_nif, importe, fecha SQL_PLAN_4ss75snxj72 AUTO-CAPTURE YES YES NO
c53b138b39 _vuelo, detalles, aer_id_aero, tt3db708dc
           aer_id_aero_destino
           from vuelos.vuelos, vuelos.res
           ervas
           where vuelos.id_vuelo=reservas
           .vue_id_vuelo
             and fecha_vuelo<to_date(:"SY
           S_B_0",:"SYS_B_1")
             order by cli_nif

SQL_4c60e5 select cli_nif, importe, fecha SQL_PLAN_4ss75snxj72 AUTO-CAPTURE YES NO  NO
c53b138b39 _vuelo, detalles, aer_id_aero, tt4a9447e5
           aer_id_aero_destino
           from vuelos.vuelos, vuelos.res
           ervas
           where vuelos.id_vuelo=reservas
           .vue_id_vuelo
             and fecha_vuelo<to_date(:"SY
           S_B_0",:"SYS_B_1")
             order by cli_nif

SQL_4c60e5 select cli_nif, importe, fecha SQL_PLAN_4ss75snxj72 AUTO-CAPTURE YES YES NO
c53b138b39 _vuelo, detalles, aer_id_aero, ttc44ec2b1
           aer_id_aero_destino
           from vuelos.vuelos, vuelos.res
           ervas
           where vuelos.id_vuelo=reservas
           .vue_id_vuelo
             and fecha_vuelo<to_date(:"SY
           S_B_0",:"SYS_B_1")
             order by cli_nif

SQL> select plan_table_output
  2   from table(dbms_xplan.display_sql_plan_baseline('SQL_4c60e5c53b138b39'));

PLAN_TABLE_OUTPUT
--------------------------------------------------------------------------------
SQL handle: SQL_4c60e5c53b138b39
SQL text: select cli_nif, importe, fecha_vuelo, detalles, aer_id_aero,
          aer_id_aero_destino from vuelos.vuelos, vuelos.reservas where
          vuelos.id_vuelo=reservas.vue_id_vuelo   and
          fecha_vuelo<to_date(:"SYS_B_0",:"SYS_B_1")   order by cli_nif
```

```
-----------------------------------------------------------------------
Plan name: SQL_PLAN_4ss75snxj72ttc44ec2b1       Plan id: 3293495985
Enabled: YES    Fixed: NO       Accepted: YES   Origin: AUTO-CAPTURE
-----------------------------------------------------------------------

Plan hash value: 212771226
```

Id	Operation	Name	Rows	Bytes	TempSpc	Cost (%CPU)	Time
0	SELECT STATEMENT		8990	465K		606 (2)	00:00:08
1	SORT ORDER BY		8990	465K	576K	606 (2)	00:00:08
* 2	HASH JOIN		8990	465K		487 (3)	00:00:06
* 3	TABLE ACCESS FULL	VUELOS	2886	92352		174 (3)	00:00:03
4	TABLE ACCESS FULL	RESERVAS	171K	3509K		311 (2)	00:00:04

```
Predicate Information (identified by operation id):
-----------------------------------------------------

   2 - access("VUELOS"."ID_VUELO"="RESERVAS"."VUE_ID_VUELO")
   3 - filter("FECHA_VUELO"<TO_DATE(:SYS_B_0,:SYS_B_1))

-----------------------------------------------------------------------
Plan name: SQL_PLAN_4ss75snxj72tt3db708dc       Plan id: 1035405532
Enabled: YES    Fixed: NO       Accepted: YES   Origin: AUTO-CAPTURE
-----------------------------------------------------------------------

Plan hash value: 492929910
```

Id	Operation	Name	Rows	Bytes	TempSpc	Cost (%CPU)	Time
0	SELECT STATEMENT		8990	465K		14169 (1)	00:02:51
1	SORT ORDER BY		8990	465K	576K	14169 (1)	00:02:51
2	NESTED LOOPS						
3	NESTED LOOPS		8990	465K		14049 (1)	00:02:49
4	TABLE ACCESS BY INDEX ROWID	VUELOS	2886	92352		169 (0)	00:00:03
* 5	INDEX RANGE SCAN	IDX_FECHA_VUELO	519			3 (0)	00:00:01
* 6	INDEX RANGE SCAN	IDX_RESERVAS_ID_VUELO	3			1 (0)	00:00:01
7	TABLE ACCESS BY INDEX ROWID	RESERVAS	3	63		5 (0)	00:00:01

```
Predicate Information (identified by operation id):
-----------------------------------------------------

   5 - access("FECHA_VUELO"<TO_DATE(:SYS_B_0,:SYS_B_1))
   6 - access("VUELOS"."ID_VUELO"="RESERVAS"."VUE_ID_VUELO")

-----------------------------------------------------------------------
Plan name: SQL_PLAN_4ss75snxj72tt4a9447e5       Plan id: 1251231717
Enabled: YES    Fixed: NO       Accepted: NO    Origin: AUTO-CAPTURE
-----------------------------------------------------------------------

Plan hash value: 310570956
```

Id	Operation	Name	Rows	Bytes	TempSpc	Cost (%CPU)	Time
0	SELECT STATEMENT		8990	465K		601 (2)	00:00:08
1	SORT ORDER BY		8990	465K	576K	601 (2)	00:00:08
* 2	HASH JOIN		8990	465K		482 (2)	00:00:06
3	TABLE ACCESS BY INDEX ROWID	VUELOS	2886	92352		169 (0)	00:00:03
* 4	INDEX RANGE SCAN	IDX_FECHA_VUELO	519			3 (0)	00:00:01
5	TABLE ACCESS FULL	RESERVAS	171K	3509K		311 (2)	00:00:04

```
Predicate Information (identified by operation id):
---------------------------------------------------

   2 - access("VUELOS"."ID_VUELO"="RESERVAS"."VUE_ID_VUELO")
   4 - access("FECHA_VUELO"<TO_DATE(:SYS_B_0,:SYS_B_1))
```

En la ejecución de DBMS_SPM.EVOLVE_SQL_PLAN_BASELINE, no obstante, el plan nuevo no se da por bueno pues, aunque es mejor que el plan de la SQL Baseline, no lo es lo suficiente.

```
SQL> exec :report :=
dbms_spm.evolve_sql_plan_baseline(sql_handle=>'SQL_4c60e5c53b138b39')

Procedimiento PL/SQL terminado correctamente.

SQL> print report

REPORT
-------------------------------------------------------------------------------
                        Evolve SQL Plan Baseline Report
-------------------------------------------------------------------------------

Inputs:
-------
  SQL_HANDLE = SQL_4c60e5c53b138b39
  PLAN_NAME  =
  TIME_LIMIT = DBMS_SPM.AUTO_LIMIT
  VERIFY     = YES
  COMMIT     = YES

Plan: SQL_PLAN_4ss75snxj72tt4a9447e5
------------------------------------
  Plan was verified: Time used ,515 seconds.
  Plan failed performance criterion: 1,38 times better than baseline plan.

                         Baseline Plan      Test Plan      Stats Ratio
                         -------------      ---------      -----------
  Execution Status:         COMPLETE         COMPLETE
  Rows Processed:                249              249
  Elapsed Time(ms):           27,001           19,964             1,35
  CPU Time(ms):               27,733             20,8             1,33
  Buffer Gets:                  1711             1243             1,38
  Physical Read Requests:          0                0
  Physical Write Requests:         0                0
  Physical Read Bytes:             0                0
  Physical Write Bytes:            0                0
  Executions:                      1                1
-------------------------------------------------------------------------------
                             Report Summary
-------------------------------------------------------------------------------
Number of plans verified: 1
Number of plans accepted: 0
```

En cualquier caso, el procedimiento DBMS_SPM.EVOLVE_SQL_PLAN_BASELINE permite habilitar el plan sin realizar la verificación.

Optimización SQL en Oracle

```
SQL> exec :report := dbms_spm.evolve_sql_plan_baseline(-
  2      sql_handle=>'SQL_4c60e5c53b138b39', verify=>'NO')

Procedimiento PL/SQL terminado correctamente.

SQL> print report

REPORT
-------------------------------------------------------------------------------
                        Evolve SQL Plan Baseline Report
-------------------------------------------------------------------------------

Inputs:
-------
  SQL_HANDLE = SQL_4c60e5c53b138b39
  PLAN_NAME  =
  TIME_LIMIT = DBMS_SPM.AUTO_LIMIT
  VERIFY     = NO
  COMMIT     = YES

Plan: SQL_PLAN_4ss75snxj72tt4a9447e5
-----------------------------------
  Plan was changed to an accepted plan.


-------------------------------------------------------------------------------
                              Report Summary
-------------------------------------------------------------------------------
Number of plans verified: 0
Number of plans accepted: 1
```

Ahora los tres planes están aceptados como válidos por el optimizador y pueden ser usados según convenga para la ejecución de ese SQL_ID.

```
SQL> select sql_handle, sql_text, plan_name, origin, enabled, accepted, fixed
  2      from dba_sql_plan_baselines
  3   where sql_text like '%vuelos.reservas%';

SQL_HANDLE SQL_TEXT                          PLAN_NAME            ORIGIN        ENA ACC FIX
---------- ------------------------------    --------------------  ------------  --- --- ---
SQL_4c60e5 select cli_nif, importe, fecha    SQL_PLAN_4ss75snxj72 AUTO-CAPTURE  YES YES NO
c53b138b39 _vuelo, detalles, aer_id_aero,    tt3db708dc
           aer_id_aero_destino
           from vuelos.vuelos, vuelos.res
           ervas
           where vuelos.id_vuelo=reservas
           .vue_id_vuelo
             and fecha_vuelo<to_date(:"SY
           S_B_0",:"SYS_B_1")
             order by cli_nif

SQL_4c60e5 select cli_nif, importe, fecha    SQL_PLAN_4ss75snxj72 AUTO-CAPTURE  YES YES NO
c53b138b39 _vuelo, detalles, aer_id_aero,    tt4a9447e5
           aer_id_aero_destino
           from vuelos.vuelos, vuelos.res
           ervas
           where vuelos.id_vuelo=reservas
           .vue_id_vuelo
             and fecha_vuelo<to_date(:"SY
           S_B_0",:"SYS_B_1")
             order by cli_nif
```

```
SQL_4c60e5 select cli_nif, importe, fecha SQL_PLAN_4ss75snxj72 AUTO-CAPTURE YES YES NO
c53b138b39  _vuelo, detalles, aer_id_aero, ttc44ec2b1
            aer_id_aero_destino
           from vuelos.vuelos, vuelos.res
           ervas
           where vuelos.id_vuelo=reservas
           .vue_id_vuelo
             and fecha_vuelo<to_date(:"SY
           S_B_0",:"SYS_B_1")
             order by cli_nif
```

Si, por el contrario, alguno de estos planes de ejecución resultase en un rendimiento poco eficiente, es posible deshabilitarlos manualmente mediante el procedimiento ALTER_SQL_PLAN_BASELINE del mismo paquete DBMS_SPM.

```
SQL> exec :id := dbms_spm.alter_sql_plan_baseline( -
>       sql_handle=>'SQL_4c60e5c53b138b39', -
>       plan_name=>'SQL_PLAN_4ss75snxj72ttc44ec2b1', -
>       attribute_name=>'ENABLED', -
>       attribute_value=>'NO')

Procedimiento PL/SQL terminado correctamente.
```

Una vez desactivado el plan, la ejecución se realizará con otro de los planes habilitados y aceptados de la SQL Baseline.

```
SQL> select cli_nif, importe, fecha_vuelo, detalles, aer_id_aero, aer_id_aero_destino
  2  from vuelos.vuelos, vuelos.reservas
  3  where vuelos.id_vuelo=reservas.vue_id_vuelo
  4    and fecha_vuelo<to_date('25/05/2004','DD/MM/YYYY')
  5    order by cli_nif;

CLI_NIF      IMPORTE FECHA_VU DETALLES                         AER AER
---------- --------- -------- -------------------------------- --- ---
99765517-T    162,18 24/05/04 VUELO74679                       BLC BON
99765517-T    117,72 24/05/04 VUELO17182                       MDR ESX
99778638-X    199,58 24/05/04 VUELO78789                       LIV CHI
99778638-X     152,3 24/05/04 VUELO91931                       MDE SVL
99819490-B    195,34 24/05/04 VUELO19858                       PMP LND
99838336-U    185,93 24/05/04 VUELO1088                        PAR HEA
99859854-M    136,76 23/05/04 VUELO2942                        HEA BOS

[...]

99893019-P    191,65 24/05/04 VUELO21641                       VLC SVL
99895339-S     109,3 24/05/04 VUELO9645                        SVL HEA
9994221-X     185,44 24/05/04 VUELO93178                       LSB SCZ
9996353-I     190,32 24/05/04 VUELO9475                        MDR LIO
99966957-C    149,85 24/05/04 VUELO41071                       HEA FLO
99967869-N    152,34 24/05/04 VUELO55785                       BON LIO

7993 filas seleccionadas.
```

Optimización SQL en Oracle

```
SQL> select plan_table_output from table (dbms_xplan.display_cursor());

PLAN_TABLE_OUTPUT
----------------------------------------------------------------------------------
SQL_ID  3wfw378dwgtsn, child number 1
-------------------------------------
select cli_nif, importe, fecha_vuelo, detalles, aer_id_aero,
aer_id_aero_destino from vuelos.vuelos, vuelos.reservas where
vuelos.id_vuelo=reservas.vue_id_vuelo    and
fecha_vuelo<to_date(:"SYS_B_0",:"SYS_B_1")    order by cli_nif

Plan hash value: 310570956

----------------------------------------------------------------------------------
| Id  | Operation                      | Name   | Rows  | Bytes |TempSpc| Cost (%CPU)| Time     |
----------------------------------------------------------------------------------
|   0 | SELECT STATEMENT               |        |       |       |       | 2963 (100)|          |
|   1 |  SORT ORDER BY                 |        |  7915 |  409K |  512K | 2963   (1)| 00:00:36 |
|*  2 |   HASH JOIN                    |        |  7915 |  409K |       | 2857   (1)| 00:00:35 |
|   3 |    TABLE ACCESS BY INDEX ROWID | VUELOS | 2541  | 81312 |       | 2544   (1)| 00:00:31 |
|*  4 |     INDEX RANGE SCAN           | IDX_FECHA_VUELO | 2541 | |     |    8   (0)| 00:00:01 |
|   5 |    TABLE ACCESS FULL           | RESERVAS | 171K | 3509K |       |  311   (2)| 00:00:04 |
----------------------------------------------------------------------------------

Predicate Information (identified by operation id):
---------------------------------------------------

   2 - access("VUELOS"."ID_VUELO"="RESERVAS"."VUE_ID_VUELO")
   4 - access("FECHA_VUELO"<TO_DATE(:SYS_B_0,:SYS_B_1))

Note
-----
   - SQL plan baseline SQL_PLAN_4ss75snxj72tt4a9447e5 used for this statement


30 filas seleccionadas.
```

Parte 2

Conceptos
y herramientas

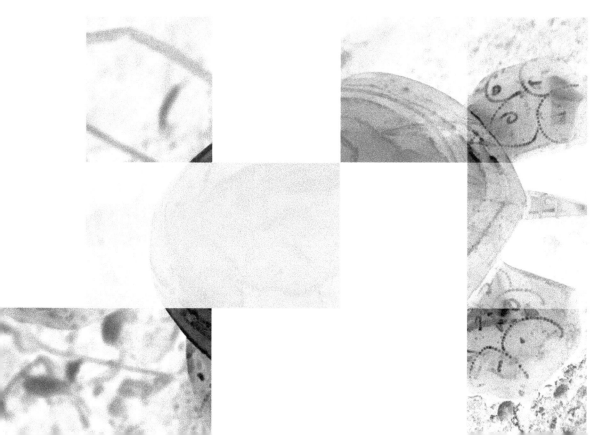

Informes de rendimiento

A no ser que el motivo por el cual empecemos a optimizar sentencias sea por quejas sobre una consulta en concreto, lo más común será que ciertas partes de una aplicación empiecen a ralentizarse a medida que va aumentando el volumen de datos que contienen las tablas y los usuarios se quejen a los responsables de la base de datos y de la aplicación.

Evidentemente, más vale prevenir que curar. Si durante la fase de análisis de una aplicación se ha involucrado a los desarrolladores y administradores, junto a los analistas, para construir un diseño eficiente de tablas e índices con una buena integridad referencial y con un estudio detallado de los procesos enfocado al rendimiento, la mitad del camino estará hecho. Si durante la fase de desarrollo se pueden realizar pruebas con volúmenes reales, similares a los existentes en producción, o se destina un tiempo para la optimización de las sentencias, el resto de causas de una posible caída de rendimiento consistirán en situaciones propias del entorno real de producción y serán puntos localizados de código que no resultará difícil aislar para un futuro estudio.

En el ajuste de rendimientos de sentencias SQL, tanto los desarrolladores como los administradores tienen un trabajo que hacer en equipo. Los unos sin los otros desconocen una parte del problema. El SQL y el PL/SQL son lenguajes de ejecución en el servidor. El desarrollador sabe lo que envía desde la aplicación, y el administrador sabe lo que se está ejecutando. Un primer documento para poner a las dos partes a debatir es un informe de rendimientos.

A lo largo de las versiones de Oracle ha existido una herramienta para registrar qué está sucediendo en el servidor. Al principio consistía en un par de *scripts*, uno para iniciar la recolección de estadísticas del servidor y otro para cerrar las estadísticas y generar un informe de texto. Eran los *scripts* utlbstat.sql y utlestat.sql (conocidos como *begin stats* y *end stats*). El fichero de texto que generaba este último *script* se llamaba "report.txt". En él no había información sobre sentencias SQL concretas ni detalles sobre su actividad, únicamente se centraba en consumos de recursos de servidor como memoria, CPU, actividad de bloqueos, esperas, uso y aprovechamiento de áreas de memoria, volumen de ordenaciones en disco o en memoria, etc.

El fichero "report.txt" no proporcionaba información sobre el SQL procesado. Para ello no había más remedio que habilitar el parámetro sql_trace=true y posteriormente depurar los ficheros de traza, ordenando las sentencias por tipo de consumo.

A partir de la versión Oracle 8i, este método es sustituido por STATSPACK, un paquete de recopilación de estadísticas de consumo de servidor que incluye la generación de un tipo de informe mucho más detallado, con menciones a las sentencias SQL con mayor consumo (de disco, de memoria, de CPU, mayor número de ejecuciones, etc.), además de información adicional de asesores de memoria, en un formato de documento más comprensible para el ojo humano. En las versiones Oracle 8i y Oracle 9i, esta es la herramienta adecuada de generación de informes de rendimiento.

El paquete STATSPACK era opcional. Se instalaba en el servidor y se programaba la ejecución de una captura de actividad o *snapshot* cada cierto tiempo, que registraba los valores de memoria, accesos a disco, sentencias SQL procesadas y demás parámetros de modo que, lanzando un *script*, se podía generar un informe de actividad calculado entre dos *snapshots* determinados. Si la programación de los *snapshots* se hacía para cada hora, el informe de rendimiento permitía acotar, a partir de un *snapshot* de inicio y otro de fin, la actividad del servidor producida durante ese intervalo de tiempo.

Si bien se trata de un paquete opcional, sí resulta muy conveniente tenerlo instalado si aún disponemos de las versiones Oracle 8i y Oracle 9i en nuestros sistemas. Sin ese paquete, la actividad de rendimiento del servidor es mucho más difícil de ver, pues ha de hacerse en vistas dinámicas de rendimiento como por ejemplo la vista V$SQLAREA, donde reside el SQL ejecutado recientemente en memoria, o habilitando las trazas como se hacía en las versiones Oracle 7 y Oracle 8.

A partir de Oracle 10g, un componente llamado AWR (Automatic Workload Repository) se encarga de realizar, gestionar y mantener las instantáneas de rendimiento en un nuevo repositorio mucho más completo. Los informes de AWR tienen un nivel de detalle muy alto, son precisos y claros. Informan de los consumos de memoria, el aprovechamiento de las cachés, los accesos a disco, las áreas de memoria de usuarios, etc.

No obstante, un informe de rendimiento es como un análisis de sangre, o como un historial médico. Toda la información está relacionada con el funcionamiento de un sistema, de una arquitectura informática. Se detallan las métricas de consumo sin entrar a valorar si son adecuadas o no. Un proceso que lee 1 GB de bloques en disco no es bueno ni malo: simplemente es un proceso que lee 1 GB de bloques en disco, y nos tocará a los profesionales determinar si es necesario leer ese giga y cómo ha de leerse.

SQL Statistics

- SQL ordered by Elapsed Time
- SQL ordered by CPU Time
- SQL ordered by User I/O Wait Time
- SQL ordered by Gets
- SQL ordered by Reads
- SQL ordered by Physical Reads (UnOptimized)
- SQL ordered by Executions
- SQL ordered by Parse Calls
- SQL ordered by Sharable Memory
- SQL ordered by Version Count
- Complete List of SQL Text

Back to Top

SQL ordered by Elapsed Time

- Resources reported for PL/SQL code includes the resources used by all SQL statements called by the code.
- % Total DB Time is the Elapsed Time of the SQL statement divided into the Total Database Time multiplied by 100
- %Total - Elapsed Time as a percentage of Total DB time
- %CPU - CPU Time as a percentage of Elapsed Time
- %IO - User I/O Time as a percentage of Elapsed Time
- Captured SQL account for 50.4% of Total DB Time (s): 864
- Captured PL/SQL account for 0.8% of Total DB Time (s): 864

Elapsed Time (s)	Executions	Elapsed Time per Exec (s)	%Total	%CPU	%IO	SQL Id	SQL Module	SQL Text
42.12	320	0.13	4.88	93.90	6.59	84ctzp80pn5wf	.exe	SELECT codcont, descont, Tipo,...
26.44	493	0.05	3.06	1.63	0.00	abrzq26ydy5hu		select djud_parti0_.ID_REGISTR...
25.01	11,805	0.00	2.90	100.30	0.00	bznx00mvad2ch		select rowid, ID_INTERVIENTE...
24.80	22	1.13	2.87	99.94	0.09	2vuvvu6bc5pnv	.exe	SELECT RP.CODIGO, RP NOMBRE FR...

Figura 3. Sección de estadísticas de SQL de un informe AWR.

La parte del informe de AWR que más nos interesa, por el propósito de este libro, es la sección en la que se clasifica el SQL procesado en grupos de consumo, relacionando los mayores consumidores de recursos de la base de datos. Las secciones más interesantes de estos informes de consumo podrían ser las siguientes:

- **SQL ordenado por tiempo de ejecución total/tiempo de CPU**. Es la lista de sentencias que más han tardado, las más lentas. El motivo de esta lentitud suele ser un alto consumo de recursos (memoria y disco). Si, como sucede en la Figura 4, la parte de tiempo de ejecución está en blanco, corresponderá a una consulta que no ha terminado en el rango de instantáneas consultadas.

SQL Statistics

- SQL ordered by Elapsed Time
- SQL ordered by CPU Time
- SQL ordered by User I/O Wait Time
- SQL ordered by Gets
- SQL ordered by Reads
- SQL ordered by Physical Reads (UnOptimized)
- SQL ordered by Executions
- SQL ordered by Parse Calls
- SQL ordered by Sharable Memory
- SQL ordered by Version Count
- Complete List of SQL Text

Back to Top

SQL ordered by Elapsed Time

- Resources reported for PL/SQL code includes the resources used by all SQL statements called by the code
- % Total DB Time is the Elapsed Time of the SQL statement divided into the Total Database Time multiplied by 100
- %Total - Elapsed Time as a percentage of Total DB time
- %CPU - CPU Time as a percentage of Elapsed Time
- %IO - User I/O Time as a percentage of Elapsed Time
- Captured SQL account for 74.1% of Total DB Time (s): 1.607
- Captured PL/SQL account for 0 0% of Total DB Time (s): 1.607

Elapsed Time (s)	Executions	Elapsed Time per Exec (s)	%Total	%CPU	%IO	SQL Id	SQL Module	SQL Text
722.32			44.95	98.91		bhmhvu2xmupfb		Select F.CASENUMBER as A. F.F..
79.26	620	0.13	4.93	100.16	0.02	5uqgm5arrjggs	w3wp.exe	select * from (select null TAB
35.40	9.471	0.00	2.20	96.71	1.60	8p1taw96850hr	WPOpen.exe	UPDATE VALIDACION SET FINIRECU
34.64	6	5.77	2.16	16.40	88.65	d6x8vyp24th5p	WPSrv.exe	SELECT Personal. Fecha From Va
34.17	620	0.06	2.13	100.25	0.00	6krfus6584pvn	w3wp.exe	select * from (select null PRO
27.19	1	27.19	1.69	52.15	54.83	86yy2vxsgwj54	emagent_SQL_oracle_database	/* OracleOEM */ SELECT end_tim
23.60	9.217	0.00	1.47	87.05	12.93	84kp4nh8v2kbs	WPImp.exe	DELETE FROM VCONTADORES WHERE
16.48	2	8.24	1.03	18.75	89.87	2trtpvb5jtr53	Oracle Enterprise Manager Metric Engine	SELECT TO_CHAR(current_timesta
16.31	39	0.42	1.02	17.59	0.00	0fugrqxubq8q8	JDBC Thin Client	select count(dsolicitud0_ID_R.
14.07	9.205	0.00	0.88	92.43	8.99	cdj5vh7fdwmg3	WPOpen.exe	Select valor from vcontadores

Figura 4. Sentencias SQL ordenadas por tiempo de ejecución. La primera sentencia no terminó en las horas definidas para el informe.

- **SQL ordenado por bloques en memoria (*gets*)**. Aunque el acceso a la memoria es muy rápido, dado el caso de una tabla de diez mil bloques con un millón de filas, un acceso mediante índice al 90 % de estas significaría un escaso acceso a disco (diez mil bloques) pero 900.000 accesos a memoria.

Por este motivo esta estadística es muy significativa. Suele delatar tablas a las que se accede con índices ineficientes, o SQL mal construido, cuando el número de accesos en memoria es desproporcionado sobre el número de lecturas físicas.

- **SQL ordenado por lecturas físicas (*reads*).** Del mismo modo, los accesos a disco son más costosos. Oracle mantiene una caché de bloques en memoria, y si una consulta ha de acceder a un volumen relativamente grande de bloques en disco, quizás sea candidata a optimizarse.

- **SQL ordenado por ejecuciones**. Si una sentencia se ejecuta en una hora un millón de veces, aunque la consulta tarde un tiempo insignificante, conseguir reducir ese tiempo a la mitad puede llegar a aliviar considerablemente la carga del servidor. Si una reducción a la mitad de esa consulta deriva en un total de dos millones de ejecuciones por hora, quizás convenga plantear la necesidad o la ventaja de tener un proceso que se ejecuta en lo que parece ser un bucle infinito.

SQL ordered by Elapsed Time

- Resources reported for PL/SQL code includes the resources used by all SQL statements called by the code.
- % Total DB Time is the Elapsed Time of the SQL statement divided into the Total Database Time multiplied by 100
- %Total - Elapsed Time as a percentage of Total DB time
- %CPU - CPU Time as a percentage of Elapsed Time
- %IO - User I/O Time as a percentage of Elapsed Time
- Captured SQL account for 1.1% of Total DB Time (s): 55,487
- Captured PL/SQL account for 0.0% of Total DB Time (s): 55,467

Elapsed Time (s)	Executions	Elapsed Time per Exec (s)	%Total	%CPU	%IO	SQL Id	SQL Module	SQL Text
236.53	4	59.13	0.43	46.50	15.92	027kfh0n3a9dv	.exe	select vp.codigo personal, vp...
44.57	35	1.27	0.08	34.35	70.75	1yx8pbvand2nm	.exe	SELECT Personal, Fecha From Va...
40.52	136	0.30	0.07	90.16	0.54	110qq03 bp0fa		select tabs.table_name, t...
20.40	35	0.58	0.04	85.68	0.00	atbu6f4dr4pdh	.exe	SELECT codigo, Replacecomillas
17.02	120	0.14	0.03	63.59	9.41	6qvch1x r9ca3g		DECLARE job BINARY_INTEGER := ...
16.16	8	2.02	0.03	99.34	0.00	2vuvvu6 c5pnv	.exe	SELECT RP.CODIGO, RP.NOMBRE FR...
12.05	609	0.02	0.02	9.71	0.00	403 6t0v z0uvv9		select djud_organ0_.ID_REGISTR...
11.32	119	0.10	0.02	49.37	0.00	d5z81v2 yzpsz		select djud_parti0_.ID_REGISTR...
9.80	322	0.03	0.02	64.98	0.00	cdn9c91 u558v		select djud_organ0_.ID_REGISTR...
9.77	317	0.03	0.02	22.21	0.00	4h52yrd 9kh8		select djud_tipo_0_.ID_REGISTR...

Back to SQL Statistics
Back to Top

SQL ordered by CPU Time

- Resources reported for PL/SQL code includes the resources used by all SQL statements called by the code.
- %Total - CPU Time as a percentage of Total DB CPU
- %CPU - CPU Time as a percentage of Elapsed Time
- %IO - User I/O Time as a percentage of Elapsed Time
- Captured SQL account for 1.0% of Total CPU Time (s): 35,112
- Captured PL/SQL account for 0.0% of Total CPU Time (s): 35,112

CPU Time (s)	Executions	CPU per Exec (s)	%Total	Elapsed Time (s)	%CPU	%IO	SQL Id	SQL Module	SQL Text
109.98	4	27.50	0.31	236.53	46.50	15.92	027kfh0n3a9dv	.exe	select vp.codigo personal, vp...
36.53	136	0.27	0.10	40.52	90.16	0.54	110qqos=bputa		select tabs.table_name, ta...
17.48	35	0.50	0.05	20.40	85.68	0.00	atbu6f4dr4pdh	.exe	SELECT codigo, Replacecomillas
16.05	8	2.01	0.05	16.16	99.34	0.00	2vuvvu6bc5pnv	.exe	SELECT RP.CODIGO, RP.NOMBRE FR...
15.31	35	0.44	0.04	44.57	34.35	70.75	1yx8pbwahd2nm	.exe	SELECT Personal, Fecha From Va...
10.82	120	0.09	0.03	17.02	63.59	9.41	6qvch1xu9ca3g		DECLARE job BINARY_INTEGER := ...

Figura 5. SQL ordenado por tiempo de ejecución y consumo de CPU.

En resumen, las sentencias que tardan más en ejecutarse, las que más bloques en memoria leen, las que más disco leen y las más ejecutadas, serán un buen punto por el que empezar. Por ejemplo, una consulta que lleve mucho tiempo de ejecución será, seguramente, porque hace un consumo muy alto de lecturas, bien sea en disco o en memoria. Mientras dure esa ejecución, tanto la CPU como los procesos de gestión de cachés o los de lecturas en disco suponen una carga importante para el sistema y afectan al resto de procesos. No será de extrañar que una misma consulta pueda aparecer en varios grupos.

Por este motivo, todo aquel código con un mayor consumo de recursos será el mejor candidato para proporcionar una mejora del rendimiento si se optimiza. Además, si en un sistema que ya está funcionando con un rendimiento aceptable se produce una degradación del rendimiento, lo más probable es que las sentencias SQL responsables aparezcan en la lista de mayores consumidores de un informe de AWR, por lo que, además, la comparación de esas ejecuciones con el resto da una imagen bastante clara del impacto en los tiempos de ejecución.

Consultas con mayor tiempo de ejecución

En general, las consultas que consumen más tiempo en ejecución, en muchos casos, son las que más CPU consumen. No obstante, estas consultas no tienen por qué ser las más lentas. En el ejemplo de la Figura 5, la primera consulta consume un tiempo total de 236 segundos en cuatro ejecuciones. Es, obviamente, la más lenta, pero en una vista detallada de las sentencias tercera y cuarta de la lista, aunque la tercera ha consumido mayor tiempo que la cuarta, el tiempo medio de ejecución es de 0,3 segundos, mientras que la cuarta, ejecutada menos veces, tiene un tiempo medio de ejecución de casi el doble (0,58 segundos).

Por este motivo, es preciso analizar los datos globalmente, analizando también si una sentencia aparece como gran consumidora de recursos en el resto de resúmenes de consumo.

En el siguiente ejemplo, en la Figura 6, tanto la ejecución tercera como la décima, aunque han tardado 25 y 11,45 segundos respectivamente (columna *elapsed time*), el tiempo de ejecución por sentencia no llega a 0,001 segundos, pues la tercera suma un total de 11.805 ejecuciones y la décima 62.122 ejecuciones. Por supuesto, cualquier mejora en ese código supondrá un beneficio multiplicado por 11.805 y por 62.122, pero en una vista global del informe no parece que el beneficio de mejorar esos 25 o 12 segundos de coste total vaya a repercutir en el rendimiento de la base de datos, pues ese informe concreto de AWR está tomado sobre una franja de tres horas.

Resumiendo, durante tres horas se han producido 11.805 ejecuciones que, en total, han tardado 25 segundos. Aunque aparezcan en el grupo de "sentencias que han consumido mucho tiempo de ejecución", resultan bastante inofensivas en el conjunto global del sistema.

SQL ordered by Elapsed Time

- Resources reported for PL/SQL code includes the resources used by all SQL statements called by the code.
- % Total DB Time is the Elapsed Time of the SQL statement divided into the Total Database Time multiplied by 100
- %Total - Elapsed Time as a percentage of Total DB time
- %CPU - CPU Time as a percentage of Elapsed Time
- %IO - User I/O Time as a percentage of Elapsed Time
- Captured SQL account for 50.4% of Total DB Time (s): 864
- Captured PL/SQL account for 0.8% of Total DB Time (s): 864

Elapsed Time (s)	Executions	Elapsed Time per Exec (s)	%Total	%CPU	%IO	SQL Id	SQL Module	SQL Text
42.12	320	0.13	4.88	93.90	6.03	84ctzp80pn5wf	.exe	SELECT codcont, descont, Tipo,...
26.44	493	0.05	3.06	1.66	0.00	abrzq26ydy5hu		select djud_parti0_.ID_REGISTR...
25.01	11,805	0.00	2.90	100.30	0.00	bznx00mvad2ch		select rowid, ID_INTERVINIENTE...
24.80	22	1.13	2.87	99.94	0.09	2vuvvu6bc5pnv	.exe	SELECT RP.CODIGO, RP.NOMBRE FR...
20.11	130	0.15	2.33	11.69	0.00	d5z61v25yzpsz		select djud_parti0_.ID_REGISTR...
19.24	42	0.46	2.23	54.57	58.83	dtuuy4h2zauvx	.exe	SELECT Personal, Fecha From Va...
12.78	348	0.04	1.48	5.87	0.00	4h52yrdt59kh8		select djud_tipo_0_.ID_REGISTR...
12.28	516	0.02	1.42	3.99	0.00	4036t0w8z0uw9		select djud_organ0_.ID_REGISTR...
11.46	341	0.03	1.33	98.70	1.21	f19acnxv1p1z0		SELECT distinct grupo_diligenc...
11.45	62,122	0.00	1.33	95.67	4.56	azqy6fr2paax7	.exe	SELECT * FROM Validacion WHERE...
10.08	591	0.02	1.17	100.84	0.00	09sdd5ujj0bz5	.exe	SELECT ROWNUM, TO_CHAR(FECHAIN...
9.49	305	0.03	1.10	2.95	0.00	565unycq02ft1		select djud_juris0_.ID_REGISTR...
8.79			1.02	98.83		3wfza8qs9b52t		SELECT distinct COUNT (DISTINC...

Back to SQL Statistics
Back to Top

Figura 6. Dos sentencias aparecen en la estadística de mayor tiempo de ejecución consumido por el alto número de veces ejecutadas.

Consultas con mayor lectura de bloques en memoria

En el resumen de consultas con mayor número de bloques leídos en memoria, también es importante evaluar los consumos de forma relativa. La lista de sentencias de mayor consumo se mide por el número de lecturas que se hacen de un bloque de datos en memoria para proporcionar los resultados. Si un bloque tiene 50 filas y estas se leen individualmente en una consulta, es decir, obtenidas a partir de los *rowid* que se extraen del índice, cada acceso repetido contará, de forma que en la estadística aparecerá que se han realizado un total de 50 *gets*, aunque se trate del mismo bloque.

Si una consulta accede a una tabla de 1.000 bloques y ha de leerlos en disco mediante un acceso de tipo FULL SCAN, lo normal sería que el número de *gets* para esa tabla fuera de 1.000 *gets*. Si se realiza un acceso aleatorio a las filas de esa tabla y aparecen 50.000 *gets*, lo más probable es que las consultas realicen accesos mediante índices.

SQL ordered by Gets

- Resources reported for PL/SQL code includes the resources used by all SQL statements called by the code.
- %Total - Buffer Gets as a percentage of Total Buffer Gets
- %CPU - CPU Time as a percentage of Elapsed Time
- %IO - User I/O Time as a percentage of Elapsed Time
- Total Buffer Gets: 15,562,196
- Captured SQL account for 73.8% of Total

Buffer Gets	Executions	Gets per Exec	%Total	Elapsed Time (s)	%CPU	%IO	SQL Id	SQL Module	SQL Text
2,119,119	22	96,323.59	13.62	8.20	100.48	0.00	cydmg9xcwa572	.exe	Select * from (SELECT codigo, ...
1,440,240	11,805	122.00	9.25	25.01	100.30	0.00	bznx00mvad2ch		select rowid, ID_INTERVINIENTE...
1,162,099	12	96,841.58	7.47	3.79	100.15	0.00	cq48aqs8ta7yc	.exe	Select * from (SELECT codigo, ...
991,804	22	45,082.00	6.37	6.04	99.71	0.00	7n6bzgfh8ktz2	.exe	Select * from (SELECT codigo, ...
541,080	12	45,090.00	3.48	2.64	101.36	0.00	1uc1anqr4su0a	.exe	Select * from (SELECT codigo, ...
535,827	42	12,757.79	3.44	19.24	54.57	58.83	dtuuy4h2zauvx	.exe	SELECT Personal, Fecha From Va...
532,938	60,542	8.80	3.42	6.09	94.91	0.00	g15t9nmys086z		select option_l.code, option_l...
509,372	1,151	442.55	3.27	6.30	103.76	0.14	fw3urv22gu0bh	.exe	SELECT codigo, Replacecomillas...
294,004	1,406	209.11	1.89	2.20	97.64	0.00	5d9w889y99shy	.exe	SELECT Tarjeta, Codigo, Ultima...
250,541	62,122	4.03	1.61	11.45	95.67	4.56	azgy8fr2paax7	.exe	SELECT * FROM Validacion WHERE..
221,064	1,812	122.00	1.42	4.00	101.72	0.00	6hmdqghw34fzb		select rowid, ID_INTERVINIENTE...
211,577	486	435.34	1.36	2.39	97.34	0.00	cvr0yn4h34yvy	.exe	SELECT codigo, (codigo||"SYS_...
203,529	341	596.86	1.31	11.46	98.70	1.21	f19acnxv1p1z0		SELECT distinct grupo_diligenc...
189,000	125	1,512.00	1.21	4.14	98.36	0.00	akwwz4fhxcq89	.exe	SELECT personal, fechainicio, ...

Back to SQL Statistics
Back to Top

Figura 7. Sentencias SQL ordenadas por consumo de bloques en memoria.

Como estas métricas son datos objetivos, lo interesante es analizar si las consultas que más bloques leen en memoria son las que más acceden a disco. Si una consulta accede a un solo bloque y esa consulta se repite un millón de veces, veremos un millón de *gets*, por un millón de ejecuciones, por un único acceso a disco, pues ese bloque estará en caché como cabeza de lista de los más usados recientemente.

En un estudio de las tres sentencias que más bloques leen en memoria, la segunda supone 1,4 millones de bloques leídos, pero en un total de 11.805 ejecuciones (se trata de la misma sentencia que aparece en la Figura 6). La media de bloques leídos por ejecución es de 122 bloques. Sin embargo, la primera y tercera ejecución suponen aproximadamente unos 96.500 bloques en memoria por cada ejecución, lo que en bloques de 8 kB son 750 MB.

En este nivel de estudio es precipitado determinar si es conveniente analizarla o no. En la primera sentencia, un total de 22 ejecuciones llegó a tardar 8,2 segundos, lo cual significa menos de medio segundo por cada una. No obstante, dependerá del entorno, la aplicación y los usuarios determinar si ese medio segundo por ejecución es o no un problema de rendimiento.

Consultas con mayor lectura de bloques en disco

Las lecturas de disco son mucho más costosas que las lecturas en memoria. La razón es puramente mecánica. El movimiento de los cabezales de un disco no es despreciable. Actualmente, la velocidad de lectura de discos convencionales es del orden de milisegundos, mientras que la de memoria es de nanosegundos. Por ese motivo, Oracle almacena en caché los bloques leídos, para evitar volver a acceder al disco en posteriores peticiones.

En este apartado aparecen las sentencias que han realizado más lecturas físicas. Los procesos de inserción, modificación o borrado masivos son los principales candidatos a aparecer en esta sección. Al igual que en las secciones anteriores, es conveniente analizar el volumen de lecturas por el número de ejecuciones, y si la sentencia en cuestión forma parte de otros grupos de consumo relevantes.

En la Figura 8 puede observarse una sentencia UPDATE como la segunda que más lecturas físicas ha realizado, aunque solo se trata de una ejecución. La lectura de 13.230 bloques de 8 kB significa un recorrido físico de aproximadamente 100 MB. La sentencia en la primera posición del informe es de un volumen menor, alrededor de la mitad de la segunda sentencia, pero esta se ha ejecutado 42 veces.

SQL ordered by Reads

- %Total - Physical Reads as a percentage of Total Disk Reads
- %CPU - CPU Time as a percentage of Elapsed Time
- %IO - User I/O Time as a percentage of Elapsed Time
- Total Disk Reads: 297,883
- Captured SQL account for 95.7% of Total

Physical Reads	Executions	Reads per Exec	%Total	Elapsed Time (s)	%CPU	%IO	SQL Id	SQL Module	SQL Text
254,481	42	6,059.07	85.43	19.24	54.57	58.83	dtuuy4h2zauvx	.exe	SELECT Personal, Fecha From Va...
13,230	1	13,230.00	4.44	2.55	37.27	78.12	a06m0whh90tda	.exe	UPDATE VALIDACION set estado=:...
4,044	589	6.87	1.36	7.91	24.64	78.98	4bjh1wutntad0	.exe	SELECT VC.PERSONAL, VC.FECHA, ...
1,534	320	4.79	0.51	42.12	93.90	6.59	84ctzp80pn5wf	.exe	SELECT codcont, descont, Tipo,...
1,127	2,367	0.48	0.38	2.63	19.02	87.13	6gdkp8q5k00ft	.exe	SELECT * FROM Fichajes WHERE (...
1,067	1,183	0.90	0.36	1.87	14.42	84.05	bzk782kuudrpu	.exe	INSERT INTO Fichajes (Personal...
1,053	1,247	0.84	0.35	2.23	12.11	91.36	dxzcppbh1dcnf	.exe	SELECT Hora, Funcion, Causa, C...
993	1,198	0.83	0.33	1.75	14.87	90.08	0f43kwyx4gbz3	.exe	SELECT MAX(Fecha) AS MAXIMO FR...
948	4,141	0.23	0.32	0.66	65.12	43.37	b7stxk7485n54		SELECT MAX(NUM_INTENTOS) FROM ...
879	693	1.27	0.30	6.58	52.70	50.34	bksu4cjp2xhhs		SELECT VC.PERSONAL, VC.FECHA, ...

Back to SQL Statistics
Back to Top

Figura 8. Sentencias SQL ordenadas por número de lecturas físicas en disco.

En concreto, esa sentencia identificada por el SQLid "dtuuy4h2zauvx" aparece también en el resto de informes: es la sexta consulta en tiempo de ejecución y consumo de CPU, la primera en esperas de I/O (entrada/salida, dado que es la que más lecturas físicas tiene) y la sexta en consumo de bloques en memoria.

Esto no implica que la consulta no esté optimizada, pero en una propuesta sobre cuáles serían las primeras sentencias candidatas a optimizarse, sin más información, las más relevantes serían las que realizasen un mayor consumo de recursos. O las más ejecutadas.

Consultas con mayor número de ejecuciones

Si una sentencia se ejecuta un millón de veces en una hora y lee 100 bloques en disco y 100 en memoria, probablemente pase inadvertida en el resto de informes, pues la sentencia por sí misma no realiza un gran consumo de memoria/disco/CPU. No obstante, si se optimizara esta consulta de modo que, usando un índice, en vez de 100 bloques leyera tan solo 10, el beneficio sobre el sistema sería considerable.

SQL ordered by Executions

- %CPU - CPU Time as a percentage of Elapsed Time
- %IO - User I/O Time as a percentage of Elapsed Time
- Total Executions: 732,776
- Captured SQL account for 56.5% of Total

Executions	Rows Processed	Rows per Exec	Elapsed Time (s)	%CPU	%IO	SQL Id	SQL Module	SQL Text
62,122	61,461	0.99	11.45	95.67	4.56	azgy6fr2paax7	exe	SELECT * FROM Validacion WHERE...
60,542	58,614	0.97	6.09	94.91	0.00	g15t9nmys086z		select option_l.code, option_l...
28,474	28,230	0.99	1.36	94.32	0.00	bd3gc4r4kv3y3		select rowid, OPTION_L.ID_OPTI...
15,731	15,010	0.95	1.16	94.33	6.85	6jmyp3bzsvpu0		select rowid, ID_INTERVINIENTE...
14,402	8,129	0.56	1.42	103.65	0.00	ckw82d0xfkw02	exe	SELECT valor from config where...
13,325	13,325	1.00	0.87	109.09	3.82	g8a2fdjsz6fs9		select rowid, ID_INTERVINIENTE...
13,322	12,544	0.94	1.07	68.89	23.84	dcqbtvgvtmtn5		select rowid, ID_INTERVINIENTE...
12,882	12,882	1.00	0.99	99.39	0.00	58b3ddwht5f5j		SELECT id_tipo_juzgado, tipo_j...
12,683	12,683	1.00	0.70	94.53	0.00	1y8p50dwfgdwb		select rowid, CODIGO_CI FROM T...
12,683	12,683	1.00	0.74	110.67	0.10	2uauvtf6vud8p		select rowid, CODIGO_CI FROM T...
12,591	12,591	1.00	2.28	99.64	0.01	2d43wj5ww8bkf		select rowid, ID_TIPO_PROCED, ...
12,296	12,296	1.00	0.85	96.26	7.49	8bfcn15vk2m2y		select rowid, ID_GRUPO_DILIGEN...
11,805	12,265	1.04	25.01	100.30	0.00	bznx00mvad2ch		select rowid, ID_INTERVINIENTE...
11,654	11,654	1.00	3.68	76.35	24.94	a9vzt8c5un8cw	.exe	SELECT SUM(Valor) FROM VContad...
9,796	9,796	1.00	0.66	91.24	0.00	fjwuctbq18hq5		select rowid, FECHA_VALIDACION...
9,010	14,114	1.57	0.54	42.74	0.00	cm5vu20fhtnq1		select /*+ connect_by_filterin...
8,644	8,644	1.00	0.39	96.55	0.00	113c9y42dd6j5		select rowid, CODE FROM OPTION...

Back to SQL Statistics

Figura 9. Sentencias SQL ordenadas por número de ejecuciones.

A menudo aparecen consultas así, como parte de funciones implementadas por el usuario para obtener atributos, por ejemplo, que terminan siendo consultadas por todas las consultas indirectamente, o por procesos en bucle que comprueban el estado de un objeto, etc.

¿Es necesario ese número de ejecuciones de una misma sentencia SQL? ¿La comprobación que se hace a cada segundo puede hacerse cada cinco segundos? Igual que en el resto de los informes, el número de veces que se ejecuta una sentencia también aparece aquí, pero esta sección es exclusiva para las más ejecutadas. Evidentemente, esto tampoco implica que no estén optimizadas, o que necesiten mejorar su rendimiento, pero cualquier beneficio en las consultas de esta sección significará mejorar las consultas más ejecutadas.

Generación de informes AWR

La generación de un informe AWR puede hacerse desde la consola gráfica Oracle Enterprise Manager (para versiones 10g en adelante) o desde SQL*Plus.

En cualquiera de los dos métodos, se solicitarán de forma interactiva las instantáneas a comparar y el formato de salida del informe (texto o HTML).

```
SQL*Plus: Release 11.2.0.1.0 Production on Fri Mar 30 14:05:19 2012

Copyright (c) 1982, 2009, Oracle.  All rights reserved.

Enter user-name: / as sysdba

Connected to:
Oracle Database 11g Enterprise Edition Release 11.2.0.1.0 - 64bit Production
With the Partitioning, OLAP, Data Mining and Real Application Testing options

SQL> @?/rdbms/admin/awrrpt

Current Instance
~~~~~~~~~~~~~~~~

   DB Id    DB Name      Inst Num Instance
----------- ------------ -------- ------------
  975195532 DB09                1 db09


Specify the Report Type
~~~~~~~~~~~~~~~~~~~~~~~~
Would you like an HTML report, or a plain text report?
Enter 'html' for an HTML report, or 'text' for plain text
Defaults to 'html'
Enter value for report_type: html
```

A continuación, la lista de todas las instantáneas de la base de datos, con su hora de realización, permitirá acotar el periodo de tiempo del que se generará el informe AWR. Dado que se almacenan meses de instantáneas, el *script* solicitará el número de días que se quieran recuperar. Si se trata de un informe de rendimiento de lo sucedido en las últimas horas, con el valor 1 (un día) será suficiente para obtener los identificadores de las instantáneas más recientes.

```
Specify the number of days of snapshots to choose from
~~~~~~~~~~~~~~~~~~~~~~~~~~~~~~~~~~~~~~~~~~~~~~~~~~~~~~~~~~
Entering the number of days (n) will result in the most recent
(n) days of snapshots being listed.  Pressing <return> without
specifying a number lists all completed snapshots.


Enter value for num_days: 1

Listing the last day's Completed Snapshots

                                                     Snap
Instance     DB Name         Snap Id   Snap Started  Level
------------ ------------- --------- ------------------ -----
db09         DB09             14906 30 Mar 2012 00:00     1
                              14907 30 Mar 2012 01:00     1
                              14908 30 Mar 2012 02:00     1
                              14909 30 Mar 2012 03:00     1
                              14910 30 Mar 2012 04:00     1
                              14911 30 Mar 2012 05:00     1
                              14912 30 Mar 2012 06:00     1
                              14913 30 Mar 2012 07:00     1
                              14914 30 Mar 2012 08:00     1
                              14915 30 Mar 2012 09:00     1
                              14916 30 Mar 2012 10:00     1
                              14917 30 Mar 2012 11:00     1
                              14918 30 Mar 2012 12:00     1
                              14919 30 Mar 2012 13:00     1
                              14920 30 Mar 2012 14:00     1


Specify the Begin and End Snapshot Ids
~~~~~~~~~~~~~~~~~~~~~~~~~~~~~~~~~~~~~~~~~
Enter value for begin_snap:
```

Para obtener un informe de AWR de las 8:00 h hasta las 13:00 h, bastará con introducir el valor de "begin_snap" 14914 y como "end_snap" 14918.

```
Specify the Begin and End Snapshot Ids
~~~~~~~~~~~~~~~~~~~~~~~~~~~~~~~~~~~~~~~~~
Enter value for begin_snap: 14914
Begin Snapshot Id specified: 14914

Enter value for end_snap: 14918
End   Snapshot Id specified: 14918
```

```
Specify the Report Name
~~~~~~~~~~~~~~~~~~~~~~~~~
The default report file name is awrrpt_1_14914_14918.html.  To use this name,
press <return> to continue, otherwise enter an alternative.

Enter value for report_name:
```

Por defecto, el informe se nombrará, en este caso, "awrrpt_1_14914_14918.html".

Tras un volcado a pantalla de *tags* de HTML y la información de rendimiento solicitada, el *script* terminará su ejecución con el siguiente texto:

```
End of Report
</body></html>
Report written to awrrpt_1_14914_14918.html
```

El fichero generado tendrá el mismo aspecto visual, abierto desde cualquier navegador, que el mostrado en los ejemplos del capítulo. Las secciones están indexadas por hipervínculos, de modo que la navegación por el interior del documento es bastante cómoda.

El infome AWR comienza con una descripción del ámbito de estudio: nombre de la base de datos, del *host*, tipo de sistema operativo, memoria del servidor, arquitectura, etc.; intervalo de tiempo estudiado, uso de memoria en el momento de la primera instantánea y de la última, tamaño de la memoria, las diferentes cachés y porcentajes de uso y aprovechamiento, y descripción de las secciones del informe.

Cada una de estas secciones termina con un enlace "Back to Top" y cada SQLid contiene un hipervínculo que enlaza con el texto completo del SQL en cuestión.

Generación de informe AWR de sentencia

Un informe AWR es un buen punto de partida. No obstante, si es preciso obtener un informe completo sobre una consulta en concreto, a partir del SQLid se puede consultar un informe de AWR a nivel de sentencia para profundizar en el plan de ejecución y en el detalle de consumo de cada ejecución.

El *script* @?/rdbms/admin/awrsqrpt.sql pedirá las mismas variables que el informe estándar, más un SQLid sobre el cual obtener el informe.

```
Specify the Begin and End Snapshot Ids
~~~~~~~~~~~~~~~~~~~~~~~~~~~~~~~~~~~~~~~~~
Enter value for begin_snap: 14914
Begin Snapshot Id specified: 14914

Enter value for end_snap: 14918
End   Snapshot Id specified: 14918


Specify the SQL Id
~~~~~~~~~~~~~~~~~~~
Enter value for sql_id: 06p1jpkmxuwng
SQL ID specified:  06p1jpkmxuwng

Specify the Report Name
~~~~~~~~~~~~~~~~~~~~~~~~~
The default report file name is awrsqlrpt_1_14914_14918.html.  To use this name,
press <return> to continue, otherwise enter an alternative.

Enter value for report_name:

Using the report name awrsqlrpt_1_14914_14918.html
```

Es decir, a partir de los SQLid obtenidos en el informe AWR estándar, será posible obtener un informe más detallado sobre el SQL que parezca relevante para un estudio de su rendimiento. El nuevo informe, extraído en texto (no en HTML por defecto) tiene el siguiente aspecto. Muestra la traza de la ejecución y el plan de ejecución obtenido, además del texto completo de la sentencia.

```
Plan Statistics                       DB/Inst: DB09/db09  Snaps: 14914-14918
-> % Total DB Time is the Elapsed Time of the SQL statement divided
   into the Total Database Time multiplied by 100

Stat Name                               Statement   Per Execution % Snap
---------------------------------------- ---------- -------------- -------
Elapsed Time (ms)                            1,022           20.9     0.0
CPU Time (ms)                                   990           20.2     0.0
Executions                                       49            N/A     N/A
Buffer Gets                                  158,211        3,228.8     0.1
Disk Reads                                        0            0.0     0.0
Parse Calls                                      49            1.0     0.0
Rows                                             472            9.6     N/A
User I/O Wait Time (ms)                            0            N/A     N/A
Cluster Wait Time (ms)                             0            N/A     N/A
Application Wait Time (ms)                         0            N/A     N/A
Concurrency Wait Time (ms)                         0            N/A     N/A
Invalidations                                      0            N/A     N/A
Version Count                                    104            N/A     N/A
Sharable Mem(KB)                               1,951            N/A     N/A
          -------------------------------------------------------------
```

```
Execution Plan
```

Id	Operation	Name	Rows	Bytes	Cost (%CPU)	Time
0	SELECT STATEMENT				67 (100)	
1	SORT ORDER BY		8	16088	67 (14)	00:00:01
2	VIEW		8	16088	66 (13)	00:00:01
3	SORT UNIQUE		8	687	66 (50)	00:00:01
4	UNION-ALL					
5	VIEW	VM_NWVW_1	7	616	38 (14)	00:00:01
6	HASH UNIQUE		7	644	38 (14)	00:00:01
7	HASH JOIN		2763	248K	37 (11)	00:00:01
8	HASH JOIN		18	846	30 (7)	00:00:01
9	NESTED LOOPS		18	720	27 (8)	00:00:01
10	MERGE JOIN		1886	52808	26 (4)	00:00:01
11	TABLE ACCESS BY INDEX ROWID	INCIDENCIAS	7	49	2 (0)	00:00:01
12	INDEX FULL SCAN	INCIDENCIAS_CODIGO	27		1 (0)	00:00:01
13	SORT JOIN		2031	42651	24 (5)	00:00:01
14	TABLE ACCESS FULL	PREVISIONES	2031	42651	23 (0)	00:00:01
15	INDEX UNIQUE SCAN	PK_RPERSONALWEB	1	12	0 (0)	
16	TABLE ACCESS FULL	CAUSAS	35	245	3 (0)	00:00:01
17	TABLE ACCESS FULL	PERSONAL	58694	2579K	5 (0)	00:00:01
18	NESTED LOOPS					
19	NESTED LOOPS		1	71	26 (4)	00:00:01
20	NESTED LOOPS		1	64	25 (4)	00:00:01
21	NESTED LOOPS		1	57	24 (5)	00:00:01
22	NESTED LOOPS		1	45	24 (5)	00:00:01
23	TABLE ACCESS FULL	PREVISIONES	2031	42651	23 (0)	00:00:01
24	TABLE ACCESS BY INDEX ROWID	TUSUARIOS	1	24	0 (0)	
25	INDEX UNIQUE SCAN	TUSUARIOS_LOGIN	1		0 (0)	
26	INDEX UNIQUE SCAN	PK_RPERSONALWEB	1	12	0 (0)	
27	TABLE ACCESS BY INDEX ROWID	INCIDENCIAS	1	7	1 (0)	00:00:01
28	INDEX UNIQUE SCAN	INCIDENCIAS_CODIGO	1		0 (0)	
29	INDEX UNIQUE SCAN	CAUSAS_CODIGO	1		0 (0)	
30	TABLE ACCESS BY INDEX ROWID	CAUSAS	1	7	1 (0)	00:00:01

```
Full SQL Text
```

SQL ID	SQL Text
06p1jpkmxuwn	Select * from (SELECT codigo, Replacecomillas(Nombre||:"SYS_B_0"| ||apellido1||:"SYS_B_1"||apellido2) operario FROM PERSONAL P, (SE LECT DISTINCT usuariofirma1 FROM VDETSOL WHERE Pc=:"SYS_B_2") PRE V WHERE P.codigo=PREV.usuariofirma1 UNION SELECT login codigo, no mbre operario FROM TUSUARIOS P, (SELECT DISTINCT USUARIOFIRMA1 FR OM VDETSOL WHERE Pc=:"SYS_B_3") PREV WHERE P.LOGIN=PREV.USUARIOFI RMA1) c ORDER BY OPERARIO

Esta será nuestra fotografía del escenario del crimen, el análisis de sangre del paciente, el mapa del tesoro lleno de pistas sobre cómo están funcionando internamente los procesos SQL. Estos informes determinarán los pasos para mejorar sus tiempos de ejecución y minimizar el consumo de recursos a los estrictamente necesarios.

Como administrador, facilitar esos informes a los desarrolladores es aportarles la luz que necesitan para comprender cómo se están ejecutando internamente los procesos que ellos han programado en un entorno de pruebas completamente controlado, con datos ficticios, sin la situación real del entorno de producción.

Como desarrollador, realizar estos informes en los entornos de desarrollo y
compararlos con los de producción dará una visión completa de la evolución del
código, de cómo se comporta cuando lo usan los usuarios finales. Es imprescindible
contar con toda esta información para optimizar el código con conocimiento de
causa.

Planes de ejecución

Los informes de AWR a nivel de sentencia muestran una sección llamada *execution plan* en la que se describe el plan que el optimizador determina óptimo para la ejecución de la sentencia en cuestión.

El orden en el que la base de datos accede a las tablas, el uso de índices y la forma de combinar estructuras para resolver sentencias SQL son determinantes para el rendimiento. No todas las tablas tienen el mismo volumen, cada filtro puede restringir más o menos el número de filas a combinar, algunos índices pueden ser más o menos adecuados y, además, existen formas distintas de combinar las tablas para obtener los resultados, por lo que métodos distintos de combinación pueden ser más o menos convenientes dependiendo de muchos factores.

Por ese motivo, conocer cuál es el plan que el motor ha elegido para resolver una sentencia resulta tan importante. Se trata de comprender qué ha sucedido. Es la reconstrucción del lugar de los hechos. Por dónde entró el asesino, qué pasos dio, cuántos cadáveres hay, el arma del crimen... constituirá la principal fuente de pistas con las que resolver qué causa la lentitud en la sentencia.

El plan de ejecución es la hoja de ruta, la estrategia para ejecutar el comando SQL.

Básicamente informa de:

-Orden de acceso a los objetos. Qué tabla será la primera en leerse y, con ese resultado, qué tablas se continuarán leyendo y en qué orden.

-Forma de acceso a los objetos.

-Método de combinación de objetos.

-Coste estimado. Basado en el número de filas y bytes estimados respecto al total, espacio temporal de ordenación aproximado, etc.

La forma de generar un plan de ejecución es tan sencilla como ejecutar:

```
EXPLAIN PLAN FOR <sentenciaSQL>;
```

A este comando, la consola de SQL*Plus notificará únicamente: "explicado". Oracle ha escrito en una tabla llamada PLAN_TABLE el conjunto de órdenes, pasos que dar, métodos de acceso, etc., y para facilitar la consulta y comprensión del plan, un *script* llamado utlxpls (o utlxplp para comandos con ejecución en paralelo) formateará el resultado del plan de ejecución en un informe de texto como el siguiente:

```
SQL> explain plan for
  2   select ename, dname
  3   from emp, dept
  4   where emp.deptno=dept.deptno;

Explained.

SQL> @?/rdbms/admin/utlxpls

PLAN_TABLE_OUTPUT
--------------------------------------------------------------------------------
Plan hash value: 1093152308

-----------------------------------------------------------------------------
| Id  | Operation           | Name | Rows  | Bytes | Cost (%CPU)| Time     |
-----------------------------------------------------------------------------
|   0 | SELECT STATEMENT    |      |    14 |   588 |     5  (20)| 00:00:01 |
|*  1 |  HASH JOIN          |      |    14 |   588 |     5  (20)| 00:00:01 |
|   2 |   TABLE ACCESS FULL| DEPT |     4 |    88 |     2   (0)| 00:00:01 |
|   3 |   TABLE ACCESS FULL| EMP  |    14 |   280 |     2   (0)| 00:00:01 |
-----------------------------------------------------------------------------

PLAN_TABLE_OUTPUT
--------------------------------------------------------------------------------
Predicate Information (identified by operation id):
---------------------------------------------------

   1 - access("EMP"."DEPTNO"="DEPT"."DEPTNO")
```

Mediante estos comandos, nada se ha ejecutado realmente en el servidor. Tan solo se ha evaluado la estrategia de ejecución. La visualización de los procesos en forma de árbol sugiere que, en caso de ejecutarse, el motor realizará las siguientes operaciones y por el siguiente orden:

-Leer la tabla DEPT.

-Leer la tabla EMP.

-Combinar ambas tablas con el método HASH JOIN.

-Enviar las filas al usuario.

No se realiza ninguna lectura por índice, el volumen de filas esperado es mínimo (4 departamentos y 14 empleados) y el coste estimado tiene un valor relativo de 5.

Por lo tanto, la interpretación del orden de ejecución en un plan debe hacerse "de dentro hacia fuera", siendo las operaciones con mayor sangría (indentación) las primeras en ejecutarse. El objetivo del optimizador es realizar el mayor descarte de elementos para seleccionar en primer lugar, o combinar elementos ligeros en una primera acción con la finalidad de manejar el menor número posible de filas.

Además, el *script* utlxpls también ofrece la descripción de qué filtros se están aplicando en cada operación, lo cual identifica mucho mejor lo que está sucediendo en cada paso del proceso. Así, si la anterior sentencia tuviera un filtro, este aparecería en la información de predicado de la explicación del plan.

```
SQL> explain plan for
  2  select  ename, dname
  3  from emp, dept
  4  where emp.deptno=dept.deptno
  5    and dname='SALES';

Explained.

SQL> @?/rdbms/admin/utlxpls

PLAN_TABLE_OUTPUT
---------------------------------------------------
Plan hash value: 4251218426
```

Id	Operation	Name	Rows	Bytes	Cost (%CPU)	Time
0	SELECT STATEMENT		5	210	3 (0)	00:00:01
1	NESTED LOOPS					
2	NESTED LOOPS		5	210	3 (0)	00:00:01
* 3	TABLE ACCESS FULL	DEPT	1	22	2 (0)	00:00:01
* 4	INDEX RANGE SCAN	IDX_EMP_DEPTNO	5		0 (0)	00:00:01
5	TABLE ACCESS BY INDEX ROWID	EMP	5	100	1 (0)	00:00:01

```
PLAN_TABLE_OUTPUT
-------------------------------------------------

Predicate Information (identified by operation id):
-------------------------------------------------

   3 - filter("DNAME"='SALES')
   4 - access("EMP"."DEPTNO"="DEPT"."DEPTNO")
```

En este segundo ejemplo, los primeros pasos que se ejecutarán son el 3 y 4, que corresponden a la lectura total de la tabla DEPT, aplicando el filtro filter("DNAME"='SALES') que reduce las filas a una única que cumple la condición (paso 3), y la lectura por rango del índice IDX_EMP_DEPTNO sobre la columna DEPTNO en la tabla EMP (paso 4), que retorna los *rowid* correspondientes al departamento filtrado en el paso 3.

Con el resultado de combinar la tabla DEPT y el índice IDX_EMP_DEPTNO, el paso 5 corresponderá a acceder a los empleados mediante los identificadores de filas obtenidos.

En un plan de ejecución, las operaciones se agrupan en parejas. El resultado de una pareja de operaciones se combina con otra y, de este modo, se aplican los filtros/accesos y combinaciones para obtener un resultado final que enviar al cliente.

Se trata de la hoja de ruta: el mapa donde se traza el camino para resolver la ejecución del modo que el optimizador estima será más rápido. Esa optimización del código, la planificación de los accesos y la elaboración de esa estrategia de ejecución, es el núcleo por el cual el gestor de bases de datos Oracle vale lo que cuesta. Si una sentencia se ejecuta con una lentitud inusual, el plan de ejecución era la mejor apuesta del optimizador. Por este motivo, las primeras miradas deben dirigirse a este plan de ejecución.

Entendiendo los accesos

El plan de ejecución muestra cómo se ataca a los distintos objetos que participan en la resolución de una sentencia SQL. En una consulta, por ejemplo, la forma de acceder a una tabla o a los índices y el conjunto de filas esperado determinan en gran medida el coste.

En lo que respecta a las tablas, se puede acceder a ellas de forma completa o mediante la posición de una fila identificada por su *rowid*, que la localiza en un bloque concreto de la tabla. Para las tablas convencionales esas son las dos únicas formas de acceder a sus filas. Tratándose de índices, estos son más versátiles. Se puede acceder a ellos al completo, por rango de valores, o por un acceso único (siempre y cuando el índice sea único). Los índices sirven para facilitar el acceso a las filas de una tabla, por lo que la mención de índices en el plan de ejecución indica que el optimizador espera restringir el conjunto de resultados a través de ellos.

Los diferentes tipos de acceso, por tipos de segmentos, son:

Segmentos de datos (tablas):

- **Acceso FULL SCAN.** El optimizador determina recorrer físicamente todo el objeto, hasta el último bloque.

- **Acceso BY ROWID.** Cuando se conoce el identificador único de una fila, acceder a esta directamente por su rowid resulta la forma más inmediata, pues el rowid identifica el bloque y la posición de la fila dentro de este. Este acceso implica subir el bloque a memoria y procesar la fila.

- **Acceso BY INDEX ROWID.** Cuando se accede a una tabla mediante un índice, este proporciona los rowid necesarios. Se trata igualmente de un acceso directo al bloque.

- **Acceso por CLUSTER.** Cuando la tabla está creada sobre un cluster, este ofrece un mecanismo inmediato de localizar el elemento indexado en un acceso directo al bloque. El capítulo "Tablas y otros segmentos de datos" ofrece más información sobre la estructura física de los clusters y su casuística.

Segmentos de índices:

- **Acceso FULL SCAN.** Supone un acceso completo al índice. Resulta útil cuando una columna tiene valores NULL en su mayoría y el filtro de búsqueda incluye AND <columna>S NOT NULL. El índice puede resultar pequeño en una tabla que puede ser inmensa.

- **Acceso UNIQUE SCAN.** En índices únicos, informa de la búsqueda de un solo elemento.

- **Acceso RANGE SCAN.** Dado que en un índice todos los elementos están ordenados, en la búsqueda de un rango de valores un acceso RANGE SCAN supone encontrar el primer valor y seguir leyendo en una lectura secuencial hasta encontrar el último valor del rango. Si un índice tiene valores únicos, pero el índice no es único, la búsqueda de un valor concreto es concebida por el optimizador como un acceso con posibles duplicados, y lo que podría ser un UNIQUE SCAN se trata como RANGE SCAN. De este modo, al contemplar la posibilidad de que vengan más datos, el optimizador descarta ciertos accesos que podrían ser muy eficientes al no tener la seguridad de obtener una única fila. Si en un plan de ejecución aparece un RANGE SCAN sobre una búsqueda de un valor único, significa que el índice no lo es y que, por tanto, no hay una constraint UNIQUE KEY o PRIMARY KEY que evite duplicados.

-**Acceso BITMAP.** Solo es válido para índices bitmap. Manifiesta la acción de descomprimir un índice bitmap para obtener la cadena de ceros y unos correspondiente a los rowid que cumplen la condición (1) o no la cumplen (0).

-**Acceso SKIP SCAN.** En un índice compuesto, recorre un índice ignorando la columna principal, de modo que "salta" los valores principales para obtener los rowid correspondientes a búsquedas por las siguientes columnas.

Además de comprender los accesos expresados en los planes de ejecución, es imprescindible conocer cómo estos están implementados físicamente sobre el disco. Para ello, hemos dedicado un capítulo a los distintos tipos de tablas e índices y a detallar su morfología.

En algunas aplicaciones cliente que contienen módulos orientados a ayudar a la optimización de sentencias, frecuentemente se marcan en rojo o se advierte del peligro de que una tabla se lea FULL SCAN, aconsejando como una norma genérica la necesidad de usar un índice, pero no siempre la presencia de un FULL SCAN es censurable. Hay que tener en cuenta que el optimizador ha evaluado todos los índices existentes, y finalmente ha determinado que usarlos será más lento que acceder al completo a la tabla mediante una lectura secuencial.

¿Cómo funciona un acceso a una tabla usando un índice? Oracle accede al índice, navega por él hasta encontrar el *rowid* de la primera fila, y mediante este accede a la tabla directamente cargando el bloque que la contiene. Si la consulta recupera un 80 % de las filas, por ejemplo, el coste de navegar por el índice y obtener el 80 % de *rowid* de la tabla, para acceder a cada una de las filas individualmente, bloque a bloque, leyendo una y otra vez los mismos bloques de tablas (donde puede haber decenas de filas), es seguro más ineficiente que hacer una única lectura de la tabla y descartar los registros que no cumplan la condición mientras se procesan los resultados de la operación.

Es decir, este plan de ejecución podría resultar alarmante. Existe un índice por la columna ID_RESERVA, y se pretende obtener unas 4.600 filas, lo que supone, respecto a las 171.000 filas de la tabla, una cantidad aproximadamente de un 2,7 % del total.

```
SQL> explain plan for
  2  select * from reservas
  3  where id_reserva<'BaiEuxgfSA';

Explained.

SQL> @?/rdbms/admin/utlxpls

PLAN_TABLE_OUTPUT
--------------------------------------------------------------------------------
Plan hash value: 292119092


--------------------------------------------------------------------------------
| Id  | Operation          | Name     | Rows  | Bytes | Cost (%CPU)| Time     |
--------------------------------------------------------------------------------
|   0 | SELECT STATEMENT   |          |  4679 |  228K |   345   (2)| 00:00:05 |
|*  1 |  TABLE ACCESS FULL | RESERVAS |  4679 |  228K |   345   (2)| 00:00:05 |
--------------------------------------------------------------------------------

Predicate Information (identified by operation id):
----------------------------------------------------

PLAN_TABLE_OUTPUT
--------------------------------------------------------------------------------

   1 - filter("ID_RESERVA"<'BaiEuxgfSA')
```

¿Por qué el optimizador no usa el índice? El coste de ejecución es de 345 (sí, se trata de un valor relativo, pero puede asustar, ya que todo el peso de la ejecución se lo lleva el acceso FULL SCAN de la tabla). ¿Son esos 5 segundos de coste mejorables? ¿Qué tal si forzamos el uso del índice?

```
SQL> explain plan for
  2  select /*+ INDEX (reservas res_pk) */ *
  3  from reservas
  4  where id_reserva<'BaiEuxgfSA';

Explained.

SQL> @?/rdbms/admin/utlxpls

PLAN_TABLE_OUTPUT
--------------------------------------------------------------------------------
Plan hash value: 1966335383


-----------------------------------------------------------------------------------------
| Id  | Operation                    | Name     | Rows  | Bytes | Cost (%CPU)| Time     |
-----------------------------------------------------------------------------------------
|   0 | SELECT STATEMENT             |          |  4679 |  228K |  4697   (1)| 00:00:57 |
|   1 |  TABLE ACCESS BY INDEX ROWID | RESERVAS |  4679 |  228K |  4697   (1)| 00:00:57 |
|*  2 |   INDEX RANGE SCAN           | RES_PK   |  4679 |       |    18   (0)| 00:00:01 |
-----------------------------------------------------------------------------------------

Predicate Information (identified by operation id):

PLAN_TABLE_OUTPUT
--------------------------------------------------------------------------------

   2 - access("ID_RESERVA"<'BaiEuxgfSA')
```

De usar el índice, el optimizador estima que el tiempo de ejecución estaría próximo a un minuto. ¿Por qué? Pues porque resulta mucho más efectivo leer el total de bloques de la tabla RESERVAS, que ocupa unos 10 MB, de forma secuencial, que acceder a 4.679 filas bloque a bloque, que son aproximadamente unas 4.679 lecturas de bloque, lo cual multiplicado por el tamaño de bloque estándar de 8 kB da un resultado de 36 MB leídos en memoria. Total, casi un minuto estimado de ejecución.

No siempre el FULL SCAN es un mal tipo de acceso. No siempre conviene usar los índices. El optimizador, por lo menos, tiene toda esta información en cuenta para establecer sus conclusiones.

Además, también es importante conocer la estructura de los objetos para entender qué es lo que le sucede al objeto, tras su creación, con el uso. Es preciso analizar los objetos, consultar su tamaño, número de elementos, tamaño medio de fila, etc., para poder perfilar correctamente las implicaciones de su posible degradación relativas al método de acceso.

Respecto a la degradación de un objeto por su uso, véase el siguiente ejemplo.

Supongamos una tabla a la que se insertan diez millones de filas hasta aumentar el tamaño de la tabla a, por ejemplo, 30 GB y que, posteriormente, un conjunto de operaciones de borrado van eliminando las filas con sentencias DELETE hasta que dejan la tabla completamente vacía.

En este caso, una consulta que cuente el número de filas y realice un FULL SCAN de la tabla recorrerá físicamente 30 GB de espacio en disco para no encontrar ni una sola fila. Si, por el contrario, esta misma búsqueda implicara el acceso a un índice FAST FULL SCAN, al no existir filas en la estructura de índice, aunque el tamaño del índice en bloques sea igualmente considerable, en el primer acceso Oracle advertirá que la tabla no tiene una sola fila, y resolverá que la tabla está vacía de forma inmediata.

Por este motivo, dado que las estructuras de datos no se compactan *motu proprio*, cabe contemplar la posibilidad de que las tablas puedan estar fragmentadas, los índices no estén balanceados o las filas puedan estar encadenadas.

El encadenamiento de las filas sucede cuando, por ejemplo, en las tablas convencionales el almacenamiento de las filas se hace de forma apilada, llenando los bloques sucesivamente, y una fila, que está en un bloque lleno, sufre una modificación de un valor de forma que ocupe más espacio del que queda libre en el bloque asignado para ese crecimiento dinámico de las filas. Esta fila se "romperá", continuando en otro bloque. Cuando se necesite acceder a esta fila, el gestor tendrá que leer un primer bloque, y continuar leyendo otro bloque para completar la fila partida.

Toda esta información no será visible en el plan de ejecución, pero formará parte de las pistas que es necesario recopilar para identificar la causa de la lentitud en casos donde los planes parezcan efectivos y, sin embargo, la lectura de las estructuras físicas suponga un coste.

Entendiendo las combinaciones y los filtros

La forma en la que dos tablas se combinan puede implicar diferencias de rendimiento abismales. La mejor forma de comprender estos mecanismos y su repercusión en el tiempo de ejecución es analizar cada método e imaginar diferentes escenarios. Los métodos de combinación de tablas son técnicas, y no son mejores o peores unos que otros, sino más o menos eficientes en función de cada caso. Un método de combinación muy eficiente con tablas pequeñas puede resultar ineficiente con tablas grandes o con devolución de filas de forma ordenada.

Al igual que sucede con los accesos FULL SCAN de una tabla, en la que uno se pregunta por qué Oracle no usa un determinado índice, todo depende de los volúmenes a procesar, de la morfología de los objetos y del número de filas a filtrar. Del mismo modo que un FULL SCAN no es necesariamente una forma ineficiente de acceder a un objeto, incluso una combinación de dos tablas por producto cartesiano (es decir, combinar todos los registros de una tabla con todos los registros de la otra) tendrá una situación ideal en la que será el método más efectivo.

Los métodos de combinación y filtrado más frecuentes son:

- **NESTED LOOPS.** Consiste en anidar un bucle. Se establece que una tabla es la conductora y la otra la conducida. Por cada fila de la tabla conductora se accede a la tabla conducida para corresponderla.

- **HASH JOIN.** La tabla pequeña se mapea en memoria con un algoritmo tipo hash, y la otra tabla se lee correspondiendo los elementos de la tabla de memoria mediante un acceso hash.

- **MERGE JOIN.** Las dos tablas se leen y se ordenan por la clave de unión. Una vez ordenadas, se fusionan.

- **CLUSTER JOIN.** En un cluster indexado, cada fila de la tabla maestra contiene, en el mismo bloque, las filas de la tabla detalle.

- **CARTESIAN JOIN.** Consiste en combinar las tablas por producto cartesiano. Todos los elementos de la tabla conductora se combinan con todos los elementos de la tabla conducida.

- **FILTER.** Tomando las filas de una tabla, se descartan registros a partir de las filas de la otra tabla.

- **SEMI JOIN.** Cuando no es necesario completar la join para todas las filas, como sucede con IN o EXISTS, y basta con el primer caso de coincidencia.

- **ANTI JOIN.** Se trata de hacer una join por descarte de filas. Es el método usado por el optimizador cuando un filtro NOT IN puede expresarse como un método de combinación de tablas JOIN a la inversa, es decir, descartando las que cumplen la condición y retornando las que no la cumplen.

Cada método de combinación tiene su escenario ideal. Además, es determinante considerar, para cada método de ordenación, la forma de acceso a las tablas y si en estas se filtra por alguna condición para estimar el peso de cada parte del proceso.

NESTED LOOPS

El método de combinación de bucles anidados es, probablemente, el más conocido por ser uno de los más frecuentes en versiones anteriores de Oracle. Cuando no existía el optimizador de costes, el optimizador de reglas heurísticas era incapaz de estimar los pesos de las tablas, y la regla genérica de combinación de tomar la primera tabla de la *join* como conductora y la segunda tabla como conducida era igual de buena o de mala en función del volumen de tablas que hubiera que cruzar. El coste de la ejecución aumenta de forma directamente proporcional al aumento de las filas que se combinen.

Si observamos más en detalle cómo funciona este método, con el fin de buscar las situaciones ideales en las que resulta efectivo, el mecanismo resulta muy sencillo. De la tabla principal se obtienen un conjunto de registros y por cada uno de ellos se accede a la tabla segunda, la conducida. A medida que las filas se van combinando, ya están listas para devolverse a la operación anterior. Si no es preciso ordenarlas, incluso, podrían devolverse al cliente directamente.

En este método de combinación, la clave es qué tabla es la conductora y cuál la conducida.

Supongamos una tabla de cien filas que se combina con otra de otras cien filas por NESTED LOOPS. Por hacer una estimación redonda, supongamos que cada bloque contiene unas diez filas. Con este escenario, la lectura de la tabla conductora supondría leer diez bloques, con diez filas cada uno, y cien accesos a la tabla conducida. Si no hay un índice sobre las columnas de combinación y los accesos deben hacerse por el método FULL SCAN, las lecturas de la tabla conducida serán de esos diez bloques por cada cien filas de la principal, o lo que podría resumirse como:

$$10 \text{ bloques} + 100 \cdot (10 \text{ bloques}) = 1.010 \text{ bloques}$$

Esta fórmula, que parece tan poco eficiente, es igualmente buena e igualmente mala tanto si se produce una correspondencia de todas las filas como si no se combinan más que una o dos filas, o si por la existencia de duplicados cada fila de la tabla conductora se combina con 80 filas de la tabla conducida. El coste total lo determina el número de registros de la tabla conductora y la forma de acceso de la tabla conducida. Del mismo modo, su rendimiento de ejecución es proporcional al volumen de registros. Si la tabla conductora aumenta en 10 filas, impactará en 10 accesos más a la conducida. Los tiempos variarán prácticamente en una progresión lineal.

De ahí que este método de combinación fuera tan frecuente en la optimización por reglas. Si no se poseen más datos, este método es tan costoso como grande sea el número de filas que haya que manejar. Por supuesto, habría que esperar que la tabla conductora fuera la que más registros restringiera para que el número de accesos a la tabla conducida fuera el menor posible.

La *hint* para forzar al optimizador a combinar dos tablas por NESTED LOOPS es:

```
/*+ USE_NL (tabla conductora, tabla conducida) */
```

Ejemplo:

```
SQL> explain plan for
  2  select /*+ USE_NL (dept, emp)*/ ename, dname
  3  from emp, dept
  4  where emp.deptno=dept.deptno;

Explained.

SQL> @?/rdbms/admin/utlxpls

PLAN_TABLE_OUTPUT
-------------------------------------------------------------------------
Plan hash value: 4251218426
```

```
---------------------------------------------------------------------------
| Id  | Operation                   | Name         | Rows  | Bytes | Cost (%CPU)| Time     |
---------------------------------------------------------------------------
|   0 | SELECT STATEMENT            |              |    14 |   308 |     5   (0)| 00:00:01 |
|   1 |  NESTED LOOPS               |              |       |       |            |          |
|   2 |   NESTED LOOPS              |              |    14 |   308 |     5   (0)| 00:00:01 |
|   3 |    TABLE ACCESS FULL        | DEPT         |     4 |    52 |     2   (0)| 00:00:01 |
|*  4 |    INDEX RANGE SCAN         | IDX_EMP_DEPTNO |   5 |       |     0   (0)| 00:00:01 |
|   5 |   TABLE ACCESS BY INDEX ROWID| EMP         |     4 |    36 |     1   (0)| 00:00:01 |
---------------------------------------------------------------------------
```

```
Predicate Information (identified by operation id):
--------------------------------------------------

   4 - access("EMP"."DEPTNO"="DEPT"."DEPTNO")

17 rows selected.
```

HASH JOIN

Cuando se introdujo por primera vez el optimizador de costes, muchas consultas que combinaban una tabla grande con una considerablemente pequeña se vieron aceleradas sustancialmente por esta nueva forma de combinación.

En sí, consiste en subir a memoria la tabla que será conducida y aplicar un algoritmo *hash* para localizar esa fila de forma inmediata. Es decir, asociar cada fila con el resultado de una fórmula matemática vinculada a la clave de *hash*, que será la columna por la que se combinará con la tabla principal.

Una vez hecho esto, tan solo recorrer la tabla conductora secuencialmente, aplicando esa misma fórmula *hash* para "anexar" a cada fila de la principal su fila correspondiente, suponía un aumento brutal de la velocidad de ejecución. He podido ver sentencias de minutos que pasaron a tardar pocos segundos solamente por este cambio en la forma de combinación.

Para visualizar esta mejora preguntémonos: ¿cómo respondería la sentencia anterior si la tabla principal tuviera 10 millones de filas? Suponiendo que cada bloque contenga 10 filas:

-- Con NESTED LOOPS:

1.000.000 bloques + 10.000.000 · (10 bloques) = 101.000.000 bloques.

-- Con HASH JOIN:

1.000.000 bloques + 1 · (10 bloques) = 1.000.010 bloques.

Valorando, además, el coste de cada uno de los accesos, es decir, valorando el impacto de leer secuencialmente 10 millones de filas de una vez respecto a acceder 10 millones de veces a los mismos 10 bloques, en este caso el aumento de rendimiento es muchísimo mayor que el aparente.

Este tipo de combinación de tablas solo está disponible para el optimizador de costes, pues es imprescindible conocer los volúmenes de las tablas para determinar cuál es la conductora y cuál la conducida.

La *hint* para forzar al optimizador a combinar dos tablas por HASH JOIN es:

```
/*+ USE_HASH (tabla1, tabla2) */
```

Ejemplo:

```
SQL> explain plan for
  2  select /*+ USE_HASH (dept, emp)*/ ename, dname
  3  from emp, dept
  4  where emp.deptno=dept.deptno;

Explained.


SQL> @?/rdbms/admin/utlxpls

PLAN_TABLE_OUTPUT
--------------------------------------------------------------------------
Plan hash value: 1093152308


---------------------------------------------------------------------------
| Id  | Operation          | Name | Rows  | Bytes | Cost (%CPU)| Time     |
---------------------------------------------------------------------------
|   0 | SELECT STATEMENT   |      |    14 |   308 |     5  (20)| 00:00:01 |
|*  1 |  HASH JOIN         |      |    14 |   308 |     5  (20)| 00:00:01 |
|   2 |   TABLE ACCESS FULL| DEPT |     4 |    52 |     2   (0)| 00:00:01 |
|   3 |   TABLE ACCESS FULL| EMP  |    14 |   126 |     2   (0)| 00:00:01 |
---------------------------------------------------------------------------

Predicate Information (identified by operation id):
---------------------------------------------------

   1 - access("EMP"."DEPTNO"="DEPT"."DEPTNO")

15 rows selected.
```

MERGE JOIN

El método HASH JOIN se desaconseja claramente en una circunstancia muy particular: cuando las dos tablas a combinar son considerablemente grandes y hay un alto número de correspondencia entre las filas de ambas tablas.

Para empezar, subir a memoria una tabla para aplicar un algoritmo *hash* es progresivamente más costoso en función de las filas que contenga. Es un coste relativamente pequeño en tiempo y en espacio en memoria si hay pocas filas, pero si se tratase de una tabla con un millón de filas, el coste de subir ese millón de filas en memoria aplicando un algoritmo *hash* de distribución de un alto número de valores hace que el anterior método pase de ser rápido y eficaz a convertirse en un problema incluso para el servicio de base de datos, pudiendo afectar, incluso, al resto de usuarios.

125

En los algoritmos *hash* se resuelve una posición de memoria, de modo que si se realiza para un millón de elementos de una tabla puede saturar por completo el uso de la memoria, además de suponer un elevado coste de CPU.

En estos casos, el método de combinación MERGE JOIN resulta mucho más eficaz.

El MERGE JOIN consiste en leer las dos tablas, realizar una ordenación por las respectivas columnas de la *join*, y fusionar ambas tablas leyendo de la primera tabla y mostrando su valor contiguo de la segunda. Cuando el valor de la primera tabla cambie, significará avanzar filas en la segunda tabla hasta encontrar, ya que ambas están ordenadas por esa columna, el siguiente valor correspondiente. Para el caso de empleados y departamentos, las filas se mostrarían así:

Tabla EMPLEADOS (EMP):

```
ENAME        DEPTNO
---------- ----------
CLARK            10
KING             10
MILLER           10
JONES            20
FORD             20
ADAMS            20
SMITH            20
SCOTT            20
WARD             30
TURNER           30
ALLEN            30
JAMES            30
BLAKE            30
MARTIN           30
```

Tabla DEPARTAMENTOS (DEPT):

```
    DEPTNO DNAME
---------- --------------
        10 ACCOUNTING
        20 RESEARCH
        30 SALES
        40 OPERATIONS
```

De esta forma, al fusionarse con MERGE JOIN, en memoria se presentarán la una a la otra de la siguiente forma:

```
ENAME        DEPTNO         DEPTNO DNAME
---------- -------------- ---------- ----------
CLARK            10
KING             10
MILLER           10              10 ACCOUNTING
```

```
JONES            20
FORD             20
ADAMS            20
SMITH            20
SCOTT            20           20 RESEARCH
WARD             30
TURNER           30
ALLEN            30
JAMES            30
BLAKE            30
MARTIN           30           30 SALES
                              40 OPERATIONS
```

Así, el coste del método de MERGE JOIN para combinar dos tablas con millones de filas será el correspondiente a leerlas secuencialmente, ordenarlas y presentarlas coincidiendo con su clave de unión. Además, los resultados se presentarán ordenados por su clave de unión de forma automática.

La *hint* para forzar al optimizador a combinar dos tablas por MERGE JOIN es:

```
/*+ USE_MERGE (tabla1 , tabla2) */
```

> **NOTA:** Para evitar la ordenación de la tabla EMPLEADOS, el optimizador elige recorrerla por el índice IDX_EMP_DEPTNO, cuya operación ya procesará de forma natural una ordenación al ir accediendo a las filas por orden de departamento.

Ejemplo:

```
SQL> explain plan for
  2  select /*+ USE_MERGE  (dept, emp)*/ ename, dname
  3  from emp, dept
  4  where emp.deptno=dept.deptno;

Explained.

SQL> @?/rdbms/admin/utlxpls

PLAN_TABLE_OUTPUT
-------------------------------------------------------------------------------
Plan hash value: 2783121302

-------------------------------------------------------------------------------
| Id  | Operation                    | Name         | Rows | Bytes | Cost (%CPU)| Time     |
-------------------------------------------------------------------------------
|   0 | SELECT STATEMENT             |              |  14  |  308  |  5  (20)| 00:00:01 |
|   1 |  MERGE JOIN                  |              |  14  |  308  |  5  (20)| 00:00:01 |
|   2 |   TABLE ACCESS BY INDEX ROWID| EMP          |  14  |  126  |  2   (0)| 00:00:01 |
|   3 |    INDEX FULL SCAN           | IDX_EMP_DEPTNO |  14  |       |  1   (0)| 00:00:01 |
|*  4 |   SORT JOIN                  |              |   4  |   52  |  3  (34)| 00:00:01 |
|   5 |    TABLE ACCESS FULL         | DEPT         |   4  |   52  |  2   (0)| 00:00:01 |
-------------------------------------------------------------------------------
```

```
Predicate Information (identified by operation id):
---------------------------------------------------

   4 - access("EMP"."DEPTNO"="DEPT"."DEPTNO")
       filter("EMP"."DEPTNO"="DEPT"."DEPTNO")

18 rows selected.
```

CLUSTER JOIN

Se denomina CLUSTER JOIN la unión por NESTED LOOPS de dos tablas cuando estas forman parte de un *cluster*.

Cuando las tablas están construidas sobre un segmento del tipo *cluster* indexado, la unión de las filas ya está hecha físicamente. La creación de las dos tablas del *cluster* se hace sobre un mismo segmento físico que clasifica, por bloques, una fila de la tabla padre, supóngase el caso de FACTURAS, y todas las filas correspondidas de la segunda tabla, sería el caso de DETALLE_FACTURA. De este modo, la lectura de un bloque contendrá una FACTURA y los DETALLE_FACTURA asociados. Las tablas ya están unidas físicamente.

Cuando un plan de ejecución muestre una combinación de tablas tipo CLUSTER, significará que el segmento que sostiene las tablas es un *cluster* y que se está haciendo una lectura física que retorna datos de las dos tablas.

```
SQL>  select factura.id_factura, cliente, fecha_factura, id_detalle, articulo, precio,
unidades, precio*unidades TOTAL
  2   from factura, linea_factura
  3   where linea_factura.id_factura=factura.id_factura
  4     and linea_factura.id_factura=5;

ID_FACTURA CLIENTE        FECHA_FAC ID_DETALLE ARTICULO          PRECIO UNIDADES      TOTAL
---------- -------------- --------- ---------- --------------- -------- -------- ----------
         5 CLIENTE     5  27-APR-12          1 ART-001               10        1         10
         5 CLIENTE     5  27-APR-12          3 ART-003               15       20        300
         5 CLIENTE     5  27-APR-12          6 ART-006              100        2        200
         5 CLIENTE     5  27-APR-12         10 ART-0010              10       10        100

SQL> explain plan for
  2 select factura.id_factura, cliente, fecha_factura, id_detalle, articulo, precio,
unidades, precio*unidades TOTAL
  3  from factura, linea_factura
  4  where linea_factura.id_factura=factura.id_factura
  5    and linea_factura.id_factura=5;

Explained.

SQL> @?/rdbms/admin/utlxpls

PLAN_TABLE_OUTPUT
--------------------------------------------------------------------------------------
Plan hash value: 1355831105
```

```
---------------------------------------------------------------------------
| Id  | Operation                     | Name          | Rows | Bytes | Cost (%CPU)| Time     |
---------------------------------------------------------------------------
|   0 | SELECT STATEMENT              |               |    4 |   512 |    2   (0)| 00:00:01 |
|   1 |  NESTED LOOPS                 |               |    4 |   512 |    2   (0)| 00:00:01 |
|   2 |   TABLE ACCESS BY INDEX ROWID| FACTURA        |    1 |    49 |    1   (0)| 00:00:01 |
|*  3 |    INDEX UNIQUE SCAN          | SYS_C00176945 |    1 |       |    1   (0)| 00:00:01 |
|*  4 |   TABLE ACCESS CLUSTER        | LINEA_FACTURA |    4 |   316 |    1   (0)| 00:00:01 |
---------------------------------------------------------------------------

Predicate Information (identified by operation id):
---------------------------------------------

   3 - access("FACTURA"."ID_FACTURA"=5)
   4 - filter("LINEA_FACTURA"."ID_FACTURA"=5)
```

De hecho, el CLUSTER JOIN no es en sí un método de combinación visible directamente en un plan de ejecución, sino que esta forma característica de combinar las dos tablas hay que deducirla de la presencia de NESTED LOOPS y la combinación de un acceso CLUSTER a una tabla.

Internamente, hay que visualizar no el acceso a dos tablas distintas, una conductora y otra conducida, sino el acceso a un único bloque de datos que tiene agrupadas las filas de ambas tablas.

CARTESIAN JOIN

El método de combinación más temido por los desarrolladores es el CARTESIAN JOIN. El producto cartesiano consiste en combinar todos los elementos de un conjunto con todos los elementos de otro.

Aplicado a tablas y a la combinación de estas, un producto cartesiano implica unir todas las filas de una tabla con todas las filas de otra, sin realizar ningún tipo de correspondencia entre ambas.

Es el método de combinación más eficaz si se pretende corresponder todas las filas de una tabla con todas las filas de otra y, por este motivo, cada vez que un desarrollador omite una *join* en la cláusula WHERE y dos tablas quedan sin corresponderse, el optimizador considera que se desea combinar todas con todas, y el mejor método de hacerlo es este.

Evidentemente, el optimizador no se plantea que a nuestro código le falta una *join*, sino que el resultado que queremos obtener es el siguiente:

```
SQL> select ename, emp.deptno, dept.deptno, dname
  2  from emp, dept;

ENAME           DEPTNO     DEPTNO DNAME
---------- ---------- ---------- --------------
SMITH               20         10 ACCOUNTING
ALLEN               30         10 ACCOUNTING
WARD                30         10 ACCOUNTING
JONES               20         10 ACCOUNTING
MARTIN              30         10 ACCOUNTING
BLAKE               30         10 ACCOUNTING
CLARK               10         10 ACCOUNTING
SCOTT               20         10 ACCOUNTING
KING                10         10 ACCOUNTING
TURNER              30         10 ACCOUNTING
ADAMS               20         10 ACCOUNTING
JAMES               30         10 ACCOUNTING
FORD                20         10 ACCOUNTING
MILLER              10         10 ACCOUNTING
SMITH               20         20 RESEARCH
ALLEN               30         20 RESEARCH
WARD                30         20 RESEARCH
JONES               20         20 RESEARCH
MARTIN              30         20 RESEARCH
BLAKE               30         20 RESEARCH
CLARK               10         20 RESEARCH
SCOTT               20         20 RESEARCH
KING                10         20 RESEARCH
TURNER              30         20 RESEARCH
ADAMS               20         20 RESEARCH
JAMES               30         20 RESEARCH
FORD                20         20 RESEARCH
MILLER              10         20 RESEARCH
SMITH               20         30 SALES
ALLEN               30         30 SALES
WARD                30         30 SALES
JONES               20         30 SALES
MARTIN              30         30 SALES
BLAKE               30         30 SALES
CLARK               10         30 SALES
SCOTT               20         30 SALES
KING                10         30 SALES
TURNER              30         30 SALES
ADAMS               20         30 SALES
JAMES               30         30 SALES
FORD                20         30 SALES
MILLER              10         30 SALES
SMITH               20         40 OPERATIONS
ALLEN               30         40 OPERATIONS
WARD                30         40 OPERATIONS
JONES               20         40 OPERATIONS
MARTIN              30         40 OPERATIONS
BLAKE               30         40 OPERATIONS
CLARK               10         40 OPERATIONS
SCOTT               20         40 OPERATIONS
KING                10         40 OPERATIONS
TURNER              30         40 OPERATIONS
ADAMS               20         40 OPERATIONS
JAMES               30         40 OPERATIONS
FORD                20         40 OPERATIONS
MILLER              10         40 OPERATIONS

56 rows selected.
```

Este es el producto cartesiano: 14 empleados x 4 departamentos = 56 asignaciones de empleado a departamento. El optimizador está haciendo caso a lo que se pide en la sentencia, que es visualizar las dos tablas sin filtrar los que se correspondan por FOREIGN KEY = PRIMARY KEY. Es decir, entiende que el usuario quiere visualizarlos todos con todos.

A no ser que los empleados trabajen a turnos entre todos los departamentos y nos interese tener información sobre su estancia en el resto además de en el suyo, a pocos casos más se aplicará solicitar un producto cartesiano al uso.

```
SQL> explain plan for
  2  select ename, emp.deptno, dept.deptno, dname
  3  from emp, dept;

Explained.

SQL> @?/rdbms/admin/utlxpls

PLAN_TABLE_OUTPUT
--------------------------------------------------------------------------------
Plan hash value: 3429684969

-------------------------------------------------------------------------------
| Id  | Operation            | Name | Rows  | Bytes | Cost (%CPU)| Time     |
-------------------------------------------------------------------------------
|   0 | SELECT STATEMENT     |      |    56 |  1232 |     5  (0)| 00:00:01 |
|   1 |  MERGE JOIN CARTESIAN|      |    56 |  1232 |     5  (0)| 00:00:01 |
|   2 |   TABLE ACCESS FULL  | DEPT |     4 |    52 |     2  (0)| 00:00:01 |
|   3 |   BUFFER SORT        |      |    14 |   126 |     3  (0)| 00:00:01 |
|   4 |    TABLE ACCESS FULL | EMP  |    14 |   126 |     1  (0)| 00:00:01 |
-------------------------------------------------------------------------------
```

No obstante, un MERGE JOIN CARTESIAN es un método de combinación de tablas que el optimizador evalúa, al igual que los demás métodos. No tiene una puntuación muy efectiva en general, pero existen tres situaciones en las que, sobre todo en entornos Oracle 9i, el optimizador de costes puede optar por esta forma de combinación cartesiana en sentencias perfectamente escritas, sin errores ni faltas de cláusulas de *join*.

Los casos siguientes pueden resultar en un plan de ejecución que contenga un MERGE JOIN CARTESIAN:

– **SITUACIÓN 1. El optimizador estima que una de las tablas de la *join* devolverá una única fila.** En ese caso, combinar un millón de filas con una sola puede estimarse como el mejor plan, sin necesidad de hacer un *hash*, una ordenación o un único bucle en NESTED LOOPS.

Hay que tener mucho cuidado con estas aproximaciones tan arriesgadas, pues si en lugar de una fila existen diez, por una falta de información estadística de la tabla, la combinación de un millón daría un producto de diez millones de elementos, y el plan, aunque aparentemente bueno, resultaría en una ejecución desastrosa.

- **SITUACIÓN 2. Al unir tres tablas, A con B y con C, no se muestra información de B y se estima que puede haber un alto número de correspondencias finales múltiples entre A y C.**

En la práctica, es muy raro que una relación a tres pueda estar tan poco correspondida, es decir, en un sistema informático es muy raro que se dé una situación de correspondencia de "todos con todos" real. Por ese motivo hay que prestar atención a las estructuras de las tablas, índices, a la información de campos y su integridad, así como a la forma en la que se solicita la información combinada de las tres tablas. Es muy probable que la aplicación del producto cartesiano en este tipo de casos no resulte muy efectiva.

Se han descrito, además, muchas situaciones en las que el optimizador falla aplicando la ley transitiva. Sin duda, el caso más extremo que he visto fue el aportado por Arturo Gutiérrez, uno de los revisores de este libro, en el que una consulta sobre seis tablas no muy grandes (entre 46.000 filas la más pequeña y 290.000 la más grande) resultaba en un plan de ejecución que estimaba 647.000 billones de coste y un volumen de datos de 1,2 EB (Exabytes), es decir, 1.215 PB (Petabytes), o el equivalente 1,2 millones de TB (Terabytes).

La consulta era la siguiente (en un entorno Oracle 9i), sobre las tablas descritas con el siguiente número de filas:

POLIZA_PERSONA_COBER = 290.500 filas.
PERSONA = 93.671 filas
POLIZA_CONT = 208.909 filas.
POLIZAS = 46.000 filas.
POLIZA_PERSONA = 128.898 filas.
POLIZA_COBER = 111.911 filas.

```
select *
  FROM polizas pol,
    (SELECT id_polizas_fk,
            MAX(b.poliza_cober_scon) poliza_cober_scon ,
            MAX(b.poliza_persona_cober_scon) poliza_pers_cob_scon,
            MAX(b.poliza_persona_scon) poliza_persona_scon
     FROM poliza_cont b
     WHERE fechemis <= TRUNC(SYSDATE)
     GROUP BY id_polizas_fk ) scon,
```

```
     poliza_cober cobe,
     poliza_persona_cober peco,
     persona pers,
     poliza_persona peri
WHERE  pol.id_polizas = scon.id_polizas_fk
   AND pol.estado = 'V'
   AND cobe.id_poliza_cont_fk = scon.poliza_cober_scon
   AND cobe.garancod = 'AC01'
   AND peco.id_poliza_cont_fk = scon.poliza_pers_cob_scon
   AND peco.relacion IN ('CHAB', 'COCA')
   AND peco.id_persona_fk = pers.id_persona
   AND peri.id_poliza_cont_fk = scon.poliza_persona_scon
   AND peri.poliefec <= TRUNC (SYSDATE);
```

Y el plan de ejecución propuesto fue el siguiente:

```
Execution Plan
-----------------------------------------------------------
    0        SELECT STATEMENT Optimizer=CHOOSE (Cost=167668961512454000 Card=2739657621013990
                                                                  Bytes=1213668326109200000)
    1   0    FILTER
    2   1     SORT (GROUP BY) (Cost=167668961512454000 Card=2739657621013990 Bytes=1213668326109200000)
    3   2      MERGE JOIN (Cost=167668961332844000 Card=441199942603335000000
                                                                  Bytes=195451574573277000000000)
    4   3       SORT (JOIN) (Cost=167668961332839000 Card=142777672565453000000
                                                                  Bytes=48544408672254100000000)
    5   4        MERGE JOIN (CARTESIAN) (Cost=167668954679307000 Card=142777672565453000000
                                                                  Bytes=48544408672254100000000)
    6   5         MERGE JOIN (Cost=1864734714877 Card=1524246272223560 Bytes=399352523322573000)
    7   6          SORT (JOIN) (Cost=1864734713198 Card=664093883338651 Bytes=155397968701244000)
    8   7           MERGE JOIN (CARTESIAN) (Cost=1860854406653 Card=664093883338651
                                                                  Bytes=155397968701244000)
    9   8            MERGE JOIN (CARTESIAN) (Cost=21152201 Card=14425063988 Bytes=1932958574392)
   10   9             TABLE ACCESS (FULL) OF 'POLIZA_COBER' (Cost=1022 Card=111911
                                                                  Bytes=6043194)
   11   9             BUFFER (SORT) (Cost=21151179 Card=128898 Bytes=10311840)
   12  11              TABLE ACCESS (FULL) OF 'POLIZA_PERSONA' (Cost=189 Card=128898
                                                                  Bytes=10311840)
   13   8            BUFFER (SORT) (Cost=1860854406464 Card=46038 Bytes=4603800)
   14  13             TABLE ACCESS (FULL) OF 'POLIZAS' (Cost=129 Card=46038 Bytes=4603800)
   15   6          SORT (JOIN) (Cost=1679 Card=208909 Bytes=5849452)
   16  15           TABLE ACCESS (FULL) OF 'POLIZA_CONT' (Cost=577 Card=208909 Bytes=5849452)
   17   5         BUFFER (SORT) (Cost=167668954679306000 Card=93671 Bytes=7306338)
   18  17          TABLE ACCESS (FULL) OF 'PERSONA' (Cost=110 Card=93671 Bytes=7306338)
   19   3       SORT (JOIN) (Cost=5560 Card=290500 Bytes=29921500)
   20  19        TABLE ACCESS (FULL) OF 'POLIZA_PERSONA_COBER' (Cost=924 Card=290500 Bytes=29921500)
```

Viendo las filas devueltas por las operaciones 10, 12, 14, 16, 18 y 20, la cardinalidad de filas es muy baja, pero los tres productos cartesianos se encargan de elevar el coste a estas cifras astronómicas.

La consulta tiene cinco *joins* y cinco filtros. Sintácticamente es correcta. Optimizada por el RBO (optimizador de reglas), el plan de ejecución es bastante más moderado:

```
Execution Plan
------------------------------------------------------------
   0      SELECT STATEMENT Optimizer=RULE
   1    0   FILTER
   2    1     SORT (GROUP BY)
   3    2       NESTED LOOPS
   4    3         NESTED LOOPS
   5    4           NESTED LOOPS
   6    5             NESTED LOOPS
   7    6               NESTED LOOPS
   8    7                 TABLE ACCESS (FULL) OF 'POLIZA_PERSONA'
   9    7                 TABLE ACCESS (BY INDEX ROWID) OF 'POLIZA_CONT'
  10    9                   INDEX (RANGE SCAN) OF 'IDX_POLIZA_CONT_FECHEMIS' (NON-UNIQUE)
  11    6               TABLE ACCESS (BY INDEX ROWID) OF 'POLIZAS'
  12   11                 INDEX (UNIQUE SCAN) OF 'PK_POLIZAS' (UNIQUE)
  13    5             TABLE ACCESS (FULL) OF 'PERSONA'
  14    4           TABLE ACCESS (BY INDEX ROWID) OF 'POLIZA_PERSONA_COBER'
  15   14             INDEX (RANGE SCAN) OF 'FK_POLIZA_PERS_COB_PERSONA' (NON-UNIQUE)
  16    3         TABLE ACCESS (FULL) OF 'POLIZA_COBER'
```

Dado que en este ejemplo se muestra un caso claro de fallo en la aplicación de la transitividad, es decir, cómo el optimizador está asociando los filtros con las *joins*, Arturo dio con la solución aplicando un "truco": modificar los filtros en las condiciones de WHERE para que el optimizador no pueda aplicar correspondencias de igualdad.

```
WHERE  pol.id_polizas = scon.id_polizas_fk
  AND  pol.estado||'' = 'V'
  AND  cobe.id_poliza_cont_fk = scon.poliza_cober_scon
  AND  cobe.garancod||'' = 'AC01'
  AND  peco.id_poliza_cont_fk = scon.poliza_pers_cob_scon
  AND  peco.relacion||'' IN ('CHAB', 'COCA')
  AND  peco.id_persona_fk = pers.id_persona
  AND  peri.id_poliza_cont_fk = scon.poliza_persona_scon
  AND  peri.poliefec <= TRUNC (SYSDATE);
```

Con esto consiguió un plan de ejecución de coste 2.861 que conseguía ejecutar en menos de dos segundos.

```
Execution Plan
------------------------------------------------------------
   0      SELECT STATEMENT Optimizer=CHOOSE (Cost=2861 Card=1 Bytes=102)
   1    0   SORT (AGGREGATE)
   2    1     NESTED LOOPS (Cost=2861 Card=34032 Bytes=3471264)
   3    2       HASH JOIN (Cost=2861 Card=34155 Bytes=3313035)
   4    3         HASH JOIN (Cost=2301 Card=26071 Bytes=2137822)
   5    4           HASH JOIN (Cost=2023 Card=32001 Bytes=2208069)
   6    5             INDEX (FAST FULL SCAN) OF 'UK_POLIZA_COBER' (UNIQUE) (Cost=370 Card=111932
                                                                     Bytes=1119320)
   7    5             HASH JOIN (Cost=1565 Card=46050 Bytes=2716950)
   8    7               TABLE ACCESS (FULL) OF 'POLIZAS' (Cost=129 Card=46050 Bytes=322350)
   9    7               VIEW (Cost=1392 Card=91088 Bytes=4736576)
  10    9                 SORT (GROUP BY) (Cost=1392 Card=91088 Bytes=2550464)
  11   10                   TABLE ACCESS (FULL) OF 'POLIZA_CONT' (Cost=583 Card=210026 Bytes=5880728)
  12    4           TABLE ACCESS (FULL) OF 'POLIZA_PERSONA' (Cost=189 Card=129274 Bytes=1680562)
  13    3         INDEX (FAST FULL SCAN) OF 'UK_POLIZA_PERSONA_COBER' (UNIQUE) (Cost=418 Card=254354
                                                                     Bytes=3815310)
  14    2       INDEX (UNIQUE SCAN) OF 'PK_PERSONA' (UNIQUE)
```

¡Desaparecieron los productos cartesianos por arte de magia!

- **SITUACIÓN 3. En consultas a una tabla grande, referenciada por varias pequeñas (ver el capítulo de entornos *data warehouse*).** Por ejemplo, en el caso de tablas con dos filas o pocas más, combinar un producto cartesiano entre ellas arroja un número manejable de valores.

Supongamos la tabla CLIENTES, que tiene cerca de 10.000 clientes, y dos tablas satélites llamadas SEXOS y ESTADOSCIVILES.

```
SQL> select * from estadosciviles;

CN_EC      ID
---------- --
Soltero    SO
Separado   SE
Casado     CA
Viudo      VI
Divorciado DI

SQL> select * from sexos;

CN_SEXO    I
---------- -
Hombre     H
Mujer      M
```

Lo más probable es que, en los casi 10.000 clientes, haya hombres y mujeres solteros, casados, separados, viudos y divorciados. No hay ninguna ganancia en resolver un HASH JOIN por cada tabla, acceder a un bloque por *hash* para resolver el estado civil y otro acceso por *hash* para resolver el sexo. Puede considerarse más efectivo para el optimizador combinar ESTADOSCIVILES y SEXOS por producto cartesiano y generar un HASH JOIN sobre estos diez elementos (cinco estados civiles para hombres y cinco estados civiles para mujeres).

A partir de Oracle 10g es bastante difícil que el optimizador se decida por un producto cartesiano como forma de combinación natural de tablas con *join*, debido a un cambio en los pesos de estos métodos para su cálculo. Si bien en Oracle 9i esta sentencia se ejecuta con un producto cartesiano, en Oracle 10g y Oracle 11g es preciso "impedir" que utilice un HASH JOIN.

El cartesiano, por tanto, podríamos decir que es el plan de ejecución óptimo para esta consulta.

```
SQL> explain plan for
  2     select /*+ NO_USE_HASH (s, e) */ nif, apellidos, nombre, cn_sexo, cn_ec
  3     from clientes c, sexos s, estadosciviles e
  4     where c.sex_id_sexo   = s.id_sexo
  5       and c.ec_id_ec      = e.id_ec;

Explicado.
```

Optimización SQL en Oracle

```
SQL> @?/rdbms/admin/utlxpls

PLAN_TABLE_OUTPUT
--------------------------------------------------------------------------------

Plan hash value: 2429621644

--------------------------------------------------------------------------------
| Id  | Operation              | Name          | Rows  | Bytes | Cost (%CPU)| Time     |
--------------------------------------------------------------------------------
|   0 | SELECT STATEMENT       |               | 10001 |  712K |    35   (3)| 00:00:01 |
|*  1 |  HASH JOIN             |               | 10001 |  712K |    35   (3)| 00:00:01 |
|   2 |   MERGE JOIN CARTESIAN |               |    10 |   200 |     7   (0)| 00:00:01 |
|   3 |    TABLE ACCESS FULL   | SEXOS         |     2 |    18 |     3   (0)| 00:00:01 |
|   4 |    BUFFER SORT         |               |     5 |    55 |     4   (0)| 00:00:01 |
|   5 |     TABLE ACCESS FULL  | ESTADOSCIVILES|     5 |    55 |     2   (0)| 00:00:01 |
|   6 |   TABLE ACCESS FULL    | CLIENTES      |  9999 |  517K |    27   (0)| 00:00:01 |
--------------------------------------------------------------------------------

Predicate Information (identified by operation id):
--------------------------------------------------

   1 - access("C"."SEX_ID_SEXO"="S"."ID_SEXO" AND "C"."EC_ID_EC"="E"."ID_EC")

18 filas seleccionadas.
```

Lo cual genera un coste estimado bastante similar a la misma ejecución usando una HASH JOIN por cada *join*.

```
SQL> explain plan for
  2      select nif, apellidos, nombre, cn_sexo, cn_ec
  3      from clientes c, sexos s, estadosciviles e
  4      where c.sex_id_sexo  = s.id_sexo
  5        and c.ec_id_ec     = e.id_ec;

Explicado.

SQL> @?/rdbms/admin/utlxpls

PLAN_TABLE_OUTPUT
--------------------------------------------------------------------------------

Plan hash value: 4284909555

--------------------------------------------------------------------------------
| Id  | Operation             | Name          | Rows  | Bytes | Cost (%CPU)| Time     |
--------------------------------------------------------------------------------
|   0 | SELECT STATEMENT      |               | 10001 |  712K |    34   (3)| 00:00:01 |
|*  1 |  HASH JOIN            |               | 10001 |  712K |    34   (3)| 00:00:01 |
|   2 |   TABLE ACCESS FULL   | ESTADOSCIVILES|     5 |    55 |     3   (0)| 00:00:01 |
|*  3 |   HASH JOIN           |               | 10000 |  605K |    31   (4)| 00:00:01 |
|   4 |    TABLE ACCESS FULL  | SEXOS         |     2 |    18 |     3   (0)| 00:00:01 |
|   5 |    TABLE ACCESS FULL  | CLIENTES      |  9999 |  517K |    27   (0)| 00:00:01 |
--------------------------------------------------------------------------------

Predicate Information (identified by operation id):
--------------------------------------------------

   1 - access("C"."EC_ID_EC"="E"."ID_EC")
   3 - access("C"."SEX_ID_SEXO"="S"."ID_SEXO")
```

FILTER, SEMI JOIN, ANTI JOIN y OUTER JOIN

Además del método por el que dos tablas se combinan, también es importante considerar la finalidad de la combinación. Por norma, la forma en la que se concibe una combinación de dos tablas es obtener las filas de una "conectadas" con las filas de la otra tabla que coinciden con la clave de referencia. El ejemplo más sencillo es la unión de clave ajena con clave principal, y el caso de tabla EMP y DEPT para representar en pocas filas la unión de empleado con su departamento es, en mi opinión, el mejor y más simple ejercicio de comprensión de *joins*.

No obstante, las tablas no siempre se combinan para unirse. Existen otras formas de operar con dos tablas, ocultas en el uso de IN, EXISTS, NOT IN, NOT EXISTS, en las cuales las filas no complementan su información con el resultado de la segunda tabla, sino que sirven para filtrar, validar o incluso para expresar la no correspondencia.

El primer caso de estas "otras formas de *join*" es el FILTER. La operación FILTER da por válidos los registros de una tabla eliminando algunos de ellos y retornando el resto. En una tabla hay clientes, con sus contratos. En otra, los contratos válidos. Quizás no es necesario validar o corresponder la información detallada del contrato, sino mostrar los clientes con contratos válidos, de modo que basta con eliminar solo algunos de ellos.

Cuanto mayores sean los volúmenes a filtrar y mayor sea el número de filas que forman parte del filtro, más costosa será la operación.

En un plan de ejecución, una operación FILTER aparece como en el ejemplo siguiente:

NOTA: plan de ejecución generado en Oracle 9.2.0.8.

```
SQL> explain plan for
  2  select nif, apellidos, nombre, cn_sexo, cn_ec
  3  from clientes c, sexos s, estadosciviles e, reservas r
  4  where c.sex_id_sexo   = s.id_sexo
  5    and c.ec_id_ec      = e.id_ec
  6    and c.nif           = r.cli_nif
  7   and c.ciu_id_ciudad in (select ciu_id_ciudad
  8      from agencias a
  9     where a.id_agencia  = r.age_id_agencia)
 10     and r.vue_id_vuelo  in (select id_vuelo
 11       from vuelos v, aeropuertos ae
 12       where v.aer_id_aero = ae.id_aero
 13       and ae.ciu_id_ciudad = c.ciu_id_ciudad);

Explained.
```

```
SQL> @?/rdbms/admin/utlxpls

PLAN_TABLE_OUTPUT
--------------------------------------------------------------------------------

--------------------------------------------------------------------------------
| Id  | Operation                     | Name           | Rows  | Bytes | Cost  |
--------------------------------------------------------------------------------
|   0 | SELECT STATEMENT              |                |    90 |  9000 |   476 |
|*  1 |  FILTER                       |                |       |       |       |
|*  2 |   HASH JOIN                   |                |    90 |  9000 |   206 |
|   3 |    TABLE ACCESS FULL          | AGENCIAS       |   102 |   714 |     2 |
|*  4 |    HASH JOIN                  |                |  2716 |  246K |   203 |
|   5 |     TABLE ACCESS FULL         | ESTADOSCIVILES |     5 |    55 |     2 |
|*  6 |     HASH JOIN                 |                |  2716 |  217K |   200 |
|   7 |      TABLE ACCESS FULL        | SEXOS          |     2 |    18 |     2 |
|*  8 |      HASH JOIN                |                |  2716 |  193K |   197 |
|   9 |       TABLE ACCESS FULL       | CLIENTES       |  9999 |  546K |    11 |
|  10 |       TABLE ACCESS FULL       | RESERVAS       |  170K |  2838K|   129 |
|  11 |   NESTED LOOPS                |                |     1 |    16 |     3 |
|  12 |    TABLE ACCESS BY INDEX ROWID| VUELOS         |     1 |     9 |     2 |
|* 13 |     INDEX UNIQUE SCAN         | VUE_PK         |     1 |       |     1 |
|* 14 |    TABLE ACCESS BY INDEX ROWID| AEROPUERTOS    |     1 |     7 |     1 |
|* 15 |     INDEX UNIQUE SCAN         | AER_PK         |     1 |       |       |
--------------------------------------------------------------------------------


Predicate Information (identified by operation id):
---------------------------------------------------

   1 - filter( EXISTS (SELECT /*+ */ 0 FROM "AEROPUERTOS" "AE","VUELOS" "V"
              WHERE "V"."ID_VUELO"=:B1 AND "V"."AER_ID_AERO"="AE"."ID_AERO" AND
              "AE"."CIU_ID_CIUDAD"=:B2))
   2 - access("SYS_ALIAS_2"."CIU_ID_CIUDAD"="A"."CIU_ID_CIUDAD" AND
              "A"."ID_AGENCIA"="SYS_ALIAS_1"."AGE_ID_AGENCIA")
   4 - access("SYS_ALIAS_2"."EC_ID_EC"="E"."ID_EC")
   6 - access("SYS_ALIAS_2"."SEX_ID_SEXO"="S"."ID_SEXO")
   8 - access("SYS_ALIAS_2"."NIF"="SYS_ALIAS_1"."CLI_NIF")
  13 - access("V"."ID_VUELO"=:B1)
  14 - filter("AE"."CIU_ID_CIUDAD"=:B1)
  15 - access("V"."AER_ID_AERO"="AE"."ID_AERO")
```

Así pues, las SEMI JOIN son una forma de combinación incompleta. No siempre es necesario evaluar todos los casos de coincidencia, como por ejemplo en el uso de IN o EXISTS.

En el caso de IN, no importa cuántas coincidencias se dan en la condición de igualdad. Supongamos que la consulta es sobre clientes que tengan como mínimo un contrato. En el momento de encontrar el primero, ese cliente cumple la condición y parar aquí, dando por bueno el registro, reduce tiempo de ejecución en tareas que no son necesarias. No hace falta sacar todos los contratos que tiene un determinado cliente para resolver el IN. En el caso de EXISTS, solo la presencia de un elemento en la subconsulta ya cumple la condición, de modo que no tiene sentido continuar con ese paso de la ejecución.

```
SQL> explain plan for
  2  select nif, apellidos, nombre, cn_sexo, cn_ec
  3  from clientes c, sexos s, estadosciviles e, reservas r
  4  where c.sex_id_sexo    = s.id_sexo
  5    and c.ec_id_ec       = e.id_ec
  6    and c.nif            = r.cli_nif
  7    and exists (select null
  8                from agencias a
  9                where a.ciu_id_ciudad = c.ciu_id_ciudad
 10                and a.id_agencia      = r.age_id_agencia)
 11    and exists (select null
 12                 from vuelos v, aeropuertos ae
 13                 where v.aer_id_aero = ae.id_aero
 14                 and ae.ciu_id_ciudad = c.ciu_id_ciudad
 15                 and r.vue_id_vuelo = v.id_vuelo);

Explained.


SQL> @?/rdbms/admin/utlxpls

PLAN_TABLE_OUTPUT
-------------------------------------------------------------------------
Plan hash value: 1793547349
```

Id	Operation	Name	Rows	Bytes	Cost (%CPU)	Time
0	SELECT STATEMENT		5683	660K	531 (4)	00:00:07
* 1	HASH JOIN SEMI		5683	660K	531 (4)	00:00:07
* 2	HASH JOIN		5683	571K	388 (4)	00:00:05
3	TABLE ACCESS FULL	ESTADOSCIVILES	5	55	3 (0)	00:00:01
* 4	HASH JOIN		5683	510K	385 (4)	00:00:05
5	TABLE ACCESS FULL	SEXOS	2	18	3 (0)	00:00:01
* 6	HASH JOIN		5683	460K	381 (3)	00:00:05
7	TABLE ACCESS FULL	CLIENTES	9999	546K	27 (0)	00:00:01
* 8	HASH JOIN		171K	4511K	351 (3)	00:00:05
9	SORT UNIQUE		102	714	3 (34)	00:00:01
10	VIEW	index$_join$_005	102	714	3 (34)	00:00:01
* 11	HASH JOIN					
12	INDEX FAST FULL SCAN	AGE_CIU_FK_I	102	714	1 (0)	00:00:01
13	INDEX FAST FULL SCAN	AGE_PK	102	714	1 (0)	00:00:01
14	TABLE ACCESS FULL	RESERVAS	171K	3342K	347 (2)	00:00:05
15	VIEW	VW_SQ_1	57711	901K	142 (3)	00:00:02
* 16	HASH JOIN		57711	901K	142 (3)	00:00:02
17	TABLE ACCESS FULL	AEROPUERTOS	34	238	3 (0)	00:00:01
18	TABLE ACCESS FULL	VUELOS	57711	507K	138 (2)	00:00:02

```
Predicate Information (identified by operation id):
---------------------------------------------------

   1 - access("ITEM_1"="C"."CIU_ID_CIUDAD" AND "R"."VUE_ID_VUELO"="ITEM_2")
   2 - access("C"."EC_ID_EC"="E"."ID_EC")
   4 - access("C"."SEX_ID_SEXO"="S"."ID_SEXO")
   6 - access("C"."NIF"="R"."CLI_NIF" AND "A"."CIU_ID_CIUDAD"="C"."CIU_ID_CIUDAD")
   8 - access("A"."ID_AGENCIA"="R"."AGE_ID_AGENCIA")
  11 - access(ROWID=ROWID)
  16 - access("V"."AER_ID_AERO"="AE"."ID_AERO")
```

También es importante advertir la ANTI JOIN. Cuando el optimizador decide hacer una *join* "invertida", los registros de una tabla se excluyen con los de otra. Es lo que sucede con el uso de NOT IN y NOT EXISTS. La ANTI JOIN es la operación opuesta a la *join*. Se trata de visualizar los elementos no correspondidos y esto supone, en muchos casos, evaluar contra los existentes.

En el capítulo sobre el uso de IN y EXISTS se detalla la diferencia entre usar una cláusula u otra. No son equivalentes y los resultados, sobre todo en la posible evaluación de *anti joins*, puede marcar una diferencia sustancial en los costes de ejecución de una consulta expresada con IN o con EXISTS, teniendo en cuenta, además, que no son cláusulas sinónimas y podrían, en ciertas situaciones, retornar resultados distintos.

En el siguiente ejemplo resulta interesante destacar como, para la función de eliminar las filas correspondidas, la ANTI JOIN puede ejecutar la consulta recopilando la información de aeropuertos solo accediendo a los índices. En sí, el contenido de filas de tabla a leer obligatoriamente está en VUELOS y RESERVAS.

```
SQL> explain plan for
  2  select sum (importe)
  3    from reservas r
  4   where vue_id_vuelo not in (select id_vuelo
  5              from vuelos v, aeropuertos ao, aeropuertos ad
  6             where v.aer_id_aero         = ao.id_aero
  7               and v.aer_id_aero_destino = ad.id_aero
  8               and ao.ciu_id_ciudad      = ad.ciu_id_ciudad) ;

Explained.

SQL> set pages 1000 lines 140
SQL> @?/rdbms/admin/utlxpls

PLAN_TABLE_OUTPUT
-------------------------------------------------------------------------------
Plan hash value: 2506130123
```

```
-------------------------------------------------------------------------------
| Id  | Operation             | Name            | Rows  | Bytes | Cost (%CPU)| Time     |
-------------------------------------------------------------------------------
|   0 | SELECT STATEMENT      |                 |     1 |    23 |   494   (3)| 00:00:06 |
|   1 |  SORT AGGREGATE       |                 |     1 |    23 |            |          |
|*  2 |   HASH JOIN RIGHT ANTI |                |  167K|  3752K|   494   (3)| 00:00:06 |
|   3 |    VIEW               | VW_NSO_1        |  1298 | 16874 |   145   (4)| 00:00:02 |
|*  4 |     HASH JOIN         |                 |  1298 | 35046 |   145   (4)| 00:00:02 |
|*  5 |      HASH JOIN        |                 |    26 |   364 |     6  (34)| 00:00:01 |
|   6 |       VIEW            | index$_join$_003 |   34 |   238 |     3  (34)| 00:00:01 |
|*  7 |        HASH JOIN      |                 |       |       |            |          |
|   8 |         INDEX FAST FULL SCAN| AER_CIU_FK_I |34 |   238 |     1   (0)| 00:00:01 |
|   9 |         INDEX FAST FULL SCAN| AER_PK     |   34 |   238 |     1   (0)| 00:00:01 |
|  10 |       VIEW            | index$_join$_004 |   34 |   238 |     3  (34)| 00:00:01 |
|* 11 |        HASH JOIN      |                 |       |       |            |          |
|  12 |         INDEX FAST FULL SCAN| AER_CIU_FK_I|  34 |   238 |     1   (0)| 00:00:01 |
|  13 |         INDEX FAST FULL SCAN| AER_PK     |   34 |   238 |     1   (0)| 00:00:01 |
|  14 |      TABLE ACCESS FULL | VUELOS         | 57711 |   732K|   138   (2)| 00:00:02 |
|  15 |    TABLE ACCESS FULL  | RESERVAS        |  171K|  1671K|   347   (2)| 00:00:05 |
-------------------------------------------------------------------------------
```

```
Predicate Information (identified by operation id):
---------------------------------------------------

   2 - access("VUE_ID_VUELO"="ID_VUELO")
   4 - access("V"."AER_ID_AERO"="AO"."ID_AERO" AND
             "V"."AER_ID_AERO_DESTINO"="AD"."ID_AERO")
   5 - access("AO"."CIU_ID_CIUDAD"="AD"."CIU_ID_CIUDAD")
   7 - access(ROWID=ROWID)
  11 - access(ROWID=ROWID)
```

Las operaciones de OUTER JOIN también resultan peculiares en su ejecución. No solo basta con corresponder los elementos entre dos tablas, sino que, además, hay que visualizar los elementos no correspondidos por la derecha (LEFT OUTER JOIN), por la izquierda (RIGHT OUTER JOIN), o por ambas tablas (FULL OUTER JOIN).

Esta resulta una de las operaciones más costosas para el optimizador, no por su evaluación, sino por su trabajo de ejecución. Implica hacer la correspondencia de elementos y añadir la no correspondencia. Si se trata de una OUTER JOIN simple, el trabajo es doble, pues hay que tratar los excluídos de la *join* respecto a un único lado. En casos en que las tablas son considerablemente grandes, ejecutar un FULL OUTER JOIN implica triple trabajo: combinar los elementos coincidentes, añadir los no coincidentes por la derecha y añadir los no coincidentes por la izquierda.

Para este ejemplo, todos los empleados del departamento 30 tendrán valor NULL, quedando sin departamento asignado. Los departamentos 40 y 30, a su vez, ya no tendrán empleados.

Este será el resultado de ejecutar una FULL OUTER JOIN entre las dos tablas, su resultado y su plan de ejecución.

```
SQL> update emp set deptno=null where deptno=30;

6 rows updated.


SQL> select ename, dname
  2  from emp full outer join dept
  3     on (emp.deptno= dept.deptno);

ENAME      DNAME
---------- --------------
SMITH      RESEARCH
ALLEN
WARD
JONES      RESEARCH
MARTIN
BLAKE
CLARK      ACCOUNTING
SCOTT      RESEARCH
KING       ACCOUNTING
TURNER
```

```
ADAMS        RESEARCH
JAMES
FORD         RESEARCH
MILLER       ACCOUNTING
             OPERATIONS
             SALES

16 rows selected.


SQL> explain plan for
  2   select ename, dname
  3   from emp full outer join dept
  4      on (emp.deptno= dept.deptno);

Explained.


SQL> @?/rdbms/admin/utlxpls

PLAN_TABLE_OUTPUT
--------------------------------------------------------------------------------
Plan hash value: 2779170970


---------------------------------------------------------------------------
| Id  | Operation            | Name    | Rows  | Bytes | Cost (%CPU)| Time     |
---------------------------------------------------------------------------
|   0 | SELECT STATEMENT     |         |    15 |   240 |     5  (20)| 00:00:01 |
|   1 |  VIEW                | VW_FOJ_0|    15 |   240 |     5  (20)| 00:00:01 |
|*  2 |   HASH JOIN FULL OUTER|        |    15 |   330 |     5  (20)| 00:00:01 |
|   3 |    TABLE ACCESS FULL | DEPT    |     4 |    52 |     2   (0)| 00:00:01 |
|   4 |    TABLE ACCESS FULL | EMP     |    14 |   126 |     2   (0)| 00:00:01 |
---------------------------------------------------------------------------

Predicate Information (identified by operation id):
---------------------------------------------------

   2 - access("EMP"."DEPTNO"="DEPT"."DEPTNO")
```

Todas las formas de SEMI JOIN, ANTI JOIN o RIGHT/LEFT/FULL OUTER JOIN pueden encontrarse ejecutadas con los métodos HASH, NESTED LOOPS o MERGE. Para todas estas combinaciones, entendiendo el funcionamiento como combinaciones estándar, es importante visualizar los registros que se están seleccionando, ordenando, clasificando, descartando y de qué modo se ejecuta todo esto en memoria, a qué objeto se accede, de qué forma, cuántas veces, etc., para poder visualizar en nuestra mente cómo se realizará un plan de ejecución en memoria.

Nuestra capacidad como humanos, nuestra información subjetiva de la aplicación, toda esa información que tenemos y que ni Oracle ni ningún sistema es aún capaz de anticipar, será la clave para encontrar los puntos donde el rendimiento se dispara. Ver la foto completa, la película de los pasos a seguir, cuánto trabajo y peso deben acarrear los procesos, será la clave para resolver el misterio.

Trazas

Los planes de ejecución son estimaciones. De hecho, el plan es la estrategia de ejecución. Son los planes que el optimizador tiene para llevar la sentencia SQL a buen puerto de la forma más eficaz. Los costes manejados son también estimados, así como la cardinalidad de los elementos, el tamaño de los objetos, la distribución de las filas, etc. Todo ello en un sistema de información vivo, con constantes cambios por las transacciones que recibe.

Un plan de ejecución se basa, tomando el caso del optimizador de costes, en las estimaciones realizadas después de evaluar las estadísticas que el diccionario de Oracle tiene para cada objeto: el número estimado de filas, el tamaño de estas, la distribución de filas de una columna o el número de niveles de un índice, entre otras cosas.

Estas estadísticas no son dinámicas. Si de pronto una transacción inserta un millón de filas en una tabla que inicialmente tenía 100, el segmento de esa tabla ha crecido muy por encima de la información estadística recopilada por el diccionario y, donde un FULL SCAN aparecería con un coste aceptable mínimo, en la situación real del instante actual esa estimación de coste queda fuera de la realidad.

Además, las máquinas pueden equivocarse. Oracle puede estimar un plan maravilloso que, llevado a la práctica, tenga un resultado totalmente distinto al esperado.

Quisiera ilustrar, inocentemente, un caso de confusión del optimizador.

```
SQL> select count(*) from (
  2      select * from clientes
  3      minus
  4      select * from clientes where sex_id_sexo='H');

  COUNT(*)
----------
      5058
```

De 10.000 clientes, aproximadamente 5.058 son hombres y el resto mujeres. El campo SEX_ID_SEXO puede tener dos valores: "H" o "M" para "hombre" o "mujer".

El optimizador, en este caso, está convencido de que si a la tabla CLIENTES se le resta el conjunto de otra tabla llamada CLIENTES cuyo valor sea "H" en la columna SEX_ID_SEXO, no habrá prácticamente coincidencias.

Lo que está ocurriendo es que el optimizador no es capaz de distinguir que la tabla CLIENTES y la segunda tabla CLIENTES son la misma, por lo que estima que el total de clientes devueltos será de 9.999 filas sin darse cuenta de que los valores a restar son los mismos (5.058 clientes hombres sobre los 9.999 clientes, resultando 4.942 clientes mujeres).

```
SQL> explain plan for
  2  select count(*) from (
  3      select * from clientes
  4      minus
  5      select * from clientes where sex_id_sexo='H');

Explained.

SQL> @?/rdbms/admin/utlxpls

PLAN_TABLE_OUTPUT
--------------------------------------------------------------------------
Plan hash value: 2487007582

-----------------------------------------------------------------------------
| Id  | Operation            | Name     | Rows  | Bytes | Cost (%CPU)| Time     |
-----------------------------------------------------------------------------
|   0 | SELECT STATEMENT     |          |     1 |       | 58    (7)| 00:00:01 |
|   1 |  SORT AGGREGATE      |          |     1 |       |          |          |
|   2 |   VIEW               |          |  9999 |       | 58    (7)| 00:00:01 |
|   3 |    MINUS             |          |       |       |          |          |
|   4 |     SORT UNIQUE      |          |  9999 |  605K | 29    (7)| 00:00:01 |
|   5 |      TABLE ACCESS FULL| CLIENTES |  9999 |  605K | 27    (0)| 00:00:01 |
|   6 |     SORT UNIQUE      |          |  4941 |  299K | 29    (7)| 00:00:01 |
|*  7 |      TABLE ACCESS FULL| CLIENTES |  4941 |  299K | 27    (0)| 00:00:01 |
-----------------------------------------------------------------------------
```

```
Predicate Information (identified by operation id):
---------------------------------------------------

   7 - filter("SEX_ID_SEXO"='H')
```

¿Qué probabilidad hay de que casi 5.000 filas de una tabla llamada CLIENTES cuyo valor de sexo sea "H" coincidan en todas sus filas con otra tabla? El optimizador cree que prácticamente ninguna. La realidad es que nuestro "ojo humano" sabe que se trata de la misma tabla, pero el optimizador no lo sabe. Para este, se trata de un conjunto de valores estadísticos frente a otro conjunto de valores estadísticos.

El plan de ejecución se ha equivocado en su estimación. Cierto es que el ejemplo es un tanto absurdo, pues lo propio sería ejecutar "`select * from clientes where sex_id_sexo<>'H';`", que obtendría los mismos resultados, pero conste que estos ejemplos están enfocados a ilustrar una casuística concreta de confusión del optimizador en el cálculo de sus planes.

Un ejemplo muy claro sobre este tipo de errores del optimizador al estimar la cardinalidad entre dos conjuntos de datos es el utilizado por Tom Kyte[2] respecto a fechas de nacimiento y signos del zodiaco. Supongamos que una tabla de clientes contiene un millón de personas, con sus datos sobre fecha de nacimiento y signo del zodiaco. Dado que no existe una correspondencia directa entre meses y signos, pero sí hay una relación entre ambos, el optimizador puede caer fácilmente en el siguiente error de cálculo. ¿Cuántas personas hay nacidas en diciembre? Aproximadamente una doceava parte. Sobre un millón de elementos, son 83.333 personas nacidas en diciembre. ¿Cuántas personas hay de signo zodiacal piscis? Igualmente, una doceava parte sobre ese millón: 83.333 personas. Ahora bien, ¿cuántas personas hay que hayan nacido en diciembre y sean de signo zodiacal piscis? Pues según el optimizador, una doceava parte de 83.333. Un total estimado de casi 7.000 individuos. El optimizador carece de ese conocimiento humano del significado de los datos y de la relación entre esas dos columnas, de modo que no puede prever que no puede haber ninguna persona nacida en diciembre cuyo signo zodiacal sea piscis, pues este signo corresponde a los nacidos a finales de febrero y principios de marzo.

> **NOTA:** Para este caso, el uso de un muestreo dinámico con la *hint* /*+DYNAMIC_SAMPLING */ ayudará al CBO a mejorar el plan de ejecución al basarlo en los resultados obtenidos por el muestreo y no por la estimación de la cardinalidad de las estadísticas propias de las tablas.

---

[2] Artículo "On dynamic Sampling" publicado en la revista Oracle Magazine, enero de 2009. Accesible en línea desde http://www.oracle.com/technetwork/issue-archive/2009/09-jan/019asktom-086775.html

Por lo tanto, ¿cómo poder saber, en la práctica, los costes reales de la ejecución de esos planes? La respuesta es: ejecutando esa sentencia y capturando la traza de ejecución.

Ficheros de traza y TKPROF

Dado que la generación de una traza de SQL en disco supone una actividad muy alta, lo ideal es habilitarla para las ejecuciones a testear y deshabilitarla justo después. Al habilitarla, el servidor creará un fichero con la traza de ejecución que, formateado con una utilidad llamada TKPROF, resultará en un fichero de texto con información comprensible sobre las métricas de la ejecución en cada una de las fases (*parse/execute/fetch*) y los registros reales que cada operación ha acarreado.

```
SQL> alter session set sql_trace=true;

Session altered.

SQL> select * from (
  2      select * from clientes
  3      minus
  4      select * from clientes where sex_id_sexo='H');

NIF           NOMBRE           APELLIDOS                 S EC EL EDA_EDA_ID CIU
----------    ---------------  ------------------------  - -- -- ---------- ---
10040198-T    Nombre4168       Apellido4168 Apellido4168 M DI IN          1  29
10107506-K    Nombre5986       Apellido5986 Apellido5986 M VI IN          2  23
10108372-X    Nombre785        Apellido785 Apellido785   M CA AC          1  13
.
.
..........(unas 5.000 filas más tarde)
.
99958274-S    Nombre3122       Apellido3122 Apellido3122 M VI AC          2   1
99960633-L    Nombre2701       Apellido2701 Apellido2701 M SO IN          3   2
9998403-U     Nombre8094       Apellido8094 Apellido8094 M VI AC          3  20
99991568-E    Nombre6812       Apellido6812 Apellido6812 M SE IN          3  15

5058 rows selected.

SQL> alter session set sql_trace=false;

Session altered.
```

Existen múltiples formas de habilitar la traza de un usuario: la utilizada en el ejemplo, alterando la sesión con ALTER SESSION SET SQL_TRACE=TRUE, o desde un usuario administrador, mediante el paquete DBMS_MONITOR, cuando el usuario no tiene control para alterar la sesión, o cuando se pretende tracear una aplicación cerrada.

```
SQL> select sid, serial# from v$session where schemaname='VUELOS';

       SID    SERIAL#
---------- ----------
        67       1313

SQL> exec DBMS_MONITOR.SESSION_TRACE_ENABLE (67,1313, waits=>true, binds=>true);

Procedimiento PL/SQL terminado correctamente.

SQL> exec DBMS_MONITOR.SESSION_TRACE_DISABLE(67,1313)

Procedimiento PL/SQL terminado correctamente.
```

La utilidad TKPROF permite formatear el fichero de traza generado por estos comandos en un fichero de texto. Se invoca desde el sistema operativo y su sintaxis es bastante simple, pues solo hay que proporcionar el fichero de traza generado y el fichero de texto resultante como salida formateada.

```
tkprof fichero_traza_entrada fichero_salida explain=vuelos/****** print=5 sys=no
```

La opción "explain" genera el plan de ejecución de cada sentencia conectado con el usuario y *password* proporcionado, "print" delimita la salida a 5 sentencias y "sys=no" muestra solo las sentencias que no corresponden a SYS, evitando que la traza se genere con SQL recursivo. Además, también es posible ordenar la salida de la traza según las sentencias de mayor consumo de CPU, disco, memoria, etc.

El fichero de salida generado, formateado con TKPROF, muestra junto al texto de la sentencia dos secciones: la primera con el resumen de los costes de ejecución por CPU, accesos a disco, a memoria y total de filas procesadas; y la segunda, una sección llamada "Row Source Operation", muy similar al plan de ejecución, con el total de filas reales procesadas, además de otra información relativa al proceso.

```
select * from (
   select * from clientes
   minus
   select * from clientes where sex_id_sexo=:"SYS_B_0")

call      count       cpu    elapsed       disk      query    current       rows
------- ------  -------- ---------- ---------- ---------- ---------- ----------
Parse        1      0.01       0.00          0          0          0          0
Execute      1      0.00       0.00          0          0          0          0
Fetch      339      0.04       0.04          0        198          0       5058
------- ------  -------- ---------- ---------- ---------- ---------- ----------
total      341      0.05       0.05          0        198          0       5058

Misses in library cache during parse: 1
Optimizer mode: ALL_ROWS
Parsing user id: 332
```

```
Rows    Row Source Operation
-------  ----------------------------------------------------
   5058  VIEW  (cr=198 pr=0 pw=0 time=18542 us cost=58 size=539946 card=9999)
   5058   MINUS  (cr=198 pr=0 pw=0 time=16597 us)
   9999    SORT UNIQUE (cr=99 pr=0 pw=0 time=8075 us cost=29 size=619938 card=9999)
   9999     TABLE ACCESS FULL CLIENTES (cr=99 pr=0 pw=0 time=3543 us cost=27 size=619938
card=9999)
   4941     SORT UNIQUE (cr=99 pr=0 pw=0 time=4813 us cost=29 size=306342 card=4941)
   4941      TABLE ACCESS FULL CLIENTES (cr=99 pr=0 pw=0 time=1773 us cost=27 size=306342
card=4941)
```

La primera matriz muestra los resultados para los tres pasos de ejecución de sentencia: PARSE, EXECUTE y FETCH.

- **PARSE**: fase en la que se compila y analiza el comando SQL. Corresponde a la optimización de la sentencia y la creación del plan de ejecución.

- **EXECUTE**: la ejecución, propiamente dicha, de la sentencia en el lado del servidor. En INSERT, UPDATE, y DELETE, es la fase de la transacción en sí. Para un comando SELECT, corresponde a la apertura de cursores y carga de valores en memoria.

- **FETCH**: únicamente existe en sentencias SELECT y es la fase de envío de filas al cliente.

Las columnas de esa matriz, por cada fase, informarán del consumo que se ha producido en los diferentes aspectos de la ejecución.

- **COUNT**: número de veces que un comando ha sido analizado, ejecutado o recuperado.

- **CPU**: total del tiempo de CPU expresado en segundos.

- **ELAPSED**: tiempo transcurrido expresado en segundos.

- **DISK**: número total de bloques de datos físicos leídos de los ficheros de datos.

- **QUERY**: número total de bloques recuperados en memoria (*buffers*) en modo consistente. Normalmente, los *buffers* son recuperados en modo consistente para las *queries*.

- **CURRENT**: número total de *buffers* recuperados en modo actual, en general son recuperaciones para sentencias INSERT, UPDATE y DELETE.

- **ROWS**: número de filas procesadas por el comando SQL. Para las sentencias SELECT aparecen en el paso FETCH, y para el resto de comandos en el paso EXECUTE. No se tienen en cuenta para el cómputo las filas proporcionadas por subconsultas.

El *row source* obtenido, en contraste con el plan de ejecución, revela el conjunto total de filas transportado a la operación padre, y da una idea de los volúmenes manejados realmente en el momento de la ejecución.

Para obtener esta traza, dado que se genera en el servidor, es necesario contactar con los administradores de la base de datos con el fin de localizar el fichero de trazas correspondiente a la sesión. Estos podrán obtener el identificador de la traza a partir del identificador de la sesión actual.

```
SQL> select sys_context('USERENV','SID') SID from dual;

SID
---------------------
775
```

En Oracle 11g, se puede obtener directamente el fichero de traza de esa sesión y su ruta en el servidor con la siguiente consulta:

```
SQL> select tracefile from v$process
  2  where addr in (select paddr from v$session
  3                 where sid=sys_context('USERENV','SID'));

TRACEFILE
--------------------------------------------------------------------------
/oracle/oracle11g/product/diag/rdbms/db09/db09/trace/db09_ora_9703.trc
```

En versiones anteriores de Oracle, dado que la vista V$PROCESS no tiene la columna TRACEFILE, la construcción del fichero de trazas debe hacerse componiendo la siguiente información: el valor del parámetro USER_DUMP_DEST, donde se guardan las trazas, el SID de la base de datos y el SPID, que corresponde al identificador del proceso de sistema operativo.

```
SQL> show parameters user_dump

NAME                   TYPE      VALUE
---------------------- --------  ----------------------------------------------------
user_dump_dest         string    /oracle/oracle11g/product/diag/rdbms/db09/db09/trace
```

```
SQL> select SPID from v$process
  2  where addr in (select paddr from v$session
  3                 where sid=sys_context('USERENV','SID'));

SPID
------------------------
9703
```

Autotrace

Para los usuarios de SQL*Plus, los administradores pueden habilitar una forma rápida de generar un tipo de traza, sin tanto nivel de detalle, pero bastante útil para determinar el peso de una ejecución, número de ordenaciones, lecturas físicas por lecturas lógicas, etc.

Este tipo de traza, llamado AUTOTRACE, se habilita a los usuarios mediante el rol PLUSTRACE, y combinado con otras configuraciones de SQL*Plus para la sesión como TIMING ON, que muestra el tiempo de ejecución de una consulta, pueden ser suficientes para un vistazo rápido a los costes reales de ejecución de un proceso, conociendo los tiempos de ejecución de las sentencias, sin necesidad de visualizar, si no es necesario, el volumen de datos consultado.

El AUTOTRACE puede habilitarse con las siguientes opciones:

-**SET AUTOTRACE OFF**. No se generan informes (opción por defecto).

-**SET AUTOTRACE ON EXPLAIN**. Únicamente muestra el plan de ejecución.

-**SET AUTOTRACE ON STATISTICS**. Únicamente muestra las estadísticas de ejecución.

-**SET AUTOTRACE ON**. Muestra las estadísticas y el plan de ejecución.

-**SET AUTOTRACE TRACEONLY**. Similar a SET AUTOTRACE ON pero sin mostrar el resultado de la ejecución del comando SQL.

La opción SET TIMING ON permite que, aunque no se visualicen las filas, sí se informe del tiempo total tardado en ejecutarlas.

El apartado STATISTICS de AUTOTRACE muestra información real del consumo de la sentencia. Aunque se trata de un resumen, puede ser una aproximación suficiente a los costes de ejecución y sus causas.

- **Recursive calls**: muestra las llamadas recursivas de la sentencia. Se trata de invocaciones que el motor necesita realizar para resolver la ejecución.

- **Db block gets**: informa de los bloques leídos en memoria en modo CURRENT. Hace referencia a lecturas al diccionario o bloques consultados para hacer un *update*.

- **Consistent gets**: informa de los bloques leídos en memoria en modo consistente, es decir, bloques leídos de tablas de forma convencional.

- **Physical reads**: corresponde a las lecturas físicas de bloques.

- **Redo size**: espacio de *redolog* (registro interno de transacciones) de la operación.

- **Bytes sent/Bytes received:** comunicación de envío de información entre el cliente y el servidor.

- **Sorts (memory)**: número de ordenaciones realizadas en memoria.

- **Sorts (disk)**: número de ordenaciones realizadas en disco.

- **Rows processed**: número real de filas procesadas por la sentencia.

```
Statistics
----------------------------------------------------------
          0  recursive calls
          0  db block gets
      30033  consistent gets
          0  physical reads
          0  redo size
      16474  bytes sent via SQL*Net to client
        674  bytes received via SQL*Net from client
         16  SQL*Net roundtrips to/from client
          0  sorts (memory)
          0  sorts (disk)
        211  rows processed
```

El siguiente ejemplo muestra dos ejecuciones, con AUTOTRACE solo para estadísticas, y sin visualización del total de filas resultante de la consulta. Así se evita visualizar las 211 filas ya conocidas, y por comodidad visual, obtener inmediatamente el resultado de la traza.

Optimización SQL en Oracle

```
SQL> set timing on
SQL> set autotrace traceonly statistics

SQL> select /*+FIRST_ROWS */ nif, apellidos, nombre, cn_sexo, cn_ec
  2  from clientes c, sexos s, estadosciviles e, reservas r
  3  where c.sex_id_sexo    = s.id_sexo
  4    and c.ec_id_ec       = e.id_ec
  5    and c.nif            = r.cli_nif
  6    and c.ciu_id_ciudad in (select ciu_id_ciudad
  7                            from agencias a
  8                            where a.id_agencia  = r.age_id_agencia)
  9    and r.vue_id_vuelo  in (select id_vuelo
 10                            from vuelos v, aeropuertos ae
 11                            where v.aer_id_aero = ae.id_aero
 12*                           and ae.ciu_id_ciudad = c.ciu_id_ciudad)

211 rows selected.

Elapsed: 00:00:00.18

Statistics
-------------------------------------------------------------
          0  recursive calls
          0  db block gets
      30033  consistent gets
          0  physical reads
          0  redo size
      16474  bytes sent via SQL*Net to client
        674  bytes received via SQL*Net from client
         16  SQL*Net roundtrips to/from client
          0  sorts (memory)
          0  sorts (disk)
        211  rows processed

SQL> select /*+ALL_ROWS */ nif, apellidos, nombre, cn_sexo, cn_ec
  2  from clientes c, sexos s, estadosciviles e, reservas r
  3  where c.sex_id_sexo    = s.id_sexo
  4    and c.ec_id_ec       = e.id_ec
  5    and c.nif            = r.cli_nif
  6    and c.ciu_id_ciudad in (select ciu_id_ciudad
  7                            from agencias a
  8                            where a.id_agencia  = r.age_id_agencia)
  9    and r.vue_id_vuelo  in (select id_vuelo
 10                            from vuelos v, aeropuertos ae
 11                            where v.aer_id_aero = ae.id_aero
 12*                           and ae.ciu_id_ciudad = c.ciu_id_ciudad)

211 rows selected.

Elapsed: 00:00:00.17

Statistics
-------------------------------------------------------------
          0  recursive calls
          0  db block gets
       1842  consistent gets
          0  physical reads
          0  redo size
      16774  bytes sent via SQL*Net to client
        674  bytes received via SQL*Net from client
         16  SQL*Net roundtrips to/from client
          0  sorts (memory)
          0  sorts (disk)
        211  rows processed
```

La misma consulta, ejecutada con prioridad de ALL_ROWS o FIRST_ROWS, implica un volumen de lecturas en memoria significativamente distinto. Con FIRST_ROWS se producen 30.033 lecturas de bloques, y con ALL_ROWS un total de 1.842.

Sin necesidad de visualizar el plan de ejecución, se hace presente un coste mayor en la primera sentencia respecto a la segunda, aunque el tiempo total haya variado solo un segundo entre ambas.

A simple vista, el resumen de estadísticas mantiene en las dos ejecuciones el mismo número de filas procesadas, dado que se trata de información de coste real, mismos bytes enviados y recibidos, en el mismo número de "viajes" (*roundtrips*) entre el cliente y el servidor.

En muchos casos puede no resultar imprescindible conocer el plan de ejecución para analizar por qué y qué se está haciendo en cada paso. Un primer vistazo a la autotraza puede resolver una comparativa entre dos ejecuciones de una forma bastante sencilla, únicamente usando SQL*Plus y sin necesidad de implicar a los administradores.

Parte 3

Mejoras
en el diseño

Tablas y otros segmentos de datos

En general, la mayoría de los objetos que contienen datos de usuario en una base de datos son tablas apiladas. En las tablas apiladas las filas van amontonándose en los bloques hasta llegar al umbral máximo de capacidad y, dado que esta inserción no sigue ningún orden, para recuperar una fila concreta Oracle debe recorrer todo el segmento de la tabla al completo, salvo que tenga forma de conocer el *rowid* de esa fila mediante un índice.

Estas son, básicamente, las reglas del juego en el acceso a las filas de una tabla, y se aplican para la mayoría de sentencias del tipo SELECT. Este es, de hecho, el motivo por el cual el principal recurso de optimización es crear un índice por una columna no indexada.

De hecho, las tablas y los índices comunes son las estructuras más versátiles y proporcionan un rendimiento adecuado para la mayoría de los casos. No obstante, ni los índices son siempre la mejor solución, ni todas las tablas tienen por qué tener esta estructura apilada. Existen estructuras físicas que, por su definición, pueden almacenar las filas ordenándolas o clasificándolas de forma que su lectura sea más eficiente en ciertas situaciones. Estas estructuras son tablas con organización de índice (llamadas también tablas IOT), *clusters* indexados y *clusters hash*.

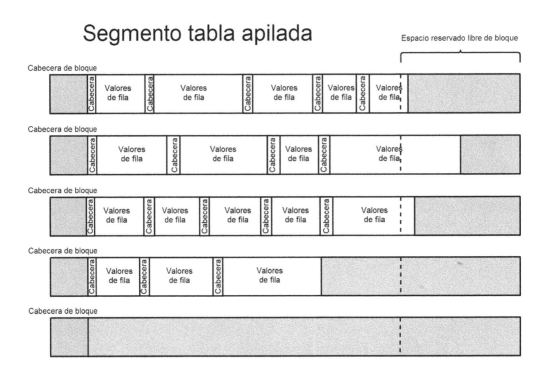

Figura 10. Esquema de distribución de filas en bloques de una tabla apilada.

Es muy importante comprender la física que se oculta debajo de estas estructuras ya que están concebidas para usarse en situaciones muy concretas y un uso distinto podría significar unos costes de ejecución completamente adversos. Es decir, dan una solución a un caso muy concreto, con unos riesgos también muy definidos.

Encadenamiento y migración de filas en tablas apiladas

En el almacenamiento de las filas existen dos situaciones en las cuales una fila puede no caber en un bloque: bien porque la longitud de la fila sea mayor que el tamaño de bloque de la tabla, o bien porque una modificación de la fila incremente el tamaño de la fila y esta no quepa en el bloque donde fue insertada junto con otras filas.

Estas dos situaciones provocan que las filas se encadenen o migren a otro bloque.

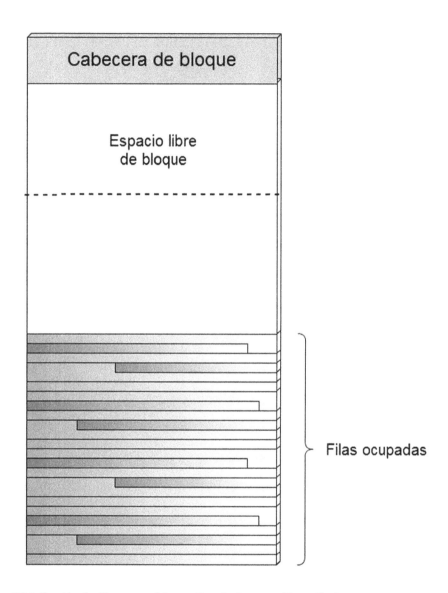

Figura 11. Distribución de filas en un bloque Oracle de una tabla apilada.

El encadenamiento es simple. Cuando una fila ocupa, en la inserción, un espacio mayor que el tamaño del bloque, esta debe romperse en trozos y almacenarse de forma "encadenada" sobre varios bloques reservados en la tabla. El encadenamiento es inevitable si el tamaño natural de las filas no cabe en un bloque simple, por ejemplo cuando las tablas están formadas por campos LONG y LONG RAW, que pueden almacenar hasta 2 GB por valor de columna por cada fila. En estos casos poco hay que hacer, sino considerar que la lectura de una fila implica recorrer más de un bloque.

La migración de filas sucede cuando un bloque está lleno, y un UPDATE sobre una fila la hace crecer por encima del espacio reservado en los bloques para alojar ese crecimiento dinámico. Este espacio libre va marcado por el parámetro PCTFREE, que por defecto está a un 10 % de espacio libre en el bloque. Cuando esto sucede, la cabecera de la fila se mantiene en el bloque donde se insertó, pero el contenido de esta se migra a otro bloque.

La migración de filas implica un coste considerable en la lectura. La fila no se encuentra en el bloque donde se esperaba, y por tanto es necesario una segunda lectura de otro bloque.

Imaginemos el caso de una aplicación en la que la inserción de las filas se hace con los valores mínimos (usuario y contraseña), y los datos de los usuarios se completan en una fase posterior. Suponiendo que la sentencia UPDATE llega a hacerse días después de su inserción, cuando el bloque está lleno, la propia naturaleza de la tabla está condenada a la migración de la mayoría de sus filas.

```
SQL> create table test_migracion
  2  (id number,
  3   valor varchar2(50),
  4   valor2 varchar2(1000));

Tabla creada.

SQL> begin
  2      for x in 1..1000
  3      loop
  4          insert into test_migracion values (x,'VALOR',NULL);
  5      end loop;
  6  end;
  7  /

Procedimiento PL/SQL terminado correctamente.

SQL> commit;

Confirmación terminada.

SQL> exec dbms_stats.gather_table_stats('VUELOS','TEST_MIGRACION')

Procedimiento PL/SQL terminado correctamente.
```

En este ejemplo, la tabla tiene 1.000 filas, con 10 bytes de tamaño medio por fila, con un 10 % de PCTFREE que define un 10 % de espacio libre en el bloque, y con un total de 5 bloques de datos llenos.

```
SQL>  show parameters db_block_size

NAME                                 TYPE                             VALUE
------------------------------------ -------------------------------- --------
db_block_size                        integer                          8192

SQL> select table_name, avg_row_len, num_rows, blocks, pct_free
  2  from user_tables
  3  where table_name='TEST_MIGRACION';

TABLE_NAME                   AVG_ROW_LEN   NUM_ROWS    BLOCKS   PCT_FREE
---------------------------- ----------- ---------- ---------- ----------
TEST_MIGRACION                        10       1000          5         10
```

Invocando el paquete DBMS_ROWID, es posible identificar que se han llenado poco más de dos bloques de datos, y que en cada uno de ellos caben poco menos de 500 filas.

```
SQL> select DBMS_ROWID.ROWID_BLOCK_NUMBER(rowid), count(*)
  2  from test_migracion
  3  group by DBMS_ROWID.ROWID_BLOCK_NUMBER(rowid);

DBMS_ROWID.ROWID_BLOCK_NUMBER(ROWID)    COUNT(*)
------------------------------------ ----------
                               80125        491
                               80126        484
                               80127         25
```

Para forzar la migración de filas, el siguiente código PL/SQL creará una variable de texto con 100 caracteres para modificar, posteriormente, las primeras 10 filas de la tabla, almacenadas en el primer bloque de la misma.

```
SQL> select DBMS_ROWID.ROWID_BLOCK_NUMBER(rowid), count(*)
  2  from test_migracion
  3  where id<=10
  4  group by DBMS_ROWID.ROWID_BLOCK_NUMBER(rowid);

DBMS_ROWID.ROWID_BLOCK_NUMBER(ROWID)    COUNT(*)
------------------------------------ ----------
                               80125         10

SQL> declare
  2      texto varchar2(1000);
  3  begin
  4      for x in 1..100
  5      loop
  6          texto:=texto||'X';
  7      end loop;
  8      update test_migracion set valor2=texto where id<=10;
  9  end;
 10  /

Procedimiento PL/SQL terminado correctamente.

SQL> commit;

Confirmación terminada.
```

Dado que el paquete DBMS_STATS no recopila información sobre las filas encadenadas o migradas, el comando ANALYZE TABLE tabla LIST CHAINED ROWS analizará qué filas están encadenadas o migradas y sobre la tabla CHAINED_ROWS (creada previamente por el *script* utlchain.sql) se registrarán los *rowid* de las filas afectadas por la migración.

```
SQL> drop table chained_rows;

Tabla borrada.

SQL> @?/rdbms/admin/utlchain

Tabla creada.

SQL> desc chained_rows
 Nombre                                         ╗Nulo?    Tipo
 ----------------------------------------------- -------- ------------
 OWNER_NAME                                               VARCHAR2(30)
 TABLE_NAME                                               VARCHAR2(30)
 CLUSTER_NAME                                             VARCHAR2(30)
 PARTITION_NAME                                           VARCHAR2(30)
 SUBPARTITION_NAME                                        VARCHAR2(30)
 HEAD_ROWID                                               ROWID
 ANALYZE_TIMESTAMP                                        DATE

SQL> analyze table test_migracion list chained rows;

Tabla analizada.

SQL> select table_name, head_rowid
  2  from chained_rows;

TABLE_NAME                   HEAD_ROWID
---------------------------- ------------------
TEST_MIGRACION               AAAXnIAAEAAATj9AAI
TEST_MIGRACION               AAAXnIAAEAAATj9AAJ

SQL> select id from test_migracion
  2  where rowid in (select head_rowid from chained_rows);

        ID
----------
         9
        10
```

Las primeras 8 filas han podido alojar su crecimiento en el bloque al que pertenecían. Estas han usado los 800 bytes libres que había en el bloque para alojar el crecimiento que las filas pudieran tener, pero las filas 9 y 10 han tenido que migrar al primer bloque libre.

Además, resulta curioso ver como, en una lectura de la tabla de las 20 primeras filas, por ejemplo, las primeras 8 filas pueden mostrarse directamente, pues la fila está contenida en el bloque leído, y hasta que la lectura secuencial de la tabla no llega hasta las dos filas migradas 9 y 10, no puede mostrar esas dos filas de forma completa.

```
SQL> select * from test_migracion where id<=20;

       ID VALOR VALOR2
---------- ----- --------------------------------------------------------
        1 VALOR XXXXXXXXXXXXXXXXXXXXXXXXXXXXXXXXXXXXXXXXXXXXXXXXXXXXXXXXXX
              XXXXXXXXXXXXXXXXXXXXXXXXXXXXXXXXXXXXXXXXXX

        2 VALOR XXXXXXXXXXXXXXXXXXXXXXXXXXXXXXXXXXXXXXXXXXXXXXXXXXXXXXXXXX
              XXXXXXXXXXXXXXXXXXXXXXXXXXXXXXXXXXXXXXXXXX

        3 VALOR XXXXXXXXXXXXXXXXXXXXXXXXXXXXXXXXXXXXXXXXXXXXXXXXXXXXXXXXXX
              XXXXXXXXXXXXXXXXXXXXXXXXXXXXXXXXXXXXXXXXXX

        4 VALOR XXXXXXXXXXXXXXXXXXXXXXXXXXXXXXXXXXXXXXXXXXXXXXXXXXXXXXXXXX
              XXXXXXXXXXXXXXXXXXXXXXXXXXXXXXXXXXXXXXXXXX

        5 VALOR XXXXXXXXXXXXXXXXXXXXXXXXXXXXXXXXXXXXXXXXXXXXXXXXXXXXXXXXXX
              XXXXXXXXXXXXXXXXXXXXXXXXXXXXXXXXXXXXXXXXXX

        6 VALOR XXXXXXXXXXXXXXXXXXXXXXXXXXXXXXXXXXXXXXXXXXXXXXXXXXXXXXXXXX
              XXXXXXXXXXXXXXXXXXXXXXXXXXXXXXXXXXXXXXXXXX

        7 VALOR XXXXXXXXXXXXXXXXXXXXXXXXXXXXXXXXXXXXXXXXXXXXXXXXXXXXXXXXXX
              XXXXXXXXXXXXXXXXXXXXXXXXXXXXXXXXXXXXXXXXXX

        8 VALOR XXXXXXXXXXXXXXXXXXXXXXXXXXXXXXXXXXXXXXXXXXXXXXXXXXXXXXXXXX
              XXXXXXXXXXXXXXXXXXXXXXXXXXXXXXXXXXXXXXXXXX

       11 VALOR
       12 VALOR
       13 VALOR
       14 VALOR
       15 VALOR
       16 VALOR
       17 VALOR
       18 VALOR
       19 VALOR
       20 VALOR
        9 VALOR XXXXXXXXXXXXXXXXXXXXXXXXXXXXXXXXXXXXXXXXXXXXXXXXXXXXXXXXXX
              XXXXXXXXXXXXXXXXXXXXXXXXXXXXXXXXXXXXXXXXXX

       10 VALOR XXXXXXXXXXXXXXXXXXXXXXXXXXXXXXXXXXXXXXXXXXXXXXXXXXXXXXXXXX
              XXXXXXXXXXXXXXXXXXXXXXXXXXXXXXXXXXXXXXXXXX

20 filas seleccionadas.
```

Más o menos, el contenido de los bloques mostrados en el ejemplo se asemejaría al de la Figura 12.

Para solucionar la migración de filas en una tabla, basta con eliminar esas filas e insertarlas de nuevo, o ejecutar el comando ALTER TABLE MOVE. Al tratarse de un movimiento en el segmento de la tabla, las filas se insertan de nuevo con un nuevo *rowid* y continuando en el siguiente bloque vacío al alcanzar el umbral de uso de PCTFREE.

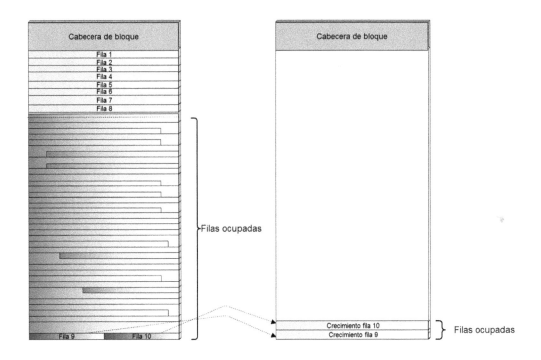

Figura 12. Esquema de filas migradas a otro bloque al carecer de espacio libre en el bloque.

```
SQL> truncate table chained_rows;

Tabla truncada.

SQL> alter table test_migracion move;

Tabla modificada.

SQL> analyze table test_migracion list chained rows;

Tabla analizada.

SQL> select table_name, head_rowid
  2  from chained_rows;

ninguna fila seleccionada
```

Una vez la tabla queda reconstruida con el comando ALTER TABLE MOVE, el esquema de almacenamiento de sus filas sería similar al de la ilustración siguiente.

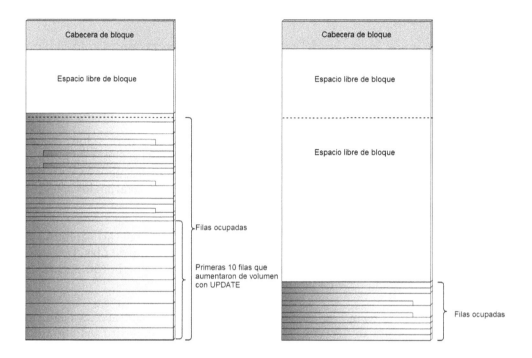

Figura 13. Esquema de distribución de filas migradas una vez reconstruida la tabla.

Tablas IOT

Las tablas IOT (Index Organized Tables) son objetos con apariencia de tabla y estructura de índice.

Esta organización utiliza la clave primaria como clave de indexación, de modo que todas las filas de la tabla, de forma natural, se insertan ordenadas de forma ascendente por la clave primaria.

Las tablas IOT proporcionan un acceso muy eficiente en búsquedas de grandes rangos de elementos seleccionados sobre un rango de valores de la clave principal. Por el contrario, son terriblemente costosas en actualizaciones masivas de la clave primaria, pues esto implica un borrado e inserción de esa fila en su posición adecuada. Igualmente, los índices que se creen sobre columnas de una tabla IOT no serán tan eficientes como los creados sobre una tabla apilada, pues las filas pueden moverse dentro su propia estructura y, en una tabla apilada, las filas permanecen en el mismo bloque donde se insertaron.

Básicamente, estas son las reglas del juego. Es difícil encontrar un caso ideal para este tipo de estructuras, pero cuando se dan las condiciones idóneas son el objeto clave en la solución del problema. Además, dado que su estructura es la de un índice, es posible crear tablas IOT particionadas, con la consiguiente mejora de mantenimiento y eficiencia en las consultas.

Un ejemplo en el que el uso de tablas IOT resultó ser clave para solucionar el rendimiento podría ser la tabla que controlaba la posición de los satélites en función de una carga de posiciones (instante en el tiempo, satélite y coordenadas x,y,z). Las consultas tipo de esta aplicación versaban sobre en qué posición estarían los satélites un día determinado, a una hora determinada.

Suponiendo, para este ejemplo, las posiciones a cada segundo de 50 satélites, la tabla de posiciones almacenaba, por año, unos 31 millones y medio de filas. De estas, obtener las posiciones de los 50 satélites en una hora determinada (60 segundos cada 60 minutos) devolvía un total de 180.000 filas entre millones.

El uso de un índice para recuperar cada fila resultaba en un excesivo acceso aleatorio a la tabla, pues se trata de lecturas salteadas de los bloques sobre los 180.000 elementos. La lectura completa de la tabla en un acceso de tipo FULL SCAN tampoco era una solución. Del mismo modo, tampoco podían extraerse subconjuntos de información, pues las consultas podían ser por periodos tanto de horas, como de días, o de un instante concreto a otro quizás dos días después.

La tabla IOT, al estar implementada sobre un segmento de índices, almacenaba de forma ordenada las cargas de posiciones de satélites mediante la clave primaria que, en este caso, estaba compuesta por la fecha como primer campo. De este modo, el recorrido de la tabla no era por acceso mediante *rowid*, o por FULL SCAN, sino por INDEX RANGE SCAN.

El acceso INDEX RANGE SCAN obtiene el primer elemento recuperado en un acceso ordenado y, a partir de ahí, una lectura secuencial de todos los elementos hasta el último que cumpla la condición. Todos los satélites y las coordenadas que tuvieran durante ese día se devolvían muchísimo más rápido y con una ordenación de valores por fecha casi instantáneamente. El coste era el necesario para encontrar entre la tabla IOT la primera fila. El resto era, prácticamente, una lectura secuencial del objeto.

El siguiente ejemplo muestra una tabla IOT y su comportamiento respecto a una tabla apilada estándar.

```
SQL> create table objetos_iot (
  2     id number,
  3     tipo varchar2(19),
  4     nombre varchar2(128),
  5     constraint pk_objetos_iot primary key (id))
  6  organization index;

Table created.

SQL> create table objetos_estandar (
  2     id number,
  3     tipo varchar2(19),
  4     nombre varchar2(128),
  5     constraint pk_objetos_std primary key (id)) ;

Table created.
```

Salvo el nombre de los dos objetos, la cláusula "organization index" es la única diferencia entre ambas. El primer objeto se ha creado con una única estructura de índice, y el segundo con el de tabla y un índice adicional para la unicidad de la clave primaria.

```
SQL> select table_name from user_tables;

TABLE_NAME
-----------------------------
OBJETOS_ESTANDAR
OBJETOS_IOT

SQL> select segment_name, segment_type
  2  from user_segments;

SEGMENT_NAME             SEGMENT_TYPE
------------------------ ------------------
OBJETOS_ESTANDAR         TABLE
PK_OBJETOS_IOT           INDEX    --> Este segmento corresponde a la tabla OBJETOS_IOT
PK_OBJETOS_STD           INDEX
```

El acceso a estos dos objetos, cuando se filtre por un número considerable de valores de la clave primaria, será sustancialmente diferente.

En una consulta sobre la tabla estándar, sobre unos 10.000 elementos filtrados por la columna indexada de la clave primaria, el optimizador considera que el acceso mediante índices será más rápido que mediante un acceso completo a la tabla al completo, proporcionando esta estadística de costes.

```
SQL> explain plan for
  2  select nombre from objetos_estandar
  3  where id between 20000 and 30000;

Explained.

SQL> @?/rdbms/admin/utlxpls
```

```
PLAN_TABLE_OUTPUT
--------------------------------------------------------------------------------
Plan hash value: 3057118431


--------------------------------------------------------------------------------
| Id  | Operation               | Name              | Rows  | Bytes | Cost (%CPU)| Time     |
--------------------------------------------------------------------------------
|   0 | SELECT STATEMENT    |                   | 10492 |  809K|   142    (0)| 00:00:02 |
|   1 |  TABLE ACCESS BY INDEX ROWID|OBJETOS_ESTANDAR| 10492 |809K|142    (0)| 00:00:02 |
|*  2 |   INDEX RANGE SCAN  | PK_OBJETOS_STD    | 10492 |      |    29    (0)| 00:00:01 |
--------------------------------------------------------------------------------

Predicate Information (identified by operation id):
---------------------------------------------------

   2 - access("ID">=20000 AND "ID"<=30000)
```

Esta misma operación, consultada sobre la tabla IOT, proporciona unas estadísticas de coste completamente distintas. Acceder a un único objeto tiene un impacto importante sobre el coste, y mayor aún si este acceso es secuencial a partir de la posición 20.000 hasta encontrar el ID 30.000.

```
SQL> explain plan for
  2  select nombre from objetos_iot
  3  where id between 20000 and 30000;

Explained.


SQL> @?/rdbms/admin/utlxpls

PLAN_TABLE_OUTPUT
--------------------------------------------------------------------------------
Plan hash value: 2341284110


--------------------------------------------------------------------------------
| Id  | Operation          | Name          | Rows  | Bytes | Cost (%CPU)| Time     |
--------------------------------------------------------------------------------
|   0 | SELECT STATEMENT |                 | 11063 |  853K|    4    (0)| 00:00:01 |
|*  1 |  INDEX RANGE SCAN| PK_OBJETOS_IOT  | 11063 |  853K|    4    (0)| 00:00:01 |
--------------------------------------------------------------------------------

Predicate Information (identified by operation id):
---------------------------------------------------

   1 - access("ID">=20000 AND "ID"<=30000)
```

Oracle estima un coste de 4, sobre un coste de 142. Pensando en la física de los accesos, tiene mucho sentido.

Este es el caso adecuado para decidirse por una tabla IOT. Pero antes de proponer cambiar todas las tablas apiladas por tablas IOT, cabe reflexionar sobre algunas cuestiones.

¿Cómo se comporta una tabla IOT cuando las filas sufren encadenamiento, es decir, cuando reciben una modificación que las hace crecer por encima del tamaño libre disponible en el bloque? ¿Cómo puede impactar un borrado masivo de filas en una tabla de estas características? ¿Cómo se comporta un índice sobre una columna de la tabla IOT cuando sus filas cambian de bloque?

Una tabla IOT es una tabla organizada como si se tratase de un índice. Sus filas no pueden encontrarse por un direccionamiento físico, sino lógico. Si una fila sufre un cambio en la clave principal, la fila podría moverse de un bloque a otro, por tanto, los índices tendrían un *rowid* inutilizable. Los índices sobre tablas IOT consideran no dónde se encuentra la fila, sino dónde se creó la fila (en qué bloque) y, en el caso de no encontrarse en él, cuál es la clave primaria por la cual podría encontrarse esa fila dentro de toda la estructura física de índice de la tabla IOT.

```
SQL> select rowid, o.*
  2  from objetos_iot o
  3  where rownum<5;

ROWID                ID TIPO                NOMBRE
---------------- ---------- ------------------- ------------------------
*BABCiiICwQP+         2 CLUSTER             C_OBJ#
*BABCiiICwQT+         3 INDEX               I_OBJ#
*BABCiiICwQX+         4 TABLE               TAB$
*BABCiiICwQb+         5 TABLE               CLU$
```

Una tabla estándar contiene todas las filas contiguas, según se han ido llenando y borrando las filas en los bloques. Una fila en una tabla apilada, al contrario que las IOT, no se mueve de bloque en una modificación de sus valores y, por tanto, los índices sobre tablas apiladas pueden manejar el valor de *rowid* físico para localizar la fila en un fichero, objeto, bloque y posición de fila determinado, pues estos valores serán invariables.

```
SQL> select rowid, o.*
  2  from objetos_estandar o
  3  where rownum<5;

ROWID                ID TIPO                NOMBRE
------------------ ---------- ------------------- -------------------------------------
AAA5EkAABAAArQhAAA   28 TABLE               CON$
AAA5EkAABAAArQhAAB   49 INDEX               I_COL2
AAA5EkAABAAArQhAAC   11 INDEX               I_USER#
AAA5EkAABAAArQhAAD    6 CLUSTER             C_TS#
```

Respecto al encadenamiento, si una fila en una tabla IOT crece por encima del tamaño disponible libre del bloque, esta fila se mueve a un segmento tabla aparte y en el segmento índice de la tabla IOT se almacenará únicamente el *rowid* físico donde se encuentra la fila. Es decir, en otras palabras, la tabla IOT se comportará, para esa fila en concreto, como un índice estándar que apunta a un segmento tabla estándar donde se halla la fila.

Aunque un caso individual de encadenamiento no tiene un impacto excesivo en una tabla IOT, si la mayoría de las filas tienen un crecimiento constante de sus valores, es preciso tener en cuenta que el multiplicar los accesos al índice IOT y a su tabla de *overflow* en acceso por posición (y no secuencial) podría provocar un alto número de lecturas salteadas. Este impacto será directamente proporcional al número de bloques que haya que leer de la tabla de excedentes respecto a las lecturas de bloques de la tabla IOT.

Clusters indexados

Supongamos un caso en que dos tablas tienen una relación de 1-N tan fuerte que una consulta sobre la tabla padre lleve consigo una necesidad vital de recuperar sus filas hijas. Es lo que se denomina una relación maestro-detalle. Supongamos también que el volumen de estas tablas es considerable y que, periódicamente, se lanzan listados o informes sobre la información combinada de estas tablas de forma agregada, con subtotales, etc.

Mi ejemplo favorito para ilustrar este caso es el formado por las tablas FACTURA y LINEA_FACTURA.

Al recuperar una factura resultará imprescindible recuperar el detalle de los artículos facturados. Uno de estos procesos periódicos que recuperen la información agregada podría ser un volcado de datos a un entorno *data warehouse*, o simplemente el proceso de cierre de facturación o el de emisión de facturas a los clientes.

Supongamos, para este ejemplo, que nuestra base de datos tiene un volumen de un millón de facturas mensuales y que cada una de estas puede tener una media de unas 50 líneas de detalle. Cada una de estas líneas es un artículo vendido. Tomando como ejemplo una compañía telefónica, muchas de las facturas pueden contener un gran número de eventos vendidos, bien sean llamadas, mensajes, descargas, servicios, etc.

De todos los métodos de combinación de tablas, el más eficaz en este caso para la recuperación de una factura con su detalle sería el método NESTED LOOPS. Oracle encuentra los datos de la factura y filtra entre los cincuenta millones de detalles los 50 elementos que corresponderían a esa factura. Esos 50 elementos, que serían recuperados de uno en uno, corresponderían a aproximadamente 50 bloques. Bastante aceptable para un elemento, pero totalmente ineficiente en una selección completa de todas las facturas.

Cualquier otro método de combinación resultaría aún más ineficiente. Las combinaciones tipo HASH JOIN o MERGE JOIN, que cargan inicialmente el total de filas en memoria, las ordenan (mediante la clave de unión o mediante una clasificación de *hash*) y luego procesan, implican también un volumen muy elevado en recursos de memoria y CPU para procesar la combinación. Entre estos, la opción de MERGE JOIN sería la menos costosa de las dos, pues el coste de ordenar ambas tablas por la clave de unión de la factura finalmente se vería compensado por la agilidad de combinar las dos tablas: cada factura con sus detalles.

En cualquier caso, la ordenación de un millón de elementos, y la consiguiente ordenación de los otros cincuenta millones de elementos a combinar, resulta algo demasiado voluminoso para mantener en memoria. Estas ordenaciones en disco y la recuperación de elementos combinados desde los segmentos temporales usados para la ordenación no son, para nada, un dato que se deba menospreciar.

En estos casos, la física del almacenamiento y lo que cuesta localizar sus correspondencias son la clave. Lo ideal sería tener las facturas y sus detalles juntos, de modo que cuando se recupere una factura, tenga incrustada las filas del detalle. La consulta combinada podría realizarse mediante una lectura secuencial y, aunque el almacenamiento en sí de las filas se vería perjudicado por una clasificación previa, ese coste se vería compensado por un aumento considerable de la velocidad de lectura y combinación, así como por la reducción de recursos necesarios para combinar la información. No sería necesario realizar ordenaciones adicionales, los datos se obtendrían clasificados, y no sería tampoco necesario mantener en memoria los objetos al completo pues cada dato se combinaría con su correspondiente sin más futuras correspondencias con otras filas. Es decir, un artículo vendido corresponde a una única factura. Una vez procesada esta, esas filas dejan de ser necesarias para el proceso de otras facturas.

En eso consisten los *clusters* indexados. Un segmento *cluster* indexado permite alojar dos tablas con un vínculo de clave primaria y clave ajena de 1-N, de modo que cada bloque del segmento contiene la fila de la tabla padre y las correspondientes filas de la tabla hija.

```
SQL> create cluster clu_factura (id_factura number) tablespace users;

Cluster created.

SQL> create index idx_clu_factura on cluster clu_factura;

Index created.

SQL> create table factura (
  2      id_factura number primary key,
  3      cliente varchar2(50),
  4      fecha_factura date)
  5  cluster clu_factura(id_factura);

Table created.
```

```
SQL> create table linea_factura (
  2       id_detalle number primary key,
  3       articulo varchar2(50),
  4       precio number,
  5       unidades number,
  6       id_factura number references factura(id_factura))
  7  cluster clu_factura(id_factura);

Table created.
```

Ambas tablas se han creado en un único espacio físico definido por el *cluster*.

```
SQL> select segment_name, segment_type from user_segments;

SEGMENT_NAME             SEGMENT_TYPE
------------------------ -------------------
CLU_FACTURA              CLUSTER
PK_FACTURA               INDEX
PK_DETALLE               INDEX
IDX_CLU_FACTURA          INDEX

SQL> select table_name, cluster_name from user_tables;

TABLE_NAME                   CLUSTER_NAME
---------------------------- -----------------------------
FACTURA                      CLU_FACTURA
LINEA_FACTURA                CLU_FACTURA
```

Por cada elemento agrupado de factura con sus líneas de detalle, se asignará un bloque exclusivo. El índice del *cluster* localizará ese bloque que contendrá todos los datos de factura y todas sus líneas de detalle en un único acceso. En el siguiente ejemplo se insertan 14 filas que corresponden, junto con el bloque de cabecera de segmento (*cluster*) a un total de 16 bloques (dos extensiones de 8 bloques cada una).

```
SQL> begin
  2      for x in 1..10
  3      loop
  4         insert into factura
  5         values (x,'CLIENTE'||to_char(x,'9999'),sysdate);
  6      end loop;
  7  end;
  8  /

PL/SQL procedure successfully completed.

SQL> commit;

Commit complete.

SQL> select segment_name, sum(bytes)/1024/8 num_blocks
  2  from user_segments
  3  group by segment_name;
```

```
SEGMENT_NAME            NUM_BLOCKS
----------------------- ----------
PK_DETALLE                       8
IDX_CLU_FACTURA                  8
CLU_FACTURA                     16
PK_FACTURA                       8
```

A medida que el *cluster* vaya creciendo en número de filas, también se asignará un espacio de bloques para alojar los excedentes de *cluster*, es decir, aquellas filas de detalle que no quepan en el bloque de su factura. Así pues, incrementar 500 filas para la tabla facturas supondrá un crecimiento lineal de bloques del *cluster*.

```
SQL> begin
  2      for x in 11..500
  3      loop
  4          insert into factura
  5          values (x,'CLIENTE'||to_char(x,'9999'),sysdate);
  6      end loop;
  7  end;
  8  /

PL/SQL procedure successfully completed.

SQL> commit;

Commit complete.


SQL> select segment_name, sum(bytes)/1024/8 num_blocks
  2  from user_segments
  3  group by segment_name;

SEGMENT_NAME            NUM_BLOCKS
----------------------- ----------
PK_DETALLE                       8
IDX_CLU_FACTURA                  8
CLU_FACTURA                    640
PK_FACTURA                       8
```

En este punto, resulta intereante observar que la tabla LINEA_FACTURA ocupa 640 bloques, y que una consulta sobre esta tabla obliga a recorrer todos y cada uno de los bloques del *cluster*.

```
SQL> set autotrace traceonly

SQL> select * from linea_factura;

no rows selected


Execution Plan
-------------------------------------------------------
Plan hash value: 1325426376
```

```
--------------------------------------------------------------------------
| Id  | Operation          | Name         | Rows  | Bytes | Cost (%CPU)| Time     |
--------------------------------------------------------------------------
|   0 | SELECT STATEMENT   |              |    1  |   79  |   170    (0)| 00:00:03 |
|   1 |  TABLE ACCESS FULL | LINEA_FACTURA|    1  |   79  |   170    (0)| 00:00:03 |
--------------------------------------------------------------------------

Note
-----
   - dynamic sampling used for this statement (level=2)

Statistics
----------------------------------------------------------
          0  recursive calls
          0  db block gets
        536  consistent gets
          0  physical reads
          0  redo size
        618  bytes sent via SQL*Net to client
        509  bytes received via SQL*Net from client
          1  SQL*Net roundtrips to/from client
          0  sorts (memory)
          0  sorts (disk)
          0  rows processed
```

Aunque no se procesen filas, es necesario leer los 500 bloques del *cluster*, incluyendo otros 36 bloques propios de la ejecución. Exactamente el mismo coste que leer las 500 facturas existentes.

```
SQL> select * from factura;

500 rows selected.

Execution Plan
----------------------------------------------------------
Plan hash value: 2931952114

--------------------------------------------------------------------------
| Id  | Operation         | Name    | Rows  | Bytes | Cost (%CPU)| Time     |
--------------------------------------------------------------------------
|   0 | SELECT STATEMENT  |         |  504  | 24696 |   170   (0)| 00:00:03 |
|   1 |  TABLE ACCESS FULL| FACTURA |  504  | 24696 |   170   (0)| 00:00:03 |
--------------------------------------------------------------------------

Note
-----
   - dynamic sampling used for this statement (level=2)

Statistics
----------------------------------------------------------
          0  recursive calls
          0  db block gets
        538  consistent gets
          0  physical reads
          0  redo size
      32252  bytes sent via SQL*Net to client
        883  bytes received via SQL*Net from client
         35  SQL*Net roundtrips to/from client
          0  sorts (memory)
          0  sorts (disk)
        500  rows processed
```

Resulta muy curioso observar como, en una tabla creada sobre un segmento de *cluster*, las filas se van agrupando cada una en el bloque que le corresponde.

```
SQL> insert into linea_factura values (1,'ART-001',10,1,5);
1 row created.

SQL> insert into linea_factura values (2,'ART-002',1, 7,1);
1 row created.

SQL> insert into linea_factura values (3,'ART-003',15,20,5);
1 row created.

SQL> insert into linea_factura values (4,'ART-004',4, 3,1);
1 row created.

SQL> insert into linea_factura values (5,'ART-005',50,4,1);
1 row created.

SQL> insert into linea_factura values (6,'ART-006',100,2,5);
1 row created.

SQL> insert into linea_factura values (7,'ART-007',7,15,3);
1 row created.

SQL> insert into linea_factura values (8,'ART-008',2,11,1);
1 row created.

SQL> insert into linea_factura values (9,'ART-009',30,16,3);
1 row created.

SQL> insert into linea_factura values (10,'ART-0010',10,10,5);
1 row created.

SQL> insert into linea_factura values (11,'ART-0011',20,10,1);
1 row created.

SQL> insert into linea_factura values (12,'ART-0012',17,15,3);
1 row created.

SQL> insert into linea_factura values (13,'ART-0013',1,5,5);
1 row created.
```

```
SQL> select * from linea_factura;

ID_DETALLE ARTICULO                            PRECIO   UNIDADES ID_FACTURA
---------- ------------------------------- ---------- ---------- ----------
         2 ART-002                                  1          7          1
         4 ART-004                                  4          3          1
         5 ART-005                                 50          4          1
         8 ART-008                                  2         11          1
        11 ART-0011                                20         10          1
         7 ART-007                                  7         15          3
         9 ART-009                                 30         16          3
        12 ART-0012                                17         15          3
         1 ART-001                                 10          1          5
         3 ART-003                                 15         20          5
         6 ART-006                                100          2          5
        10 ART-0010                                10         10          5

12 rows selected.
```

Aunque las filas se hayan insertado de forma alternada por cada una de las facturas, internamente se han clasificado insertándose cada una en el bloque de la factura que le corresponde, de modo que la forma natural de recuperar las filas es por orden de factura.

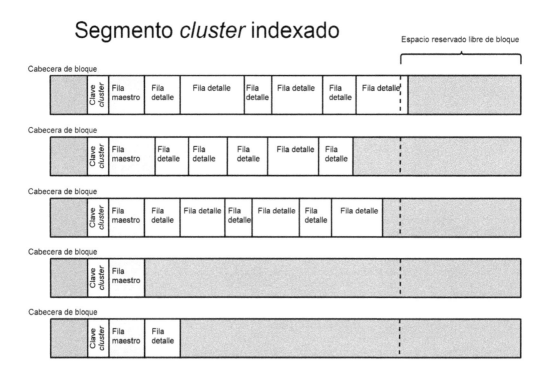

Figura 14. Esquema de un segmento cluster indexado.

Para acceder a todas las filas de una factura, aunque no esté definido ningún índice adicional por la columna ID_FACTURA de la tabla LINEA_FACTURA, el optimizador de costes utilizará el índice del *cluster* para localizar la factura y recuperar, en un acceso a un solo bloque, todo el subconjunto de líneas correspondientes. El coste de recuperar las líneas de factura, en el caso supuesto de millones de líneas de detalle, será considerablemente más rápido, ya que todas las líneas de factura se han ordenado automáticamente por la factura a la que pertenecen en el momento de almacenarse en el segmento físico del *cluster*.

En un caso similar con tablas apiladas, cada línea de detalle podría haberse almacenado en un bloque distinto suponiendo, por ejemplo, el caso de una compañía telefónica donde, durante todo un mes, se van registrando líneas de venta por cada llamada o mensaje emitido y emitiendo una factura al finalizar el mes. Agrupar y clasificar todas las filas en el momento de la inserción no supone un impacto considerable, y la ganancia de rendimiento en una consulta clasificada, en un proceso crítico como puede ser el de facturación, justifica sobradamente la implementación de un *cluster*.

```
SQL> set autotrace on explain stat
SQL> select * from linea_factura
  2  where id_factura=3;

ID_DETALLE ARTICULO                          PRECIO   UNIDADES ID_FACTURA
---------- ------------------------------ ---------- ---------- ----------
         7 ART-007                                7         15          3
         9 ART-009                               30         16          3
        12 ART-0012                              17         15          3

Execution Plan
----------------------------------------------------------
Plan hash value: 1409678405

---------------------------------------------------------------------------------------
| Id  | Operation            | Name            | Rows  | Bytes | Cost (%CPU)| Time     |
---------------------------------------------------------------------------------------
|   0 | SELECT STATEMENT     |                 |     1 |    79 |     1   (0)| 00:00:01 |
|   1 |  TABLE ACCESS CLUSTER| LINEA_FACTURA   |     1 |    79 |     1   (0)| 00:00:01 |
|*  2 |   INDEX UNIQUE SCAN  | IDX_CLU_FACTURA |     1 |       |     0   (0)| 00:00:01 |
---------------------------------------------------------------------------------------

Predicate Information (identified by operation id):
---------------------------------------------------

   2 - access("ID_FACTURA"=3)

Statistics
----------------------------------------------------------
          1  recursive calls
          0  db block gets
          3  consistent gets
          0  physical reads
          0  redo size
        922  bytes sent via SQL*Net to client
        520  bytes received via SQL*Net from client
          2  SQL*Net roundtrips to/from client
```

```
0  sorts (memory)
0  sorts (disk)
3  rows processed
```

Por lo tanto, en el uso del *cluster,* resulta imprescindible definir un tamaño de bloque adecuado, de modo que la fila de la tabla maestro y la media de filas de la tabla de detalle se almacenen de forma holgada para intentar evitar, por exceso, el desboramiento de filas de los bloques a un área de excedente o, por defecto, que los bloques estén prácticamente vacíos si no hay un número considerable de líneas de detalle que lo justifique. En este caso, que una tabla ocupe un bloque por cada fila significaría un derroche de espacio y una penalización de rendimiento en consultas sobre la tabla padre pues, en este ejemplo, 500 filas no deberían ocupar 500 bloques más su área de excedencia.

Al igual que en el caso de las tablas IOT, la conveniencia o no de su uso dependerá del comportamiento que tengan las filas, desde un punto de vista lógico o de la aplicación, en la inserción y en consulta. Comprender cómo se comporta físicamente un *cluster* dará la respuesta a los diferentes casos y situaciones que puedan plantearse en cada escenario.

Clusters hash

Un escenario mucho más estricto, en el que la necesidad de alto rendimiento no puede ser cubierta por métodos y objetos estándar, es el caso del uso de un *cluster hash.*

Un *cluster hash* consiste en un segmento tipo *cluster* en el que se alojará una tabla con un número máximo limitado de filas, en el que se proporcionará un algoritmo para almacenar y recuperar las filas de forma prácticamente única, es decir, a partir de la clave primaria el motor de búsqueda será capaz de recuperar esa fila en un único acceso a disco en la mayoría de los casos.

Dado que la definición de un *cluster* con indexación por *hash* implica definir el número de elementos (también denominado *hashkeys*), el segmento se crea con un volumen inicial igual al total de espacio que ocupará la tabla cuando esté llena, tomando un bloque por cada elemento como almacenamiento inicial.

```
SQL> create cluster clu_libros (isbn number) tablespace users hashkeys 1000000;

Cluster created.

Elapsed: 00:10:43.95
```

El comando de creación del *cluster*, en este caso, se ha llevado más de 10 minutos. Todo el almacenamiento se ha reservado por completo a razón de un bloque por fila de la futura tabla más un área de excedente.

```
SQL> select segment_name, sum(bytes)/1024/8 num_blocks
  2  from user_segments
  3  group by segment_name;

SEGMENT_NAME                     NUM_BLOCKS
------------------------------   ----------
CLU_LIBROS                          1005056
```

En la tabla que se cree sobre este segmento *hash*, el número máximo de filas estará limitado al número de elementos definidos como *hashkeys* en la definición del *cluster*. En este caso, un millón de filas.

¿Cuál es el mecanismo de funcionamiento de un *cluster*? ¿Por qué se reserva todo el almacenamiento en la construcción del *cluster*, sobre todo si aún no se ha creado la tabla?

Es importante comprender el funcionamiento de una indexación por *hash*. Esta indexación consiste en utilizar un algoritmo que, dado un valor único, sea capaz de devolver una posición entre 1 y el número de claves de *hash* con la máxima dispersión posible. De este modo, en la consulta por un elemento, un algoritmo resolverá la posición exacta del bloque donde se encuentra la fila, sin necesidad de usar un índice convencional.

```
SQL> create table libros (
  2      isbn number constraint pk_libros primary key,
  3      titulo varchar2(500),
  4      autor varchar2(500),
  5      paginas number)
  6  cluster clu_libros (isbn);

Table created.
```

La tabla se ha creado sobre el *cluster*, ocupando el más de un millón de bloques, de modo que cada inserción se alojará en el bloque que se resuelva al aplicar el algoritmo *hash*. Frente al consumo de espacio físico está la gran ventaja de localizar una fila con un simple cálculo matemático.

Los *cluster hash* proporcionan un rendimiento altísimo en este tipo de consultas, pero ofrecen una desventaja considerable si se filtra por otro campo no indexado y el optimizador decide recorrer todo el segmento. Un acceso por algoritmo *hash*, según el optimizador de costes, supone un acceso comparable al acceso por *rowid*.

El siguiente ejemplo ilustra un acceso por *hash*, y esa misma consulta al usar el algoritmo *hash*.

```
SQL> insert into libros values (1237823415363,'LIBRO 1','AUTOR 1',215);

1 row created.

SQL> insert into libros values (2341269983422,'LIBRO 2','AUTOR 2',95);

1 row created.

SQL> insert into libros values (8723424215235,'LIBRO 3','AUTOR 3',400);

1 row created.

SQL> insert into libros values (8218787342122,'LIBRO 4','AUTOR 4',216);

1 row created.

SQL> insert into libros values (9812893185323,'LIBRO 5','AUTOR 5',236);

1 row created.

SQL> insert into libros values (7754272347762,'LIBRO 6','AUTOR 1',477);

1 row created.

SQL> insert into libros values (3492923561032,'LIBRO 7','AUTOR 3',900);

1 row created.

SQL> insert into libros values (2289215268232,'LIBRO 8','AUTOR 1',60);

1 row created.

SQL> insert into libros values (2525550232300,'LIBRO 9','AUTOR 2',343);

1 row created.

SQL> insert into libros values (5523412322230,'LIBRO 10','AUTOR 1',266);

1 row created.

SQL> commit;

Commit complete.
```

Cada una de las anteriores filas se ha almacenado en un bloque distinto. El algoritmo *hash* ha distribuido estas filas a lo largo de todo el segmento. Estos algoritmos garantizan una distribución prácticamente uniforme sobre el número total de elementos. La siguiente consulta muestra el bloque y la posición de la fila de cada una de las filas de la tabla y se puede apreciar que, además de no existir posición de fila (todas las filas se tratan como fila cero), las diez filas insertadas se han dispersado por el segmento de forma aleatoria gracias al cálculo del algoritmo *hash*.

```
SQL> select DBMS_ROWID.ROWID_BLOCK_NUMBER(rowid) bloque,
  2          DBMS_ROWID.ROWID_ROW_NUMBER(rowid) fila,
  3          rowid, libros.*
  4  from libros;

 BLOQUE  FILA ROWID                   ISBN TITULO      AUTOR       PAGINAS
------- ----- ------------------ ---------- ---------- ---------- -------
  91224     0 AAA5m1AAEAAAWRYAAA 9.8129E+12 LIBRO 5    AUTOR 5        236
 167623     0 AAA5m1AAEAAAo7HAAA 3.4929E+12 LIBRO 7    AUTOR 3        900
 168883     0 AAA5m1AAEAAApOzAAA 2.2892E+12 LIBRO 8    AUTOR 1         60
 227026     0 AAA5m1AAEAAA3bSAAA 5.5234E+12 LIBRO 10   AUTOR 1        266
 366122     0 AAA5m1AAEAABZYqAAA 8.7234E+12 LIBRO 3    AUTOR 3        400
 605841     0 AAA5m1AAEAACT6RAAA 1.2378E+12 LIBRO 1    AUTOR 1        215
 645039     0 AAA5m1AAEAACdevAAA 2.5256E+12 LIBRO 9    AUTOR 2        343
 651066     0 AAA5m1AAEAACe86AAA 2.3413E+12 LIBRO 2    AUTOR 2         95
 737854     0 AAA5m1AAEAAC0I+AAA 7.7543E+12 LIBRO 6    AUTOR 1        477
 791168     0 AAA5m1AAEAADBKAAAA 8.2188E+12 LIBRO 4    AUTOR 4        216

10 rows selected.
```

El objetivo de esta técnica es poder obtener un acceso a la información de una fila única en un único acceso, sin necesidad de implementar segmentos de índices. Siempre que se busque por la clave del *cluster*, Oracle asumirá que esa búsqueda de un bloque tiene un coste mínimo, independientemente de lo grande que pueda llegar a ser el segmento *cluster*.

```
SQL> select * from libros where isbn=2525550232300;

      ISBN TITULO               AUTOR                 PAGINAS
---------- -------------------- -------------------- ----------
2.5256E+12 LIBRO 9              AUTOR 2                     343

Elapsed: 00:00:00.01

Statistics
----------------------------------------------------------
          0  recursive calls
          0  db block gets
          1  consistent gets
          0  physical reads
          0  redo size
        751  bytes sent via SQL*Net to client
        520  bytes received via SQL*Net from client
          2  SQL*Net roundtrips to/from client
          0  sorts (memory)
          0  sorts (disk)
          1  rows processed
```

Esta misma consulta, expresada de modo que el optimizador de costes no pueda usar la indexación por algoritmo *hash* como, por ejemplo, aplicando una función al campo en el filtro, se convierte en un acceso al más de un millón de bloques del *cluster* para obtener el mismo resultado cuando antes apenas había tardado más que el acceso al bloque individual donde estaba la fila.

```
SQL> select * from libros where to_char(isbn)='2525550232300';

     ISBN TITULO                AUTOR                   PAGINAS
---------- -------------------- -------------------- ----------
2.5256E+12 LIBRO 9              AUTOR 2                     343

Elapsed: 00:01:04.18

Statistics
----------------------------------------------------------
         30  recursive calls
          0  db block gets
    1000109  consistent gets
    1000126  physical reads
          0  redo size
        751  bytes sent via SQL*Net to client
        520  bytes received via SQL*Net from client
          2  SQL*Net roundtrips to/from client
          0  sorts (memory)
          0  sorts (disk)
          1  rows processed
```

Los planes de ejecución de ambas sentencias ya advierten que, frente a la primera estimada con coste cero, la segunda tendrá un impacto considerablemente más alto al estimarla en coste 271.000.

```
--------------------------------------------------------------
| Id  | Operation          | Name    | Rows  | Bytes | Cost (%CPU)|
--------------------------------------------------------------
|   0 | SELECT STATEMENT   |         |  388K |  196M |    0   (0) |
|*  1 |  TABLE ACCESS HASH | LIBROS  |  388K |  196M |            |
--------------------------------------------------------------

Predicate Information (identified by operation id):
-----------------------------------------------------

   1 - access("ISBN"=2525550232300)
```

De este modo, mientras la primera consulta puede acceder al algoritmo *hash*, la segunda debe recuperar todas las filas del *cluster* leyendo todos los bloques y filtrando por la función TO_CHAR.

```
------------------------------------------------------------------------
| Id  | Operation          | Name    | Rows  | Bytes | Cost (%CPU)| Time     |
------------------------------------------------------------------------
|   0 | SELECT STATEMENT   |         |    1  |  530  | 271K  (1) | 00:54:24 |
|*  1 |  TABLE ACCESS FULL | LIBROS  |    1  |  530  | 271K  (1) | 00:54:24 |
------------------------------------------------------------------------

Predicate Information (identified by operation id):
-----------------------------------------------------

   1 - filter(TO_CHAR("ISBN")='2525550232300')
```

Vistas materializadas

Una vista materializada es un segmento tipo tabla que almacena el resultado de una consulta. A diferencia de CREATE TABLE as SELECT, la vista materializada conserva el vínculo con la sentencia *query* de origen y permite sincronizarse con la información de las tablas, de modo que, aunque sea un segmento físico, pueda comportarse como una vista, mostrando información actualizada.

Las vistas materializadas pueden refrescarse de forma automática, con cada COMMIT realizado sobre las tablas que componen la SELECT que la genera, o bajo demanda (ON DEMAND) mediante *refresh groups* que pueden programarse para sincronizarse con las tablas origen a una hora determinada o con una frecuencia determinada.

Además, estas pueden ser vistas materializadas de *fast refresh* (rápido) o de *complete refresh* (completo). Los *fast refresh* permiten, en ciertos casos, que una vista materializada se actualice solo con la información nueva. Para el resto de casos, las vistas se refrescarán de forma completa, es decir, borrando e insertando de nuevo todas las filas del objeto vista materializada a partir del resultado de la sentencia SELECT que la forma.

La sintaxis reducida es similar a la de una vista:

```
create materialized view MV_DATOS
refresh on DEMAND | COMMIT
          FAST | COMPLETE | FORCE
       with PRIMARY KEY | ROWID
as
select <sentencia select>;
```

Si se especifica que el *refresh* sea FAST, en caso de no poder realizarse, la vista no se refrescará. El parámetro COMPLETE forzará a un *refresh* completo aunque el *fast refresh* sea posible, y la opción FORCE intenta hacer el *fast refresh*, y si no puede, provoca uno completo. Pueden refrescarse a partir de la clave primaria o de los *rowid*.

Aunque las vistas materializadas son objetos más complejos, la principal problemática de estos tipos de segmentos viene dada por estos dos factores principalmente: el tipo y el momento del *refresh*. Sobre estos dos parámetros el rendimiento de una aplicación que use vistas materializadas, incluyendo el de todo el motor de la base de datos, puede verse seriamente comprometido.

El uso recomendado de las vistas materializadas es para entornos *data warehouse*, como resúmenes de información agregada (ver capítulo sobre *data warehouse*, dimensiones y *reporting*), y para entornos de replicación, en los que interese disponer de una fracción de la información en otro esquema o base de datos, sobre todo en modelos de replicación avanzada Master-Snapshot.

En un entorno de *reporting*, las vistas materializadas pueden resumir los totales de la tabla de hechos que puedan tener millones de filas en un conjunto muy reducido de elementos, categorizados por las diferentes jerarquías de la información (tipos de producto, ciudad de venta, mes/año, etc.). Las vistas suelen refrescarse ON DEMAND, una vez finalizan las cargas nocturnas, y el *refresh* puede ser completo sin grandes problemas, pues estas vistas materializadas son relativamente pequeñas. No sale a cuenta almacenar un *log* para registrar los incrementos de una carga nocturna de horas para actualizar segmentos de poco tamaño.

En los entornos de replicación, las tablas maestras pueden tener los registros de todo un país, por ejemplo, y en las réplicas de cada provincia propagarse únicamente la información regional de esta. Del mismo modo, podrían recibir inserciones que se propagasen posteriormente a la tabla principal, por ejemplo. Este tipo de arquitecturas podría tener un *refresh* ON COMMIT, para asegurarse de que una inserción en la tabla principal se propaga a la vista materializada que le corresponde automáticamente, y el tipo de *refresh* suele ser incremental, pues estas instantáneas de las tablas principales pueden ser considerablemente grandes (ya que no poseen información resumida) y el *refresh* ha de hacerse para un mínimo elemento de la forma más rápida posible.

Sin embargo, hay un uso muy tentador y caprichoso de las vistas materializadas: almacenar físicamente una consulta que tarda demasiado. Tan tentador y caprichoso como frecuente, por la instantánea eficacia en la resolución del problema principal, y por la general ignorancia de los efectos colaterales.

Estos casos típicos suelen desencadenarse de la siguiente forma: una sentencia SELECT tarda 10 segundos en ejecutarse, lo cual puede ser en ciertos entornos algo inaceptable. Tras no haber dado con la causa o fórmula para su optimización, se evalúa el impacto del espacio físico (supongamos que no es excesivo) y el tiempo de implementación de la solución. En este punto se crea la vista materializada y aparentemente esa sentencia SELECT pasa a resolverse instantáneamente. Todo esto, por supuesto, en un entorno de desarrollo con una carga inexistente de usuarios concurrentes. También, por supuesto, realizando un *refresh complete*, pues no se han creado los pertinentes objetos tipo *materialized view log* (log de vista materializada) para almacenar esa información incremental y, por supuesto, con *refresh* ON COMMIT para que las vistas materializadas estén permanentemente sincronizadas y nadie advierta semejante chapuza.

De pronto, en el pase a producción, el rendimiento de la base de datos es lamentable, las sentencias se encolan (por supuesto en otros puntos del proceso, pues los *refresh* de las vistas materializadas, a cada COMMIT realizado en un tiempo de 10 segundos, son un proceso que no supone una gran carga de volumen respecto al total de procesos), y falta tiempo para escuchar a algún damnificado por una situación similar decir: "Son las vistas materializadas, que ralentizan el sistema", condenando la herramienta por no haberse implementado correctamente su uso.

Un caso práctico. Una base de datos de unos 40 Gb de tamaño total (incluyendo espacio de *rollback*, temporal, de sistema, espacio sin ocupar de *tablespace*, etc.) generaba unos 40 Gb de archivos de transacciones diarios. Los responsables de la aplicación afirmaban que su actividad transaccional era mínima. Principalmente su aplicación realizaba consultas, y algunas inserciones y modificaciones puntuales. Aproximadamente una fila cada 6 segundos. Unas 10 filas al minuto. Los informes de rendimiento AWR mostraban una gran actividad de consultas muy voluminosas, pero esos INSERT y UPDATE prácticamente no aparecían en la lista de principales consumidores de recursos. Sí aparecían el DELETE e INSERT de unas vistas materializadas. Unas 600 veces cada hora.

Efectivamente. Dos vistas materializadas con *refresh* ON COMMIT y de tipo de *refresh* COMPLETO se ejecutaban borrando e insertando las filas que formaban la vista materializada, unas 10 veces por minuto. Cuando consultamos el volumen de esas vistas materializadas sumamos un total de 10.000 filas, que se borraban e insertaban a cada INSERT o UPDATE sobre las tablas principales. Cada inserción individual, al hacerse un COMMIT, implicaba borrar e insertar 10.000 filas sobre las vistas materializadas, con su correspondiente espacio en *rollback* para los vaciados y llenados de las vistas, dando un total aproximado de 100.000 filas por minuto, 6.000.000 de filas por hora, 48.000.000 de filas en una jornada de trabajo de 8 horas. Esto supone 48.000.000 de filas borradas (movidas a *rollback*), validadas e insertadas de nuevo. Todo esto causado por dos vistas materializadas aparentemente inofensivas, en un entorno de una baja carga transaccional.

Al igual que ocurre con todos los demás tipos de segmentos, cada uno de ellos debe utilizarse para su propósito principal. Se trata de herramientas o soportes, y es preciso usar el más conveniente para cada situación.

El siguiente ejemplo muestra cómo implementar una vista materializada a partir de una consulta que devuelve los totales de reservas de vuelos, clasificados por compañías.

```
SQL> select cn_comp, sum(importe)
  2  from companias, vuelos, reservas
  3  where companias.id_comp=vuelos.comp_id_comp
  4    and vuelos.id_vuelo=reservas.vue_id_vuelo
  5  group by cn_comp;
```

```
CN_COMP                       SUM(IMPORTE)
----------------------------  ------------
Spanair                        3386479,12
Air France                     1720119,06
British Airways                 3454955,5
Alitalia                       3415356,57
Iberia                         3463249,72
Air Europa                     3387305,26
Air Nostrum                    3463869,83
KLM                            3367617,09

8 filas seleccionadas.
```

La creación de la vista materializada, sin más, del tipo REFRESH FAST ON COMMIT resultaría en el siguiente error:

```
SQL> create materialized view mv_totales_compania
  2   refresh on commit fast with primary key
  3   as
  4   select cn_comp, sum(importe)
  5   from companias, vuelos, reservas
  6   where companias.id_comp=vuelos.comp_id_comp
  7     and vuelos.id_vuelo=reservas.vue_id_vuelo
  8   group by cn_comp;
from companias, vuelos, reservas
      *
ERROR en lÝnea 5:
ORA-23413: la tabla "VUELOS"."RESERVAS" no tiene un log de vista materializada
```

El *log* de vista materializada es aquel objeto que almacenará esa información incremental para facilitar que las vistas materializadas puedan refrescarse por el método rápido. Para este caso, crearemos uno en el cual se registren los importes de las nuevas reservas para la tabla RESERVAS.

Además, también será necesario otro *log* de vista materializada para la tabla VUELOS, que registre la nueva información sobre vuelos, y otro más para la tabla COMPANIAS, que almacene las posibles nuevas compañías que puedan insertarse.

```
SQL> create materialized view log on reservas
  2      with rowid, primary key, sequence(importe)
  3      including new values;

Log de vista materializada creado.

SQL> create materialized view log on vuelos
  2      with rowid, primary key, sequence(comp_id_comp)
  3      including new values;

Log de vista materializada creado.
```

```
SQL> create materialized view log on companias
  2    with rowid, primary key, sequence(cn_comp)
  3    including new values;

Log de vista materializada creado.

SQL> create materialized view mv_totales_compania
  2  refresh on commit fast with primary key
  3  as
  4  select cn_comp, sum(importe)
  5  from companias, vuelos, reservas
  6  where companias.id_comp=vuelos.comp_id_comp
  7    and vuelos.id_vuelo=reservas.vue_id_vuelo
  8  group by cn_comp;

Vista materializada creada.

SQL> select mview_name, refresh_mode, refresh_method
  2  from user_mviews;

MVIEW_NAME                     REFRES REFRESH_
------------------------------ ------ --------
MV_TOTALES_COMPANIA            COMMIT FAST
```

Así, cuando se inserte una nueva reserva, la vista materializada se refrescará con la información de esos *logs*, que decidirán, para la compañía a la que corresponda el vuelo, añadir el importe correspondiente a la reserva. El coste de este mantenimiento será el de actualizar una fila de la vista materializada con la suma del nuevo importe al valor existente para la compañía del vuelo.

```
SQL> insert into reservas values ('test',1000,null,null,null,null,78475);

1 fila creada.

SQL> commit;

Confirmación terminada.

SQL> select * from mv_totales_compania;

CN_COMP                        SUM(IMPORTE)
------------------------------ ------------
Spanair                         3386479,12
British Airways                 3454955,5
Air France                      1720119,06
Alitalia                        3415356,57
Iberia                          3463249,72
Air Europa                      3387305,26
Air Nostrum                     3463869,83
KLM                             3368617,09  <-- el total se ha visto incrementado en
                                                1000 con la nueva reserva.

8 filas seleccionadas.
```

El paquete DBMS_VIEW

Para comprobar las posibilidades de *refresh* y reescritura de una vista materializada, el paquete DBMS_MVIEW proporciona un procedimiento llamado EXPLAIN_MVIEW que informa de todas las posibilidades de *refresh* y reescritura de la vista materializada.

```
SQL> @?/rdbms/admin/utlxmv.sql

Tabla creada.

SQL> exec dbms_mview.explain_mview('MV_TOTALES_COMPANIA');

Procedimiento PL/SQL terminado correctamente.

SQL> select capability_name, possible, related_text, msgtxt
  2  from mv_capabilities_table
  3  where mvname='MV_TOTALES_COMPANIA';

CAPABILITY_NAME                  P RELATED_TEXT   MSGTXT
-------------------------------- - -------------- -------------------------------------
PCT                              N
REFRESH_COMPLETE                 Y
REFRESH_FAST                     Y
REWRITE                          N
PCT_TABLE                        N COMPANIAS      la relación no es una tabla particionada
PCT_TABLE                        N VUELOS         la relación no es una tabla particionada
PCT_TABLE                        N RESERVAS       la relación no es una tabla particionada
REFRESH_FAST_AFTER_INSERT        Y
REFRESH_FAST_AFTER_ONETAB_DML N SUM(IMPORTE)      SUM(expr) sin COUNT(expr)
REFRESH_FAST_AFTER_ONETAB_DML N                   COUNT(*) no está en la lista de selección
REFRESH_FAST_AFTER_ANY_DML    N                   consulte el motivo por la que
                                                  REFRESH_FAST_AFTER_ONETAB_DML está
                                                  desactivado
REFRESH_FAST_PCT                 N                no se puede realizar PCT en ninguna tabla
                                                  de detalles de la vista materializada
REWRITE_FULL_TEXT_MATCH          N                la reescritura de consulta está
                                                  desactivada en la vista materializada
REWRITE_PARTIAL_TEXT_MATCH       N                la reescritura de consulta está
                                                  desactivada en la vista materializada
REWRITE_GENERAL                  N                la reescritura de consulta está
                                                  desactivada en la vista materializada
REWRITE_PCT                      N                no se puede realizar la reescritura
                                                  general ni PCT en ninguna tabla de
                                                  detalles
PCT_TABLE_REWRITE                N COMPANIAS      la relación no es una tabla particionada
PCT_TABLE_REWRITE                N VUELOS         la relación no es una tabla particionada
PCT_TABLE_REWRITE                N RESERVAS       la relación no es una tabla particionada

19 filas seleccionadas.
```

En la lista de capacidades de la vista materializada aparece la capacidad de refrescarse con el método FAST, y que este pueda hacerse para cada inserción. No obstante, REFRESH_FAST_AFTER_ANY_DDL aparece como no posible, no permitiendo el *fast refresh* en caso de hacer UPDATE o DELETE.

```
SQL> update reservas set importe=3000 where id_reserva='test';

1 fila actualizada.

SQL> commit;

Confirmación terminada.

SQL> select * from mv_totales_compania where cn_comp='KLM';

CN_COMP                        SUM(IMPORTE)
------------------------------ ------------
KLM                              3368617,09 <-- la vista NO se ha refrescado.


SQL> select cn_comp, sum(importe)
  2  from companias, vuelos, reservas
  3  where companias.id_comp=vuelos.comp_id_comp
  4    and vuelos.id_vuelo=reservas.vue_id_vuelo
  5    and cn_comp='KLM'
  6  group by cn_comp;


CN_COMP                        SUM(IMPORTE)
------------------------------ ------------
KLM                              3370617,09 <-- Las tablas muestran el cómputo real,
                                                tras el update.
```

Si la vista materializada se hubiera creado con la cláusula FORCE, al intentar hacer el *fast refresh* y fallar, Oracle hubiera forzado un *complete refresh* con el fin de mantener esa integridad. En este caso, el *refresh* no se ha hecho, los datos de las tablas de origen y los de la vista son distintos, pues esta se ha quedado obsoleta, y la operación de UPDATE ha sido instantánea.

Para que la vista materializada pueda refrescarse en modo FAST ante cualquier tipo de actualización, la vista MV_CAPABILITIES_TABLE informa de que REFRESH_FAST_AFTER_ONETAB_DML está desactivado e indica observar el motivo:

```
SQL> select capability_name, possible, related_text, msgtxt
  2    from mv_capabilities_table
  3  where mvname='MV_TOTALES_COMPANIA'
  4    and capability_name like '%REFRESH_FAST_AFTER%';

CAPABILITY_NAME                P RELATED_TEXT    MSGTXT
------------------------------ - --------------- ---------------------------------
REFRESH_FAST_AFTER_INSERT      Y
REFRESH_FAST_AFTER_ONETAB_DML  N SUM(IMPORTE)    SUM(expr) sin COUNT(expr)
REFRESH_FAST_AFTER_ONETAB_DML  N                 COUNT(*) no está en la lista de
                                                 selección
REFRESH_FAST_AFTER_ANY_DML     N                 consulte el motivo por la que
                                                 REFRESH_FAST_AFTER_ONETAB_DML está
                                                 desactivado
```

Optimización SQL en Oracle

Para ello, la vista debería contar además con COUNT(expr), además de SUM(expr) y COUNT(*). Una vez la vista está creada con los requisitos para funcionar con la capacidad de refrescarse en modo FAST para cualquier sentencia DML, tanto los UPDATE como DELETE permiten actualizar incrementalmente la vista materializada sin problemas.

```
SQL> drop materialized  view mv_totales_compania;

Vista materializada borrada.

SQL> truncate table mv_capabilities_table;

Tabla truncada.

SQL> create materialized view mv_totales_compania
  2  refresh on commit fast with primary key
  3  as
  4  select cn_comp, sum(importe), count(importe), count(*)
  5  from companias, vuelos, reservas
  6  where companias.id_comp=vuelos.comp_id_comp
  7    and vuelos.id_vuelo=reservas.vue_id_vuelo
  8  group by cn_comp;

Vista materializada creada.

SQL> exec dbms_mview.explain_mview('MV_TOTALES_COMPANIA');

Procedimiento PL/SQL terminado correctamente.

SQL> select capability_name, possible, related_text, msgtxt
  2    from mv_capabilities_table
  3  where mvname='MV_TOTALES_COMPANIA'
  4    and capability_name like '%REFRESH_FAST_AFTER%';

CAPABILITY_NAME                   P RELATED_TEXT    MSGTXT
--------------------------------- - --------------- -------------------------------------
REFRESH_FAST_AFTER_INSERT         Y
REFRESH_FAST_AFTER_ONETAB_DML     Y
REFRESH_FAST_AFTER_ANY_DML        Y

SQL> delete from reservas where id_reserva like '%test%';

1 fila suprimida.

SQL> commit;

Confirmación terminada.

SQL> select cn_comp, sum(importe), count(importe), count(*)
  2  from companias, vuelos, reservas
  3  where companias.id_comp=vuelos.comp_id_comp
  4    and vuelos.id_vuelo=reservas.vue_id_vuelo
  5    and cn_comp='KLM'
  6  group by cn_comp;

CN_COMP                       SUM(IMPORTE) COUNT(IMPORTE)   COUNT(*)
----------------------------- ------------ -------------- ----------
KLM                            3367617,09          22454      22454
```

```
SQL> select * from mv_totales_compania where cn_comp='KLM';

CN_COMP                      SUM(IMPORTE) COUNT(IMPORTE)   COUNT(*)
---------------------------- ------------ -------------- ----------
KLM                           3367617,09          22454      22454
```

Otro aspecto importante de las vistas materializadas es que tengan la capacidad de reescritura de consultas. Esto significa que cuando el optimizador detecte que una sentencia SELECT está consultando un resultado que ya existe en una vista materializada, tenga la capacidad de sustituir los accesos a las tablas principales por los de la vista. En este caso, en el que la vista materializada del ejemplo tiene *fast refresh* sobre todos los tipos de DML posibles (*insert, update, delete*) y que se refresca inmediatamente a cada COMMIT realizado, sería interesante que cuando un usuario consultara sobre VUELOS, RESERVAS y COMPANIAS para contar las reservas o sumar el importe total vendido, el optimizador devolviera estos datos del objeto único precalculado (mucho más pequeño que las tablas principales) que es la vista materializada MV_TOTALES_COMPANIA.

```
SQL> select capability_name, possible, related_text, msgtxt
  2   from mv_capabilities_table
  3  where mvname='MV_TOTALES_COMPANIA'
  4   and capability_name like '%REWRITE%';

CAPABILITY_NAME              P RELATED_TEXT  MSGTXT
---------------------------- - ------------- ---------------------------------------
REWRITE                      N
REWRITE_FULL_TEXT_MATCH      N               la reescritura de consulta está
                                             desactivada en la vista materializada
REWRITE_PARTIAL_TEXT_MATCH   N               la reescritura de consulta está
                                             desactivada en la vista materializada
REWRITE_GENERAL              N               la reescritura de consulta está
                                             desactivada en la vista materializada
REWRITE_PCT                  N               no se puede realizar la reescritura
                                             general ni PCT en ninguna tabla de
                                             detalles
PCT_TABLE_REWRITE            N COMPANIAS      la relación no es una tabla particionada
PCT_TABLE_REWRITE            N VUELOS         la relación no es una tabla particionada
PCT_TABLE_REWRITE            N RESERVAS       la relación no es una tabla particionada

8 filas seleccionadas.
```

Para ello, en primer lugar hay que habilitar la reescritura de la consulta en la vista materializada (puede definirse en la sentencia de creación).

```
SQL> alter materialized view mv_totales_compania enable query rewrite;

Vista materializada modificada.

SQL> truncate table mv_capabilities_table;

Tabla truncada.
```

```
SQL> exec dbms_mview.explain_mview('MV_TOTALES_COMPANIA');

Procedimiento PL/SQL terminado correctamente.

SQL> select capability_name, possible, related_text, msgtxt
  2   from mv_capabilities_table
  3   where mvname='MV_TOTALES_COMPANIA'
  4     and capability_name like '%REWRITE%';

CAPABILITY_NAME              P RELATED_TEXT  MSGTXT
--------------------------- - ------------- ---------------------------------------
REWRITE                     Y
REWRITE_FULL_TEXT_MATCH     Y
REWRITE_PARTIAL_TEXT_MATCH  Y
REWRITE_GENERAL             Y
REWRITE_PCT                 N                no se puede realizar la reescritura
                                            general ni PCT en ninguna tabla de
                                            detalles
PCT_TABLE_REWRITE           N COMPANIAS     la relación no es una tabla particionada
PCT_TABLE_REWRITE           N VUELOS        la relación no es una tabla particionada
PCT_TABLE_REWRITE           N RESERVAS      la relación no es una tabla particionada

8 filas seleccionadas.
```

Ahora, salvo las reescrituras PCT (Partition Change Tracking), necesarias si se tratase de tablas particionadas, y ni COMPANIAS, ni VUELOS, ni RESERVAS lo son en este caso, el optimizador es capaz de reconocer que el resultado de esa sentencia lo puede proporcionar la vista materializada.

```
SQL> explain plan for
  2   select cn_comp, sum(importe)
  3   from companias, vuelos, reservas
  4   where companias.id_comp=vuelos.comp_id_comp
  5     and vuelos.id_vuelo=reservas.vue_id_vuelo
  6     and cn_comp='KLM'
  7   group by cn_comp;

Explicado.

SQL> @?/rdbms/admin/utlxpls

PLAN_TABLE_OUTPUT
----------------------------------------------------------------------------------
Plan hash value: 1279300060


----------------------------------------------------------------------------------
| Id  | Operation           | Name                   | Rows  | Bytes | Cost (%CPU)| Time     |
----------------------------------------------------------------------------------
|   0 | SELECT STATEMENT    |                        |     1 |    30 |     3   (0)| 00:00:01 |
|*  1 |   MAT_VIEW REWRITE ACCESS FULL| MV_TOTALES_COMPANIA | 1 |30  | 3   (0)| 00:00:01 |
----------------------------------------------------------------------------------

Predicate Information (identified by operation id):
-------------------------------------------------

   1 - filter("MV_TOTALES_COMPANIA"."CN_COMP"='KLM')
```

Índices en árbol y otros índices

Desde pequeños nos enseñan la importancia de ordenar y clasificar. Cuando clasificamos los elementos según un criterio, podemos acceder al conjunto de elementos clasificados en lo que podríamos llamar "un único acceso". El cajón de los calcetines almacena calcetines, y si buscamos unos calcetines nos resultará fácil encontrarlos "en su sitio", pues es donde los hemos guardado. Ropa de invierno, ropa de verano, camisas, camisetas, ropa interior…, accedemos al sitio donde se encuentran y buscamos, entre todos los elementos, los que cumplen la condición "Me lo voy a poner hoy".

Si además queremos clasificar la ropa como "ropa formal" o "ropa informal", tendremos una clasificación dentro de la clasificación. Podemos poner juntas las camisas informales y separar de estas todas las camisas formales, pero esta clasificación de camisas supondrá un obstáculo en otras futuras búsquedas: si buscamos prendas por su color, tejido o por combinación, lo más probable es que tengamos que recorrer todo el armario de arriba abajo para encontrar qué prendas combinan con otras.

Las clasificaciones, por tanto, conllevan una limitación, pues permiten un acceso rápido por un criterio, pero un acceso más lento cuando no se sigue ese mismo criterio. Por ejemplo, en una guía telefónica los nombres están clasificados por la inicial, y buscar a alguien por la calle donde vive, sin conocer su nombre, nos obliga a recorrer prácticamente toda la guía secuencialmente desde la A hasta la Z. Por este motivo, en algunas guías de teléfonos viene una clasificación adicional por distritos, en la que se repiten todos los números de teléfono agrupando a los titulares de las líneas por zonas. Esa lectura secuencial, en este caso, se aplicaría solo a un conjunto más reducido de la información.

¿Cuál es el método que utiliza Oracle para clasificar sus filas dentro de una tabla? Ninguno. Mantener una clasificación implica valorar un coste en tiempo para colocar las filas en su sitio, o en espacio de disco, como ocurre con los *clusters*, para reservar todo un bloque donde colocar todas las filas de una misma clave de *cluster*.

De hecho, independientemente de si una tabla tiene sus filas clasificadas o no, la forma de poder acceder a los elementos que cumplen una determinada condición es ordenar todos los elementos en un objeto aparte y asociar esos valores con los identificadores de fila de las tablas. Estos objetos, que proporcionan esta ordenación adicional de los elementos de una tabla, se llaman índices.

Los índices son, por tanto, un elemento clave para un acceso eficiente a la información. Este libro tiene un índice por capítulos y otro por términos. El lector puede localizar un capítulo rápidamente, del mismo modo que puede buscar en el índice de términos en qué páginas se tratan ciertos temas. Por ejemplo, puede dirigirse a ese índice de palabras para saber en qué capítulos se menciona, por ejemplo, el paquete DBMS_STATS, o dónde se habla sobre los tipos de combinaciones por NESTED LOOPS.

Un libro de fotografía, en el que los capítulos tratan sobre el color, la exposición, la luz, etc., puede tener un índice por autores, donde se muestren las páginas donde se encuentran las fotografías de un autor. Un atlas, por ejemplo, puede tener un índice de mapas, clasificado por continentes, y un índice de poblaciones, pues no siempre se sabe exactamente en qué continente o en qué país se encuentran ciertos pueblos y estos índices proporcionan, además, la zona exacta del mapa donde se encuentra la población.

Hablando de los índices de una tabla de base de datos, un índice proporciona la localización de las filas mediante su *rowid* a través de una búsqueda ordenada de los valores de una o varias columnas.

Una tabla con datos de clientes, cuya clave primaria sea el documento de identidad, podrá tener índices por otros campos como teléfono, apellidos, población, etc., para facilitar las consultas filtrando por esos elementos. Los índices estándar en Oracle están formados por bloques organizados en una estructura denominada "árbol B+". En esta estructura, se ordenan los valores a indexar junto con el *rowid* de la fila a la que corresponden.

Para organizarlos de forma efectiva, los primeros bloques se consideran de reparto de rangos, también llamados "bloques troncales del árbol" (*branch blocks*), y los siguientes contienen los valores concretos con su *rowid* asociado, llamados "bloques de hojas del árbol" (*leaf blocks*). Así se consigue una distribución más uniforme de los valores y un acceso selectivo más efectivo.

Segmento índice en árbol

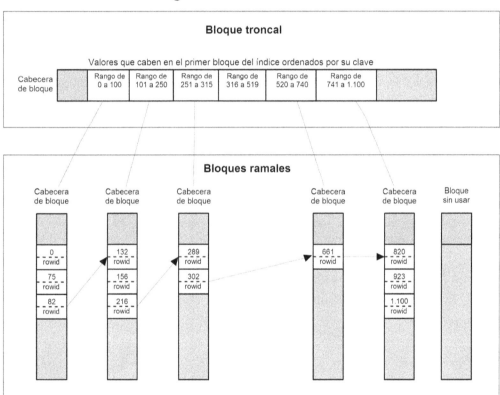

Figura 15. Esquema de un índice estándar en árbol.

Cuando una fila se borra en una tabla, su entrada asociada en los índices también se borra. El bloque hoja pasa a tener un elemento menos, y salvo que un nuevo valor introducido en la tabla se ocupe en ese bloque, por el orden que le corresponde a la fila en la tabla, ese hueco permanece ocupando espacio en el interior del índice. El objetivo de no compactar constantemente los bloques es no penalizar demasiado el mantenimiento de los índices en las operaciones INSERT, UPDATE y DELETE de las tablas, y facilitar que los nuevos valores puedan insertarse en huecos existentes de forma inmediata.

Este funcionamiento conlleva que un gran número de hojas puedan quedar medio vacías, y sus bloques hoja muy dispersos. Un índice con una alta dispersión de sus valores en las hojas, o con muchas hojas vacías, tendrá un consumo mayor de lecturas físicas. Esto también afectará al hecho de que el optimizador pueda decidir no utilizar el índice dado su tamaño.

Por ejemplo, si el índice está creado sobre una clave ascendente, el hueco que dejen los borrados no se reutilizará, pues las claves harán crecer el índice por la derecha, es decir, por donde se encuentran los valores más altos de la clave. Si por el contrario los borrados corresponden a otros factores (números de contrato, datos de clientes), las claves tenderán a dispersarse haciendo que el número de bloques hoja y la longitud total del índice crezcan.

Para evitar esto existen dos métodos:

- **REBUILD.** Recrea el índice. Es equivalente a borrarlo y crearlo de nuevo. Todas las hojas se compactan y el índice se construye llenando los bloques hoja con todos los elementos que contiene. Por ejemplo, en el caso de borrados sobre un índice con una clave autonumérica, el índice habría crecido por las últimas ramas aumentando de forma vertical, es decir, en varios niveles. El comando REBUILD compacta el índice horizontal y verticalmente.

```
SQL> alter index IDX_FECHA_VUELO rebuild;

Índice modificado.
```

- **COALESCE.** Consolida los bloques de forma contigua, de modo que elimina la dispersión de valores y las hojas poco ocupadas en el interior del índice. No afecta a la altura del índice (número de niveles), pues COALESCE convierte, por ejemplo, dos bloques hoja consecutivos ocupados al 40 % en un bloque ocupado al 80 %.

```
SQL> alter index IDX_FECHA_VUELO coalesce;

Índice modificado.
```

En entornos de producción es muy recomendable usar la cláusula ONLINE al ejecutar ALTER INDEX REBUILD o CREATE INDEX, pues permite realizar operaciones de INSERT, UPDATE o DELETE sobre la tabla mientras dura la creación o recreación del índice.

```
SQL> alter index IDX_FECHA_VUELO rebuild online;

Índice modificado.
```

Hay que considerar la estrecha vinculación entre operaciones sobre una tabla y el número de índices existentes. Cada inserción de una fila implica ubicar en todos los índices de la tabla un elemento ordenado en los bloques hoja, de modo que una tabla con un alto número de índices sufrirá una penalización de tiempo en las operaciones de INSERT, UPDATE y DELETE sobre sus filas.

También es importante tener en cuenta que puede haber índices creados legítimamente que no se usarán por no ser efectivos, o por existir otro índice similar con mayor efectividad. Por ejemplo:

```
SQL> create index idx_apellidos_nom on clientes (apellidos,nombre);

Índice creado.

SQL> create index idx_nom_apellidos on clientes (nombre,apellidos);

Índice creado.

SQL> create index idx_nombre on clientes (nombre);

Índice creado.

SQL> create index idx_apellidos on clientes (apellidos);

Índice creado.
```

La creación de estos cuatro índices es lícita. Se trata de columnas no indexadas previamente, pero hay uno de ellos que no llegará a utilizarse nunca, ¿podría adivinar cuál es?

```
SQL> select index_name, table_name
  2  from user_indexes
  3  where index_name like '%IDX%'
  4    and table_name='CLIENTES';

INDEX_NAME                    TABLE_NAME
----------------------------- --------------------------
IDX_APELLIDOS_NOM             CLIENTES
IDX_NOM_APELLIDOS             CLIENTES
IDX_NOMBRE                    CLIENTES
IDX_APELLIDOS                 CLIENTES
```

```
SQL> select index_name, column_position, column_name
  2  from user_ind_columns
  3  where index_name like '%IDX%'
  4    and table_name='CLIENTES'
  5  order by 1,2;

INDEX_NAME                    COLUMN_POSITION COLUMN_NAME
----------------------------- --------------- -------------
IDX_APELLIDOS                               1 APELLIDOS
IDX_APELLIDOS_NOM                           1 APELLIDOS
IDX_APELLIDOS_NOM                           2 NOMBRE
IDX_NOM_APELLIDOS                           1 NOMBRE
IDX_NOM_APELLIDOS                           2 APELLIDOS
IDX_NOMBRE                                  1 NOMBRE

6 filas seleccionadas.
```

Para identificar este índice es necesario habilitar el seguimiento de uso. La cláusula MONITORING USAGE en la sentencia ALTER INDEX permitirá identificar la primera vez que un índice entra en uso mediante consultas a la vista V$OBJECT_USAGE.

```
SQL> alter index idx_apellidos_nom monitoring usage;

Índice creado.

SQL> alter index idx_nom_apellidos monitoring usage;

Índice creado.

SQL> alter index idx_nombre monitoring usage;

Índice creado.

SQL> alter index idx_apellidos monitoring usage;

Índice creado.

SQL> select * from v$object_usage;

INDEX_NAME                    TABLE_NAME          MON USE START_MONITORING    END_MONITORING
----------------------------- ------------------- --- --- ------------------- ----------------
IDX_APELLIDOS_NOM             CLIENTES            YES NO  05/31/2013 13:54:09
IDX_NOM_APELLIDOS             CLIENTES            YES NO  05/31/2013 13:54:09
IDX_NOMBRE                    CLIENTES            YES NO  05/31/2013 13:54:10
IDX_APELLIDOS                 CLIENTES            YES NO  05/31/2013 13:54:11
```

En las múltiples formas de consultar elementos mediante filtros por nombre y apellidos, la columna USED delatará el índice condenado a ser ignorado por el optimizador.

```
SQL> select nif, apellidos, nombre
  2  from clientes
  3  where nombre='Nombre9367';

NIF        APELLIDOS               NOMBRE
---------- ----------------------- ---------------
26796395-G Apellido9367 Apellido9367 Nombre9367
```

```
SQL> select nif, apellidos, nombre
  2  from clientes
  3  where apellidos='Apellido9367 Apellido9367';

NIF         APELLIDOS                 NOMBRE
---------   ------------------------- ---------------
26796395-G Apellido9367 Apellido9367 Nombre9367

SQL> select nif, apellidos, nombre
  2  from clientes
  3  where apellidos='Apellido9367 Apellido9367' and nombre='Nombre9367';

NIF         APELLIDOS                 NOMBRE
---------   ------------------------- ---------------
26796395-G Apellido9367 Apellido9367 Nombre9367

SQL> select nif, apellidos, nombre
  2  from clientes
  3  where nombre='Nombre9367' and apellidos='Apellido9367 Apellido9367';

NIF         APELLIDOS                 NOMBRE
---------   ------------------------- ---------------
26796395-G Apellido9367 Apellido9367 Nombre9367


SQL> select * from v$object_usage;

INDEX_NAME                   TABLE_NAME           MON USE START_MONITORING    END_MONITORING
---------------------------- -------------------- --- --- ------------------- ---------------
IDX_APELLIDOS_NOM            CLIENTES             YES YES 05/31/2013 13:54:09
IDX_NOM_APELLIDOS            CLIENTES             YES NO  05/31/2013 13:54:09
IDX_NOMBRE                   CLIENTES             YES YES 05/31/2013 13:54:10
IDX_APELLIDOS                CLIENTES             YES YES 05/31/2013 13:54:11
```

Índices de clave inversa

Si echamos un vistazo a la historia de la civilización, las escrituras que provienen del papiro, como la europea, usan una dirección de escritura de izquierda a derecha con un fin puramente práctico, el de no emborronar la tinta, pues la mayoría de personas son diestras. Esto implica que las nomenclaturas de clasificación se hagan también de izquierda a derecha. En culturas cuyo origen de su escritura es sobre piedra (como la árabe), por la sujeción con la derecha del martillo y el cincel en la izquierda, sucede al revés, puesto que la escritura es de derecha a izquierda.

El uso de claves compuestas para identificar elementos entra de lleno en esa casuística. La clasificación de la clave se hace siempre de izquierda a derecha y los primeros campos o los primeros caracteres de la clave contienen el primer nivel de organización. Por ejemplo, una cuenta bancaria, un ISBN, o la referencia de un artículo en un almacén cuentan primero con una clasificación geográfica. Los primeros cuatro dígitos de una cuenta bancaria corresponden a la entidad, los cuatro siguientes a la oficina. Los tres primeros dígitos de un ISBN corresponden al país de publicación.

De modo que si en una tabla, cuyo índice de clave primaria está compuesto por varios campos o cuya clave contiene esta clasificación, se inserta una carga de elementos de, por ejemplo, una nueva entidad bancaria junto a un millón de clientes, estos se almacenarán juntos, de forma ordenada, en los mismos bloques de hojas de índice, causando un mayor peso de unas ramas del árbol sobre otras y penalizando el rendimiento de filtrado sobre esos elementos. Es decir, provocará que el árbol se llene por unas ramas y no por otras.

En estos casos, o existe una tarea que periódicamente reconstruya los índices, o lo ideal será crear el índice sobre su clave invertida. Es decir, la clave escrita de derecha a izquierda. Así, las siguientes cuentas bancarias de ejemplo, sobre una entidad ficticia 2100 y dos oficinas ficticias 0287 y 0139:

2100-0139-66-3542346823
2100-0287-87-8453847164
2100-0287-32-2342516439
2100-0139-23-2342342577
2100-0287-97-0003453451

Se almacenarán así:

3286432453-66-9310-0012
4617483548-78-7820-0012
9346152432-23-7820-0012
7752432432-32-9320-0012
1543543000-79-7820-0012

Los primeros caracteres corresponden a la clasificación principal. En lugar de almacenarse en la rama de elementos que empiezan por "2100xxxxx", los valores se distribuirán por todas las ramas del índice de forma natural, manteniendo el índice equilibrado.

Los índices de clave inversa proporcionan, por lo tanto, un acceso mucho más eficiente a elementos únicos, y resultan bastante ineficaces en accesos por rangos. Dado que la clave se invierte, el único rango susceptible de ser usado por un índice inverso sería un rango de terminaciones pero, por la propia clasificación de la clave, esto resulta de muy poca utilidad. No interesa conocer la cuenta bancaria terminada en cinco cifras de todas las oficinas de todas las entidades bancarias, o los números de teléfono terminados en 55 55, por ejemplo.

La sintaxis para la creación de un índice de clave inversa es la siguiente:

```
create [unique] index nombre_indice
on tabla(columna1[,columna2,...columna-n]) REVERSE;

SQL> create index idx_emp_empno
  2  on emp(empno) reverse;

Index created.
```

Los indices B-tree permiten ser reconstruidos con la clave invertida o del derecho, con un simple `alter index <nombre> rebuild REVERSE|NOREVERSE`, ya que la estructura de árbol es la misma y la única diferencia está en invertir la clave al almacenarla o al recuperarla.

```
alter index nombre_indice rebuild REVERSE;

alter index nombre_indice rebuild NOREVERSE;

SQL> alter index IDX_FECHA_VUELO rebuild reverse;

Índice modificado.

SQL> alter index IDX_FECHA_VUELO rebuild noreverse;

Índice modificado.
```

Índices basados en funciones

Oracle invalida el uso de un índice cuando una consulta utiliza una función sobre la columna por la que se filtran los resultados.

Básicamente, una función transforma la información. Los índices almacenan los valores originales de forma ordenada y el orden que podrían tener los valores transformados por una función resultaría, en términos generales, impredecible.

Por ejemplo, Oracle almacena los textos distinguiendo mayúsculas y minúsculas. Físicamente, en un índice, los valores con la inicial en mayúscula estarán almacenados en la primera parte del índice y los valores con la inicial en minúscula al final, dado que en el juego de caracteres ASCII las letras mayúsculas van antes que las minúsculas. En este escenario, se quiere hacer una búsqueda no sensible a mayúsculas, en la que comúnmente se usa la función LOWER o UPPER.

$$LOWER(nombre)='pepe'$$

Esta condición se cumple para los siguientes casos:

'PEPE','pepe','Pepe','PEpe','pepE','PePe','pEpE', etc.

Si bien el elemento 'PEPE' se encuentra al principio del índice, antes del elemento 'juan', el elemento 'pepe' en minúsculas se encuentra detrás de 'juan', y lo mismo ocurriría con todos los nombres, dependiendo de si su inicial está escrita en mayúscula o minúscula, pues les corresponde una colocación distinta en el índice. Por ese motivo, las estimaciones de coste basadas en una función son impredecibles. ¿Cuál sería la cardinalidad de un valor una vez transformado? En el ejemplo anterior, 'Pepe' y 'pepe' son distintos, y quizás corresponden a un elemento de cada cien, pero LOWER(nombre)='pepe' en ese mismo caso pueden ser ocho casos de cada cien.

Es en este punto cuando la aplicación y el diseño lógico deberían imponer una convención: siempre mayúsculas, inicial en mayúsculas, etc., de forma que los literales sean únicos dada su expresión.

Cuando no sucede así, toca hacer cábalas en la recuperación de los datos. Buscar usando funciones suele resolver el problema, pues todas las variantes de la palabra 'pepe' aparecerán, tal y como esperamos, pero Oracle no podrá usar el índice por nombre para estos casos salvo que exista un índice basado en exactamente la misma expresión usada en la búsqueda.

Los índices basados en funciones suelen ser, dados estos escenarios, índices auxiliares. Las tablas pueden tener índices por las columnas que sea necesario y, además, índices basados en funciones sobre esas mismas columnas. No es extraño ver un índice por una columna del tipo "nombre" y un índice basado en la función "lower(nombre)". En estos casos no se producirá el error "ORA-01408 - Esta lista de columnas ya está indexada" pues, en realidad, el índice basado en función no se aplica sobre una columna, sino sobre una función de sistema, tanto en la creación como en su mantenimiento.

```
SQL> create table ejemplo (nombre varchar2(50));

Table created.

SQL> create index idx_ejemplo_nombre on ejemplo(nombre);

Index created.

SQL> create index FB_idx_ejemplo_nombre on ejemplo(lower(nombre));

Index created.
```

```
SQL> select index_name, column_name, column_length from dba_ind_columns
  2  where index_name like '%NOMBRE%';

INDEX_NAME                   COLUMN_NAME                   COLUMN_LENGTH
---------------------------- ----------------------------- -------------
IDX_EJEMPLO_NOMBRE           NOMBRE                                   50
FB_IDX_EJEMPLO_NOMBRE        SYS_NC00002$                             50
```

Para ver su funcionamiento sobre esta tabla, creamos tres valores para 'pepe' con diferencias de mayúsculas y minúsculas, y unas 90.000 filas para darle volumen.

```
SQL> explain plan for
  2  select * from ejemplo where nombre ='pepe';

Explained.
---------------------------------------------------------------------------------
| Id | Operation      | Name              | Rows | Bytes | Cost (%CPU)| Time     |
---------------------------------------------------------------------------------
|  0 | SELECT STATEMENT |                 |    1 |    27 |    1   (0)| 00:00:01 |
|* 1 |  INDEX RANGE SCAN| IDX_EJEMPLO_NOMBRE |  1 |  27 |    1   (0)| 00:00:01 |
---------------------------------------------------------------------------------

Predicate Information (identified by operation id):
---------------------------------------------------

PLAN_TABLE_OUTPUT
---------------------------------------------------------------------------------
   1 - access("NOMBRE"='pepe')

SQL> explain plan for
  2  select * from ejemplo where lower(nombre)='pepe';

Explained.


---------------------------------------------------------------------------------
| Id | Operation               | Name              | Rows | Bytes | Cost (%CPU)| Time     |
---------------------------------------------------------------------------------
|  0 | SELECT STATEMENT        |                   |  866 | 46764 |    1   (0)| 00:00:01 |
|  1 |  TABLE ACCESS BY INDEX ROWID| EJEMPLO       |  866 | 46764 |    1   (0)| 00:00:01 |
|* 2 |   INDEX RANGE SCAN      | FB_IDX_EJEMPLO_NOMBRE | 346 |       |    1   (0)| 00:00:01 |
---------------------------------------------------------------------------------

Predicate Information (identified by operation id):

PLAN_TABLE_OUTPUT
---------------------------------------------------------------------------------
   2 - access(LOWER("NOMBRE")='pepe')
```

Como dato importante, cabe mencionar que los índices basados en funciones únicamente son considerados por el optimizador de costes. En una optimización por reglas, en el caso anterior, se resolvería un acceso completo a la tabla.

```
SQL> explain plan for
  2  select /*+RULE */ * from ejemplo
  3  where lower(nombre)='pepe';

Explained.
```

```
SQL> @?/rdbms/admin/utlxpls

PLAN_TABLE_OUTPUT
--------------------------------------------------------------------------------
Plan hash value: 584586971
-------------------------------------
| Id  | Operation          | Name    |
-------------------------------------
|   0 | SELECT STATEMENT   |         |
|*  1 |  TABLE ACCESS FULL | EJEMPLO |
-------------------------------------

Predicate Information (identified by operation id):
---------------------------------------------------

PLAN_TABLE_OUTPUT
--------------------------------------------------------------------------------
   1 - filter(LOWER("NOMBRE")='pepe')

Note
-----
   - rule based optimizer used (consider using cbo)
```

En su estructura, los índices basados en función son igualmente índices en forma de árbol B+, y permiten combinar funciones sobre varias columnas.

Índices *bitmap*

Una de las reglas principales para determinar si una columna es candidata o no a ser indexada es su grado de dispersión de valores. Dado que un índice es útil cuando recupera un número significativamente pequeño de filas respecto al total de filas de la tabla, crear un índice por columnas booleanas, o que tengan un reducido número de valores distintos, resulta totalmente ineficaz.

El optimizador de costes evaluará esos índices y los ignorará. Por ejemplo, dada una tabla de personas con un millón de filas, siendo la mitad hombres y la mitad mujeres, para filtrar los quinientos mil hombres será siempre más eficiente realizar un acceso de tipo FULL SCAN a la tabla que recorrerla bloque a bloque a partir de un índice por la columna SEXO.

No obstante, en entornos *data warehouse* donde las tablas de hechos tienen referencias a un alto número de tablas de dimensión, con una alta redundancia en los valores como sexo o estado civil, y donde se filtra por un número elevado de criterios en columnas distintas, surge la necesidad de crear una estructura de indexación de elementos adecuada. Evidentemente, los índices de tipo árbol B-tree, por su morfología, quedan descartados.

Los índices *bitmap* son mapas de bits para todas las filas de una tabla. Tomando el primer *rowid* y hasta el último, un índice *bitmap* toma, para cada valor posible de la tabla, la sucesión de ceros y unos correspondiente, siendo uno el que coincide, y cero el que no coincide. Por ejemplo, en una tabla con datos de clientes, el índice *bitmap* por la columna SEXO será el siguiente:

```
          Primer rowid                                          Ultimo rowid
HOMBRES   10001010100110110111010101......................01001011010111101010101010
MUJERES   01110101011001001000101010......................10110100101000010101010101
```

La primera fila de la tabla correspondería a un hombre, las filas segunda, tercera y cuarta a una mujer, y así sucesivamente hasta llegar al último *rowid* de la tabla.

Si, por ejemplo, fuera necesario contar cuántas mujeres hay en la tabla, el optimizador resolvería abrir el índice y contar los bits con el valor "1" de forma que el total podría calcularse sin necesidad de acceder a la tabla CLIENTES.

Estos índices ofrecen, además, una gran versatilidad para fusionarse con otros de la misma tabla. Tomando este otro ejemplo de índice *bitmap* sobre la misma tabla CLIENTES anterior, la correspondencia de valores podría ser la siguiente para la columna ESTADO_CIVIL:

```
           Primer rowid                                          Ultimo rowid
SOLTERO    10011000110000000010010000......................00011010000100001000100101
CASADO     00100001001100010101100000......................01000101000010110001001010
SEPARADO   00000010000000001000001001......................10000001010010000000010000
VIUDO      01000000000010100000000100......................00000000000000000010000000
DIVORCIADO 00000100000001000000000010......................00100000010000000100000000
```

Dado que a medida que aumentan los posibles valores distintos aumenta el número de ceros de la sucesión, el almacenamiento de estos índices (comprimido) suele tener un tamaño similar, proporcional al número de registros de la tabla.

El propósito de los índices *bitmap* no es el de su uso individual. Obtener de una forma inmediata quinientos mil *rowid* para acceder a las filas de una en una es siempre menos eficiente que una lectura secuencial, pero la posibilidad de fusionar y combinar los mapas de bits de los valores de estas columnas podría llegar a reducir tanto el conjunto de valores que sí resulte efectivo localizar como un subconjunto reducido de elementos que cumplieran una serie de condiciones sobre columnas indexadas por *bitmap*.

Por ejemplo: combinar HOMBRES con estado civil SOLTERO supone *grosso modo* una reducción del 20 % sobre el 50 % de los elementos. Es decir, aproximadamente un 10 % de las filas. Suponiendo que la tabla tenga la morfología de una tabla de hechos, en la cual podría haber un alto número de columnas con estas características (TIPO_CONTRATO, PROVINCIA, SITUACION_LABORAL, RANGO_SALARIAL, ESTADO_CLIENTE, etc.), cuantas más condiciones de filtro se apliquen a la búsqueda, más efectiva será la fusión de *bitmaps* de las condiciones de estas columnas.

Ejemplo del resultado de la unión de filtro SEXO='HOMBRE' y ESTADO_CIVIL='SOLTERO':

```
HOMBRES    100010101001101101111010101....................01001011010111101010101010
SOLTERO    100110001100000000010010000....................00011010000100001000100101
(unión)    100010001000000000010010000....................00001010000100001000100000
```

Así, a mayor número de condiciones sobre columnas con índices *bitmap*, y dado que todas las cadenas de ceros y unos tendrán la misma longitud siendo de la misma tabla, mayor restricción de elementos en la búsqueda.

Resulta muy común ver como el optimizador decide hacer una conversión del tipo de índice, de B-tree a *bitmap*, y viceversa. Hay que tener especial cuidado en tablas con un alto número de elementos y de valores distintos, pues la matriz del *bitmap* tiene tanta longitud como filas tiene la tabla y tanta amplitud como valores diferentes haya en la columna. Por ello, aunque son operaciones muy efectivas para fusionar índices, implican un elevado consumo de la memoria de usuario para almacenar estos tipos de índices convertidos a partir de una estructura en árbol, además del coste de CPU correspondiente a las conversiones.

Se trata de unos índices muy delicados. Cuando se crean inadecuadamente (por ejemplo, en una columna con valores únicos), tanto el tamaño de ese índice construido en memoria como la ineficiencia de cadenas de ceros con un único valor entre la totalidad de elementos del *bitmap* convierten este tipo de índices en un serio problema de rendimiento. En una ocasión participé en la optimización de una consulta que pasó de ejecutarse en menos de dos minutos a más de veinticuatro horas, y el causante fue un índice *bitmap* creado sobre una clave única. El optimizador lo creyó candidato a fusionarse con otros índices B-tree existentes y, en la práctica, el manejo de esas estructuras en memoria combinado con la conversión a *bitmap* del resto de índices causó el desastre. La solución pasó por borrar ese índice y el tiempo de ejecución volvió a ser inferior a dos minutos. Se volvió a crear ese mismo índice de tipo estándar, sobre la misma columna, y los tiempos de ejecución bajaron de los dos minutos de media a tres segundos.

Índices bitmap join

En entornos *data warehouse* resulta muy práctico utilizar índices *bitmap*, pero dado que la gran ventaja de usarlos es la posibilidad de fusionarse entre sí, solo pueden combinarse los índices sobre columnas de la misma tabla. Si una tabla de hechos tiene datos de llamadas telefónicas y ciertos datos sobre el contrato existen en la dimensión de CONTRATO, o ciertos datos de cliente como su sexo o si se trata de un profesional autónomo existen en la tabla de CLIENTES, los índices *bitmap* que existieran en estas tres tablas respectivamente (LLAMADAS, CONTRATOS y CLIENTES) no podrían combinarse.

Para resolver esta casuística, los índices *bitmap join* indexan la columna virtual resultante de combinar las tablas con otras en relaciones de N a 1. Por ejemplo, en la tabla RESERVAS, un índice *bitmap join* podría indexarse sobre la columna SEXO de la tabla CLIENTES haciendo una combinación *join* entre RESERVAS y CLIENTES.

```
SQL> desc RESERVAS
 Name                                      Null?    Type
 ----------------------------------------- -------- ----------------------------
 ID_RESERVA                                NOT NULL VARCHAR2(10)
 IMPORTE                                   NOT NULL NUMBER
 CLI_NIF                                            VARCHAR2(10)
 TRS_ID_TRESERVA                                    VARCHAR2(3)
 AGE_ID_AGENCIA                                     NUMBER
 PLA_ID_PLAZA                                       NUMBER(10)
 VUE_ID_VUELO                              NOT NULL NUMBER(9)
 FECHA_RESERVA                                      DATE

SQL> desc CLIENTES
 Name                                      Null?    Type
 ----------------------------------------- -------- ----------------------------
 NIF                                       NOT NULL VARCHAR2(10)
 NOMBRE                                    NOT NULL VARCHAR2(15)
 APELLIDOS                                 NOT NULL VARCHAR2(25)
 SEX_ID_SEXO                                        VARCHAR2(1)
 EC_ID_EC                                           VARCHAR2(2)
 EL_ID_EL                                           VARCHAR2(2)
 EDA_EDA_ID                                         NUMBER(10)
 CIU_ID_CIUDAD                                      VARCHAR2(3)

SQL> create bitmap index SEXO_CLIENTE_RESERVA on RESERVAS (clientes.sex_id_sexo)
  2  from RESERVAS, CLIENTES
  3  where RESERVAS.CLI_NIF=CLIENTES.NIF;

Index created.
```

El índice se crea sobre la columna SEX_ID_SEXO, que pertenece a la tabla CLIENTES, pero correspondida con la tabla RESERVAS, de modo que hay tantos elementos como RESERVAS, y este índice podrá combinarse y fusionarse con otros índices *bitmap* de la tabla RESERVAS, pues tendrán todos ellos la misma longitud de elementos.

Estos índices resultan imprescindibles en entornos *data warehouse*, pues resuelven una casuística muy frecuente y que no puede abordarse desde otras estructuras. Hasta la aparición de estos índices, la única alternativa era crear una vista materializada con el resultado de unir estas dos tablas, y con la consiguiente complicación si se necesita hacer uniones de más de una tabla.

Las claves del particionamiento

Una de las técnicas más idealizadas y demonizadas es la del uso del particionamiento. Particionar una tabla, una vista materializada o un índice consiste en fragmentarlo en segmentos de modo que cada uno contenga los elementos correspondientes a un rango o lista de valores. Por ejemplo, particionar una tabla FACTURAS por meses significaría clasificar todas estas por mes, de modo que la consulta de una factura a partir de su fecha signifique acceder únicamente a la sección física de la tabla correspondiente a ese mes de ese año.

El particionamiento se basa en el principio de la clasificación previa. Si un objeto tabla está formado no por un segmento de tabla apilada, sino por 12 segmentos de tabla, donde en cada uno se van colocando las filas clasificadas por el mes, o incluso por 365 segmentos de tabla donde colocar los datos de cada día, las búsquedas por fecha y el borrado selectivo de unos determinados días o meses, por ejemplo, se realizan de forma localizada. El mantenimiento de los segmentos para su borrado, o para el paso a un futuro sistema de base de datos que almacene información histórica, puede incluso realizarse a nivel de segmento, borrando o modificando particiones (porciones) de tablas.

Para manejar un caso práctico, imaginen una tabla donde a lo largo de los años se ha ido almacenando información y es preciso extraer, salvo el último año, unos 10 años aproximadamente de información histórica para enviar a un *data warehouse* y posteriormente borrarla. Imaginemos que esa tabla ocupa 110 GB.

Tenemos una sentencia SELECT de aproximadamente 100 GB, para insertarse en una nueva tabla que ocupará 100 GB, con el borrado de 100 GB de filas y su correspondiente almacenamiento en los segmentos de *rollback*. Prepárense para sufrir horas de proceso, sobredimensionen los *tablespaces* temporales, de *rollback*, el nuevo *tablespace* permanente y las correspondientes horas de deshacer todo lo hecho en caso de producirse un error. Hablen primero con los usuarios para informarles de que un proceso va a someter tanto el disco como la CPU a un trabajo intenso, y que posiblemente su operatividad con la base de datos puede quedar limitada.

¿Olvidé hablar de los índices? Imaginemos que la tabla tiene 10 índices, pues es una tabla vital en el sistema (por eso crece tanto), y que cada uno ocupa aproximadamente unos 11 GB. Imaginen el mantenimiento de borrado selectivo de más del 90 % de los elementos de semejantes segmentos, y que este se produce coordinadamente a cada borrado de la tabla.

> **NOTA:** Si alguien sugiere borrar todos los índices antes de hacer esa tarea de mantenimiento, que añada sendas explicaciones a los usuarios informándoles de que sus consultas tendrán serias dificultades al ejecutar filtros, pues se realizarán accesos FULL SCAN sobre el segmento de 110 GB de datos para cada sentencia SELECT que ataque contra esa tabla.

En una tabla particionada todo esto podría hacerse en caliente, sin afectar demasiado al sistema de cara al usuario. Las particiones podrían truncarse o borrarse, y al tratarse de sentencias DDL, con *autocommit* y sin gestión en *rollback*, borrar o truncar una partición tendría el mismo impacto que ejecutar un DROP o un TRUNCATE sobre una tabla de 10 Gb. No afectaría al resto de bloques accedidos por los usuarios, las particiones de estos 10 índices se truncarían o borrarían automáticamente, e incluso, en el caso de necesitar exportar previamente esas particiones o seleccionar las filas de estas, las consultas se producirían a nivel local, para cada partición, sin bloquear ni concurrir en áreas de trabajo actual de los usuarios.

Existe, además, toda una extensión del lenguaje SQL estándar para acceder directamente a las particiones y no tener que hacerlo filtrando a través de la tabla.

El ejemplo siguiente muestra cómo el optimizador de costes accede con FULL SCAN a una partición en concreto. La tabla FACTURAS tiene más de noventa mil filas y el filtrado de las facturas "tipo A" resultaría inmediato.

```
SQL> select count(*) from facturas;

  COUNT(*)
----------
     90921

SQL> explain plan for
  2  select * from facturas partition (tipo_a);

Explained.

SQL> @?/rdbms/admin/utlxpls

PLAN_TABLE_OUTPUT
--------------------------------------------------------------------------------
Plan hash value: 2343664285


--------------------------------------------------------------------------------
| Id  | Operation            | Name     | Rows  | Bytes | Cost (%CPU)| Time     | Pstart| Pstop |
--------------------------------------------------------------------------------
|   0 | SELECT STATEMENT     |          | 18178 |   301K|    18   (0)| 00:00:01 |       |       |
|   1 |  PARTITION LIST SINGLE||        | 18178 |   301K|    18   (0)| 00:00:01 |     1 |     1 |
|   2 |   TABLE ACCESS FULL| FACTURAS| 18178|301K|    18   (0)| 00:00:01 |     1 |     1 |
--------------------------------------------------------------------------------

9 rows selected.
```

Las particiones, como segmento, pueden estar alojadas en *tablespaces* diferentes y con el comando ALTER TABLE es posible mover particiones entre *tablespaces*, dividir particiones, exportarlas a tablas, truncarlas o borrarlas.

El particionamiento es ideal, pero es una opción de pago de la edición Enterprise de la base de datos. A lo largo de historia comercial de la base de datos, no ha sido una opción barata, pero vale lo que cuesta.

No obstante, hay ciertos detractores. No por el coste, sino por una mala experiencia con el uso de esta funcionalidad. Al igual que sucede con los *clusters* o las tablas IOT, un particionamiento mal usado puede causar un aumento desproporcionado de los costes de ejecución de ciertas sentencias. Pondré un ejemplo basado en un caso real.

El equipo de desarrollo me solicitó la creación de una tabla particionada por un campo CATEGORIA_CLIENTE, de modo que las búsquedas por una determinada categoría de cliente se localizasen en una partición concreta.

Mostré mi reticencia y advertí de ciertas reglas no escritas en la elección de la clave de particionamiento, es decir, cuál va a ser el criterio de clasificación sobre las particiones. Debería particionarse por una columna que tenga un valor estático, además de (preferentemente) distribuido uniformemente sobre el conjunto de las particiones.

El 98 % de los clientes eran del tipo "A". El resto, menos del 2 %, correspondían a los tipos "B", "C", "D" y "E", de modo que la partición de valor "A" era prácticamente todo el volumen de la tabla, de la cual únicamente se extraían ciertas filas sobre otras particiones independientes para que el acceso a ese 2 % de la información fuera inmediato.

No es el mejor modelo de diseño de una tabla particionada. Las consultas sobre los clientes de tipo "A" no se beneficiaban en nada de la estructura de particionamiento, dando un mismo rendimiento que el de una tabla apilada. Pese a todo, la tabla se creó con las indicaciones del equipo de desarrollo.

```
SQL> create table FACTURAS (
  2    id_factura number,
  3    fecha_factura date,
  4    id_cliente varchar2(15),
  5    tipo_cliente char(1))
  6  partition by list(tipo_cliente)
  7    (partition tipo_A values ('A'),
  8     partition tipo_B values ('B'),
  9     partition tipo_C values ('C'),
 10     partition tipo_D values ('D'),
 11     partition tipo_E values ('E'));

Table created.
```

En una semana apareció el primer problema, el error "ORA-14402: updating partition key column would cause a partition change".

Inicialmente, una tabla particionada no permite que una fila actualice el valor correspondiente a la clave de partición si esto supone tener que mover la fila de una partición a otra. En este caso, las particiones son de un solo valor y no de una lista de valores, por lo que cualquier cambio en esa columna haría migrar la fila de una partición a otra, con el consiguiente impacto en los índices (o particiones de índice) afectados.

Una vez advertidos todos de las consecuencias de actualizar el valor de la columna que forma parte de la clave de partición, pregunté con qué frecuencia podía darse ese caso, es decir, con qué frecuencia los clientes podían cambiar de tipo "A" a tipo "C", por ejemplo.

Me contestaron que en muy pocas ocasiones. Muy pocas, tan pocas como una fila una vez al año, quizás. Entonces habilité la capacidad de movimiento de filas para la tabla particionada.

```
alter table FACTURAS enable row movement;
```

Ahora el comando UPDATE que falló en el ORA-14402 se ejecutaba sin ningún error.

A la semana siguiente volvieron a mí con un problema de rendimiento. Me preguntaron si era normal que actualizar un millón de filas en una tabla pudiese llevar más de 12 horas de ejecución.

Sí, estaban actualizando todos los tipos de clientes, reclasificándolos en A, B, C, D o E según otros criterios. Todos ellos. Aproximadamente un millón y medio de filas en una tabla de unos 50 Gb, con sus correspondientes índices.

Por este motivo, y por tantos otros, antes de particionar una tabla hay que decidir muy concienzudamente las columnas que participarán como clave de partición y el criterio de particionamiento. Existen tres tipos de particionamiento: por rango de valores, por lista de valores o por *hash*. Estos se pueden combinar entre sí en un subparticionamiento de las particiones, de modo que puede particionarse una tabla por rangos de fechas y subparticionar por *hash* o por lista de valores en función de los valores de otra columna.

Aquí es donde empieza el gran beneficio en unos casos, que supone una gran pérdida en el resto.

Impacto en uso del particionamiento simple

Cuando se usa un tipo de particionamiento simple, como particionar por rango o lista de valores, o *hash*, el segmento tiene un único nivel de clasificación. La búsqueda de elementos según ese criterio desembocará en un acceso óptimo a las filas, y una búsqueda por los demás implicará recorrer tantos segmentos como particiones formen el objeto particionado.

Los diferentes tipos de particionamiento simple son:

-**Rango de valores.** Es el más común, sobre todo por su aplicación en fechas. Facilita su mantenimiento y, dado que los informes en su mayor parte utilizan el factor tiempo, suelen proporcionar un gran beneficio en todo lo que filtre por unas fechas concretas. La primera partición tiene todos los valores hasta el primer rango, y la última, o contiene hasta MAXVALUE (todos los valores por encima) o tiene un valor máximo definido. En ese caso, cualquier fila que se intente insertar fuera del rango daría error. Es ideal para usar con fechas en tablas que tengan un mantenimiento en el tiempo y consultas clasificadas por fechas.

Tabla FACTURAS

Partición 2011_T4 Values less than 1-ene-2012	Partición 2012_T1 Values less than 1-abr-2012	Partición 2012_T2 Values less than 1-jul-2012	Partición 2012_T3 Values less than 1-oct-2012	Partición 2012_T4 Values less than MAXVALUE
2-OCT-2011	11-ENE-2012	1-ABR-2012	5-JUL-2012	15-MAR-2016
3-NOV-2011	20-FEB-2012	5-MAY-2012	7-AGO-2012	10-NOV-2012
12-DIC-2011	12-ENE-2012	22-MAY-2012	31-JUL-2012	31-DEC-2012
23-DIC-2011	3-MAR-2012	5-MAY-2012	6-SEP-2012	1-ENE-2013
30-MAR-2008	9-MAR-2012	23-JUN-2012	3-AGO-2012	3-OCT-2012
7-NOV-2011	3-ENE-2012	30-JUN-2012	23-SEP-2012	23-NOV-2012

Figura 16. Esquema de tabla con particionamiento simple.

-**Lista de valores.** Cada partición contiene únicamente filas cuyo valor coincide con el de una lista dada, y cualquier valor que no corresponda con un elemento de particiones existentes va a parar a una partición DEFAULT (si existe) o se produciría un error por no estar representada en la lista de valores de las particiones. Ideal para resolver consultas con un predicado IN sobre una lista de valores.

-**Hash.** Sigue el mismo principio de clasificación que los *cluster hash*, pero sobre particiones en lugar de bloques. Si se particiona por HASH sobre la clave primaria, y existen 15 particiones, las filas se distribuirán uniformemente sobre las particiones y la búsqueda por clave primaria localizaría inmediatamente la partición donde se encuentra. Ideal para una mejor distribución física del almacenamiento y para tablas con consultas e inserciones de un gran número de filas en paralelo, así como para búsquedas de elementos únicos.

Para ver claramente la conveniencia de uno u otro método de partición, es importante visualizar la física de los datos, dónde se van a almacenar y dónde estarán cuando se consulten, y cómo el CBO tendrá que lidiar con esta distribución y clasificación de la información para encontrar la mejor forma de acceder a los datos.

En el caso de rango de valores, la primera partición cubre todo el rango de valores hasta una fecha, de modo que si se particiona una tabla por trimestres, la primera partición podría contener valores de años atrás. Si la última partición se define como rango hasta MAXVALUE, cualquier fecha futura formará parte de esa partición.

No sería la primera vez que una tabla particionada se descuida y pasan los años sin que la última partición se divida. Pasarían meses sin producirse ningún error y teniendo una tabla particionada que se comporta como una tabla apilada estándar pues una única partición aloja todas las filas.

```
SQL> select table_name, partition_name,
  2          (select partitioning_type from user_part_tables p1
  3            where p1.table_name=p2.table_name) type,
  4          high_value
  5  from user_tab_partitions p2;


TABLE_NAME       PARTITION_NAME   TYPE      HIGH_VALUE
---------------  ---------------  --------  ----------
FACTURAS         TIPO_A           LIST      'A'
FACTURAS         TIPO_B           LIST      'B'
FACTURAS         TIPO_C           LIST      'C'
FACTURAS         TIPO_D           LIST      'D'
FACTURAS         TIPO_E           LIST      'E'
```

¿Cómo se encuentran las tablas particionadas de su sistema? ¿Cuál es el valor mínimo y el valor máximo de la clave de partición insertada en la tabla? ¿Son la primera y la última partición más grandes que el resto? Igualmente, ¿cómo se distribuyen los valores en las diferentes particiones por lista? ¿Es una distribución uniforme? ¿La clave de partición forma parte de los filtros en las consultas? Siendo así, ¿cuántas particiones se ven implicadas en las consultas? Si se trata de más de una, ¿las consultas aprovechan el procesamiento paralelo? ¿Las inserciones que afectan a más de una partición se procesan también en paralelo?

Hágase estas preguntas y tómese un tiempo para reflexionar sobre cómo se almacenan las filas en una tabla apilada particionada y en una tabla con organización de índice particionado, y visualice los procesos que el optimizador escoge para determinar los mejores caminos.

El particionamiento por *hash* distribuye uniformemente las filas según el resultado de aplicar una función de *hash* sobre la clave de partición. Resulta muy eficaz para localizar la ubicación exacta de una fila respecto a la partición donde se aloja, pero es totalmente ineficaz en la búsqueda de un rango de valores, pues implica acceder por completo a todas las particiones.

Buscar las facturas de una fecha concreta, en una tabla particionada por lista o por *hash*, resuelve un acceso a todas las particiones. No basta con preguntar si la tabla está particionada, sino qué tipo de particionamiento tiene, cómo son las consultas sobre esa tabla, y cómo afecta el diseño a los planes de ejecución.

Tabla FACTURAS

Fx hash (id_factura) = partición

Partición P1	Partición P2	Partición P3	Partición P4	Partición P5
FAC-5	FAC-1	FAC-2	FAC-4	FAC-3
FAC-6	FAC-11	FAC-8	FAC-7	FAC-9
FAC-10	FAC-14	FAC-13	FAC-12	FAC-16
FAC-15	FAC-20	FAC-18	FAC-17	FAC-19
FAC-23	FAC-22	FAC-24	FAC-21	FAC-25
		FAC-26		

Figura 17. Esquema de distribución de valores en una tabla particionada por hash.

Impacto en uso del particionamiento compuesto

El particionamiento compuesto consiste en combinar dos tipos de particionamiento distinto a dos niveles. Un primer nivel, de clasificación lógica, y un siguiente nivel de subparticionamiento para una división física. En el particionamiento compuesto, los segmentos de almacenamiento corresponden a las subparticiones y las particiones en sí son una agrupación lógica de subparticiones.

Por ejemplo, una empresa cuya actividad sea completamente dependiente del mes del año, por ejemplo, una agencia de viajes que tiene picos de facturación en verano y periodos vacacionales. Probablemente su tabla FACTURAS particionada por rango de fechas contenga unas particiones más grandes que otras. El particionamiento compuesto por rango de meses y *hash* por código de factura podría ayudar a balancear de una forma distribuida las facturas sobre el conjunto de *tablespaces*.

```
SQL> create table facturas_rango_hash (
  2      id_factura number,
  3      fecha_factura date,
  4      id_cliente varchar2(15),
  5      tipo_cliente char(1))
  6    partition by range (fecha_factura)
  7    subpartition by hash (id_factura) subpartitions 6
  8    store in (part1,part2,part3,part4,part5,part6)
  9    (partition "2011_T4" values less than
 10         (to_date('01-01-2012','DD-MM-YYYY')),
 11    partition "2012_T1" values less than
 12         (to_date('01-04-2012','DD-MM-YYYY')),
 13    partition "2012_T2" values less than
```

```
14           (to_date('01-07-2012','DD-MM-YYYY')),
15   partition "2012_T3" values less than
16           (to_date('01-10-2012','DD-MM-YYYY')),
17   partition "2012_T4" values less than
18           (MAXVALUE));

Table created.

SQL> select count(*) from dba_segments
  2  where segment_name='FACTURAS_RANGO_HASH';

  COUNT(*)
----------
        30
```

De este modo se crean 30 segmentos, 6 por cada partición de trimestre definida en la tabla. Para este ejemplo se han insertado únicamente filas para el trimestre T4 de 2011 y el T1 de 2012, dejando el resto de particiones vacías.

```
SQL> select (select count(*) from facturas_rango_hash
  2                           partition ("2011_T4")) filas_2001_t4,
  3         (select count(*) from facturas_rango_hash
  4                           partition ("2012_T1")) filas_2002_t1,
  5         (select count(*) from facturas_rango_hash
  6                           partition ("2012_T2")) filas_2002_t2,
  7         (select count(*) from facturas_rango_hash
  8                           partition ("2012_T3")) filas_2002_t3,
  9         (select count(*) from facturas_rango_hash
 10                           partition ("2012_T4")) filas_2002_t4
 11  from dual;

FILAS_2001_T4 FILAS_2002_T1 FILAS_2002_T2 FILAS_2002_T3 FILAS_2002_T4
------------- ------------- ------------- ------------- -------------
        89892          1029             0             0             0


SQL> select tablespace_name, sum(bytes)/1024 KB from dba_segments
  2  where segment_name='FACTURAS_RANGO_HASH'
  3  group by tablespace_name;

TABLESPACE_NAME                        KB
------------------------------ ----------
PART3                                 896
PART1                                 576
PART2                                 576
PART4                                 896
PART5                                 576
PART6                                 576

6 rows selected.
```

Aunque no de una forma absolutamente uniforme, sí puede observarse un crecimiento progresivo sobre todos los *tablespaces* a medida que las filas se van insertando sobre la tabla con particionamiento compuesto.

Su almacenamiento físico sería el correspondiente al esquema de la Figura 18.

Cada subpartición de una partición se almacena en un *tablespace* distinto. De este modo, el crecimiento de los segmentos es paulatino y se distribuye sobre las áreas de almacenamiento y, además, supone una ventaja para el uso de consultas en paralelo.

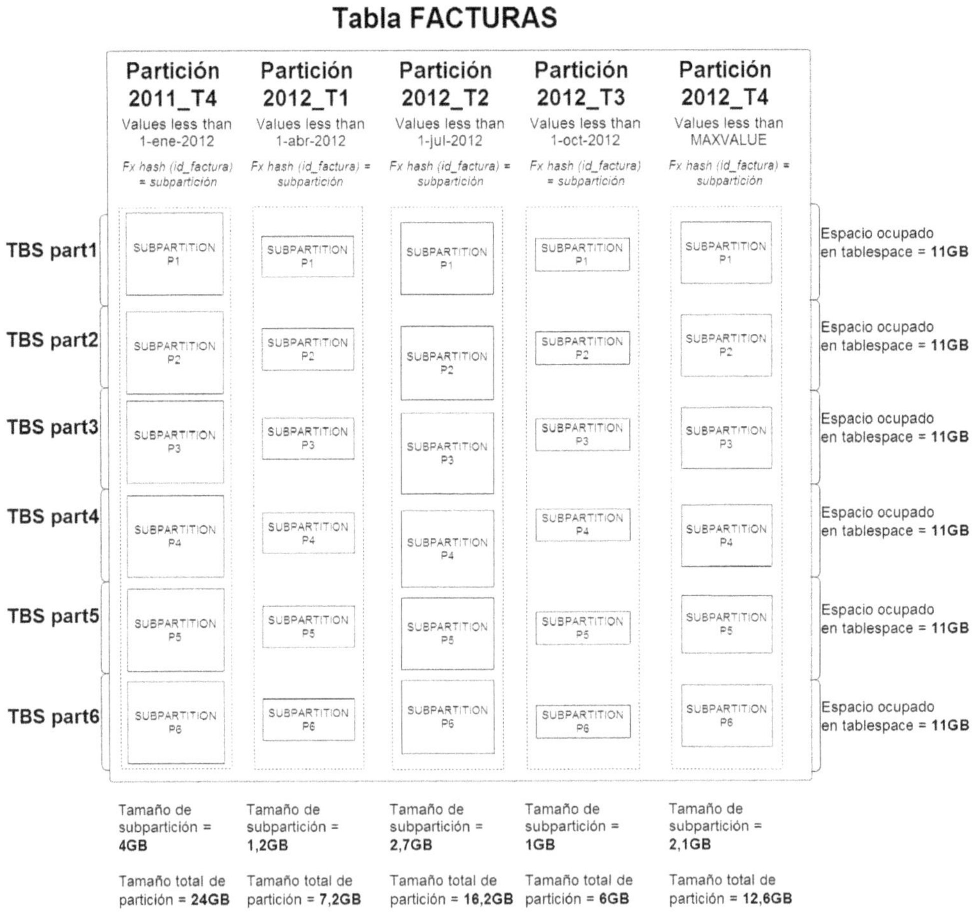

Figura 18. Esquema de distribución de particiones y subparticiones en una tabla con particionamiento compuesto.

La consulta siguiente lanzará seis procesos para leer, cada uno de ellos, las subparticiones de la partición que se consulta.

```
SQL> explain plan for
  2  select /*+ PARALLEL (facturas_rango_hash, 6) */ count(*)
  3  from facturas_rango_hash partition ("2011_T4");

Explained.

SQL> @?/rdbms/admin/utlxplp

PLAN_TABLE_OUTPUT
------------------------------------------------------------
Plan hash value: 780424727

-------------------------------------------------------------------------------------------------------
| Id | Operation        | Name    | Rows | Cost (%CPU)| Time     | Pstart| Pstop | TQ    |IN-OUT| PQ Distrib |
-------------------------------------------------------------------------------------------------------
|  0 | SELECT STATEMENT |         |    1 |    15  (0)| 00:00:01|        |       |       |      |            |
|  1 |  SORT AGGREGATE  |         |    1 |           |         |        |       |       |      |            |
|  2 |   PX COORDINATOR |         |      |           |         |        |       |       |      |            |
|  3 |    PX SEND QC (RANDOM)|:TQ10000| 1 |        |         |        |       | Q1,00| P->S | QC (RAND)  |
|  4 |     SORT AGGREGATE   |      |    1 |           |         |        |       | Q1,00| PCWP |            |
|  5 |      PX BLOCK ITERATOR ||89892 | 15  (0)| 00:00:01|     1 |     6 | Q1,00| PCWC |            |
|  6 |       TABLE ACCESS FULL| FACTURAS_RANGO_HASH | 89892 |15(0)| 00:00:01|1|6| Q1,00|PCWP|            |
-------------------------------------------------------------------------------------------------------

13 rows selected.
```

En este caso, el plan de ejecución revela un conjunto de procesos en paralelo Q1,00 que realizan el trabajo sobre las particiones de FACTURAS_RANGO_HASH, sumando el conjunto de filas en el proceso 4, enviando los resultados al proceso coordinador de ejecuciones en paralelo "PX COORDINATOR" y sumándose los totales de las seis subparticiones leídas.

Indexación particionada

El uso de índices también requiere un análisis detallado sobre qué es lo que se está indexando, bajo qué criterio, y qué correspondencia tiene con el particionamiento de la tabla a la que pertenece. Una tabla particionada puede tener índices particionados o no particionados, del mismo modo que una tabla no particionada puede tener índices particionados. Como norma general, cuando la tabla alcanza unos volúmenes lo suficientemente considerables, si interesa particionarla igualmente interesará particionar sus índices.

En índices particionados sobre tablas particionadas, si las particiones de índices se corresponden con una partición de tabla, los índices serán locales, estableciéndose una correspondencia entre partición de tabla y partición de índice; o globales, de modo que los rangos por los que pueda estar particionada una tabla no tienen por qué corresponderse con los rangos por los cuales esté particionado un índice, aun tratándose de la misma columna como clave de partición de ambos (tabla e índice).

```
SQL> create index idx_facturas_particiones
  2     on facturas_rango_hash (fecha_factura) local;

Index created.

SQL> select index_name, count(*)
  2  from user_ind_partitions
  3  group by index_name;

INDEX_NAME                       COUNT(*)
------------------------------ ----------
IDX_FACTURAS_PARTICIONES               5

SQL> select segment_name, count(*)
  2  from user_segments
  3  where segment_name like 'IDX%'
  4  group by segment_name;

SEGMENT_NAME                           COUNT(*)
-------------------------------------- ----------
IDX_FACTURAS_PARTICIONES                     30
```

En este caso, al ejercer una acción sobre una partición o subpartición de la tabla, esta se propaga sobre la partición o subpartición de los índices locales. El ejemplo muestra como la división de la última partición en dos divide tanto las subparticiones de tablas como las subparticiones de índices.

```
SQL> alter table facturas_rango_hash
  2     split partition "2012_T4" at (to_date('01-01-2013','DD-MM-YYYY'))
  3     into (partition "2012_T4",partition "2013_T1");

Table altered.

SQL> select index_name, count(*)
  2  from user_ind_partitions
  3  group by index_name;

INDEX_NAME                       COUNT(*)
------------------------------ ----------
IDX_FACTURAS_PARTICIONES               6

SQL> select segment_name, count(*)
  2  from user_segments
  3  where segment_name like 'IDX%'
  4  group by segment_name;

SEGMENT_NAME                           COUNT(*)
-------------------------------------- ----------
IDX_FACTURAS_PARTICIONES                     36
```

Cuando se trata de indexaciones sobre la misma columna que es clave de partición de la tabla, al optimizador le resulta bastante obvio utilizar estos índices cuando las consultas inciden sobre ciertas particiones. Estos índices se denominan "prefijados".

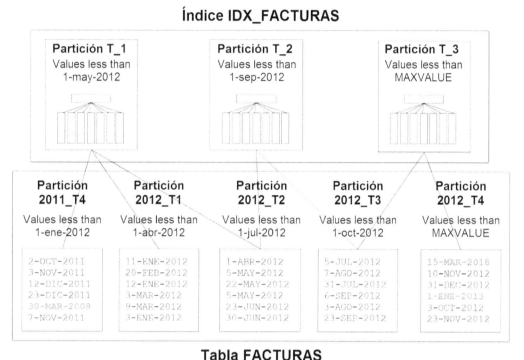

Figura 19. Esquema de índice particionado prefijado.

En caso de necesitar indexar por una columna tipo NUMERO_TELEFONO de forma local, sin que el índice esté prefijado por la clave de partición de la tabla, la búsqueda de un número de teléfono no único implicaría acceder a todas las particiones de índice para buscar si ese número de teléfono existe en todas las particiones, por lo que el rendimiento que proporcionaría ese índice sería mucho menos efectivo que usar un índice no particionado.

Ahí radica el interés en prefijar, siempre que sea posible, los índices particionados, y la importancia de incluir filtros sobre la clave de partición sobre un conjunto de tablas/índices particionados.

Además, los índices no tienen que estar particionados necesariamente por la misma clave de partición de la tabla. Una tabla puede tener un particionamiento por rango de fechas, y un índice por número de teléfono de esa misma tabla podría dividir los números por rangos de valores. En estos casos, una partición de índice podría tener valores sobre cualquiera de las particiones de tabla. Estos índices son los llamados globales no particionados, y son un lugar ideal donde tener el ojo bien puesto en casos de particionamiento de tablas e índices con un mal rendimiento.

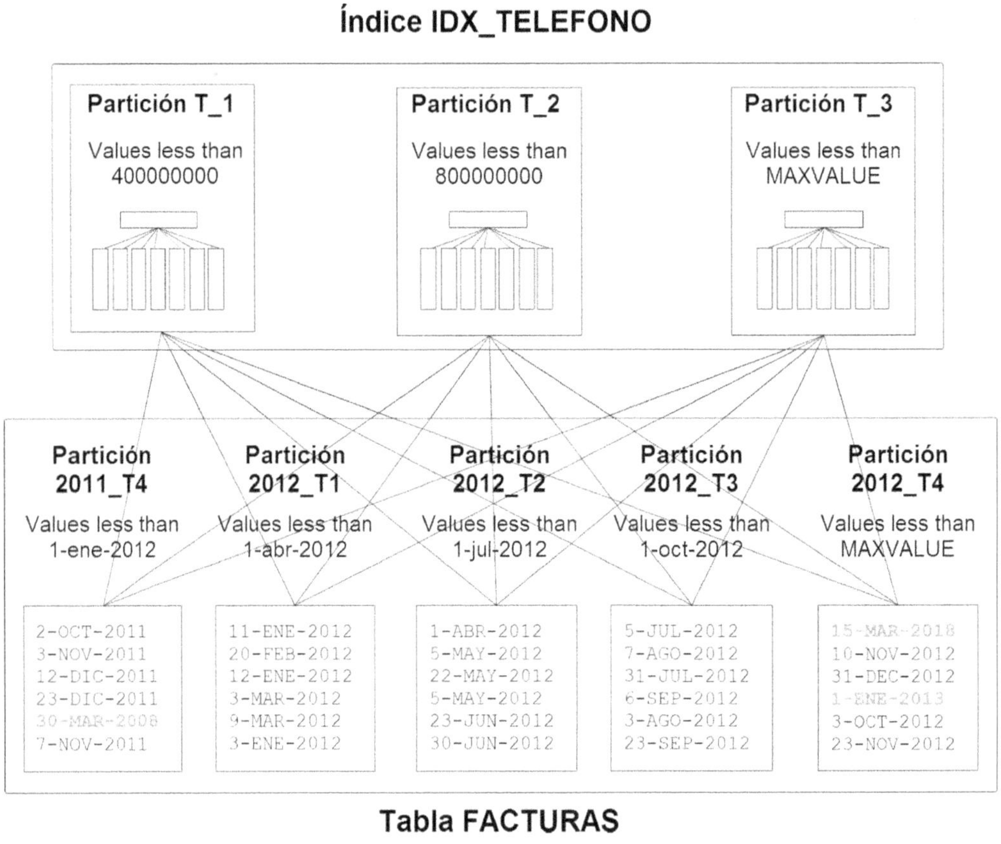

Índice IDX_TELEFONO

Figura 20. Esquema de índice global.

Antes mencioné que cuando los índices eran locales a las particiones, en la mayoría de operaciones sobre las particiones de tabla se propagaba sobre los índices. Un ALTER TABLE TRUNCATE PARTITION truncaría la partición de tabla y la partición de índice asociada. Igualmente sucedería con MODIFY PARTITION, DROP PARTITION, SPLIT PARTITION y demás. ¿Qué ocurre con los índices particionados globales, sean prefijados o no? Las particiones afectadas se quedan inutilizables. En operaciones como dividir una partición, por ejemplo, todas las particiones de índices globales quedan en estado UNUSABLE.

```
SQL> create index idx_facturas on facturas_rango_hash(fecha_factura)
  2   global partition by range (fecha_factura)
  3   (partition T_1 values less than (to_date('01-05-2012','DD-MM-YYYY')),
  4    partition T_2 values less than (to_date('01-09-2012','DD-MM-YYYY')),
  5    partition T_3 values less than (MAXVALUE));

Index created.


SQL> select index_name, partition_name, status
  2   from user_ind_partitions
  3   where index_name='IDX_FACTURAS';

Table altered.

INDEX_NAME                      PARTITION_NAME                  STATUS
------------------------------  ------------------------------  --------
IDX_FACTURAS                    T_1                             UNUSABLE
IDX_FACTURAS                    T_2                             UNUSABLE
IDX_FACTURAS                    T_3                             UNUSABLE

Table altered.
```

El parámetro SKIP_UNUSABLE_INDEXES evitará que el servidor devuelva un error si las particiones de índices están en estado inutilizable pero, evidentemente, estas particiones no se usarán en la ejecución de consultas, de modo que corresponderá al administrador asegurarse de que todas las particiones están en estado USABLE y no se producen caídas de rendimiento en accesos a tablas particionadas porque los índices se han quedado deteriorados.

En estos casos, reconstruir la partición de índice afectada devolverá a las particiones su integridad.

```
SQL> alter index idx_facturas rebuild partition T_1;

Index altered.

SQL> select index_name, partition_name, status
  2   from user_ind_partitions
  3   where index_name='IDX_FACTURAS';

INDEX_NAME                      PARTITION_NAME                  STATUS
------------------------------  ------------------------------  --------
IDX_FACTURAS                    T_1                             USABLE
IDX_FACTURAS                    T_2                             UNUSABLE
IDX_FACTURAS                    T_3                             UNUSABLE
```

Para evitar que esto pueda suceder en un futuro, las operaciones de mantenimiento sobre tablas particionadas también incluyen cláusulas como ALTER TABLE MODIFY PARTITION REBUILD UNUSABLE LOCAL/GLOBAL INDEXES, o UPDATE INDEXES para la mayoría de sentencias DDL.

Parte 4

Una cierta mirada
al *data warehouse*

Una cierta mirada

A medida que las bases de datos van creciendo, a lo largo del tiempo, surge la creciente necesidad de almacenar externamente toda esta información histórica con tres propósitos, principalmente.

El primero es apartarla de los datos de acceso cotidiano para que los objetos que contienen la información actual tengan un tamaño más manejable y accesible. El segundo propósito podría ser el de archivar y clasificar la información para mantenerla en el tiempo: balances, totales, resúmenes, etc., limpios de aquella información innecesaria (por ejemplo, cambios de estado de un proceso de cobro); y el tercero, y no menos importante, el de poder explotar esta información histórica como soporte para la toma de decisiones y, si es posible, con fines predictivos (tendencias de consumo, perfiles de clientes, eficacia en tratamientos para ciertas enfermedades con procesos médicos e historiales complejos, etc.).

Estos entornos se denominan *data warehouse* o almacenes de datos. En ellos se acumulan tablas inmensas con millones de elementos, donde la información suele almacenarse denormalizada y donde los diseños convencionales de bases de datos en tercera forma normal (modelos de entidad-relación donde en una tabla no hay ninguna columna que corresponda a un atributo externo de la entidad) no sirven y dan paso a diseños multidimensionales como el de la Figura 21.

En este escenario, en el que la tabla COMPRAS podría contener millones de elementos, obtener un informe mediante NESTED LOOPS o búsquedas ordinarias por índices estándar es completamente inviable. Aunque aparentemente sean modelos similares, con tablas e índices, con relaciones y claves primarias y ajenas, comparar un sistema transaccional con un *data warehouse* sería como comparar el kárate y el sumo. Ambas son artes marciales de competición, pero la estrategia de ataque, y el "cómo procesar las transacciones" son completamente distintos.

Siguiendo con la metáfora (salvando las distancias entre las artes marciales y la optimización basada en costes de una consulta de base de datos), imagínese un karateka que de un golpe, con la palma completamente rígida, toca un punto vital del oponente. Por otro lado, imagine un luchador de sumo que levanta a su pesado oponente para sacarlo del área circular.

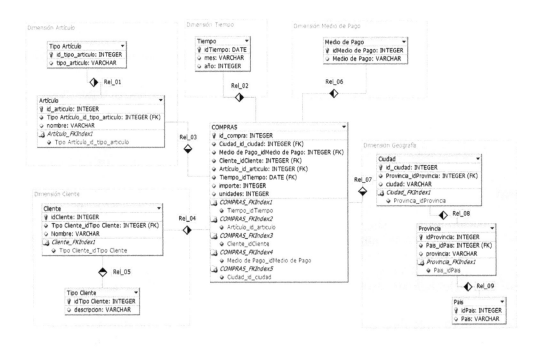

Figura 21. Esquema de un modelo dimensional.

El karateka podría representar el funcionamiento de un sistema transaccional *online*. Una transacción de un dato concreto como, por ejemplo, un ingreso bancario asociado a una cuenta de un cliente, implicaría el uso de un índice para localizar la cuenta bancaria, otro para actualizar el saldo, otro para registrar el movimiento, etc. Quizás suponga acceder a varias tablas para recuperar una o dos filas en cada caso. Un golpe preciso a un punto de la anatomía de una tabla. Recuperación de una o dos filas con la mayor rapidez, pues en un entorno transaccional existe un gran volumen de transacciones concurrentes. El tiempo de ejecución debe ser mínimo, al igual que el consumo de CPU, los accesos a disco y las lecturas de bloques en memoria. La transacción, hecha posiblemente desde un cajero automático, se ha efectuado en un tiempo récord de segundos.

Imaginen esas transacciones concurrentes como esas luchas de las películas de kárate, en las que el karateka central, como una CPU atendiendo procesos, lucha contra doscientos adversarios que esperan su turno para recibir sus dos o tres golpes que los dejarán fuera de combate.

Así están diseñadas la mayoría de las aplicaciones y de los procesos convencionales. Un alto número de usuarios realiza peticiones a un sistema gestor, y para que este funcione de forma óptima el tiempo de atención a cada petición debe ser mínimo. Por ese motivo precisamente, Oracle mantiene las consultas procesadas como código preparado para ejecutarse, ocupando memoria en la *library cache* de la SGA. Los bloques de datos se mantienen también en el *buffer cache*, por lo que es importante consultar solo los que sean imprescindibles, y estos deberían dimensionarse al tamaño más pequeño posible para que atender un alto número de transacciones concurrentes implique el mínimo consumo de recursos y la menor ocupación en memoria.

Así lucharía un karateka, con un acceso rápido a un punto vital o, en un sistema transaccional, un proceso que realizaría un único acceso al bloque de datos que contiene la información necesaria.

Estas reglas no valdrían para el sumo. ¿Pueden imaginar a un luchador de sumo que deba levantar uno a uno a los doscientos adversarios? No resulta una imagen demasiado eficiente. Imagine que los procesos de carga de un *data warehouse* son luchadores de sumo. Resultan más eficientes moviendo grandes volúmenes de datos en una única carga. Son el luchador ideal contra un único adversario muy voluminoso. Un proceso de carga que lea millones de filas de una tabla lo hará mucho más eficientemente en un barrido completo a la tabla accediendo con FULL SCAN que recuperando cada fila individualmente.

Usando el mismo ejemplo, eso sería lo que sucede cuando, en un entorno transaccional, aparece una combinación de tablas de detalle leídas con el método de acceso FULL SCAN. El karateka, de pronto, tiene que levantar a un oponente por la cintura y transportarlo fuera del área de combate, mientras que su habilidad no está en hacer una carga pesada, sino en un acceso a un punto vital muy concreto.

Traducido a procesos, el motor Oracle se enfrenta a una consulta muy pesada que tiene que transportar al completo a memoria, recorrer todas las filas y procesar un volumen de resultados en una atención dedicada. Dado que en un entorno transaccional puede haber un número muy alto de clientes, realizar eso por cada petición repercutiría en un mal rendimiento de la base de datos. Las operaciones, aunque simples, llevarían muchísimo tiempo y supondrían una sobrecarga del sistema.

Quizás este sea el motivo por el cual en muchos entornos se persiga el código SQL que hace FULL SCAN de una tabla en un sistema transaccional, pero en el caso de una tabla grande, de la cual haya que recorrer todas las filas (posiblemente porque se espere descartar un número muy reducido de estas), el acceso FULL SCAN es la técnica más eficaz de levantar una tabla pesada en la ejecución.

Los entornos *data warehouse* tienen un escenario particular. Un pequeño número de procesos realiza un gran porcentaje de carga de datos, en muchos casos por la noche y en una atención dedicada. Son lo que se llama, comúnmente, "cargas nocturnas", pues se realizan en los momentos de menor concurrencia de usuarios.

Toda la información diaria se copia al *data warehouse* y de esta se deriva una serie de resúmenes, accesibles para el usuario final, compactados en tablas o vistas materializadas con la información clasificada por dimensiones. De este modo, las cargas de datos, que en muchos casos pueden ser del orden de millones, finalizan con los totales por mes o trimestre clasificados por tipos de artículo o por zona geográfica.

Esta información resumida es minúscula comparada con las tablas originales que contienen todo el volumen histórico de las aplicaciones a lo largo de los años. Hablamos de tablas con millones de filas resumidas en totales por años/trimestres o por zonas geográficas, por ejemplo.

Esa sería la disciplina ideal para el arte marcial de las cargas a un sistema *data warehouse*. El ataque accede a un volumen de datos muy numeroso y la optimización debe basarse en encontrar la mejor forma de hacer esa carga pesada.

En el traspaso de datos de un entorno transaccional a uno *data warehouse*, la información pasa por diferentes estadios y, en cada uno de ellos, la optimización de los tiempos pasa por una serie de estrategias distintas.

- Extracción del sistema origen.

- Transporte a los sistemas del data warehouse.

- Carga inicial a la base de datos sin transformación.

- Transformación de los datos adaptados a los modelos finales del data warehouse.

- Carga en las tablas del data warehouse.

- Cálculo de resúmenes y actualización de informes preparados.

Aunque los dos primeros puntos son responsabilidad de los sistemas origen, puede darse el caso de que esa responsabilidad se decline a los gestores del *data warehouse*.

Los procesos ETL: extracción, transporte y carga

Estos procesos tienen la finalidad de extraer los datos de los sistemas transaccionales originales y trasladarlos al entorno *data warehouse*. Los contextos de rendimiento para cada estado son:

- **Extracción.** Hay que sacar los datos lo más rápido posible. Para optimizar esta parte puede ser interesante usar el particionamiento, para que los datos que se tengan que extraer residan en una partición, o ir separando las filas, mediante *triggers* por ejemplo, para copiarlas a una serie de tablas preparadas para copiarse al *data warehouse*. En este último caso, a medida que se va trabajando con el sistema transaccional, se va preparando la información que deberá exportarse al *data warehouse* y puede significar además una ganancia de tiempo si se transforma la información adaptándola al conjunto de tablas del *data warehouse*. Esto evitará transformarla en el futuro y ahorrar los correspondientes *updates* o filtros para depurar la información.

- **Transporte.** Los datos han de moverse de un sistema a otro lo más rápido posible. Además de contemplar mejoras sobre el transporte físico de ficheros a través de la red, como comprimir los ficheros antes de enviarlos, una buena técnica es ir transportando previamente bloques de información para que en el momento del cierre la mayor parte de la información ya esté en el sistema destino.

-**Carga**. Los datos han de incorporarse en la base de datos. En función de la forma en la que se hayan extraído, la carga podrá ser más o menos costosa. Si el origen es una base de datos Oracle y se ha realizado una exportación con la herramienta exp o expdp, la única forma de cargar es mediante un imp o impdp. Si el origen está en otras bases de datos y la extracción se ha realizado mediante ficheros de texto, las cargas podrán realizarse con la utilidad SQL*Loader o referenciando los ficheros como tablas externas.

La optimización de los procesos ETL tiene que abordarse como una estrategia de escenario. El método de extracción determina las posibilidades de transporte y carga, de modo que hay que visionar los tiempos completos de estos tres estadios e intentar integrarlos tanto como sea posible.

Por ejemplo, si la extracción de datos se realiza con un *export* completo de la base de datos, el poder almacenar el fichero de *export* en un *filesystem* accesible desde el destino, donde hacer el *import*, reducirá el tiempo de transporte a cero, pero incrementará el proceso de exportación e importación pues, en general, los discos locales suelen tener mayor velocidad que el almacenamiento compartido en red.

Para todo esto es conveniente usar métricas para medir tiempos y capacidades y evaluar estrategias en conjunto. Quizás en el ejemplo anterior, si los discos locales son muy rápidos, el tiempo de realizar un *export* en local, comprimirlo, copiarlo por ftp a los discos locales del destino, descomprimirlo y ejecutar la importación sea inferior a una exportación a un disco de red y su importación desde esa unidad de red al sistema destino. Todo dependerá de la velocidad del *hardware* de almacenamiento y de la red de los que disponga la infraestructura.

Otra forma bastante eficaz de unificar un proceso ETL puede ser mediante un enlace a los sistemas origen a través de un *database link*, y lanzar las sentencias del tipo "INSERT as SELECT * from tabla@bbdd_origen;". En este caso, la selección de las filas en el entorno origen se procesa directamente sobre las tablas destino, evitando sacar esa información al sistema operativo en forma de fichero de *export* o fichero plano, y evitando también su transporte mediante comandos de sistema operativo y la posterior carga. No obstante, hay que tener presente la carga de tráfico de red que supone traer todas las filas "al vuelo" de los sistemas origen al *data warehouse*.

Una variante de esta estrategia es construir vistas materializadas con un filtro por fecha en el sistema destino, que se construyen a partir de consultas sobre el sistema origen. En el momento de ejecutar el proceso ETL, bastará con refrescar la vista materializada para disponer en destino del conjunto de registros necesarios. Igualmente, en esta estrategia, cabe analizar la eficacia de las vistas materializadas si los *refresh* se realizan FAST o COMPLETE, y el impacto de los *materialized view logs* en las tablas origen.

El debate sobre la infraestructura de procesos puede ser tan extenso como la topología de recursos de *hardware* y aplicaciones implicadas. En lo que respecta a la optimización concreta de código SQL para la implementación de estos procesos ETL, así como para cualquier proceso de movimiento de datos mediante el uso de SQL, los dos puntos en los que hay que incidir son la extracción y la carga, es decir, mejorar los procesos de SELECT y los que realicen INSERT.

Para la optimización de las extracciones con SELECT se aplica todo lo descrito en el libro para consultas en general: mejoras en el diseño, implementación de índices, uso de los tipos de objetos adecuados (tablas particionadas, *clusters*, etc.), análisis del plan de ejecución, buena programación de SQL, etc. Para la mejora de la velocidad de inserción, uno de los recursos más frecuentes es la utilización de la cláusula NOLOGGING.

INSERT /*+APPEND */ NOLOGGING

El servidor Oracle registra toda la actividad transaccional en unos archivos llamados *redo log*. La información que se almacena en estos archivos es necesaria para rehacer todas las transacciones en caso de fallo.

A cámara lenta, este registro transaccional escribe en los ficheros de *redo log* que una transacción (identificada por un código de transacción) ha escrito en un bloque, en la posición X, los bytes nuevos. Por ejemplo, en un UPDATE se almacenarán los valores nuevos de la fila, así como en un DELETE que ciertas filas han sido borradas.

Además, todas las operaciones DML (inserción, modificación y borrado) también escriben una entrada de control en los segmentos de UNDO para poder deshacer la transacción en caso de *rollback*. En las operaciones INSERT esta entrada es mínima, pues se limita a localizar el *rowid* de la fila insertada por la transacción para poder quitarla de la tabla, pero hay que tener en cuenta, además, que igualmente ese registro de UNDO también debe escribirse en los ficheros de *redo log*.

Esto supone, *grosso modo*, tener que registrar la filas en tres sitios: en la tabla, en los segmentos de UNDO y en el registro de transacciones *redo log*.

La cláusula NOLOGGING evita, siempre que sea posible, la generación de *redo log* de la cláusula INSERT.

Después de esta última frase, muchos programadores sentirán la imperiosa necesidad de eliminar todo el registro de *log* de cuantas inserciones sea posible como una forma de convertir dos en uno automáticamente. No obstante, hay que ver la foto al completo para comprender el impacto de esta decisión.

Cada vez que se inserta un conjunto de filas sin registrarse en los archivos de *redo log*, Oracle marca los ficheros de datos como ficheros irrecuperables o ficheros que, en caso de tener que recuperarse desde un *backup*, quedarán corruptos.

```
SQL> select name, unrecoverable_time from v$datafile where unrecoverable_time>sysdate-1;

NAME                                                UNRECOVERABLE_TIME
--------------------------------------------------- --------------------
/oracle/oracle11g/oradata/orcl/data/datafile1.dat   09-Jan-2012 07:42:29
/oracle/oracle11g/oradata/orcl/data/app_data1.dat   08-Jan-2012 22:08:41
/oracle/oracle11g/oradata/orcl/data/financ1.dat     09-Jan-2012 14:29:55
```

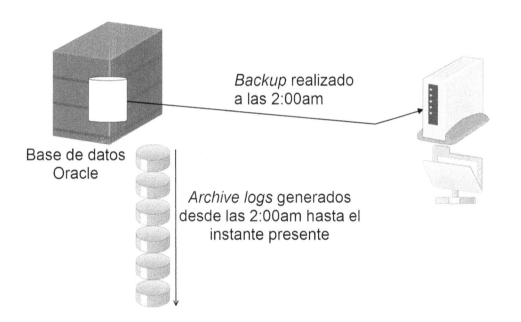

Figura 22. Esquema de un backup en caliente. La información acumulada en los ficheros de redo log archivados permite recuperar la base de datos a un punto determinado en el tiempo.

Esta marca corresponde a la última vez que se ejecutó una sentencia con NOLOGGING. En caso de desastre y de necesitar recuperar esos *datafiles* de *backup*, la copia tendrá que ser posterior a esta fecha, ya que los ficheros de *redo log* de esos instantes no tienen la información de esas transacciones.

Por lo tanto, y para evitar conflictos entre los administradores y los desarrolladores, mi recomendación sobre el uso de NOLOGGING incluye:

- -Consultar previamente al DBA sobre la posibilidad de uso. Si la base de datos tiene cierta arquitectura como una base de datos auxiliar en *stand-by*, replicación por *streams* (que usa *redo log* para las réplicas) o bien tiene forzado el *logging*, los administradores de la base de datos muy amablemente nos invitarán a desistir de esta idea.

- -Si no hay objeciones al uso de NOLOGGING, planificar justo después de su ejecución un *backup* de los ficheros implicados.

- -No implementar NOLOGGING en código PL/SQL que pueda ejecutarse a demanda.

Para que la cláusula NOLOGGING sea efectiva, las inserciones deben ir acompañadas de la *hint* /*+APPEND */ para garantizar que esta inserción se hace a partir de los bloques finales de la tabla.

Transformaciones, más cargas, transformaciones, más cargas

La información, en el viaje desde los sistemas origen al final del *data warehouse*, pasa por diferentes estados y sufre un gran número de transformaciones. El propósito es mantener su rastro, poder repetir partes internas de una carga en caso de fallo, detectar errores o inconsistencias en la información, etc.

En los entornos *data warehouse* en los que he participado, he defendido la necesidad de conservar el área intermedia entre los datos tal cual se recogen en los entornos origen y el *data warehouse*. Esta área se denomina *staging area*. Disponer de una *staging area* permite, una vez cargada toda la información de los sistemas origen, limpiar, consolidar y clasificar la información para trasladarla a las tablas finales del *data warehouse*.

Además, habría también que considerar mantener almacenada otra área llamada ODS (*operational data store*), encargada de integrar la información que provenga de diferentes orígenes. En algunos casos, las zonas de ODS son visibles desde los sistemas operacionales como, por ejemplo, cuando las operadoras de atención al cliente necesitan ver el historial de consumo y facturación de un abonado.

En resumen, el transporte y la transformación de la información, la limpieza de formatos, la integración y consolidación de los datos, etc., implican un gran número de cargas y de modificaciones. Además, en muchos casos será necesario comprobar qué información existe en el *data warehouse* y cuáles serán las modificaciones pertinentes. Por ejemplo, si los datos de un cliente han cambiado, en el *data warehouse* ya existirán estos con una dirección antigua y ubicados en un área geográfica concreta, y según las políticas de trazabilidad de la información puede ser necesario conservar la dirección antigua o sustituirla por la dirección nueva. Todo dependerá de las reglas de negocio y de explotación del *data warehouse*.

Las cargas y transformaciones se traducen en sentencias INSERT y UPDATE.

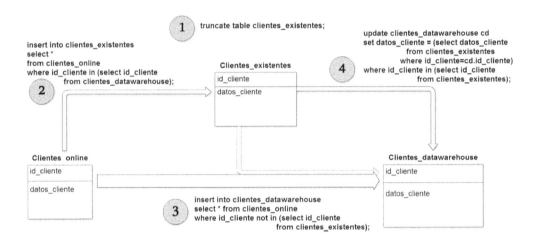

Figura 23. La carga de información nueva sobre un sistema existente implica llevar a cabo procesos de comprobación y validación.

Independientemente de las múltiples variaciones de este esquema, como evitar la tabla intermedia, cuyos impactos en el coste dependerán de los volúmenes a insertar o actualizar, lo cierto es que manejar dos procesos con un filtrado independiente cada uno (actualizar los que existen e insertar los que no existen) supone un doble trabajo de mantenimiento y ejecución, lo que se traduce probablemente en, como mínimo, dos procesos para trasladar las filas cargadas al *data warehouse*.

El comando MERGE

Oracle dispone de un comando llamado MERGE que permite hacer en una sola ejecución la inserción de las filas no coincidentes (WHEN NOT MATCHING) y la modificación (WHEN MATCHING) de la correspondencia de columnas que se deberán modificar. Por ejemplo, cuando el código de cliente coincida, especificar que el NIF o CIF no se actualice, pero que sí lo haga la dirección, o incluso aplicar funciones de conversión para adaptar en esa única ejecución las filas al formato destino.

La sintaxis de MERGE es simple:

```
MERGE INTO tabla_destino  d
USING (select de la tabla_origen)  o
ON (d.clave_pk=o.clave_pk)
WHEN MATCHED THEN UPDATE SET
      d.campo1=o.campo1,
      d.campo2=o.campo2,
      d.campo3=o.campo3
WHEN NOT MATCHED THEN INSERT (d.campo1,d.campo2,d.campo3)
      VALUES (s.campo1,s.campo2,s.campo3);
```

Es decir, realiza una fusión (MERGE) con la tabla destino, basándose en la tabla de origen (cruzando los datos igualando las claves primarias) y, cuando hay correspondencia, haciendo un *update* de los campos definidos, y cuando no la hay, insertando los valores.

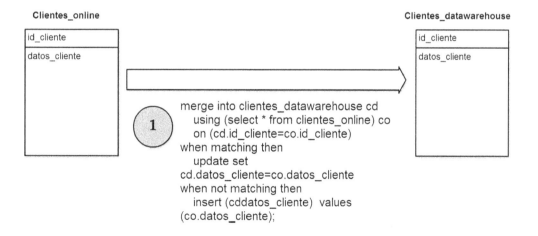

Figura 24. La carga de información nueva utilizando MERGE reduce considerablemente los procesos de comprobación y unifica INSERT y UPDATE en un solo comando.

La gran ventaja es que el plan de ejecución es uno y el proceso de las dos tareas (INSERT y UPDATE) se realiza con solo una comprobación de los valores existentes y un único plan de ejecución optimizado para hacer de una misma vez la doble tarea, estimando los volúmenes para insertar o modificar y adaptando la estrategia de carga y modificación según el número de filas estimado para cada operación. Además, se trata de un único comando para hacer lo que en un principio implicaba utilizar dos. Es decir, reduce el código que se tiene que mantener y el número de procesos necesarios a la mitad.

Uso de PL/SQL en *data warehouse*

Cuando en una carga a un *data warehouse* es imprescindible el uso de PL/SQL, el uso de cursores llega a resultar un verdadero problema. Si una inserción debe hacerse fila a fila y hay que controlar los errores para realizar un registro sobre una tabla de *log*, por ejemplo, el SQL convencional no servirá, pues los comandos SQL se ejecutan en el servidor sin interacción posible.

En el *data warehouse* el rendimiento se consigue al hacer las cargas y procesos en lote, no individualmente para cada elemento. El procesar un cursor de millones de filas que realice una inserción individual por cada fila, por ejemplo, implica que Oracle tiene que gestionar internamente un cursor por cada inserción, un proceso interno sobre los ficheros de *redo log*, inserciones individuales en los segmentos de *rollback*, y un gran número de bloqueos, reserva de recursos y liberación de estos por cada *fetch* del cursor para cada fila.

En muchos proyectos he podido comprobar como el uso de cursores se prohibía directamente sobre los procesos de cargas al *data warehouse*, alegando precisamente esta pérdida de rendimiento.

No obstante, el PL/SQL tiene una cláusula para el *fetch* que permite que un cursor se procese por lotes de N filas. Este paquete de filas se carga sobre un objeto tipo tabla PL/SQL que podrá gestionarse con una serie de comandos como FORALL, que gestiona un bucle para procesar todos los elementos de un objeto tipo tabla PL/SQL y hacer con estos un INSERT o UPDATE, manteniendo un control de las excepciones por lotes, de modo que si 20 filas causan error, una colección llamada SQL%BULK_EXCEPTIONS contendrá los 20 registros de error sin perjudicar la inserción satisfactoria del otro conjunto de filas.

Por ejemplo, el siguiente código:

```
insert into TRASPASO_BD_CLIENTE select * from BK_CLIENTE_BDM_03
```

Fallará cuando una fila viole una clave primaria, si se da el caso. Todas las filas que se hubieran procesado hasta el momento se eliminarían de la tabla destino en un *rollback* a nivel de sentencia.

El siguiente código realiza la misma inserción, controlando que cada fila que falle se gestionará en la colección SQL%BULK_EXCEPTIONS y se procesará en el apartado de excepciones del bloque.

```
DECLARE
    type clientes_array is table of BK_CLIENTE_BDM_03%rowtype index by binary_integer;
    registros  clientes_array;
    errores NUMBER;
    dml_errores EXCEPTION;
    contador_errores number := 0;
    PRAGMA exception_init(dml_errores, -24381);
    cursor c is select * from BK_CLIENTE_BDM_03;
BEGIN
    open c;
    loop
      fetch c BULK COLLECT INTO registros LIMIT 1000;
      begin
       FORALL i IN 1 .. registros.count SAVE EXCEPTIONS
         insert into TRASPASO_BD_CLIENTE values registros(i);
      EXCEPTION
        WHEN dml_errores THEN
          errores := SQL%BULK_EXCEPTIONS.COUNT;
          contador_errores := contador_errores + errores;
          FOR i IN 1..errores LOOP
            dbms_output.put_line ('Se encontro el error '||
                  SQL%BULK_EXCEPTIONS(i).ERROR_INDEX ||
                  ':'||SQL%BULK_EXCEPTIONS(i).ERROR_CODE);
          end loop;
      end;
      exit when c%notfound;
    END LOOP;
    close c;
    dbms_output.put_line( contador_errores );
end;
/
```

Así se obtiene un tiempo de ejecución idéntico en coste respecto a la sentencia INSERT anterior.

Esta es la traza del INSERT:

call	count	cpu	elapsed	disk	query	current	rows
Parse	1	0.00	0.00	0	1	0	0
Execute	1	4.91	102.61	15713	31424	88189	600000
Fetch	0	0.00	0.00	0	0	0	0
total	2	4.91	102.62	15713	31425	88189	600000

Y esta la de la ejecución PL/SQL, con control de excepciones.

call	count	cpu	elapsed	disk	query	current	rows
Parse	1	0.00	0.01	0	0	0	0
Execute	1	2.40	2.46	0	0	0	1
Fetch	0	0.00	0.00	0	0	0	0
total	2	2.40	2.47	0	0	0	1

call	count	cpu	elapsed	disk	query	current	rows
Parse	1	0.00	0.00	0	0	0	0
Execute	1	0.00	0.00	0	0	0	0
Fetch	601	20.90	65.99	15712	16373	0	600000
total	603	20.90	65.99	15712	16373	0	600000

call	count	cpu	elapsed	disk	query	current	rows
Parse	1	0.00	0.00	0	0	0	0
Execute	600	17.40	26.39	0	15835	87647	600000
Fetch	0	0.00	0.00	0	0	0	0
total	601	17.40	26.39	0	15835	87647	600000

En total, el mismo tiempo de ejecución entre una y otra: 1 min 42 s para la sentencia INSERT, y 1 min 33 s para el bloque PL/SQL.

Es importante considerar que el cambio de valor de la cláusula LIMIT, que limita el número de registros en el BULK COLLECT para el FETCH, puede alterar el tiempo de ejecución. Procesar lotes de 10 filas no causará una mejora significativa y procesar lotes de 100.000 filas cargará en exceso las áreas de memoria de usuario (la llamada PGA) causando un mal rendimiento de nuestro proceso y del resto de procesos concurrentes que se estén gestionando en la base de datos.

Para optimizar el valor adecuado de LIMIT hay que hacer una composición de lugar sobre qué es lo que estamos ejecutando, cuánto ocupa en memoria un conjunto de N filas (no hay que olvidar que en un *data warehouse* los volúmenes son considerables), y cuál es la manera más cómoda de gestionar un lote de filas de una tacada en PL/SQL.

Un valor óptimo para LIMIT, como el ejemplo, puede llegar incluso a mejorar los tiempos respecto a los comandos SQL para esa ejecución concreta y ese volumen concreto de elementos.

Finalmente, los informes

Todo este traslado, y todo lo que conlleva, finalmente nos proporciona un *data warehouse*: una base de datos con toda la información histórica organizada para el *reporting*. De esta nueva clasificación surge un entorno preparado y optimizado para obtener informes de los totales de ventas divididos por años, meses, semanas..., o clasificados por tipo de artículo, puntos de venta, familias de componentes, grupos comerciales, etc.

Sobre un *data warehouse* bien construido, todas estas consultas (en algunos casos sobre millones de filas) se resuelven en segundos y, de forma dinámica, el usuario puede expandir o contraer totales, generando informes prácticamente a medida, con interfaces elásticas, personalizables, etc.

Sí, llegar hasta aquí merece la pena. La consulta del total vendido del año sobre los sistemas operacionales podría llevar horas. En el *data warehouse* es cuestión de segundos. Aquí rigen otras reglas: la información es estática, incluso de solo lectura una vez completada la carga diaria de datos, concentrada en un hecho concreto (el más frecuente: la venta de cada artículo), integrada bajo un único criterio geográfico y temporal, de modo que exista un único formato de fechas vinculado a una única dimensión TIEMPO, las localizaciones geográficas no tendrán calles o poblaciones duplicadas con varios códigos, etc.

El resultado: poder obtener informes como el de la Figura 25. El informe de ejemplo permite ver por su dimensión geográfica (jerarquía de país y provincia) los totales de reservas adquiridas por los clientes, con la posibilidad de conmutar la información entre totales por hombres y mujeres, por clientes en situación laboral en activo o en paro, o por el rango de edad. Todas estas dimensiones, entendidas como posibles ejes X, Y, Z, proporcionarán la información agregada de totales de todas las reservas de la compañía.

Reservas de Clientes por Países y Ciudades.

	Casado	Divorciado	Separado	Soltero	Viudo
España	163461	115696	97532	98943	
Barcelona	30714	14853	25294	10474	14111
Bilbao	8075	10244	8773	16631	13248
Madrid	19326	7168	19799		10757
Málaga	8513	19291	10829	8243	18491
Palma de Mallorca	5579	10709	8566	17098	12774
Pamplona	19965	10376	9418	13147	5115
Santa Cruz de Tenerife	27952	8760	10222	13663	9554
Sevilla	26283	21345	2259	13014	15171
Valencia	17054	12950	2373	6674	7566
Portugal	24536	35072	30942	42739	21448
Lisboa	16914	19165	10680	27880	11382
Madeira	7621	15907	20262	14859	10066
Reino Unido	59520	64943	48754	53965	50421
Essex	12571	13201	16475	11561	22795
Liverpool	7033	14091	13275	19212	4173
Londres	33283	17563	7548	15105	12791
Manchester	6632	20088	11456	8087	10662
Francia	33751	29161	21948	14800	23957
Lion	19127	18072	15856	8049	14826
París	14625	11089	6092	6750	9131
Alemania	50640	46729	34848	48207	36577
Berlin	17335	20424	19077	24100	7035
Bonn	12894	12394	11172	13950	17428
Munich	20410	13911	4600	10157	12115
EEUU	84891	50608	59298	65905	87073
Boston	13625	5378	16097	11988	22499
Chicago	14406	2877	14184	7727	12888

Figura 25. Ejemplo de un modelo de informe con Oracle Discoverer.

Para poder obtener informes de este tipo, con la posibilidad de desglosar sobre una columna o fila concreta sin echar abajo el rendimiento de la base de datos, es imprescindible que el modelo dimensional se haya implementado correctamente en las tablas finales del *data warehouse*.

Los modelos dimensionales

Para empezar, el diseño de tablas debe ser lo más denormalizado posible. Los modelos en copo de nieve (*snowflake*) están aceptados como modelos de *data warehouse*, pero los que ofrecen un mejor rendimiento son los modelos en estrella. En estos modelos en estrella, las tablas de dimensiones contienen, en las columnas, la jerarquía de la dimensión.

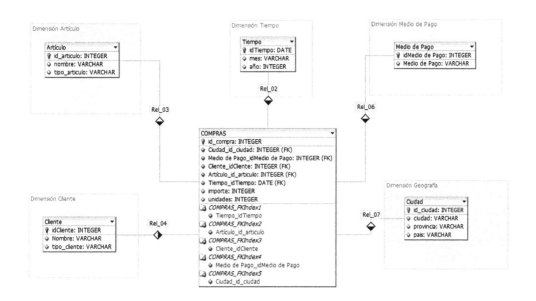

Figura 26. Modelo dimensional en estrella.

Dado que en un modelo en estrella no se puede implementar la integridad de la información mediante *constraints* de clave ajena (*foreign key*), una vez creada la tabla correspondiente a la dimensión y definidos los objetos DIMENSION, es necesario validar la consistencia de la información de estas tablas. De lo contrario, si hay inconsistencia en la información de las jerarquías, ciertas consultas podrán demorarse en el tiempo además de ofrecer información incorrecta.

Tomando el ejemplo de la tabla CIUDAD (o población), esta sería la definición básica del modelo anterior:

```
CREATE TABLE ciudad
( id  number constraint pk_ciudad primary key,
  ciudad varchar2(500),
  provincia varchar2(500),
  pais varchar2(50));

CREATE DIMENSION GEOGRAFIA
LEVEL ciudad        IS ciudad.ciudad
LEVEL provincia     IS ciudad.provincia
LEVEL pais          IS ciudad.pais
HIERARCHY ubicacion_rollup    (
            ciudad      CHILD OF
            provincia       CHILD OF
            pais     )
;

insert into ciudad values (1,'Abrera','Barcelona','España');
insert into ciudad values (2,'Martorell','Barcelona','España');
insert into ciudad values (3,'Buenos Aires','Buenos Aires','Argentina');
insert into ciudad values (4,'Barcelona','Barcelona','España');
insert into ciudad values (5,'Alcalá de Henares','Madrid','España');
insert into ciudad values (6,'Guadalajara','Guadalajara','España');
insert into ciudad values (7,'Guadalajara','Jalisco','México');

commit;
```

De modo que un país tiene provincias y estas pertenecen solo a un país, y una ciudad pertenece tan solo a una provincia. En realidad, en el planeta puede haber varias ciudades llamadas de igual forma en diferentes países. Para este ejemplo, en este *data warehouse*, para una ciudad como Guadalajara, existente en España y en México, el nombre debería ser distinto o la dimensión tendrá una inconsistencia.

En este caso, las siguientes ciudades dejarán la dimensión inválida, pues la ciudad de Guadalajara no puede estar repetida pues duplicaría el atributo CIUDAD.

```
SQL> begin dbms_dimension.validate_dimension('GEOGRAFIA', FALSE,
  2          TRUE, 'Validacion GEOGRAFIA')
  3  end;
  4  /

PL/SQL procedure successfully completed.

SQL> select * from DIMENSION_EXCEPTIONS;

STATEMENT_ID            OWNER  TABLE_NAME DIMENSION_NAME  RELATION BAD_ROWID
----------------------- ------ ---------- --------------- -------- ------------------
Validacion GEOGRAFIA    SYS    CIUDAD     GEOGRAFIA       CHILD OF AAA8fAAABAAAuBxAAG
Validacion GEOGRAFIA    SYS    CIUDAD     GEOGRAFIA       CHILD OF AAA8fAAABAAAuBxAAF

SQL> select * from ciudad where rowid in (select BAD_ROWID from DIMENSION_EXCEPTIONS);

        ID CIUDAD               PROVINCIA            PAIS
---------- -------------------- -------------------- --------------------------------
         6 Guadalajara          Guadalajara          España
         7 Guadalajara          Jalisco              México
```

De este modo, para que la dimensión geográfica sea válida, conteniendo dos ciudades con el mismo nombre pero en provincias o países distintos, la sintaxis debería ser la siguiente:

```
SQL> CREATE DIMENSION GEOGRAFIA
  2  LEVEL ciudad       IS ciudad.id
  3  LEVEL provincia       IS ciudad.provincia
  4  LEVEL pais          IS ciudad.pais
  5  HIERARCHY ubicacion_rollup    (
  6     ciudad      CHILD OF
  7     provincia  CHILD OF
  8     pais      )
  9  ATTRIBUTE ciudad DETERMINES (ciudad.ciudad);

Dimension created.

SQL> truncate table DIMENSION_EXCEPTIONS;

Table truncated.

SQL> begin dbms_dimension.validate_dimension('GEOGRAFIA', FALSE,
  2         TRUE, 'Validacion GEOGRAFIA')
  3  end;
  4  /

PL/SQL procedure successfully completed.

SQL> select * from DIMENSION_EXCEPTIONS;

no rows selected
```

Así, la jerarquía se basa en el código de ciudad, que es hijo de una provincia que, a su vez, pertenece a un país. Es correcto entonces, en este modelo, que existan dos ciudades llamadas "Guadalajara", pertenecientes a dos provincias distintas o dos países diferentes.

Por este motivo, e independientemente de si el modelo del *data warehouse* es en estrella o en copo de nieve, el conjunto de dimensiones deben definirse en la base de datos. La base de datos debe conocer con estos objetos informativos la estructura dimensional del *data warehouse* para que las consultas se ejecuten en forma de estrella y el optimizador de costes tenga toda la información de modelo que existe detrás de las relaciones que hay en las columnas, pues estas jerarquías serán el eje sobre el cual girará todo el conjunto de informes multidimensionales.

Es algo que parece evidente al ojo humano, pero para el optimizador no lo es tanto. Un país está formado por provincias, y estas por ciudades. Sería de esperar que si tengo computados los totales de ventas de cada ciudad, obtener el total de una provincia fuera tan directo como sumar los totales de todas las ciudades, pero el optimizador no da por supuesto que las jerarquías internas de una tabla sean íntegras salvo por el chequeo que realiza el procedimiento VALIDATE_DIMENSION del paquete DBMS_DIMENSION.

Supongamos que en el ejemplo anterior se añadiera la siguiente fila, incluyendo una ciudad "Guadalajara" en una provincia "Guadalajara" de Francia:

```
insert into ciudad values (8,'Guadalajara','Guadalajara','Francia');
```

El conflicto no será por la presencia de otra ciudad llamada "Guadalajara", sino por el hecho de que haya dos provincias llamadas "Guadalajara", una en España y la otra en Francia.

```
SQL> insert into ciudad values (8,'Guadalajara','Guadalajara','Francia');

1 row created.

SQL> exec dbms_dimension.validate_dimension('GEOGRAFIA',FALSE,TRUE,'Check GEOGRAFIA');

PL/SQL procedure successfully completed.

SQL> select * from DIMENSION_EXCEPTIONS;

STATEMENT_ID        OWNER   TABLE_NAME DIMENSION_NAME        RELATIONSHI BAD_ROWID
------------------- ------- ---------- --------------------  ----------- --------------------
Check GEOGRAFIA     SYS     CIUDAD     GEOGRAFIA             CHILD OF    AAA8fAAABAAAuBxAAF
Check GEOGRAFIA     SYS     CIUDAD     GEOGRAFIA             CHILD OF    AAA8fAAABAAAuBxAAH

SQL> select * from ciudad where rowid in (select BAD_ROWID from DIMENSION_EXCEPTIONS);

        ID CIUDAD                PROVINCIA             PAIS
---------- --------------------  --------------------  ----------
         6 Guadalajara           Guadalajara           España
         8 Guadalajara           Guadalajara           Francia
```

Para solucionar esta casuística, en el caso de que Francia también tuviera una provincia llamada "Guadalajara", las provincias deberían tener algún identificador único que las distinguiera, lo cual conlleva una redefinición de la dimensión y un mantenimiento adecuado de la integridad de la información, fuera de las *constraints*.

Si alguien en este punto se plantea que la problemática surge de la denormalización, y que la disposición normalizada de esta información geográfica en varias tablas, como sucede en un modelo en copo de nieve, evitaría estas inconsistencias, le invito a plantearse cómo implementar la dimensión TIEMPO.

La dimensión TIEMPO es el eje principal de un *data warehouse*. La gran mayoría de gráficos impresos en el mundo incluyen el factor tiempo como referencia. El tiempo marca la obsolescencia de los datos, los cierres contables, la evolución, las prescripciones y la perspectiva de la historia. Los datos se envían al *data warehouse* diariamente, o semanalmente, y se almacenan por un periodo de años. La eliminación de datos obsoletos también se mide en tiempo, pues las capacidades de los sistemas son limitadas y el almacenamiento tiene un coste.

El tiempo tiene una medición interesante, pues no dispone de una única jerarquía lineal.

-Siete días forman una semana, pero cuatro semanas no forman un mes.

-Los meses tienen 28, 29, 30 o 31 días, y el primer día del mes no tiene por qué coincidir con el primer día de la semana.

-La primera semana del año, en muchos casos, empieza en un día distinto de lunes, y los años serán de 366 días una vez cada cuatro años, a excepción de los principios de siglo cuyo año dividido entre cien no sea múltiplo de 4 (a partir del año 1700 se aplica esta norma, no habiendo sido bisiestos los años 1700, 1800 ni 1900 como tampoco lo serán los años 2100, 2200, 2300, etc.).

-Como los años tienen 12 meses, estos pueden dividirse en resultados bimestrales, trimestrales, cuatrimestrales o semestrales.

A todo esto hay que añadir que cada calendario puede tener sus propias características: el calendario escolar, que puede empezar en septiembre, el calendario judicial, el astrológico, en el que cada periodo zodiacal empieza sobre el día 20 del mes, el fiscal, el calendario lunar, las estaciones, festivos, etc.

Toda esta clasificación jerárquica del tiempo permitirá visualizar la información histórica, clasificada de forma que tenga un significado concreto para el cliente, para el negocio o la investigación, para predecir patrones de consumo, tendencias, grupos de consumidores, ciclos climáticos, etc.

Para crear la tabla TIEMPO, el siguiente código puede ser un buen punto de partida. Una vez creada, un *trigger* autocompleta la información de las columnas según el valor de la columna primera FECHA, que es clave primaria, y un pequeño *script* en PL/SQL se encargará de llenar los 365 o 366 días del año que corresponda.

```
CREATE TABLE TIEMPO
(
    FECHA           DATE CONSTRAINT PK_TIEMPO primary key,
    MES             NUMBER,
    TRIMESTRE       NUMBER,
    CUATRIMESTRE    NUMBER,
    ANYO            NUMBER,
    SEMANA          NUMBER,
    DIADEANYO       VARCHAR2(30),
    MES_TEXTO       VARCHAR2(30),
    FECHA_ID        NUMBER(8),
    DIA_SEMANA      NUMBER(1),
    ANYOMES         NUMBER(6),
    ANYOCUATRIMESTRE NUMBER(5),
    ANYOTRIMESTRE    NUMBER(5),
    ANYOSEMANA       NUMBER(6),
    ANYODIADEANYO    NUMBER(7)
);
```

```
CREATE OR REPLACE TRIGGER completa_tiempo
          before insert or update of fecha
          on TIEMPO
          for each row
declare
begin
    :new.fecha_id:=to_number(to_char(:new.fecha,'YYYYMMDD'));
    :new.mes:=to_number(to_char(:new.fecha,'MM'));
    :new.anyo:=to_number(to_char(:new.fecha,'YYYY'));
    :new.diadeanyo:=to_number(to_char(:new.fecha,'DDD'));
    :new.semana:=to_number(to_char(:new.fecha,'WW'));
    :new.mes_texto:=to_char(:new.fecha,'MONTH');
    :new.dia_semana:=to_number(to_char(:new.fecha,'D'));
    :new.anyomes:=to_number(to_char(:new.fecha,'YYYYMM'));
    :new.anyosemana:=to_number(to_char(:new.fecha,'YYYYWW'));
    :new.anyodiadeanyo:=to_number(to_char(:new.fecha,'YYYYDDD'));
    :new.trimestre:=to_number(to_char(:new.fecha,'Q'));
    if to_char(:new.fecha,'MM') IN ('01','02','03','04')
          then :new.cuatrimestre:=1;
        elsif (to_char(:new.fecha,'MM') ) in ('05','06','07','08')
          then :new.cuatrimestre:=2;
        elsif (to_char(:new.fecha,'MM') ) in ('09','10','11','12')
          then :new.cuatrimestre:=3;
    end if;
    :new.anyocuatrimestre:=to_number(to_char(:new.fecha,'YYYY')
            ||to_char(:new.cuatrimestre));
    :new.anyotrimestre:=to_number(to_char(:new.fecha,'YYYYQ'));
end;
/


CREATE OR REPLACE procedure carga_tiempo(anyo in number) is
    v_fecha date;
begin
    v_fecha:=to_date('0101'||anyo,'DDMMYYYY');
    loop
        insert into TIEMPO(fecha) values (v_fecha);
        v_fecha:=v_fecha+1;
        exit when to_number(to_char(v_fecha,'YYYY'))=anyo+1;
    end loop;
end carga_tiempo;
/


begin
    for x in 2009..2015
    loop
        carga_tiempo(x);
    end loop;
end;
/
```

Por supuesto, la dimensión TIEMPO debe ser creada a gusto del consumidor y atendiendo a las necesidades del negocio. El anterior código es tan solo una referencia básica que permite incluir cualquier información adicional relativa al tiempo o a los calendarios. Modifíquese pues según las necesidades. Esta podría ser una dimensión TIEMPO estándar bastante versátil.

```
CREATE DIMENSION TIEMPO
    LEVEL dia IS tiempo.fecha
    LEVEL mes IS tiempo.anyomes
    LEVEL anyo IS tiempo.anyo
    LEVEL cuatrimestre IS tiempo.anyocuatrimestre
    LEVEL trimestre    IS tiempo.anyotrimestre
    LEVEL semana       IS tiempo.anyosemana
HIERARCHY anual (
    dia CHILD OF
    mes CHILD OF
    trimestre CHILD OF
    anyo)
HIERARCHY anual2 (
    dia CHILD OF
    mes CHILD OF
    cuatrimestre CHILD OF
    anyo)
HIERARCHY anyo_semanal (
    dia CHILD OF
    semana CHILD OF
    anyo)
ATTRIBUTE dia DETERMINES (tiempo.anyodiadeanyo, tiempo.fecha_id)
ATTRIBUTE mes DETERMINES (tiempo.mes, tiempo.mes_texto)
ATTRIBUTE trimestre DETERMINES (tiempo.trimestre)
ATTRIBUTE cuatrimestre DETERMINES (tiempo.cuatrimestre)
ATTRIBUTE semana DETERMINES (tiempo.semana)
;
```

Dado que la dimensión TIEMPO será un eje común entre prácticamente todas las tablas de hechos, es importante establecer cuál será la unidad mínima de tiempo para todo el *data warehouse*. En el caso anterior, las fechas están truncadas por día, siendo los valores de hora, minuto y segundo los correspondientes a las 00:00:00, es decir, el segundo cero del día en cuestión. Según este ejemplo, los informes con subtotales tendrán un nivel mínimo de agrupación por día, y su desglose será sobre todos los hechos de ese día.

Si se considera como unidad mínima de tiempo la hora, el volumen de la tabla TIEMPO aumentará 24 veces su número de filas, y los procesos de carga tendrán que truncar las fechas de las tablas de hechos que se guíen por la dimensión TIEMPO en horas enteras, es decir, valores entre las 0:00 y las 23:00.

La reescritura de vistas materializadas

Una vez el *data warehouse* esté correctamente dimensionado, es decir, con toda la información de dimensiones y jerarquías correctamente definidas, Oracle tendrá toda la información necesaria para optimizar correctamente las consultas y, lo más importante, poder sugerir vistas materializadas que accedan instantáneamente a toda la información de subtotales correspondientes para las principales jerarquías, bien por el modelo de metadatos dimensional informado, o bien basándose en la carga de peticiones SQL que se ejecuten sobre la base de datos.

Ese es el principal objetivo en la mejora de rendimiento de un *data warehouse*: poder disponer de un conjunto de vistas materializadas con la información sumarizada de forma que Oracle pueda reescribir las consultas para evitar acceder a las tablas de hechos para realizar los cálculos agregados de los diferentes niveles jerárquicos. Si una vista materializada tiene sumadas todas las ventas por mes y por ciudad, esa misma vista materializada puede también servir para mostrar los totales por país y por trimestre, por ejemplo, siendo mucho más beneficioso obtener los valores calculados previamente que calcularlos en un nuevo acceso a todo el conjunto de millones de filas de la tabla de hechos, ordenarlos y agruparlos, para dar un total que puede derivarse de la suma de los subtotales.

Pongamos un modelo sencillo:

En este ejemplo la vista materializada accede a la tabla de RESERVAS hechas por CLIENTES de una CIUDAD y un PAIS. Las reservas contienen la fecha de la reserva relacionada con clave ajena sobre la dimensión TIEMPO.

```
SQL> CREATE MATERIALIZED VIEW mv_resultados_ciudades_mensual
  2    ENABLE QUERY REWRITE
  3    AS SELECT ANYOMES, ID_CIUDAD CIUDAD, AVG(IMPORTE) MEDIA, SUM(IMPORTE) TOTAL
  4      FROM TIEMPO, CLIENTES, CIUDADES, RESERVAS
  5    WHERE FECHA_RESERVA=TIEMPO.FECHA
  6    AND CIU_ID_CIUDAD= ID_CIUDAD
  7    AND CLI_NIF=NIF
  8    GROUP BY ANYOMES, ID_CIUDAD;

Materialized view created.
```

Las dimensiones proporcionan al optimizador de costes una información muy valiosa respecto al uso y reescritura de vistas materializadas: un país está formado por varias ciudades y estas pertenecen a un solo país. Por lo tanto, las vistas materializadas que tengan calculados los totales por ciudad podrán servir al optimizador para retornar la misma información agrupada por países.

En el caso de la dimensión TIEMPO, los diferentes niveles jerárquicos entre año-cuatrimestre-mes, año-trimestre-mes, etc., se establecen a nivel de columna, por lo que el optimizador será capaz de entender que un trimestre está formado por varios meses únicamente por la información del objeto DIMENSION, ya que al estar todo en una tabla (igual que sucede con el resto de dimensiones de un modelo en estrella) no es posible implementar *constraints* de clave ajena sobre las otras columnas por el número de duplicados presentes en el modelo denormalizado.

En la consulta agregada por trimestre y país, el plan de ejecución muestra que en vez de acceder a las tablas RESERVAS y CLIENTES, accede a la vista materializada combinando la información con la tabla TIEMPO, para mostrar la agrupación por trimestre, y combinando con la tabla PAIS, para mostrar los nombres de los países y agrupar, basándose en estas dos columnas, la suma de reservas.

```
SQL> explain plan for
  2  SELECT ANYOTRIMESTRE, CN_PAIS PAIS, SUM(IMPORTE) TOTAL
  3  FROM TIEMPO, CLIENTES, CIUDADES, PAISES, RESERVAS
  4  WHERE FECHA_RESERVA=TIEMPO.FECHA
  5  AND PAI_ID_PAIS= ID_PAIS
  6  AND CIU_ID_CIUDAD= ID_CIUDAD
  7  AND CLI_NIF=NIF
  8  GROUP BY ANYOTRIMESTRE, CN_PAIS;

Explained.


SQL> @?/rdbms/admin/utlxpls

PLAN_TABLE_OUTPUT
------------------------------------------------------------
Plan hash value: 614568828


--------------------------------------------------------------------------------------------------
| Id  | Operation                          | Name                            | Rows  | Bytes | Cost (%CPU)| Time     |
--------------------------------------------------------------------------------------------------
|   0 | SELECT STATEMENT                   |                                 |   213 |  9585 |   32  (19)| 00:00:01 |
|   1 |  HASH GROUP BY                     |                                 |   213 |  9585 |   32  (19)| 00:00:01 |
|*  2 |   HASH JOIN                        |                                 |   213 |  9585 |   31  (17)| 00:00:01 |
|   3 |    VIEW                            | VW_GBC_13                       |     7 |   245 |   10  (30)| 00:00:01 |
|   4 |     HASH GROUP BY                  |                                 |     7 |   308 |   10  (30)| 00:00:01 |
|*  5 |      HASH JOIN                     |                                 |  1019 | 44836 |    9  (23)| 00:00:01 |
|   6 |       MERGE JOIN                   |                                 |    30 |   450 |    6  (34)| 00:00:01 |
|   7 |        TABLE ACCESS BY INDEX ROWID | PAISES                          |     7 |    70 |    2   (0)| 00:00:01 |
|   8 |         INDEX FULL SCAN            | PAI_PK                          |     7 |       |    1   (0)| 00:00:01 |
|*  9 |        SORT JOIN                   |                                 |    30 |   150 |    4  (50)| 00:00:01 |
|  10 |         VIEW                       | index$_join$_003                |    30 |   150 |    3  (34)| 00:00:01 |
|* 11 |          HASH JOIN                 |                                 |       |       |           |          |
|  12 |           INDEX FAST FULL SCAN     | CIU_PAI_FK_I                    |    30 |   150 |    1   (0)| 00:00:01 |
|  13 |           INDEX FAST FULL SCAN     | CIU_PK                          |    30 |   150 |    1   (0)| 00:00:01 |
|  14 |       MAT_VIEW REWRITE ACCESS FULL | MV_RESULTADOS_CIUDADES_MENSUAL  |  1019 | 29551 |  3 (0)| 00:00:01 |
|  15 |    VIEW                            |                                 |  5844 | 58440 |   21  (10)| 00:00:01 |
|  16 |     HASH UNIQUE                    |                                 |  5844 | 58440 |   21  (10)| 00:00:01 |
|  17 |      TABLE ACCESS FULL             | TIEMPO                          |  5844 | 58440 |   19   (0)| 00:00:01 |
--------------------------------------------------------------------------------------------------

Predicate Information (identified by operation id):
---------------------------------------------------

   2 - access("from$_subquery$_008"."ANYOMES"="ITEM_1")
   5 - access("ID_CIUDAD"="MV_RESULTADOS_CIUDADES_MENSUAL"."CIUDAD")
   9 - access("PAI_ID_PAIS"="ID_PAIS")
       filter("PAI_ID_PAIS"="ID_PAIS")
  11 - access(ROWID=ROWID)

Note
-----
   - dynamic sampling used for this statement (level=2)

37 rows selected.
```

En el plan de ejecución, por tanto, la agrupación se hace a nivel de trimestre, sumando los totales por mes de la vista materializada, y agrupando los totales por país, sumando los totales por ciudad.

De no existir la dimensión TIEMPO, el optimizador no podría usar la vista materializada para reescribir la consulta y omitir el acceso a las tablas pesadas RESERVAS y PAISES. La consulta de meses se resolvería de forma instantánea, mientras que la consulta por trimestres carecería de la ventaja de la vista materializada y supondría tener que acceder a las tablas de RESERVAS y CLIENTES para realizar el agregado y la suma de todas las reservas.

```
SQL> drop dimension TIEMPO;

Dimension dropped.

SQL> explain plan for
  2  SELECT ANYOTRIMESTRE, CN_PAIS PAIS, SUM(IMPORTE) TOTAL
  3  FROM TIEMPO, CLIENTES, CIUDADES, PAISES, RESERVAS
  4  WHERE FECHA_RESERVA=TIEMPO.FECHA
  5  AND PAI_ID_PAIS= ID_PAIS
  6  AND CIU_ID_CIUDAD= ID_CIUDAD
  7  AND CLI_NIF=NIF
  8  GROUP BY ANYOTRIMESTRE, CN_PAIS;

Explained

SQL> @?/rdbms/admin/utlxpls

PLAN_TABLE_OUTPUT
-------------------------------------------------------------
Plan hash value: 2383442051
```

Id	Operation	Name	Rows	Bytes	Cost (%CPU)	Time
0	SELECT STATEMENT		317	20922	419 (7)	00:00:06
1	HASH GROUP BY		317	20922	419 (7)	00:00:06
* 2	HASH JOIN		171K	10M	404 (4)	00:00:05
3	TABLE ACCESS FULL	TIEMPO	5844	75972	19 (0)	00:00:01
* 4	HASH JOIN		171K	8856K	383 (3)	00:00:05
* 5	HASH JOIN		9999	283K	33 (7)	00:00:01
6	MERGE JOIN		30	450	6 (34)	00:00:01
7	TABLE ACCESS BY INDEX ROWID	PAISES	7	70	2 (0)	00:00:01
8	INDEX FULL SCAN	PAI_PK	7		1 (0)	00:00:01
* 9	SORT JOIN		30	150	4 (50)	00:00:01
10	VIEW	index$_join$_003	30	150	3 (34)	00:00:01
* 11	HASH JOIN					
12	INDEX FAST FULL SCAN	CIU_PAI_FK_I	30	150	1 (0)	00:00:01
13	INDEX FAST FULL SCAN	CIU_PK	30	150	1 (0)	00:00:01
14	TABLE ACCESS FULL	CLIENTES	9999	136K	27 (0)	00:00:01
15	TABLE ACCESS FULL	RESERVAS	171K	4010K	347 (2)	00:00:05

```
Predicate Information (identified by operation id):
-------------------------------------------------

   2 - access("FECHA_RESERVA"="TIEMPO"."FECHA")
   4 - access("CLI_NIF"="NIF")
   5 - access("CIU_ID_CIUDAD"="ID_CIUDAD")
   9 - access("PAI_ID_PAIS"="ID_PAIS")
       filter("PAI_ID_PAIS"="ID_PAIS")
  11 - access(ROWID=ROWID)
```

Parte 5

Mejoras de SQL:
casos y usos

Método de trabajo

Llegados a este punto, nuestra base de conocimiento respecto a todos los aspectos del motor Oracle relativos al rendimiento es suficiente para empezar a trabajar con los primeros casos prácticos.

En resumen, lo visto hasta ahora podría sintetizarse en los siguientes principios:

El papel del optimizador es clave

Oracle es una base de datos líder en el sector por muchos factores: la implementación de alta disponibilidad (mediante OracleRAC, *data guard*), su robustez y estabilidad, pero también por la eficacia y eficiencia del optimizador de costes, es decir, el núcleo del motor. El optimizador está ideado para, dada una sentencia, resolver la mejor forma de ejecutarla. Por nuestra parte, como profesionales técnicos en pro de la optimización, este será nuestro principal aliado.

El optimizador sabe hacer su trabajo, y cuanta más información estadística tenga de los objetos, mejor y más eficaz será su plan de ejecución. Por ello, el paquete DBMS_STATS será la principal herramienta para proporcionar al optimizador la imagen más fiel y realista de la morfología de los objetos de la base de datos: tablas, índices, vistas materializadas, particiones de tablas e índices, histogramas con información sobre la dispersión de valores en las columnas, etc.

No obstante, el optimizador es un componente que depende de un gran número de factores como las estadísticas de los objetos, cambios en los volúmenes de datos, etc., y cualquier cambio en este nivel puede suponer una invalidación del plan de ejecución de una sentencia y pasar de ejecutar una consulta en un segundo a tardar tres horas.

Por este motivo, puede parecer que el funcionamiento del motor resulta un tanto inestable, y es por ello que Oracle dispone de paquetes como Diagnostics y Tuning que ofrecen muchas opciones para estabilizar los planes de ejecución con SQL Baselines o mejorar el plan de ejecución de una SQL sin necesidad de cambiar el código en la aplicación mediante los SQL Profiles.

En resumen, el optimizador es un componente vital y es preciso ser conscientes de sus características y funcionamiento para entender que un día una sentencia SQL puede ver cambiado su plan de ejecución porque se han actualizado las estadísticas, o se han calculado con un nivel de profundidad mayor (o menor) con cómputo de histogramas, y que ello ha llevado a estimar incorrectamente las filas devueltas en un acceso y cambiar el orden de combinación de tablas, repercutiendo negativamente en el rendimiento.

De hecho, cada vez que sucede un cambio en el plan de ejecución que mejora la eficiencia de la ejecución nadie se queja y este suceso pasa totalmente desapercibido. Los casos en los que los tiempos cambian a peor son aquellos que llegarán a la lista de tareas por hacer en el siguiente trabajo de ajuste.

Para el estudio del rendimiento es necesario disponer de informes

El paquete STATSPACK en Oracle 9i y el AWR (Automatic Workload Repository) para Oracle 10g en adelante son un buen punto de partida para encontrar el código SQL que está consumiendo los mayores recursos. Optimizar las consultas que más bloques consuman en memoria, las que más se ejecuten, las que más accedan a disco o las que más tiempo tarden en ejecutarse redundará en una mejora global sobre todo el sistema.

En sistemas en fase de desarrollo, o en entornos donde la sentencia que cause la lentitud esté localizada, conocer el plan de ejecución proporcionará la visión que el optimizador tiene de esa sentencia. Son los pasos que hay que dar para resolverla, el mapa de ruta por el cual el optimizador considera que los datos se procesarán lo más rápidamente posible.

Conocer el plan de ejecución es conocer las intenciones del motor para la optimización de ese código, y revelará carencias de conocimiento que la base de datos pueda tener sobre sus propios objetos.

Como contrapunto al plan de ejecución, las trazas de las ejecuciones mostrarán la realidad de los consumos realizados, pues si el plan de ejecución es el mapa de los pasos por andar, la traza muestra el camino real andado. Es necesario plasmar en la realidad la estimación de los planes, pues puede haber diferencias notables entre la estimación y la ejecución real de esta.

Además, también puede ser útil extraer un informe de AWR a nivel de sentencia. Este informe reporta, a partir del *hash* que identifica una sentencia, tanto el plan de ejecución estándar como el número de veces que se ejecuta y los costes de memoria y disco, el *row source generator* y demás información valiosa para la investigación.

Hay que pensar en la física de los procesos, o qué sucede por debajo

Los planes de ejecución revelan una forma de combinar los datos y acceder a ellos. Es importante visualizar esos procesos en el orden en que suceden para reconstruir los pasos que la sentencia sigue durante su ejecución. Quizás se estén realizando acciones repetitivas (o evitables), u ordenaciones no necesarias. Quizás la estructura física en la que están los datos no sea la adecuada, como una tabla que debiera estar particionada, o una tabla particionada por una clave de partición ineficiente. Quizás la forma habitual de acceder a un objeto sugiera una reconstrucción del diseño, o de la implementación del objeto en tabla IOT, tabla en *cluster*, o en usar vistas materializadas. Quizás la operativa habitual de gestión de una tabla indique una mejor forma de indexarla, con índices con clave inversa, *bitmap*, o basados en funciones.

¿Por qué el optimizador no está usando un índice aparentemente idóneo? Porque o bien no es idóneo, o el optimizador cree que no es idóneo, o algo le impide usarlo. En cualquier caso, el hecho de pensar en el optimizador como un ente pensante, que toma decisiones en función de los datos existentes en el diccionario, puede ayudar a diseccionar la situación y comprender qué está afectando a esta decisión. Puede ser el número de columnas o el orden de estas en un índice compuesto, la cardinalidad, la distribución de valores dentro del índice, su tamaño, fragmentación, etc.

Hay que visualizar la ejecución, imaginando que cada proceso transporta filas al proceso padre y que las filas se combinan como indica el plan de ejecución que han de combinarse. Pensar en cómo las filas se leen y ordenan por la clave de unión en un MERGE JOIN, dibujar en la mente el bucle de la tabla conductora que accede a la conducida a cada registro en una combinación de tipo NESTED LOOPS, visualizar un FULL SCAN como un proceso de lectura secuencial multibloque que recorre desde el primer bloque de la tabla hasta el final en una lectura rápida y directa, y hacer lo mismo con los accesos mediante índice, en los que se recorre un objeto en forma de árbol binario y por cada elemento se produce una lectura aleatoria a un bloque de la tabla.

La visualización de los procesos en movimiento, de los volúmenes, del orden de las operaciones, etc., permite dibujar la escena de la ejecución. Esto es esencial para hacer un buen diagnóstico del problema. Evidentemente, será la clave para dar también con la solución.

Entorno transaccional, *data warehouse* o híbrido

Las reglas son distintas en un entorno transaccional, con un modelo relacional, y en un entorno *data warehouse*, con un modelo dimensional en estrella. Los volúmenes y la morfología son completamente diferentes, así como lo son las reglas de implementación y optimización.

Los entornos transaccionales pueden estar abiertos 24 horas, mientras que los *data warehouse* tienen un periodo de cargas nocturnas, con un gran volumen de inserciones y actualizaciones, y otro periodo de apertura en el que los usuarios acceden a los cubos OLAP que contienen los resúmenes de los totales con la información agregada previamente calculada.

Un FULL SCAN en un entorno *data warehouse*, sin usar índices, leyendo millones de filas, quizás no corresponda a un mal plan. Quizás al forzar accesos por índices para esas lecturas el rendimiento se vea completamente perjudicado. Hay que evaluar las capacidades de reescritura de las vistas materializadas, la consistencia de los datos, el estado de las *constraints* de *foreign key*, cómo afecta el parámetro "query rewrite integrity" al uso de los cubos, etc.

Se trata de escenarios completamente distintos, con reglas distintas, diferentes disciplinas de implementación y un modo distinto de pensar en cada caso. Son como el kárate y el sumo. Ambas disciplinas son artes marciales, pero desde el ataque hasta los volúmenes que se mueven son completamente diferentes.

Desarrollar olfato detectivesco

En la ciencia pura de las métricas también cabe el olfato humano. A veces las cosas no son lo que parecen. A veces, simplemente chequear las filas que una tabla tiene en realidad y cotejar esos datos con la información existente en USER_TABLES para la columna NUM_ROWS puede mostrar que, aunque las estadísticas puedan ser recientes, quizás justo después se produjo una carga de datos y ahora no hay 1.000 filas, sino 1.000.000.

```
SQL> select table_name, num_rows
  2  from user_tables
  3  where table_name in ('PLAZAS','RESERVAS');

TABLE_NAME                      NUM_ROWS
------------------------------ ----------
PLAZAS                           2885550
RESERVAS                          171113

SQL> select count(*) from plazas;

  COUNT(*)
----------
   2885550

SQL> select count(*) from reservas;

  COUNT(*)
----------
    171113
```

Si en un paso de la ejecución el optimizador considera que un acceso devolverá una única fila y decide resolver un producto cartesiano, ¿qué ocurrirá si en lugar de una fila se retornaran 1.000? ¿Qué ha sucedido en la práctica al ejecutarse ese plan? Muchas veces un producto cartesiano en un plan de ejecución de una consulta extremadamente lenta en ejecución es equivalente al sonido de violines en una película de terror cuando el protagonista se acerca a una cripta: es preciso investigar en esa dirección.

El olfato también nos advertirá de las operaciones "arriesgadas" del optimizador. Un *hash join* es muy efectivo con volúmenes pequeños para la tabla a la que se aplique el *hash* en memoria, pero si esta fuera en la práctica (es decir, en tiempo de ejecución) de un volumen mucho mayor, el rendimiento se vería penalizado de forma exponencial.

Del mismo modo, ciertas situaciones pueden sonar alarmantes. ¿Entornos *data warehouse* que muestran información en tiempo real? ¿Índices *bitmap* sobre columnas de tipo fecha? ¿Una fecha almacenada en un tipo de dato NUMBER o

VARCHAR2? ¿Una sentencia SELECT con múltiples subconsultas sobre la misma tabla, repetidas una y otra vez?

A todo esto conviene, además, aplicar un poco de sentido común o sentido práctico. Si una tabla se crea con el fin de acceder al completo inmediatamente después, o solo durante una horas (por ejemplo en una carga noctura de un *data warehouse*), es posible que no compense ejecutar una recolección de estadísticas por tratarse de una tabla muy volátil. Quizás sería preferible no recoger estadísticas, bloquear la tabla para que estas no se recojan y así activar el muestreo dinámico, suficiente para resolver un plan efectivo. Dado que la recolección de estadísticas puede llevar minutos o incluso horas, no debería ejecutarse si no es necesario.

En muchos casos, cuando el código SQL tiene mal aspecto, también lo tiene su ejecución. Aunque hay que basarse siempre en las métricas y dejar de lado las sensaciones, estas existen por algún motivo. La experiencia previa puede ser una pista interesante.

Lo ideal será seguir la intuición con las herramientas y el conocimiento técnico, y ver dónde lleva todo ello.

Reflexionar sobre qué se está pidiendo en la ejecución (y cómo)

La semántica de los comandos es importante. No es lo mismo expresar una condición con una cláusula IN que con EXISTS. Significan operaciones diferentes, aunque puedan proporcionar los mismos resultados. Usar DISTINCT expresa de forma explícita que los resultados han de ser únicos y el motor debe hacer esa comprobación con el conjunto de filas resultante, además de ordenarlas. Cada vez que dos consultas se unen con la cláusula UNION, los resultados se ordenan para eliminar elementos distintos. Esto supone un coste de ordenación y clasificación respecto a usar UNION ALL, que concatena los resultados sin tener en cuenta posibles duplicados.

Una sentencia SQL compleja puede programarse de muchas formas, aunque devuelva los mismos resultados. Cuando en una condición las funciones se expresan sobre los campos de la tabla y no sobre los valores, esto implica una llamada al código SQL de la función por cada una de las filas, mientras que si la función se expresa en el valor a comparar, se invoca una sola vez. Además, cuando las funciones se expresan en los campos, se invalida el uso de los índices por esa columna.

```
SQL> select count(*) from vuelos
  2  where to_char(fecha_vuelo,'DD-MON-YYYY')='29-MAY-2004';

  COUNT(*)
----------
     2434

SQL> select count(*) from vuelos
  2  where fecha_vuelo between to_date('29-MAY-2004:00:00:00','DD-MON-YYYY:HH24:MI:SS')
  3    and to_date('29-MAY-2004:23:59:59','DD-MON-YYYY:HH24:MI:SS');

  COUNT(*)
----------
     2434
```

Por ejemplo, las dos sentencias anteriores devuelven el mismo número de filas, pero aplicar la función TO_CHAR sobre la columna FECHA_VUELO implica que todas las filas de la tabla VUELOS se conviertan a formato texto y se evalúen con el literal '29-MAY-2004'. Por el contrario, el segundo ejemplo únicamente aplica la función sobre los literales una única vez.

Si en vez de la función TO_CHAR se tratase de una función un poco más pesada, el coste se incrementaría exponencialmente. Las dos siguientes funciones, CONVIERTE_FECHA y CONVIERTE_TEXTO, realizan la misma función que TO_CHAR y TO_DATE, pero con una centésima de segundo de retardo en el código.

```
SQL> create or replace function convertir_fecha(fecha date) return varchar2 is
  2      texto varchar2(11);
  3  begin
  4    dbms_lock.sleep(1/100); -- pausa de una centésima de segundo.
  5    texto:=to_char(fecha,'DD-MON-YYYY');
  6    return texto;
  7  end;
  8  /

Función creada.

SQL> create or replace function convertir_texto(texto varchar2) return date is
  2      fecha date;
  3  begin
  4    dbms_lock.sleep(1/100); -- pausa de una centésima de segundo.
  5    fecha:=to_date(texto,'DD-MON-YYYY:HH24:MI:SS');
  6    return fecha;
  7  end;
  8  /

Función creada.
```

La sentencia que invoca la función por cada fila pasa a tardar 9 minutos y 44 segundos, mientras que la sentencia que compara los valores calculados sigue ejecutándose de forma instantánea.

```
SQL> select count(*) from vuelos
  2  where convertir_fecha(fecha_vuelo)='29-MAY-2004';

  COUNT(*)
----------
      2434

Transcurrido: 00:09:44.17

PLAN_TABLE_OUTPUT
--------------------------------------------------------------------------------
Plan hash value: 755262216

--------------------------------------------------------------------------------
| Id  | Operation            | Name           | Rows  | Bytes | Cost (%CPU)| Time     |
--------------------------------------------------------------------------------
|   0 | SELECT STATEMENT     |                |     1 |     7 |    56  (24)| 00:00:01 |
|   1 |  SORT AGGREGATE      |                |     1 |     7 |            |          |
|*  2 |   INDEX FAST FULL SCAN| IDX_FECHA_VUELO |   577 |  4039 |    56  (24)| 00:00:01 |
--------------------------------------------------------------------------------

Predicate Information (identified by operation id):

PLAN_TABLE_OUTPUT
--------------------------------------------------------------------------------

   2 - filter("CONVERTIR_FECHA"("FECHA_VUELO")='29-MAY-2004')
```

Un vistazo al plan de ejecución servirá de ayuda para la interpretación de esa semántica oculta. ¿Lo ve? El siguiente plan dice que en la segunda operación realizará una lectura completa del índice (para contar los elementos no necesita acceder a la tabla), leerá todos los valores, aplicará la función de filtro CONVERTIR_FECHA por cada una de ellos, y dará por buenos únicamente los que tengan el valor '29-MAY-2004'. El segundo plan de ejecución cuenta que accederá por rango, una vez resuelva mediante la función CONVERTIR_TEXTO las dos fechas que se pasan como texto.

En este caso, además, el optimizador no es capaz de entender que cada invocación a las respectivas funciones supone una centésima de segundo de retraso.

```
SQL> select count(*) from vuelos
  2  where fecha_vuelo between convertir_texto('29-MAY-2004:00:00:00')
  3    and convertir_texto('29-MAY-2004:23:59:59');

  COUNT(*)
----------
      2434

Transcurrido: 00:00:00.01

PLAN_TABLE_OUTPUT
--------------------------------------------------------------------------------
Plan hash value: 2592469927

--------------------------------------------------------------------------------
| Id  | Operation          | Name           | Rows  | Bytes | Cost (%CPU)| Time     |
--------------------------------------------------------------------------------
|   0 | SELECT STATEMENT   |                |     1 |     7 |     2   (0)| 00:00:01 |
|   1 |  SORT AGGREGATE    |                |     1 |     7 |            |          |
|*  2 |   INDEX RANGE SCAN | IDX_FECHA_VUELO |   144 |  1008 |     2   (0)| 00:00:01 |
--------------------------------------------------------------------------------
```

```
Predicate Information (identified by operation id):

PLAN_TABLE_OUTPUT
--------------------------------------------------------------------------------
   2 - access("FECHA_VUELO">="CONVERTIR_TEXTO"('29-MAY-2004:00:00:00') AND
              "FECHA_VUELO"<="CONVERTIR_TEXTO"('29-MAY-2004:23:59:59'))
```

En el lenguaje SQL es muy importante cómo se formula el código, pues el optimizador resulta muy literal en su interpretación.

Piense en el uso de funciones de tipo TRUNC o ROUND sobre columnas tipo FECHA, que facilitan la expresión de una fecha sin horas, minutos o segundos, pero que suponen invalidar el uso de índices y el abuso a llamadas SQL por cada fila que genera una alta recursividad. Reflexione sobre sentencias UPDATE que actualizan y bloquean toda una tabla y no únicamente restringen los bloqueos de las filas que se actualizan.

Encontrar el momento en que la matan

Sobre todo en los casos en los que una sentencia iba bien y de pronto su rendimiento se ha visto caer en picado, muy probablemente algo haya cambiado. Quizás al aumentar el volumen de filas de un determinado objeto, o al analizar nuevamente las estadísticas, el optimizador haya cambiado el plan sacando alguna conclusión sobre un objeto. En muchos casos suele haber un punto en que el rendimiento cae, y puede estar causado por un borrado de un índice, un cambio en la operación de combinación entre dos tablas, etc.

Es importante prestar atención al punto donde el coste se dispara. En los planes de ejecución cada operación tiene un coste asociado, una estimación de filas y bytes por procesar, y allí donde se encuentren los mayores volúmenes será donde más beneficiosa pueda ser una acción correctora.

Auditar previamente que todo esté bien

No está de más analizar los objetos, los sinónimos públicos o privados y los enlaces con otras bases de datos (*database links*). Todos los destinos de base de datos deben estar accesibles y en buen estado. Si hay sinónimos que se resuelven sobre vistas que consultan información sobre otros objetos, incluso en bases de datos remotas, puede haber pérdida de información válida para la optimización. Si las vistas son inválidas y se recompilan al ejecutarse, todo ese coste repercute en el tiempo de ejecución de las consultas.

Los índices deben estar lo más compactados posible y, si no lo están, cabe considerar una reconstrucción del índice con ALTER INDEX REBUILD, o una compactación, mucho más rápida, con ALTER INDEX COALESCE.

¿Es posible que las filas de la tabla puedan estar rotas o distribuidas sobre varios bloques? En ese caso, conviene repasar el capítulo sobre encadenamiento de filas. ¿Ha sufrido la tabla un gran número de borrados que puedan haber fragmentado la tabla, o dejado sus bloques prácticamente vacíos? En el capítulo sobre tablas y otros segmentos se menciona cómo compactar o defragmentar una tabla con el comando ALTER TABLE MOVE y sus implicaciones.

Todos estos chequeos de salud son inofensivos y pueden incluso resolver problemas de rendimiento en una primera aproximación.

También es muy recomendable comprobar que la base de datos tiene todos los componentes en estado válido, y que el diccionario no tiene elementos inválidos.

```
SQL> select comp_name, version, status
  2  from dba_registry;

COMP_NAME                               VERSION                         STATUS
--------------------------------------- ------------------------------- ----------
OWB                                     11.2.0.1.0                      VALID
Oracle Application Express              3.2.1.00.10                     VALID
Oracle Enterprise Manager              11.2.0.2.0                      VALID
OLAP Catalog                            11.2.0.2.0                      VALID
Spatial                                 11.2.0.2.0                      VALID
Oracle Multimedia                       11.2.0.2.0                      VALID
Oracle XML Database                     11.2.0.2.0                      VALID
Oracle Text                             11.2.0.2.0                      VALID
Oracle Expression Filter                11.2.0.2.0                      VALID
Oracle Rules Manager                    11.2.0.2.0                      VALID
Oracle Workspace Manager                11.2.0.2.0                      VALID
Oracle Database Catalog Views           11.2.0.2.0                      VALID
Oracle Database Packages and Types      11.2.0.2.0                      VALID
JServer JAVA Virtual Machine            11.2.0.2.0                      VALID
Oracle XDK                              11.2.0.2.0                      VALID
Oracle Database Java Packages           11.2.0.2.0                      VALID
OLAP Analytic Workspace                 11.2.0.2.0                      VALID
Oracle OLAP API                         11.2.0.2.0                      VALID

18 filas seleccionadas.


SQL> select owner, object_type, count(*)
  2  from dba_objects
  3  where status='INVALID'
  4  group by owner, object_type;

ninguna fila seleccionada
```

Incluso comprobar las versiones de la base de datos, la de los clientes y la del servidor, los parámetros definidos en sesión y en la base de datos y, por supuesto, tener conocimiento de la arquitectura del servidor de base de datos por si utiliza multi thread server, paralelismo automático, el valor de CURSOR_SHARING, el valor de OPTIMIZER_FEATURES_ENABLED, si se trata de un cluster de servidores o cuál es el método de recolección de estadísticas de los objetos, etc.

```
SQL> show parameters features

NAME                                    TYPE                              VALUE
--------------------------------------- --------------------------------- --------------
optimizer_features_enable               string                            11.2.0.1


SQL> show parameters parallel

NAME                                    TYPE                              VALUE
--------------------------------------- --------------------------------- --------------
fast_start_parallel_rollback            string                            LOW
parallel_adaptive_multi_user            boolean                           TRUE
parallel_automatic_tuning               boolean                           FALSE
parallel_degree_limit                   string                            CPU
parallel_degree_policy                  string                            MANUAL
parallel_execution_message_size         integer                           16384
parallel_force_local                    boolean                           FALSE
parallel_instance_group                 string
parallel_io_cap_enabled                 boolean                           FALSE
parallel_max_servers                    integer                           135
parallel_min_percent                    integer                           0
parallel_min_servers                    integer                           0
parallel_min_time_threshold             string                            AUTO
parallel_server                         boolean                           FALSE
parallel_server_instances               integer                           1
parallel_servers_target                 integer                           64
parallel_threads_per_cpu                integer                           2
recovery_parallelism                    integer                           0

SQL> show parameters cursor

NAME                                    TYPE                              VALUE
--------------------------------------- --------------------------------- --------------
cursor_bind_capture_destination         string                            memory+disk
cursor_sharing                          string                            SIMILAR
cursor_space_for_time                   boolean                           FALSE
open_cursors                            integer                           300
session_cached_cursors                  integer                           50
```

Preparar un buen entorno de test

Aunque el mejor sitio para probar métodos y tiempos es el entorno de producción, es precisamente el sitio menos conveniente por ser el entorno donde los usuarios están trabajando. Lanzar una ejecución que suponga un consumo desproporcionado en producción es de lo menos recomendable (para nuestro prestigio profesional, por ejemplo).

Los entornos de test pueden adaptarse para parecer, a ojos del optimizador, idénticos a los de producción. El paquete DBMS_STATS permite transportar las estadísticas y que en el entorno de desarrollo, con datos de ejemplo, las sentencias se traten como si fuesen a manejar los mismos volúmenes que en producción. El optimizador evalúa las estadísticas y desconoce la morfología real de los objetos. Por este motivo, los entornos de desarrollo pueden ser totalmente válidos para estudiar mejoras del diseño y la implementación de SQL.

Si, además, es posible contar con los mismos volúmenes de datos existentes en producción, aunque sea con datos de ejemplo, nuestro estudio dispondrá de los datos de ejecución real, en lo que se refiere a lecturas lógicas y físicas.

Algo crucial es asegurar que los entornos son estructuralmente idénticos. Si en producción existen índices que en desarrollo no están, y viceversa, los logros no serán aplicables al resto de entornos. En la preparación de este entorno de test hay que garantizar que el número de objetos y el tipo de objetos son idénticos. Si en producción una tabla está particionada, pero en desarrollo no (por una cuestión de licencias y costes), los resultados no serán comparables.

Cada caso es distinto

Llegados aquí, cada caso será distinto. Cada sentencia será distinta de otra y el problema de rendimiento seguramente será diferente. Hay infinitas formas de que una sentencia vaya mal.

Como norma general, la gran mayoría de problemas de rendimiento se resuelven analizando en profundidad los objetos con una ejecución del paquete DBMS_STATS, con un uso acertado de los histogramas y eliminando las *hints* de las sentencias si las hubiera.

La recomendación respecto a la recolección de estadísticas con DBMS_STATS es siempre intentar analizar al 100 % los datos, con histogramas por las columnas indexadas. Dado que para este análisis se posee una ventana determinada, este proceso se puede acelerar ejecutado con un nivel adecuado de paralelismo para aprovechar al máximo las CPU del sistema. Una vez este análisis al completo haya terminado, las posteriores ejecuciones pueden limitarse a analizar solo las tablas con estadísticas desfasadas (GATHER_STALE) o tablas nuevas sin estadísticas (GATHER_EMPTY).

Para el resto de casos tocará investigar más a fondo el crimen.

Esto no implica que no pueda existir un método de trabajo para optimizar SQL. No se trata de un método cerrado ni definitivo, pero puede servir como base de por dónde empezar.

Mi recomendación es seguir los siguientes pasos en lo que denomino "el método detectivesco".

Reglas de trabajo. El método detectivesco

Dada una consulta problemática, siéntase como un detective que acaba de llegar al escenario de un crimen.

Identifique el cadáver y cómo murió. Identifique el arma del crimen. Busque pistas y analice los objetos que hay a su alrededor. Intente reproducir el asesinato, primero en su mente, y luego realice una simulación. Compruebe si hay huellas. Lleve las muestras al laboratorio.

Traducido a lenguaje SQL. Identifique el proceso costoso en el plan de ejecución. Analice los objetos que participan en la sentencia (tablas, índices, vistas, etc.). Visualice los pasos del plan de ejecución (accesos, combinaciones entre tablas, filtros). Extraiga un informe AWR de la sentencia. Obtenga una traza de la ejecución.

Puede usar el siguiente resumen e ir chequeando cada punto.

Análisis del escenario

☐ Volumen de datos consultados y tiempo obtenido. ¿Hay alguna referencia de ejecución anterior?
☐ Tipo de entorno. ¿Transaccional o *data warehouse*?
☐ ¿Los objetos tienen las estadísticas actualizadas? Consultar el valor de la columna LAST_ANALYZED de USER_TABLES y USER_INDEXES.
☐ ¿Las columnas que forman parte de las condiciones de filtro están indexadas? ¿Se trata de índices compuestos? En ese caso, ¿cuál es el orden de las columnas?

Análisis del código

☐ Ordenar, indentar, clarificar el código. Hacerlo lo más legible y comprensible posible para los humanos. Si hace falta, reescribir las sentencias.
☐ Quitar *hints*, si las hubiera.

□ Evaluar puntos críticos del código como:
- Chequear que todas las ordenaciones y agrupaciones son necesarias.
- Uso adecuado de DISTINCT, solo cuando es necesario descartar duplicados.
- Evaluar las subconsultas y convertirlas a *join* si procede.
- Determinar el uso correcto de funciones. Descartar que:
- Invalidan el uso de índices.
- Inciden en llamadas de SQL recursivo.
- Estudio del uso de IN y EXISTS si hay subconsultas.
- Posibilidad de usar funciones analíticas si procede.

Análisis de la ejecución

□ Sobre el plan de ejecución. Evaluar puntos críticos como:
- Pasos donde el coste se dispara.
- Procesos que realizan filtros de la información.
- Comparar las cardinalidades estimadas con las reales.
- Cuestionar si el FULL SCAN se realiza por la carencia de uno o varios índices.
- Uso de productos cartesianos si los hubiera.
- Comprobar si el coste, el número de filas estimado y el número de bytes procesados son coherentes con la realidad.
□ Analizar a fondo los objetos a los que se accede con DBMS_STATS y repetir el plan.
□ Crear índices si corresponde. Analizar histogramas si es necesario.
□ ¿Se está usando una SQL Baseline?, ¿qué información proporcionan los asesores?, ¿conviene usar un SQL Profile?
□ De existir variables *bind*, ¿cómo están afectando al uso de histogramas?, ¿se está utilizando Bind Variable Peeking?

Laboratorio

□ Ejecutar la sentencia y evaluar la traza. Contrastarla con el plan de ejecución.
□ Comparar las cargas de trabajo de *row source* con las del plan de ejecución.
□ Analizar volúmenes leídos en memoria, en disco y tiempo de CPU.

A partir de aquí empieza a actuar el detective que hay dentro de cada uno. ¿Qué puede estar ralentizando la sentencia? ¿Cuál es el proceso que se va en tiempos? ¿Es preciso reconstruir la tabla o los índices? ¿Debe cambiar algo en el diseño de la aplicación o en la forma en la que están implementados los objetos físicamente? ¿Ayudaría el hecho de crear vistas materializadas? ¿Se utilizan vistas? ¿Conviene particionar los objetos o paralelizar los procesos?

Cada caso será un misterio por resolver.

A continuación se describe una serie de casos resueltos, o casos "de método" sobre cómo resolver un SQL conflictivo, y casos típicos de código que por su expresión o por errores conceptuales, no necesariamente de sintaxis, inciden en un mal rendimiento de ejecución.

Quizás pueda ser un buen punto de partida.

Optimización SQL en Oracle

Estudio de las ordenaciones prescindibles

Muchas sentencias realizan ordenaciones internamente, aparte de las provocadas por la cláusula ORDER BY, que pueden causar una caída del rendimiento en tiempo de ejecución. Si estas ordenaciones no son necesarias y es posible prescindir de ellas, es probable que el coste de ejecución se alivie considerablemente por las implicaciones internas que conlleva una ordenación.

En versiones anteriores a Oracle 9i, en las que las áreas de ordenación estaban asignadas por sesión y no podían incrementarse más de lo que definía el parámetro SORT_AREA_SIZE, cualquier ordenación que superase la capacidad definida suponía dejar de realizarse en el área de memoria reservada para el usuario y ordenarse en disco.

El coste de volver a almacenar las filas en disco para ordenarse físicamente en los espacios temporales es mucho mayor que el de una ordenación en memoria y esto puede hacer que una ordenación aparentemente inofensiva de un número reducido de filas incremente exponencialmente su coste si, por un cambio de los criterios de filtrado, o por un aumento del volumen de datos en el entorno de producción, el volumen de filas a ordenar aumenta fuera de lo que Oracle permita realizar "al vuelo", directamente en la *sort area*.

A partir de la versión Oracle 9i existe un parámetro llamado PGA_AGGREGATE_TARGET, que permite definir un máximo de uso para todas las áreas de usuario (Process Global Area) de forma agrupada. Es decir, el anterior parámetro SORT_AREA_SIZE queda obsoleto de modo que si una ordenación requiere un mayor espacio, este se asigna dinámicamente mientras la suma de todas las áreas de usuario queden dentro de los máximos definidos en PGA_AGGREGATE_TARGET.

Esta mejora consigue reducir considerablemente las ordenaciones en disco, ya que se mide la ocupación total de memoria para los usuarios y no los máximos por ordenaciones individuales. Ello implica que si una base de datos está saturada por usuarios que realizan ordenaciones de un gran volumen de forma indiscriminada, todo el rendimiento de la base de datos se puede ver afectado si, agotado el espacio global de todas las PGA, todas las ordenaciones siguientes concurrentes tienen que realizarse en disco.

Para determinar si una ordenación se está realizando en disco o en memoria, dado que la decisión la toma el motor en tiempo de ejecución, basta con habilitar la autotraza. El resumen estadístico de la ejecución revelará tanto el número como el tipo de ordenación. El objetivo es que la mayoría de ordenaciones se realicen en memoria, pues una ordenación en disco requiere la creación de segmentos temporales y el coste de la operación es muchísimo mayor.

```
Estadísticas
-------------------------------------------------------
         1  recursive calls
         0  db block gets
      1130  consistent gets
      1126  physical reads
         0  redo size
   9444152  bytes sent via SQL*Net to client
    125996  bytes received via SQL*Net from client
     11409  SQL*Net roundtrips to/from client
         1  sorts (memory)
         0  sorts (disk)
    171113  rows processed
```

También es conveniente ver en la base de datos el total de ordenaciones que realiza el motor, para dar una visión general de todo el sistema. La consulta a la vista V$SYSSTAT proporciona esta información desde el momento del arranque de forma dinámica, así como V$MYSTAT proporciona información de la sesión actual.

```
SQL> select name, v$sysstat.value total, mystat.value sesion
  2  from v$sysstat, v$mystat mystat
  3  where v$sysstat.statistic#=mystat.statistic#
  4  and name like '%sort%';
```

```
NAME                    TOTAL     SESION
-------------------- ---------- ----------
sorts (memory)          239420         10
sorts (disk)                 0          0
sorts (rows)          83792897     171198
```

También es posible consultar esta información en los informes AWR, en la sección de Instance Activity Stats. En este caso la información mostrada en total, por segundo y por transacción comprende el número de ordenaciones en disco y memoria durante los dos *snapshots* del informe.

Un uso óptimo de las ordenaciones puede mejorar considerablemente el rendimiento. En otros términos, solo debería ordenarse aquello que necesite ser ordenado en su resultado, o aquello que mejore el rendimiento al tratarse de forma ordenada.

No solo la cláusula ORDER BY implica realizar una ordenación. Las siguientes operaciones son responsables de un gran número de ordenaciones internas que es preciso tener en cuenta al analizar los costes de ejecución:

- **Cláusula GROUP BY.** El motor necesita ordenar todas las filas por las columnas que formarán parte de la agrupación para realizar en orden de lectura las posibles funciones de grupo de la consulta. Es más eficiente el cálculo del MAX(salario) de un departamento si previamente se han ordenado todas las filas por departamentos.

- **Cláusula DISTINCT.** Permite descartar los repetidos en una lectura secuencial del resultado ordenado.

- **Cláusulas UNION, MINUS, INTERSECT.** Al usar estas, excepto UNION ALL, que concatena directamente los resultados de las dos tablas o consultas, es preciso ordenar todo el conjunto de filas para determinar en UNION las filas eliminando las repetidas, en MINUS descartando las repetidas, y en INTERSECT seleccionando únicamente las repetidas.

- **Operaciones de mantenimiento de índices como ALTER INDEX REBUILD,** o creación de constraints de clave primaria o clave única.

- **Joins de tipo MERGE JOIN.**

Por ejemplo, dada esta sentencia en la cual se pretende obtener una lista única de NIF, y datos de clientes, las dos cláusulas en negrita son responsables de realizar una ordenación:

```
select distinct nif, apellidos, nombre, cn_sexo, cn_ec
from clientes c, sexos s, estadosciviles e
where c.sex_id_sexo   = s.id_sexo
  and c.ec_id_ec      = e.id_ec
group by nif, nombre, apellidos, cn_sexo, cn_ec;
```

Puede haber sido el mantenimiento de esta consulta en sucesivos cambios lo que la haya dejado con esa "redundancia" de ordenaciones y con una cláusula GROUP BY sin utilidad, ya que no hay ninguna función de grupo que la requiera. No obstante, esta consulta es válida desde el punto de vista de compilación. No hay errores. No es necesario que haya una función de grupo para el uso de una cláusula GROUP BY.

Además, si hubiera alguna fila duplicada, tanto DISTINCT como GROUP BY evitarían que esta fila apareciera en los resultados más de una vez. Eliminar una de las dos cláusulas resultaría en el mismo plan de ejecución, ya que el resultado de ambas cláusulas afecta sobre las mismas filas de la misma forma.

Este es el resultado de costes para la anterior consulta:

```
Execution Plan
----------------------------------------------------------
   0      SELECT STATEMENT Optimizer=CHOOSE (Cost=271 Card=9999 Bytes=649935)
   1    0   SORT (GROUP BY) (Cost=271 Card=9999 Bytes=649935)
   2    1     HASH JOIN (Cost=18 Card=9999 Bytes=649935)
   3    2       MERGE JOIN (CARTESIAN) (Cost=6 Card=10 Bytes=170)
   4    3         TABLE ACCESS (FULL) OF 'SEXOS' (Cost=2 Card=2 Bytes=14)
   5    3         BUFFER (SORT) (Cost=4 Card=1 Bytes=10)
   6    5           TABLE ACCESS (FULL) OF 'ESTADOSCIVILES' (Cost=2 Card=1 Bytes=10)
   7    2       TABLE ACCESS (FULL) OF 'CLIENTES' (Cost=11 Card=9999 Bytes=479952)
```

La ordenación del GROUP BY es la causante del incremento del coste en la ejecución. Podría parecer que el producto cartesiano es el objetivo mejorable, pero en este caso, combinar todos los tipos de sexos ("Hombre" y "Mujer") con todos los tipos de estados civiles ("Soltero", "Casado", "Divorciado", "Viudo", "Separado") da una cardinalidad máxima de diez elementos, y en una consulta total de casi diez mil clientes, lo más probable es que haya clientes en todas las combinaciones de sexo y estado civil.

La agrupación y la clasificación de elementos distintos siempre se realiza al final de la recopilación de filas para que esas ordenaciones afecten solamente al volumen total de resultados filtrados, incluyendo las subordenaciones de sexo y estado civil en caso de NIF, apellidos y nombre idénticos. Es decir, Oracle ordena toda la fila al completo para todo el conjunto de resultados.

Si lo que se pretende es recibir una lista ordenada de valores por NIF, apellidos y nombre, hay que usar la cláusula ORDER BY y la relación de esas tres columnas. Probablemente Oracle decida ordenar solo la tabla de clientes, o quizás acceder a las filas mediante un índice (no en este caso, por supuesto, pero sí cuando un filtro de clientes reduzca considerablemente el número de filas resultantes).

```
select distinct nif, apellidos, nombre, cn_sexo, cn_ec
from clientes c, sexos s, estadosciviles e
where c.sex_id_sexo    = s.id_sexo
  and c.ec_id_ec       = e.id_ec
order by nif, nombre, apellidos, cn_sexo, cn_ec;
```

Si esta consulta no necesita devolver los datos ordenados, habría que considerar si esa consulta pudiera devolver registros duplicados. El uso de la cláusula DISTINCT precisamente previene la salida de elementos repetidos y GROUP BY consigue el mismo resultado mediante esas agrupaciones individuales. En este caso, lo único que puede garantizar que ningún cliente pueda estar repetido es la presencia de una *constraint* de clave primaria o de clave única.

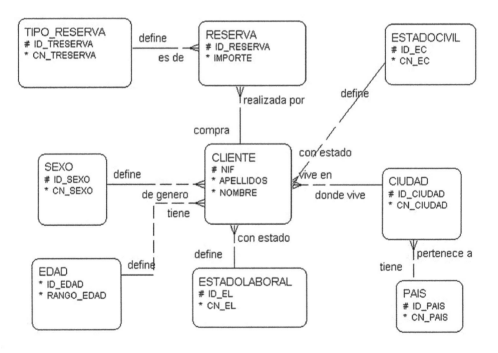

Figura 27. El modelo de datos de clientes y reservas, con su información de estado civil, sexo, edad, situación laboral y ciudad-país de origen.

En el diseño de las tablas, para la tabla CLIENTES se especifica que el NIF es el identificador unívoco de las filas mediante el símbolo "#" que precede al campo "NIF" en la definición de cliente. Tras comprobar que la tabla contiene esa clave primaria es posible garantizar que esa sentencia no devolverá ninguna fila repetida, por lo que se podría prescindir de la cláusula DISTINCT en esa consulta.

```
SQL> select constraint_name, constraint_type
  2  from dba_constraints where table_name='CLIENTES'
  3  and constraint_type = 'P';

CONSTRAINT_NAME                  C
------------------------------   -
CLI_PK                           P
```

En resumen, en este caso, dado el modelo, no hay posibilidad de que existan NIF duplicados. Por tanto, es innecesario realizar una ordenación adicional para seleccionar los distintos. Tampoco existen cálculos sobre subconjuntos ya que en este caso cada registro se comporta como un subconjunto y la cláusula GROUP BY también se está utilizando de forma inadecuada.

Omitir una de las dos cláusulas no ofrece ninguna mejora en la ejecución. Incluso Oracle puede resolver planes idénticos. La solución, por tanto, reside en eliminar GROUP BY y DISTINCT.

```
select nif, apellidos, nombre, cn_sexo, cn_ec
from clientes c, sexos s, estadosciviles e
where c.sex_id_sexo   = s.id_sexo
  and c.ec_id_ec      = e.id_ec;

Execution Plan
-----------------------------------------------------------
   0       SELECT STATEMENT Optimizer=CHOOSE (Cost=18 Card=9999 Bytes=649935)
   1    0    HASH JOIN (Cost=18 Card=9999 Bytes=649935)
   2    1      MERGE JOIN (CARTESIAN) (Cost=6 Card=10 Bytes=170)
   3    2        TABLE ACCESS (FULL) OF 'SEXOS' (Cost=2 Card=2 Bytes=14)
   4    2        BUFFER (SORT) (Cost=4 Card=1 Bytes=10)
   5    4          TABLE ACCESS (FULL) OF 'ESTADOSCIVILES' (Cost=2 Card=1 Bytes=10)
   6    1      TABLE ACCESS (FULL) OF 'CLIENTES' (Cost=11 Card=9999 Bytes=479952)
```

A partir de Oracle 10g R2, este problema y la ordenación que lo causa se resuelven de una forma más eficiente. El GROUP BY evita hacer una ordenación y, en lugar de ello, realiza un HASH GROUP BY, es decir, hace un *hash* en memoria con la clave de agrupación y clasifica las filas a medida que estas se leen. De este modo, el cálculo de las funciones de grupo se aplica únicamente a los elementos de cada clave *hash*, sin necesidad de ordenarlos previamente, lo cual mejora el coste de ejecución.

El plan de ejecución resultante es el siguiente, sin operaciones de tipo SORT:

```
-----------------------------------------------------------------------------
| Id  | Operation                      | Name           | Rows  | Bytes | Cost (%CPU)|
-----------------------------------------------------------------------------
|   0 | SELECT STATEMENT               |                | 9999  | 634K|   36  (12)|
|   1 |  HASH GROUP BY                 |                | 9999  | 634K|   36  (12)|
|*  2 |   HASH JOIN                    |                | 9999  | 634K|   34   (6)|
|   3 |    TABLE ACCESS FULL           | ESTADOSCIVILES |    5  |  50 |    3   (0)|
|   4 |    MERGE JOIN                  |                | 9999  | 537K|   31   (7)|
|   5 |     TABLE ACCESS BY INDEX ROWID| SEXOS          |    2  |  14 |    2   (0)|
|   6 |      INDEX FULL SCAN           | SEX_PK         |    2  |     |    1   (0)|
|*  7 |     SORT JOIN                  |                | 9999  | 468K|   29   (7)|
|   8 |      TABLE ACCESS FULL         | CLIENTES       | 9999  | 468K|   27   (0)|
-----------------------------------------------------------------------------
```

La ordenación se realiza únicamente en el acceso a los clientes en su combinación con el índice de la tabla SEXOS, que se recuperan de forma ordenada, y se combina de forma desordenada con la tabla ESTADOSCIVILES.

Sí. No hay garantía de que las filas vuelvan ordenadas. Al contrario: dado que ni el GROUP BY ni el DISTINCT sirven para ordenar los resultados. La única cláusula que garantiza que los resultados se devuelven ordenados es ORDER BY, y todas las demás ordenaciones son fruto de la casualidad.

Dado que quizás este comportamiento no sea el deseado, el parámetro oculto _gby_hash_aggregation_enabled permite inhabilitar el uso de HASH GROUP BY y realizar las operaciones de GROUP BY como en las versiones Oracle 8i y Oracle 9i.

Este parámetro puede ser útil en migraciones de bases de datos de versiones anteriores a Oracle 10g, en las que el código espera de algún modo la ordenación resultante del GROUP BY sin haber utilizado ORDER BY, que es la única forma de garantizar una salida ordenada.

```
SQL> alter session set "_gby_hash_aggregation_enabled"=false;

Sesión modificada.
```

De este modo, en el proceso de creación de resultados del GROUP BY el optimizador vuelve a realizar una ordenación de las filas.

```
-----------------------------------------------------------------------------
| Id  | Operation                      | Name           | Rows  | Bytes | Cost (%CPU)|
-----------------------------------------------------------------------------
|   0 | SELECT STATEMENT               |                | 9999  | 634K|   36  (12)|
|   1 |  SORT GROUP BY                 |                | 9999  | 634K|   36  (12)|
|*  2 |   HASH JOIN                    |                | 9999  | 634K|   34   (6)|
|   3 |    TABLE ACCESS FULL           | ESTADOSCIVILES |    5  |  50 |    3   (0)|
|   4 |    MERGE JOIN                  |                | 9999  | 537K|   31   (7)|
|   5 |     TABLE ACCESS BY INDEX ROWID| SEXOS          |    2  |  14 |    2   (0)|
|   6 |      INDEX FULL SCAN           | SEX_PK         |    2  |     |    1   (0)|
|*  7 |     SORT JOIN                  |                | 9999  | 468K|   29   (7)|
|   8 |      TABLE ACCESS FULL         | CLIENTES       | 9999  | 468K|   27   (0)|
-----------------------------------------------------------------------------
```

Respecto a la cláusula DISTINCT, el forzar la eliminación de distintos debería limitarse exclusivamente a los casos en los que las filas pudieran estar duplicadas, y no usarse como una forma de resolver un mal diseño como, por ejemplo, la carencia de una clave primaria que permita identificar de forma unívoca los registros y evite la presencia de duplicados en las tablas.

Por un lado, puede suceder que a causa de un mal mantenimiento de una consulta con la cláusula DISTINCT se estén ocultando filas procesadas de forma innecesaria. Por ejemplo, el siguiente código contiene un error de programación y, sin embargo, devuelve los resultados esperados: las compañías, y vuelos de origen/destino en las cuales hay plazas reservadas.

```
select distinct c.CN_COMP compania,
       v.AER_ID_AERO origen,
       v.AER_ID_AERO_DESTINO destino
 from vuelos v, companias c, reservas r
where v.id_vuelo in (select r.vue_id_vuelo
                       from reservas r
                      where r.vue_id_vuelo=v.id_vuelo)
  and c.id_comp=v.comp_id_comp;
```

Ese error, en la anterior consulta, causa un producto cartesiano y dispara el coste de ejecución de la consulta.

¿Ha adivinado cuál es el error?

Sí, aparentemente la consulta está bien programada. Se seleccionan tres columnas relacionadas con compañías y vuelos. Tres tablas se combinan con una *join* y una subconsulta filtra los vuelos que únicamente tienen reservas.

Probablemente no le resulte extraño encontrar una *join* formulada como una subconsulta. De hecho, el optimizador de costes traduce esas combinaciones en cuanto las reconoce, aunque a veces pueden pasar inadvertidas. Esa subconsulta parece comportarse como una *join*, pero no lo es.

Fíjese en el texto resaltado en negrita:

```
select distinct c.CN_COMP compania,
       v.AER_ID_AERO origen,
       v.AER_ID_AERO_DESTINO destino
 from vuelos v, companias c, reservas r
where v.id_vuelo in (select r.vue_id_vuelo
                       from reservas r
                      where r.vue_id_vuelo=v.id_vuelo)
  and c.id_comp=v.comp_id_comp;
```

No se trata de una consulta sobre tres tablas, sino sobre cuatro tablas: VUELOS, COMPANIAS, RESERVAS y otra vez RESERVAS.

El plan de ejecución nos puede dar una pista sobre el desastre:

```
---------------------------------------------------------------------------
| Id  | Operation              | Name      | Rows  | Bytes |TempSpc| Cost (%CPU)|
---------------------------------------------------------------------------
|   0 | SELECT STATEMENT       |           | 4625  | 180K|       |   25M (15) |
|   1 |  SORT UNIQUE           |           | 4625  | 180K|       |   25M (15) |
|*  2 |   HASH JOIN            |           | 29G|  1090G|  2848K|   22M  (2) |
|   3 |    INDEX FAST FULL SCAN | RES_PK   | 171K|  835K|       |   171  (2) |
|*  4 |    HASH JOIN           |           | 9875M|  321G|       |  71005 (98)|
|   5 |     TABLE ACCESS FULL  | VUELOS    | 57711 | 1070K|      |   137  (1) |
|   6 |     MERGE JOIN CARTESIAN |         | 1368K|   20M|      |  1357  (2) |
|   7 |      TABLE ACCESS FULL | COMPANIAS |   8 |  128 |       |    3   (0) |
|   8 |      BUFFER SORT       |           | 171K|       |       |  1354  (2) |
|   9 |       INDEX FAST FULL SCAN| RES_PK |  171K|       |       |   169  (1) |
---------------------------------------------------------------------------

Predicate Information (identified by operation id):
---------------------------------------------------

   2 - access("V"."ID_VUELO"="R"."VUE_ID_VUELO")
   4 - access("C"."ID_COMP"="V"."COMP_ID_COMP")
```

El resultado es el siguiente: cuatro tablas, dos *joins* y un Terabyte en memoria en la operación 2 al hacer un HASH JOIN sobre casi diez mil millones de filas con 171.000 del acceso a RES_PK.

Salvo por el indicio evidente de que algo va mal por el tiempo de ejecución, los resultados finales aparentemente son correctos: unas 4.600 filas es el resultado esperado.

Además, la información resultante es correcta. Se visualizan las filas de las compañías y los vuelos que realizan entre los distintos aeropuertos para los que hay al menos una reserva, pero el uso de DISTINCT oculta ese producto cartesiano producido por descuidar una *join* entre dos tablas.

No obstante, el uso de DISTINCT es obligatorio en este caso, ya que puede haber varias reservas para un mismo vuelo. De hecho, aunque su uso sea correcto, es importante considerar todas las implicaciones derivadas de eliminar los elementos distintos y el hecho de que se pueda estar ocultando información duplicada almacenada incorrectamente en la base de datos.

Manejando subconsultas

El abuso de subconsultas repercute directamente en la legibilidad del código y, en algunas ocasiones, puede afectar a los resultados de coste de las ejecuciones en aquellos casos en los que se subconsulten varias veces resultados sobre la misma tabla.

El objetivo en la optimización de SQL no es únicamente reducir costes de ejecución, sino mejorar la calidad del código. Generalmente, estas dos propiedades de la optimización están directamente vinculadas. Una consulta con un código ilegible o con un alto número de subconsultas y anidaciones, si estas son innecesarias, muy probablemente oculte errores en el código o redunde en accesos que podrían aprovecharse en una única lectura sobre la tabla.

Para consultas que impliquen comparaciones sobre otros elementos de la misma tabla, en sustitución de las subconsultas, puede ser útil el uso de funciones analíticas, descritas posteriormente en el capítulo dedicado a estas.

El optimizador de Oracle posee una gran capacidad de interpretación para *joins* y subconsultas. Si una subconsulta esconde una *join*, el plan de ejecución será idéntico en la mayoría de los casos al convertir estas subconsultas en *joins*. Es preciso tener cuidado con las restricciones de clave primaria y clave ajena, ya que si no están definidas, Oracle puede alterar su decisión para el uso o no de índices. Por ejemplo, si una subconsulta puede devolver nulos, esta situación se tendrá en cuenta y alterará muy probablemente la estrategia de ejecución.

Una consulta con varias subconsultas anidadas puede resultar difícil de interpretar y, por consiguiente, de mantener. Además, supone una complicación determinar si se está accediendo a las tablas adecuadas y filtrando por las filas necesarias.

Por ejemplo, estas dos consultas producen los mismos resultados:

Consulta 1

```
select distinct c.CN_COMP compania,
                v.AER_ID_AERO origen,
                v.AER_ID_AERO_DESTINO destino
 from vuelos v, companias
where id_vuelo in (select vue_id_vuelo  from reservas
                    where importe in (select max (importe)
                                        from reservas))
  and v.comp_id_comp=c.id_comp;
```

Consulta 2

```
select distinct c.CN_COMP compania,
                v.AER_ID_AERO origen,
                v.AER_ID_AERO_DESTINO destino
 from vuelos v, companias c, reservas r
where v.id_vuelo=r.vue_id_vuelo
  and r.importe in (select max (importe)
                      from reservas)
  and v.comp_id_comp=c.id_comp;
```

Además, ambas tienen el mismo plan de ejecución. No obstante, la segunda consulta resulta más comprensible en la lectura a simple vista.

Si se expresan las *joins* como subconsultas, y se incluyen los filtros en estas, además de complicar considerablemente la comprensión se corre el riesgo de aplicar filtros en partes de la consulta y no en el total de registros a seleccionar, con la consecuencia de visualizar filas no deseadas, cálculos incorrectos, etc.

En algunos casos, los mantenimientos del código pueden llevar a una distorsión de la consulta original al adaptarse a nuevos requisitos. En estos casos, a veces la consulta resulta tediosa de entender, sobre todo cuando el volumen del código es considerable y este incluye varios niveles de subconsultas.

En resumen, la sintaxis de las subconsultas es lícita, y en la mayoría de los casos el optimizador es capaz de sintetizarla y optimizarla, e incluso convertirla a *join* si es posible, pero en algunos casos puede complicar mucho la legibilidad.

En los casos en los que las subconsultas acceden una y otra vez a la misma tabla, en cada acceso con una condición distinta, con la intención de extraer varios conjuntos de filas que han de agruparse por columnas diferentes, el uso de funciones analíticas ofrece, además de una forma mucho más clara de expresión del código, un funcionamiento mucho más eficiente.

La morfología de este caso suele ser la siguiente: es necesario obtener "el número de contratos activos, la fecha del primer contrato cancelado, el número de recibos impagados, etc.", lo cual hace prácticamente imposible implementar un criterio de agrupación por GROUP BY, y es necesario agrupar primero por contratos activos, después por contratos cancelados, después por recibos, y así sucesivamente.

Para esta casuística, las funciones analíticas se aplican a un subconjunto de registros, por lo que el motor, para gestionarlo correctamente, crea una ventana SQL intermedia para reagrupar una y otra vez los resultados de una consulta. Así, dado el anterior ejemplo, Oracle tomaría todos los contratos de ese cliente y los agruparía para cada columna de resultados: el primer contrato contratado, el primero cancelado, el último contrato de alta, etc., sin necesidad de consultar una y otra vez la tabla de contratos.

Esta funcionalidad está más detallada en el capítulo de "Funciones analíticas", pero en este capítulo sirve como herramienta para reorganizar una consulta con un volumen alto de subconsultas recurrentes sobre la misma tabla.

```
SELECT     a.ID_FACTURA,
           a.FALINEA_AUX - b.minCount + 1 ID_FALINEA,
           a.ID_CLIENT,
           a.PRODUCT_ID
FROM linea_factura a,
     (select t.id_factura,
             t.dt_fafacturacio,
             min(t.falinea_aux) minCount
      from linea_factura t
      group by t.id_factura,
               t.dt_fafacturacio
     ) b
WHERE a.id_factura = b.id_factura
ORDER BY a.ID_FACTURA, a.FALINEA_AUX - b.minCount + 1 ASC;
```

Este caso muestra una consulta que precisa, de cada línea de factura, la primera línea de esa factura.

La interpretación es cargar dos veces la tabla de líneas de factura: la primera para obtener los datos de todas las líneas de factura, y la segunda para obtener los datos de solo la primera y combinarlas mediante una *join* por la clave primaria.

Esto no es necesario desde que existen estas funciones en la versión Oracle 8i.

El anterior ejemplo quedaría reducido así:

```
SELECT      a.ID_FACTURA,
            a.FALINEA_AUX - min(falinea_aux) over
                        (partition by id_factura, dt_fafacturacio) +1 ID_FALINEA,
            a.ID_CLIENT,
            a.PRODUCT_ID,
FROM linea_factura a
ORDER BY a.ID_FACTURA, a.FALINEA_AUX - b.minCount + 1 ASC ;
```

Dado que la tabla de líneas de factura, además, tiene un volumen considerable, el rendimiento se ve reducido notablemente.

En un último apunte en este capítulo respecto a las funciones analíticas, en el caso inicial sobre compañías de vuelos y aeropuertos de origen y destino, las funciones analíticas reducen el código de la sentencia pero perjudican el rendimiento considerablemente.

El código que abre el capítulo, expresado con funciones analíticas, podría ser el siguiente, con el mismo resultado:

```
select distinct c.CN_COMP compania v.AER_ID_AERO origen, v.AER_ID_AERO_DESTINO destino
  from companias c, (select vue_id_vuelo, importe,
                max(importe) over (order by importe desc nulls last) max_importe
                    from reservas) r, vuelos v
where importe=max_importe
  and r.vue_id_vuelo=v.id_vuelo
  and v.comp_id_comp=c.id_comp  ;
```

En este ejemplo, dado que no existen divisiones de particiones en el cálculo de las funciones analíticas, los cambios no producen ningún beneficio en el coste.

Con funciones analíticas

```
----------------------------------------------------------------------------------
| Id  | Operation           | Name     | Rows  | Bytes |TempSpc| Cost (%CPU)|
----------------------------------------------------------------------------------
|   0 | SELECT STATEMENT    |          | 4625  | 261K|       | 1157   (3)|
|   1 |  SORT UNIQUE        |          | 4625  | 261K|       | 1157   (3)|
|*  2 |   HASH JOIN         |          | 171K| 9691K|       | 1146   (2)|
|   3 |    TABLE ACCESS FULL | COMPANIAS |   8  | 128 |       |    3   (0)|
|*  4 |    HASH JOIN        |          | 171K| 7018K|       | 1142   (2)|
|   5 |     TABLE ACCESS FULL | VUELOS  | 57711 | 1070K|       |  137   (1)|
|*  6 |     VIEW            |          | 171K| 3843K|       | 1002   (2)|
|   7 |      WINDOW SORT    |          | 171K| 1671K| 3368K| 1002   (2)|
|   8 |       TABLE ACCESS FULL| RESERVAS | 171K| 1671K|       |  311   (2)|
----------------------------------------------------------------------------------
```

Sin funciones analíticas

```
--------------------------------------------------------------------------
| Id  | Operation                    | Name     | Rows  | Bytes | Cost (%CPU)|
--------------------------------------------------------------------------
|   0 | SELECT STATEMENT             |          |   17  |  765  | 641   (2)|
|   1 |  SORT UNIQUE                 |          |   17  |  765  | 641   (2)|
|*  2 |   HASH JOIN                  |          |   17  |  765  | 331   (2)|
|   3 |    NESTED LOOPS              |          |       |       |          |
|   4 |     NESTED LOOPS            |          |   17  |  493  | 327   (1)|
|*  5 |      TABLE ACCESS FULL       | RESERVAS |   17  |  170  | 310   (1)|
|   6 |       SORT AGGREGATE         |          |    1  |    5  |          |
|   7 |        TABLE ACCESS FULL     | RESERVAS | 171K  | 835K  | 310   (1)|
|*  8 |      INDEX UNIQUE SCAN       | VUE_PK   |    1  |       |   0   (0)|
|   9 |     TABLE ACCESS BY INDEX ROWID| VUELOS |    1  |   19  |   1   (0)|
|  10 |    TABLE ACCESS FULL         | COMPANIAS|    8  |  128  |   3   (0)|
--------------------------------------------------------------------------
```

Dado que la operación WINDOW SORT que prepara el espacio temporal de clasificación de la función implica un uso del espacio temporal en disco, en este caso, la función analítica no ofrece ningún beneficio en el coste (prácticamente lo duplica).

Subconsultas en la cláusula SELECT

Cuando se utilizan subconsultas en la cláusula SELECT de una sentencia a nivel de columna, el optimizador resuelve esa ejecución en el momento de procesar las filas al cliente y, en algunos casos, puede repercutir en una alta recursividad en la ejecución de ese código anidado.

Por ejemplo, la consulta de la proporción del salario de cada empleado respecto al total puede expresarse con la siguiente sentencia:

```
SQL> select empno, deptno, ename, sal,
  2         round((sal*100/(select sum(sal) from scott.emp)),2) por_sal
  3  from scott.emp;

     EMPNO     DEPTNO ENAME            SAL    POR_SAL
---------- ---------- ---------- ---------- ----------
      7369         20 SMITH            800       2,76
      7499         30 ALLEN           1600       5,51
      7521         30 WARD            1250       4,31
      7566         20 JONES           2975      10,25
      7654         30 MARTIN          1250       4,31
      7698         30 BLAKE           2850       9,82
      7782         10 CLARK           2450       8,44
      7788         20 SCOTT           3000      10,34
      7839         10 KING            5000      17,23
      7844         30 TURNER          1500       5,17
      7876         20 ADAMS           1100       3,79
      7900         30 JAMES            950       3,27
      7902         20 FORD            3000      10,34
      7934         10 MILLER          1300       4,48
```

El plan de ejecución resultante, aunque incluye un doble acceso a la tabla EMP, tiene en cuenta que el cálculo de la suma de todos los salarios debe hacerse solo una vez.

```
-------------------------------------------------------------------------
| Id  | Operation          | Name | Rows  | Bytes | Cost (%CPU)| Time     |
-------------------------------------------------------------------------
|   0 | SELECT STATEMENT   |      |    14 |   238 |     3   (0)| 00:00:01 |
|   1 |  SORT AGGREGATE    |      |     1 |     4 |            |          |
|   2 |   TABLE ACCESS FULL| EMP  |    14 |    56 |     3   (0)| 00:00:01 |
|   3 |   TABLE ACCESS FULL | EMP  |    14 |   238 |     3   (0)| 00:00:01 |
-------------------------------------------------------------------------

10 filas seleccionadas.
```

En SQL existe la cláusula WITH, que permite extraer esa subconsulta de la sentencia principal y referenciarla posteriormente.

```
SQL> with total as (select  sum(sal) total from scott.emp)
  2  select empno, deptno, ename, sal,
  3         round((sal*100/(select total from total)),2) por_sal
  4  from scott.emp;

     EMPNO     DEPTNO ENAME           SAL    POR_SAL
---------- ---------- ---------- ---------- ----------
      7369         20 SMITH          800       2,76
      7499         30 ALLEN         1600       5,51
      7521         30 WARD          1250       4,31
      7566         20 JONES         2975      10,25
      7654         30 MARTIN        1250       4,31
      7698         30 BLAKE         2850       9,82
      7782         10 CLARK         2450       8,44
      7788         20 SCOTT         3000      10,34
      7839         10 KING          5000      17,23
      7844         30 TURNER        1500       5,17
      7876         20 ADAMS         1100       3,79
      7900         30 JAMES          950       3,27
      7902         20 FORD          3000      10,34
      7934         10 MILLER        1300       4,48
```

No obstante, el plan de ejecución es prácticamente el mismo, salvo por la materialización de la consulta principal como una vista.

```
-------------------------------------------------------------------------
| Id  | Operation          | Name | Rows  | Bytes | Cost (%CPU)| Time     |
-------------------------------------------------------------------------
|   0 | SELECT STATEMENT   |      |    14 |   238 |     3   (0)| 00:00:01 |
|   1 |  VIEW              |      |     1 |    13 |     3   (0)| 00:00:01 |
|   2 |   SORT AGGREGATE   |      |     1 |     4 |            |          |
|   3 |    TABLE ACCESS FULL| EMP  |    14 |    56 |     3   (0)| 00:00:01 |
|   4 |   TABLE ACCESS FULL | EMP  |    14 |   238 |     3   (0)| 00:00:01 |
-------------------------------------------------------------------------

11 filas seleccionadas.
```

La parte interesante del uso de subconsultas en la cláusula SELECT viene cuando estas están relacionadas con la consulta principal. De algún modo parece que el optimizador ignora el coste de resolver esa ejecución, aparte del coste básico de acceso a la tabla.

Por ejemplo, la consulta de clientes con su identificación de sexo y estado civil.

```
SQL> set autotrace traceonly
SQL> select nif, cn_sexo sexo, cn_ec estado
  2  from clientes, sexos, estadosciviles
  3  where clientes.ec_id_ec=estadosciviles.id_ec
  4    and clientes.sex_id_sexo=sexos.id_sexo;

9999 filas seleccionadas.

Plan de Ejecución
----------------------------------------------------------
Plan hash value: 3779357754

--------------------------------------------------------------------------------
| Id  | Operation                      | Name          | Rows  | Bytes | Cost (%CPU)| Time     |
--------------------------------------------------------------------------------
|   0 | SELECT STATEMENT               |               | 10001 |  341K |    34   (6)| 00:00:01 |
|*  1 |  HASH JOIN                     |               | 10001 |  341K |    34   (6)| 00:00:01 |
|   2 |   TABLE ACCESS FULL            | ESTADOSCIVILES|     5 |   55  |     3   (0)| 00:00:01 |
|   3 |   MERGE JOIN                   |               | 10000 |  234K |    31   (7)| 00:00:01 |
|   4 |    TABLE ACCESS BY INDEX ROWID | SEXOS         |     2 |   16  |     2   (0)| 00:00:01 |
|   5 |     INDEX FULL SCAN            | SEX_PK        |     2 |       |     1   (0)| 00:00:01 |
|*  6 |    SORT JOIN                   |               |  9999 |  156K |    29   (7)| 00:00:01 |
|   7 |     TABLE ACCESS FULL          | CLIENTES      |  9999 |  156K |    27   (0)| 00:00:01 |
--------------------------------------------------------------------------------

Predicate Information (identified by operation id):
---------------------------------------------------

   1 - access("CLIENTES"."EC_ID_EC"="ESTADOSCIVILES"."ID_EC")
   6 - access("CLIENTES"."SEX_ID_SEXO"="SEXOS"."ID_SEXO")
       filter("CLIENTES"."SEX_ID_SEXO"="SEXOS"."ID_SEXO")


Estadísticas
----------------------------------------------------------
          1  recursive calls
          0  db block gets
        108  consistent gets
          1  physical reads
          0  redo size
     346739  bytes sent via SQL*Net to client
       7846  bytes received via SQL*Net from client
        668  SQL*Net roundtrips to/from client
          1  sorts (memory)
          0  sorts (disk)
       9999  rows processed
```

La lectura de 108 bloques en memoria corresponde mayoritariamente a los bloques de la tabla CLIENTES, al índice de clave primaria de la tabla SEXOS y al acceso completo por FULL SCAN de la tabla ESTADOSCIVILES. El coste se tasa en 34.

Esta misma consulta, expresando la resolución del valor de sexo y estado civil del cliente directamente en las columnas de resultado, supone un plan de ejecución similar, pero estimando el coste en 27.

```
SQL> select nif,
  2          (select cn_sexo from sexos where id_sexo=clientes.sex_id_sexo) sexo,
  3          (select cn_ec from estadosciviles where id_ec=clientes.ec_id_ec) estado
  4   from clientes;

9999 filas seleccionadas.

Transcurrido: 00:00:00.07

Plan de Ejecución
----------------------------------------------------------
Plan hash value: 3745735041

---------------------------------------------------------------------------------
| Id  | Operation                    | Name          | Rows  | Bytes | Cost (%CPU)| Time     |
---------------------------------------------------------------------------------
|   0 | SELECT STATEMENT             |               |  9999 |  156K |    27   (0)| 00:00:01 |
|   1 |  TABLE ACCESS BY INDEX ROWID | SEXOS         |     1 |     8 |     1   (0)| 00:00:01 |
|*  2 |   INDEX UNIQUE SCAN          | SEX_PK        |     1 |       |     0   (0)| 00:00:01 |
|   3 |  TABLE ACCESS BY INDEX ROWID | ESTADOSCIVILES|     1 |    11 |     1   (0)| 00:00:01 |
|*  4 |   INDEX UNIQUE SCAN          | EC_PK         |     1 |       |     0   (0)| 00:00:01 |
|   5 |  TABLE ACCESS FULL           | CLIENTES      |  9999 |  156K |    27   (0)| 00:00:01 |
---------------------------------------------------------------------------------

Predicate Information (identified by operation id):
---------------------------------------------------

   2 - access("ID_SEXO"=:B1)
   4 - access("ID_EC"=:B1)


Estadísticas
----------------------------------------------------------
          1  recursive calls
          0  db block gets
        766  consistent gets
          0  physical reads
          0  redo size
     380260  bytes sent via SQL*Net to client
       7846  bytes received via SQL*Net from client
        668  SQL*Net roundtrips to/from client
          0  sorts (memory)
          0  sorts (disk)
       9999  rows processed
```

Prácticamente, los costes de acceso y gestión de la tabla SEXOS y ESTADOSCIVILES parecen omitirse en el cálculo (el anterior plan media 34, menos 3 de acceso a cada tabla y 1 de acceso al índice), pero el volumen total de bloques leídos en memoria se multiplica por siete.

¿Puede afirmarse entonces que se trata de un plan de ejecución mejor? Los tiempos de ejecución son prácticamente inmediatos, pero la traza mostrará con mayor detalle los tiempos de cada parte del proceso.

Traza de ejecución con uso de joins

```
select nif, cn_sexo sexo, cn_ec estado
from clientes, sexos, estadosciviles
where clientes.ec_id_ec=estadosciviles.id_ec
  and clientes.sex_id_sexo=sexos.id_sexo
```

call	count	cpu	elapsed	disk	query	current	rows
Parse	1	0.00	0.00	0	0	0	0
Execute	1	0.00	0.00	0	0	0	0
Fetch	668	0.01	0.04	1	108	0	9999
total	670	0.01	0.04	1	108	0	9999

```
Misses in library cache during parse: 1
Optimizer mode: ALL_ROWS
Parsing user id: 91   (VUELOS)
Number of plan statistics captured: 1
```

```
Rows     Execution Plan
-------  ------------------------------------------------------
      0  SELECT STATEMENT    MODE: ALL_ROWS
   9999   HASH JOIN
      5    TABLE ACCESS    MODE: ANALYZED (FULL) OF 'ESTADOSCIVILES'  (TABLE)
   9999    MERGE JOIN
      2     TABLE ACCESS   MODE: ANALYZED (BY INDEX ROWID) OF 'SEXOS' (TABLE)
      2      INDEX   MODE: ANALYZED (FULL SCAN) OF 'SEX_PK' (INDEX (UNIQUE))
   9999     SORT (JOIN)
   9999      TABLE ACCESS   MODE: ANALYZED (FULL) OF 'CLIENTES' (TABLE)
```

Traza de ejecución con subconsultas en la cláusula SELECT

```
select nif,
       (select cn_sexo from sexos where id_sexo=clientes.sex_id_sexo) sexo,
       (select cn_ec from estadosciviles where id_ec=clientes.ec_id_ec) estado
from clientes
```

call	count	cpu	elapsed	disk	query	current	rows
Parse	1	0.00	0.00	0	0	0	0
Execute	1	0.00	0.00	0	0	0	0
Fetch	668	0.00	0.01	0	766	0	9999
total	670	0.00	0.01	0	766	0	9999

```
Misses in library cache during parse: 1
Optimizer mode: ALL_ROWS
Parsing user id: 91   (VUELOS)
Number of plan statistics captured: 1
```

```
Rows     Execution Plan
-------  ------------------------------------------------------
      0  SELECT STATEMENT    MODE: ALL_ROWS
      2   TABLE ACCESS   MODE: ANALYZED (BY INDEX ROWID) OF 'SEXOS' (TABLE)
      2    INDEX   MODE: ANALYZED (UNIQUE SCAN) OF 'SEX_PK' (INDEX (UNIQUE))
      5   TABLE ACCESS   MODE: ANALYZED (BY INDEX ROWID) OF 'ESTADOSCIVILES' (TABLE)
      5    INDEX   MODE: ANALYZED (UNIQUE SCAN) OF 'EC_PK' (INDEX (UNIQUE) )
   9999   TABLE ACCESS   MODE: ANALYZED (FULL) OF 'CLIENTES' (TABLE)
```

La ejecución mediante subconsultas parece indicar al optimizador que no es necesario ordenar la tabla CLIENTES para facilitar las *joins*, y que obtener por cada fila desde memoria las filas correspondientes al sexo y al estado civil resulta óptimo.

Sí, es algo muy parecido a una ejecución en estrella. La diferencia está en el cálculo de un *hash* para resolver los valores de sexo y estado civil, o el acceso directo a los bloques. Aunque la segunda ejecución parezca ejecutarse en menos tiempo, hay que tener en cuenta el alto consumo de bloques en memoria, cosa que no sucedería en una ejecución en estrella.

¿Qué ocurriría si las tablas que forman parte de las subconsultas en SELECT fuesen considerablemente mayores?

Como ejemplo sirva la siguiente consulta formulada sobre VUELOS (57.711 filas), RESERVAS (171.113 filas) y CLIENTES (9.999 filas).

Consulta de reservas, con datos de vuelos y clientes expresada con dos joins

```
select reservas.id_reserva, reservas.importe, vuelos.detalles, clientes.apellidos
    from vuelos, reservas, clientes
    where vuelos.id_vuelo=reservas.vue_id_vuelo
      and reservas.cli_nif=clientes.nif;
```

Consulta de reservas, con datos de vuelos y clientes expresada con una join y una subconsulta en la cláusula SELECT

```
select reservas.id_reserva, reservas.importe,
    (select vuelos.detalles from vuelos
      where vuelos.id_vuelo=reservas.vue_id_vuelo) vuelo,
    clientes.apellidos
    from reservas, clientes
    where reservas.cli_nif=clientes.nif;
```

Consulta de reservas, con datos de vuelos y clientes expresada con dos subconsultas en la cláusula SELECT

```
select reservas.id_reserva, reservas.importe,
    (select vuelos.detalles from vuelos
      where reservas.vue_id_vuelo=vuelos.id_vuelo) vuelo,
    (select clientes.apellidos    from clientes
      where reservas.cli_nif=clientes.nif) cliente
    from reservas;
```

Los correspondientes planes de ejecución parecen evidenciar lo mencionado anteriormente: el optimizador de costes no es capaz de evaluar el impacto de la combinación de elementos de la consulta principal con los de las subconsultas en la cláusula SELECT. Por este motivo, los costes de los planes de ejecución cada vez son inferiores.

Ejecución de la consulta de reservas, con datos de vuelos y clientes expresada con dos joins con el plan de ejecución asociado y la traza de AUTOTRACE

```
SQL> select reservas.id_reserva, reservas.importe, vuelos.detalles, clientes.apellidos
  2      from vuelos, reservas, clientes
  3      where vuelos.id_vuelo=reservas.vue_id_vuelo
  4        and reservas.cli_nif=clientes.nif;

171113 filas seleccionadas.

Transcurrido: 00:00:01.54

Plan de Ejecución
----------------------------------------------------------
Plan hash value: 858327892

----------------------------------------------------------------------------------------
| Id  | Operation            | Name      | Rows  | Bytes |TempSpc| Cost (%CPU)| Time     |
----------------------------------------------------------------------------------------
|   0 | SELECT STATEMENT     |           |  171K |   13M |       |   904   (2)| 00:00:11 |
|*  1 |  HASH JOIN           |           |  171K |   13M |       |   904   (2)| 00:00:11 |
|   2 |   TABLE ACCESS FULL  | CLIENTES  |  9999 |  361K |       |    27   (0)| 00:00:01 |
|*  3 |   HASH JOIN          |           |  171K | 7686K | 1528K |   875   (2)| 00:00:11 |
|   4 |    TABLE ACCESS FULL | VUELOS    | 57711 |  845K |       |   137   (1)| 00:00:02 |
|   5 |    TABLE ACCESS FULL | RESERVAS  |  171K | 5180K |       |   311   (2)| 00:00:04 |
----------------------------------------------------------------------------------------

Predicate Information (identified by operation id):
---------------------------------------------------

   1 - access("RESERVAS"."CLI_NIF"="CLIENTES"."NIF")
   3 - access("VUELOS"."ID_VUELO"="RESERVAS"."VUE_ID_VUELO")


Estadísticas
----------------------------------------------------------
         15  recursive calls
          0  db block gets
      13013  consistent gets
         96  physical reads
          0  redo size
    7835592  bytes sent via SQL*Net to client
     125996  bytes received via SQL*Net from client
      11409  SQL*Net roundtrips to/from client
          0  sorts (memory)
          0  sorts (disk)
     171113  rows processed
```

A grandes rasgos, el resumen de la ejecución puede ser una lectura de 13.013 bloques en memoria, un tiempo de ejecución de 1 minuto y 54 segundos y un coste de 904.

Ejecución de la consulta de reservas, con datos de vuelos y clientes expresada con una join y una subconsulta en la cláusula SELECT con el plan de ejecución asociado y la traza de AUTOTRACE

```
SQL> select reservas.id_reserva, reservas.importe,
  2      (select vuelos.detalles from vuelos
  3         where vuelos.id_vuelo=reservas.vue_id_vuelo) vuelo,
  4      clientes.apellidos
  5      from reservas, clientes
  6      where reservas.cli_nif=clientes.nif;

171113 filas seleccionadas.

Transcurrido: 00:00:02.40

Plan de Ejecución
----------------------------------------------------------
Plan hash value: 402988295
```

| Id | Operation | Name | Rows | Bytes | Cost (%CPU)| Time |

0	SELECT STATEMENT		171K	11M	340 (2)	00:00:05
1	TABLE ACCESS BY INDEX ROWID	VUELOS	1	15	2 (0)	00:00:01
* 2	INDEX UNIQUE SCAN	VUE_PK	1		1 (0)	00:00:01
* 3	HASH JOIN		171K	11M	340 (2)	00:00:05
4	TABLE ACCESS FULL	CLIENTES	9999	361K	27 (0)	00:00:01
5	TABLE ACCESS FULL	RESERVAS	171K	5180K	311 (2)	00:00:04

```
Predicate Information (identified by operation id):
---------------------------------------------------

   2 - access("VUELOS"."ID_VUELO"=:B1)
   3 - access("RESERVAS"."CLI_NIF"="CLIENTES"."NIF")


Estadísticas
----------------------------------------------------------
         15  recursive calls
          0  db block gets
     374003  consistent gets
          0  physical reads
          0  redo size
    7835589  bytes sent via SQL*Net to client
     125996  bytes received via SQL*Net from client
      11409  SQL*Net roundtrips to/from client
          0  sorts (memory)
          0  sorts (disk)
     171113  rows processed
```

En esta ejecución, el número de bloques leídos en memoria ha aumentado a 374.003 y el tiempo de ejecución ha aumentado a 2 minutos 40 segundos. Sin embargo, el coste de la ejecución se ha reducido a 340 (menos de la mitad). El número de bytes estimado como total de la ejecución también se estima mejorado: de 13 millones a 11 millones.

Ejecución de la consulta de reservas, con datos de vuelos y clientes expresada con dos subconsultas en la cláusula SELECT con el plan de ejecución asociado y la traza de AUTOTRACE

```
SQL> select reservas.id_reserva, reservas.importe,
  2          (select vuelos.detalles from vuelos
  3           where reservas.vue_id_vuelo=vuelos.id_vuelo) vuelo,
  4          (select clientes.apellidos    from clientes
  5           where reservas.cli_nif=clientes.nif) cliente
  6       from reservas;

171113 filas seleccionadas.

Transcurrido: 00:00:02.39

Plan de Ejecución
-----------------------------------------------------------
Plan hash value: 465102819


--------------------------------------------------------------------------------
| Id  | Operation                     | Name     | Rows  | Bytes | Cost (%CPU)| Time     |
--------------------------------------------------------------------------------
|   0 | SELECT STATEMENT              |          |  171K |  5180K|   311    (2)| 00:00:04 |
|   1 |  TABLE ACCESS BY INDEX ROWID| VUELOS   |     1 |    15 |     2    (0)| 00:00:01 |
|*  2 |   INDEX UNIQUE SCAN          | VUE_PK   |     1 |       |     1    (0)| 00:00:01 |
|   3 |  TABLE ACCESS BY INDEX ROWID| CLIENTES |     1 |    37 |     2    (0)| 00:00:01 |
|*  4 |   INDEX UNIQUE SCAN          | CLI_PK   |     1 |       |     1    (0)| 00:00:01 |
|   5 |  TABLE ACCESS FULL           | RESERVAS |  171K |  5180K|   311    (2)| 00:00:04 |
--------------------------------------------------------------------------------

Predicate Information (identified by operation id):
-----------------------------------------------------

   2 - access("VUELOS"."ID_VUELO"=:B1)
   4 - access("CLIENTES"."NIF"=:B1)


Estadísticas
-----------------------------------------------------------
         15  recursive calls
          0  db block gets
     406374  consistent gets
          0  physical reads
          0  redo size
    7835587  bytes sent via SQL*Net to client
     125996  bytes received via SQL*Net from client
      11409  SQL*Net roundtrips to/from client
          0  sorts (memory)
          0  sorts (disk)
     171113  rows processed
```

En este caso, el tiempo de ejecución es prácticamente el mismo, mientras que el coste se muestra aún mejor que el de la ejecución anterior (340 anteriores frente a 311) pero el número de bloques leídos en memoria aumenta (374.003 anteriores frente a 406.374).

Las trazas generadas por la utilidad TKPROF vienen a confirmar prácticamente lo mostrado en la traza de AUTOTRACE.

Traza de la utilidad TKPROF sobre la consulta de reservas, con datos de vuelos y clientes expresada con dos joins

```
select reservas.id_reserva, reservas.importe, vuelos.detalles, clientes.apellidos
    from vuelos, reservas, clientes
    where vuelos.id_vuelo=reservas.vue_id_vuelo
       and reservas.cli_nif=clientes.nif
```

call	count	cpu	elapsed	disk	query	current	rows
Parse	1	0.00	0.00	0	0	0	0
Execute	1	0.00	0.00	0	0	0	0
Fetch	11409	0.39	0.51	96	13009	0	171113
total	11411	0.39	0.52	96	13009	0	171113

Traza de la utilidad TKPROF sobre la consulta de reservas, con datos de vuelos y clientes expresada con una join y una subconsulta en la cláusula SELECT

```
select reservas.id_reserva, reservas.importe,
     (select vuelos.detalles from vuelos where vuelos.id_vuelo=reservas.vue_id_vuelo)
vuelo,
     clientes.apellidos
    from reservas, clientes
    where reservas.cli_nif=clientes.nif
```

call	count	cpu	elapsed	disk	query	current	rows
Parse	1	0.01	0.00	0	0	0	0
Execute	1	0.00	0.00	0	0	0	0
Fetch	11409	1.26	1.27	0	373999	0	171113
total	11411	1.27	1.27	0	373999	0	171113

Traza de la utilidad TKPROF sobre la consulta de reservas, con datos de vuelos y clientes expresada con dos subconsultas en la cláusula SELECT

```
select reservas.id_reserva, reservas.importe,
    (select vuelos.detalles from vuelos
      where reservas.vue_id_vuelo=vuelos.id_vuelo) vuelo,
    (select clientes.apellidos    from clientes
      where reservas.cli_nif=clientes.nif) cliente
    from reservas
```

call	count	cpu	elapsed	disk	query	current	rows
Parse	1	0.00	0.00	0	0	0	0
Execute	1	0.00	0.00	0	0	0	0
Fetch	11409	1.32	1.24	0	406370	0	171113
total	11411	1.32	1.24	0	406370	0	171113

En las dos ejecuciones con subconsultas en la cláusula SELECT se aprecia, además, el aumento de tiempo de CPU por el mayor número de bloques a procesar en memoria.

Cuidado, por tanto, con las subconsultas expresadas a ese nivel de ejecución, pues el optimizador no evalúa sus pesos correctamente ya que quedan fuera del estudio de accesos y combinaciones entre tablas, mediante *joins* y filtros convencionales, y los resultados expresados por los planes de ejecución de su estimación en coste pueden confundir, ya que muestran costes mejores sobre ejecuciones claramente más ineficientes.

Funciones analíticas

Antes de empezar a leer este capítulo, plantéese una consulta SQL muy simple. ¿Cómo consultar los tres trabajadores que más cobran? Es una pregunta sencilla, pero tómese su tiempo antes de seguir leyendo.

En una tabla que contenga los empleados y sus salarios, como la tabla EMP del usuario de ejemplo SCOTT, debería ser algo tan sencillo como lo siguiente:

```
SQL> select ename, sal, rownum top
  2  from (select ename, sal from scott.emp order by sal desc) e
  3  where rownum<=3;

ENAME             SAL        TOP
---------- ---------- ----------
KING             5000          1
SCOTT            3000          2
FORD             3000          3
```

En la subconsulta de la cláusula FROM el salario se ordena de mayor a menor y se filtran solo las primeras filas que devuelva la consulta. Sin embargo, esta consulta no es del todo correcta. ¿Qué pasaría si hubiera otro trabajador que cobrase 3.000? No aparecería en la consulta, como tampoco aparecería el tercer sueldo mayor como correspondería para el cálculo manejando empates, es decir, lo que se denomina en estadística el ranking denso o *dense rank*.

Llegados a este punto, los programadores tienen que ajustar la consulta de la siguiente forma para que los datos que devuelva sean fiables.

```
SQL> select ename, sal, 1 top
  2  from scott.emp
  3  where sal in (select max(sal) from scott.emp)
  4  union all
  5  select ename, sal, 2 top
  6  from scott.emp
  7  where sal in (select max(sal) from scott.emp
  8               where sal  not in (select max(sal) from scott.emp))
  9  union all
 10  select ename, sal, 3 top
 11  from scott.emp
 12  where sal in (select max(sal) from scott.emp
 13               where sal not in (select max(sal) from scott.emp)
 14               and  sal not in (select max(sal) from scott.emp
 15                         where sal not in (select max(sal) from scott.emp)));

ENAME             SAL        TOP
---------- ---------- ----------
KING             5000          1
SCOTT            3000          2
FORD             3000          2
JONES            2975          3
```

Es decir, obtener primero los trabajadores con salario máximo, luego los trabajadores con salario máximo excluyendo los primeros, y unirlo finalmente a los trabajadores con salario máximo excluyendo todos los anteriores. En un vistazo al plan de ejecución, el cómputo total de accesos a la tabla EMP es considerable.

```
---------------------------------------------------------------------
| Id  | Operation             | Name | Rows  | Bytes | Cost (%CPU)|
---------------------------------------------------------------------
|   0 | SELECT STATEMENT      |      |     3 |    30 |    30  (80)|
|   1 |  UNION-ALL            |      |       |       |            |
|*  2 |   TABLE ACCESS FULL   | EMP  |     1 |    10 |     3   (0)|
|   3 |    SORT AGGREGATE     |      |     1 |     4 |            |
|   4 |     TABLE ACCESS FULL | EMP  |    14 |    56 |     3   (0)|
|*  5 |   TABLE ACCESS FULL   | EMP  |     1 |    10 |     3   (0)|
|   6 |    SORT AGGREGATE     |      |     1 |     4 |            |
|*  7 |     TABLE ACCESS FULL | EMP  |    13 |    52 |     3   (0)|
|   8 |      SORT AGGREGATE   |      |     1 |     4 |            |
|   9 |       TABLE ACCESS FULL| EMP |    14 |    56 |     3   (0)|
|* 10 |   TABLE ACCESS FULL   | EMP  |     1 |    10 |     3   (0)|
|  11 |    SORT AGGREGATE     |      |     1 |     4 |            |
|* 12 |     TABLE ACCESS FULL | EMP  |    12 |    48 |     3   (0)|
|  13 |      SORT AGGREGATE   |      |     1 |     4 |            |
|  14 |       TABLE ACCESS FULL| EMP |    14 |    56 |     3   (0)|
|  15 |        SORT AGGREGATE |      |     1 |     4 |            |
|* 16 |         TABLE ACCESS FULL| EMP |  13 |    52 |     3   (0)|
|  17 |          SORT AGGREGATE|     |     1 |     4 |            |
|  18 |           TABLE ACCESS FULL| EMP | 14 |    56 |     3   (0)|
---------------------------------------------------------------------
```

Si en lugar de los tres primeros fuesen los cinco primeros, o los diez primeros, el volumen de la sentencia aumentaría exponencialmente, y ¿cómo podría modificarse la sentencia para que mostrase los tres primeros de cada departamento o de cada oficio? Al final, este tipo de sentencias terminan creciendo tanto que son prácticamente inmanejables.

Otro escenario similar podría ser el siguiente: ¿cómo consultar los empleados que ganan más de la media de su oficio o de su departamento?

```
SQL> select ename, sal, deptno
  2  from scott.emp e
  3  where sal > (select avg(sal)
  4                   from scott.emp d
  5                   where e.deptno=d.deptno)
  6      or sal > (select avg(sal)
  7                   from scott.emp d
  8                   where e.job=d.job);

ENAME            SAL    DEPTNO
---------- ---------- ----------
ALLEN           1600        30
JONES           2975        20
BLAKE           2850        30
SCOTT           3000        20
KING            5000        10
TURNER          1500        30
ADAMS           1100        20
FORD            3000        20
MILLER          1300        10

9 filas seleccionadas.
```

De este modo, si queremos visualizar el dato de la media de departamentos y de oficios es preciso usar subconsultas correlacionadas en la cláusula SELECT, accediendo por cada una de las filas de resultado dos veces a la tabla EMP en su totalidad para visualizar la media del oficio y el departamento seleccionados.

```
SQL> select ename, sal, deptno,
  2          (select avg(sal)
  3           from scott.emp
  4           where job=e.job) media_oficio,
  5          (select avg(sal)
  6           from scott.emp
  7           where deptno=e.deptno) media_deptno
  8  from scott.emp e
  9  where sal > (select avg(sal)
 10                   from scott.emp d
 11                   where e.deptno=d.deptno)
 12      or sal > (select avg(sal)
 13                   from scott.emp d
 14                   where e.job=d.job);
```

```
ENAME            SAL     DEPTNO MEDIA_OFICIO MEDIA_DEPTNO
----------  ----------  ---------- ------------ ------------
ALLEN            1600         30         1400   1566,66667
JONES            2975         20   2758,33333         2175
BLAKE            2850         30   2758,33333   1566,66667
SCOTT            3000         20         3000         2175
KING             5000         10         5000   2916,66667
TURNER           1500         30         1400   1566,66667
ADAMS            1100         20       1037,5         2175
FORD             3000         20         3000         2175
MILLER           1300         10       1037,5   2916,66667

9 filas seleccionadas.
```

El plan de ejecución muestra que, también en este caso, se está accediendo un alto número de veces a la tabla EMP completa.

```
-----------------------------------------------------------------
| Id  | Operation             | Name  | Rows  | Bytes | Cost (%CPU)|
-----------------------------------------------------------------
|   0 | SELECT STATEMENT      |       |     1 |    21 |     3   (0)|
|   1 |  SORT AGGREGATE       |       |     1 |    12 |            |
|*  2 |   TABLE ACCESS FULL   | EMP   |     3 |    36 |     3   (0)|
|   3 |  SORT AGGREGATE       |       |     1 |     7 |            |
|*  4 |   TABLE ACCESS FULL   | EMP   |     5 |    35 |     3   (0)|
|*  5 | FILTER                |       |       |       |            |
|   6 |  TABLE ACCESS FULL    | EMP   |    14 |   294 |     3   (0)|
|   7 |  SORT AGGREGATE       |       |     1 |     7 |            |
|*  8 |   TABLE ACCESS FULL   | EMP   |     5 |    35 |     3   (0)|
|   9 |  SORT AGGREGATE       |       |     1 |    12 |            |
|* 10 |   TABLE ACCESS FULL   | EMP   |     3 |    36 |     3   (0)|
-----------------------------------------------------------------
```

Las funciones analíticas proporcionan la capacidad de organizar grupos con las filas que se están procesando y mantener esa ventana de resultados disponible para la generación de las filas finales.

De este modo, el primer ejemplo del capítulo, en el que se pretendía visualizar los empleados en ranking para obtener los tres primeros por salario, sería tan sencillo como:

```
SQL> select ename, deptno, job, sal, RANKING
  2  from (select e.*, dense_rank() over (order by sal desc) RANKING
  3          from scott.emp e) e
  4  where ranking<=3;

ENAME        DEPTNO JOB              SAL    RANKING
----------  ---------- ---------  ---------- ----------
KING             10 PRESIDENT      5000          1
SCOTT            20 ANALYST        3000          2
FORD             20 ANALYST        3000          2
JONES            20 MANAGER        2975          3
```

Con un plan de ejecución notablemente más simple.

```
---------------------------------------------------------------
| Id  | Operation              | Name | Rows | Bytes | Cost (%CPU)|
---------------------------------------------------------------
|   0 | SELECT STATEMENT       |      |   14 |   728 |    4  (25)|
|*  1 |  VIEW                  |      |   14 |   728 |    4  (25)|
|*  2 |   WINDOW SORT PUSHED RANK|    |   14 |   294 |    4  (25)|
|   3 |    TABLE ACCESS FULL   | EMP  |   14 |   294 |    3   (0)|
---------------------------------------------------------------
```

En este caso, la tabla EMP solo es accedida una vez y direccionada a una ventana
WINDOW SORT PUSHED RANK que clasifica las filas por orden de salario, de
mayor a menor, para asignarles un ranking una vez se lean todas de la tabla EMP.

La sintaxis de las funciones analíticas es la siguiente:

```
FUNCION( <argumento1>,<argumento2>,… )
OVER ( <partición> <order by …> <cláusula de agrupación> )
```

De modo que la función define, para las columnas seleccionadas, un área intermedia
clasificada en particiones donde se aplica una ordenación sobre unas columnas en
concreto.

En el caso anterior, usando la función DENSE_RANK sobre el total de los registros,
el criterio de ordenación ORDER BY SAL DESC ordena los registros de mayor a
menor salario y, una vez completado el proceso de ordenación, cada fila recibe una
puntuación basada en el ranking y contemplando el empate como una sola
clasificación.

Del mismo modo, se podría haber usado RANK. La diferencia está en que así los
empates cuentan como posición, es decir, si hay dos elementos en el ranking 2, el
siguiente elemento tiene ranking 4.

La cláusula PARTITION BY en las funciones analíticas establece particiones en la
ventana de memoria para clasificar las filas, de modo que los valores se agrupan y
ordenan en función de las columnas definidas. Esto permitiría, por ejemplo,
establecer el ranking de salarios previo por departamentos en una sola lectura a la
tabla EMP de la siguiente forma:

```
SQL> select ename, deptno, job, sal, RANKING
  2  from (select e.*, dense_rank() over (PARTITION BY deptno
  3                                order by sal desc) RANKING
  4        from scott.emp e) e
  5  where ranking<=3;
```

```
ENAME          DEPTNO JOB            SAL   RANKING
---------- ---------- --------- ---------- ----------
KING           10 PRESIDENT      5000          1
CLARK          10 MANAGER        2450          2
MILLER         10 CLERK          1300          3
SCOTT          20 ANALYST        3000          1
FORD           20 ANALYST        3000          1
JONES          20 MANAGER        2975          2
ADAMS          20 CLERK          1100          3
BLAKE          30 MANAGER        2850          1
ALLEN          30 SALESMAN       1600          2
TURNER         30 SALESMAN       1500          3

10 filas seleccionadas.
```

```
--------------------------------------------------------------------------
| Id  | Operation              | Name | Rows  | Bytes | Cost (%CPU)|
--------------------------------------------------------------------------
|   0 | SELECT STATEMENT       |      |    14 |   728 |    4   (25)|
|*  1 |  VIEW                  |      |    14 |   728 |    4   (25)|
|*  2 |   WINDOW SORT PUSHED RANK|    |    14 |   294 |    4   (25)|
|   3 |    TABLE ACCESS FULL   | EMP  |    14 |   294 |    3    (0)|
--------------------------------------------------------------------------
```

Para el ejemplo del listado de empleados con los datos complementarios de salario medio de su oficio y de su departamento, la función analítica AVG clasificará las medias para cada partición definida.

```
SQL> select ename, sal, deptno,
  2         AVG(sal) over (partition by job) media_oficio,
  3         AVG(sal) over (partition by deptno) media_deptno
  4  from scott.emp e;

ENAME            SAL     DEPTNO MEDIA_OFICIO MEDIA_DEPTNO
---------- ---------- ---------- ------------ ------------
SCOTT           3000         20         3000         2175
FORD            3000         20         3000         2175
MILLER          1300         10       1037,5   2916,66667
SMITH            800         20       1037,5         2175
JAMES            950         30       1037,5   1566,66667
ADAMS           1100         20       1037,5         2175
CLARK           2450         10   2758,33333   2916,66667
BLAKE           2850         30   2758,33333   1566,66667
JONES           2975         20   2758,33333         2175
KING            5000         10         5000   2916,66667
MARTIN          1250         30         1400   1566,66667
WARD            1250         30         1400   1566,66667
TURNER          1500         30         1400   1566,66667
ALLEN           1600         30         1400   1566,66667

14 filas seleccionadas.
```

Dado que las funciones analíticas se comportan como una función de agrupación previa a la visualización de resultados y posterior a la carga de filas, no es posible utilizarlas en la cláusula WHERE. Lógicamente, al aplicar un filtro para cada fila para aceptarla o rechazarla en el conjunto total de registros, no está disponible aún

el valor total final de media aritmética de estos. El proceso de tratamiento de las
funciones analíticas es el siguiente:

- Carga de las filas en función de los filtros y combinaciones definidos en la
  ventana de cálculo previa.

- Clasificación de las filas en las particiones definidas por PARTITION BY.

- Ordenación opcional de las filas. Para las funciones MAX, MIN y AVG no tiene
  sentido tratar los valores ordenados tal y como sucede en el ranking.

- Aplicación de la función analítica al grupo de filas.

La forma óptima de resolver la consulta de empleados que cobran más que la media
de su oficio o que la media de su departamento sería aplicar la misma estrategia que
con el uso de RANK y DENSE_RANK como subconsulta en la cláusula FROM. De
este modo, el resultado de las medias se manejará como una vista que contiene
columnas adicionales con estos cálculos.

```
SQL> select *
  2  from (select ename, sal, deptno,
  3           AVG(sal) over (partition by job) media_oficio,
  4           AVG(sal) over (partition by deptno) media_deptno
  5         from scott.emp) e
  6  where sal>media_oficio
  7     or sal>media_deptno;

ENAME            SAL     DEPTNO MEDIA_OFICIO MEDIA_DEPTNO
---------- ---------- ---------- ------------ ------------
SCOTT           3000         20         3000         2175
FORD            3000         20         3000         2175
MILLER          1300         10       1037,5  2916,66667
ADAMS           1100         20       1037,5         2175
BLAKE           2850         30  2758,33333  1566,66667
JONES           2975         20  2758,33333         2175
KING            5000         10         5000  2916,66667
TURNER          1500         30         1400  1566,66667
ALLEN           1600         30         1400  1566,66667

9 filas seleccionadas.
```

```
-----------------------------------------------------------------
| Id  | Operation            | Name | Rows  | Bytes | Cost (%CPU)|
-----------------------------------------------------------------
|   0 | SELECT STATEMENT     |      |    14 |   826 |    5  (40)|
|*  1 |  VIEW                |      |    14 |   826 |    5  (40)|
|   2 |   WINDOW SORT        |      |    14 |   294 |    5  (40)|
|   3 |    WINDOW SORT       |      |    14 |   294 |    5  (40)|
|   4 |     TABLE ACCESS FULL| EMP  |    14 |   294 |    3   (0)|
-----------------------------------------------------------------
```

Las operaciones 2 y 3 WINDOW SORT corresponden a la clasificación de los salarios. En uno de ellos por departamento, y por oficio en el otro. La operación 1 VIEW aplica el filtro de las dos condiciones entre la columna SAL y las pseudocolumnas con el valor calculado de media de salarios. El coste sigue siendo considerablemente menor, y el número de accesos a la tabla EMP sigue siendo solo uno.

Además de proporcionar una potente capacidad de cálculo estadístico, las funciones analíticas permiten relacionar información por cada una de las filas con respecto a la siguiente o a la anterior en función de un criterio. Así, las funciones LAG y LEAD proporcionan, por ejemplo, el valor anterior y el siguiente de la ordenación definida.

De otro modo, ¿cómo podrían consultarse valores de las filas inmediatamente siguientes o anteriores? Quizás parezca que este tipo de consultas no son importantes, pero imagine el siguiente ejemplo: nos piden conocer la fecha del último recibo impagado y la fecha de los últimos tres impagados anteriores, pues no es lo mismo que un cliente tenga un impago hace un mes y los anteriores fueran impagos de hace dos años, o que el cliente haya dejado de pagar los últimos tres recibos.

El siguiente ejemplo de LAG y LEAD muestra los empleados con el nombre y sueldo de quien cobra menos y el nombre y sueldo de quien cobra más.

```
SQL> select lag(ename,1) over (order by sal desc) COBRA_MAS,
  2         lag(sal,1) over (order by sal desc) SAL_MAS,
  3         ename EMPLEADO,
  4         sal SALARIO,
  5         lead(ename,1) over (order by sal desc) COBRA_MENOS,
  6         lead(sal,1) over (order by sal desc) SAL_MENOS
  7  from scott.emp;


COBRA_MAS    SAL_MAS EMPLEADO    SALARIO COBRA_MENO SAL_MENOS
---------- ---------- ---------- ---------- ---------- ----------
                      KING          5000 FORD          3000
KING          5000 FORD          3000 SCOTT         3000
FORD          3000 SCOTT         3000 JONES         2975
SCOTT         3000 JONES         2975 BLAKE         2850
JONES         2975 BLAKE         2850 CLARK         2450
BLAKE         2850 CLARK         2450 ALLEN         1600
CLARK         2450 ALLEN         1600 TURNER        1500
ALLEN         1600 TURNER        1500 MILLER        1300
TURNER        1500 MILLER        1300 WARD          1250
MILLER        1300 WARD          1250 MARTIN        1250
WARD          1250 MARTIN        1250 ADAMS         1100
MARTIN        1250 ADAMS         1100 JAMES          950
ADAMS         1100 JAMES          950 SMITH          800
JAMES          950 SMITH          800

14 filas seleccionadas.
```

```
-------------------------------------------------------------------
| Id  | Operation            | Name | Rows  | Bytes | Cost (%CPU)|
-------------------------------------------------------------------
|   0 | SELECT STATEMENT     |      |    14 |   140 |    4   (25)|
|   1 |  WINDOW SORT         |      |    14 |   140 |    4   (25)|
|   2 |   TABLE ACCESS FULL| EMP   |    14 |   140 |    3    (0)|
-------------------------------------------------------------------
```

Este tipo de consultas expresadas sin funciones analíticas resultan difíciles de comprender y de mantener, además de implicar accesos una y otra vez a las mismas tablas, o hacer maniobras con ROWNUM para controlar el número de filas devueltas, como muestra el siguiente ejemplo:

```
SQL> select emp1.ename, emp1.sal,
  2         emp2.ename, emp2.sal,
  3         emp3.ename, emp3.sal
  4  from (select emp1.*, rownum fila from (select ename, sal from scott.emp order by sal) emp1) emp1,
  5       (select emp2.*, rownum fila from (select ename, sal from scott.emp order by sal) emp2) emp2,
  6       (select emp3.*, rownum fila from (select ename, sal from scott.emp order by sal) emp3) emp3
  7  where emp1.fila(+)=emp2.fila+1
  8    and emp2.fila=emp3.fila+1
  9  order by emp2.sal desc;
```

```
ENAME         SAL ENAME        SAL ENAME        SAL
---------- ------- ---------- ------- ---------- -------
                   KING        5000 FORD        3000
KING         5000 FORD        3000 SCOTT       3000
FORD         3000 SCOTT       3000 JONES       2975
SCOTT        3000 JONES       2975 BLAKE       2850
JONES        2975 BLAKE       2850 CLARK       2450
BLAKE        2850 CLARK       2450 ALLEN       1600
CLARK        2450 ALLEN       1600 TURNER      1500
ALLEN        1600 TURNER      1500 MILLER      1300
TURNER       1500 MILLER      1300 MARTIN      1250
MILLER       1300 MARTIN      1250 WARD        1250
MARTIN       1250 WARD        1250 ADAMS       1100
WARD         1250 ADAMS       1100 JAMES        950
ADAMS        1100 JAMES        950 SMITH        800
```

13 filas seleccionadas.

```
---------------------------------------------------------------------
| Id  | Operation             | Name | Rows  | Bytes | Cost (%CPU)|
---------------------------------------------------------------------
|   0 | SELECT STATEMENT      |      |     2 |   198 |   13   (31)|
|*  1 |  HASH JOIN OUTER      |      |     2 |   198 |   13   (31)|
|*  2 |   HASH JOIN           |      |     2 |   132 |    9   (34)|
|   3 |    VIEW               |      |    14 |   462 |    4   (25)|
|   4 |     COUNT             |      |       |       |            |
|   5 |      VIEW             |      |    14 |   280 |    4   (25)|
|   6 |       SORT ORDER BY   |      |    14 |   140 |    4   (25)|
|   7 |        TABLE ACCESS FULL| EMP |  14 |   140 |    3    (0)|
|   8 |    VIEW               |      |    14 |   462 |    4   (25)|
|   9 |     COUNT             |      |       |       |            |
|  10 |      VIEW             |      |    14 |   280 |    4   (25)|
|  11 |       SORT ORDER BY   |      |    14 |   140 |    4   (25)|
|  12 |        TABLE ACCESS FULL| EMP |  14 |   140 |    3    (0)|
|  13 |    VIEW               |      |    14 |   462 |    4   (25)|
|  14 |     COUNT             |      |       |       |            |
|  15 |      VIEW             |      |    14 |   280 |    4   (25)|
|  16 |       SORT ORDER BY   |      |    14 |   140 |    4   (25)|
|  17 |        TABLE ACCESS FULL | EMP | 14 |   140 |    3    (0)|
---------------------------------------------------------------------
```

El plan de ejecución es tres veces más enrevesado y redundante. Se producen tres accesos a la tabla EMP cuando solo sería necesario uno. Si en lugar de consultar el anterior y el siguiente se quisiesen obtener los dos anteriores y los dos posteriores, la consulta realizada sin funciones analíticas debería acceder cinco veces a la tabla EMP para mostrar los mismos resultados, y el código tendría un volumen de texto considerable.

Además, el segundo código resulta más costoso en su mantenimiento. ¿Qué sucedería si se pretendiese obtener el anterior y el siguiente empleado por salario correspondiente a su departamento? Pueden hacer el ejercicio basándose en la anterior consulta.

Por mi parte, sugiero este:

```
SQL> select deptno,
  2         lag(ename,1) over (partition by deptno order by sal desc) COBRA_MAS,
  3         lag(sal,1) over (partition by deptno order by sal desc) SAL_MAS,
  4         ename EMPLEADO,
  5         sal SALARIO,
  6         lead(ename,1) over (partition by deptno order by sal desc) COBRA_MENOS,
  7         lead(sal,1) over (partition by deptno order by sal desc) SAL_MENOS
  8  from scott.emp;

    DEPTNO COBRA_MAS     SAL_MAS EMPLEADO     SALARIO COBRA_MENO  SAL_MENOS
---------- ---------- ---------- ---------- ---------- ---------- ----------
        10                       KING             5000 CLARK           2450
        10 KING             5000 CLARK           2450 MILLER          1300
        10 CLARK            2450 MILLER          1300
        20                       SCOTT            3000 FORD            3000
        20 SCOTT            3000 FORD            3000 JONES           2975
        20 FORD             3000 JONES           2975 ADAMS           1100
        20 JONES            2975 ADAMS           1100 SMITH            800
        20 ADAMS            1100 SMITH            800
        30                       BLAKE            2850 ALLEN           1600
        30 BLAKE            2850 ALLEN           1600 TURNER          1500
        30 ALLEN            1600 TURNER          1500 MARTIN          1250
        30 TURNER           1500 MARTIN          1250 WARD            1250
        30 MARTIN           1250 WARD            1250 JAMES            950
        30 WARD             1250 JAMES            950

14 filas seleccionadas.
```

Aquí, en el plan de ejecución, sigue accediéndose una única vez a la tabla EMP, y solo ha sido necesario añadir la cláusula PARTITION BY DEPTNO a las funciones analíticas del código.

```
---------------------------------------------------------------------------
| Id | Operation          | Name | Rows  | Bytes | Cost (%CPU)| Time     |
---------------------------------------------------------------------------
|  0 | SELECT STATEMENT   |      |    12 |   396 |     4  (25)| 00:00:01 |
|  1 |  WINDOW SORT       |      |    12 |   396 |     4  (25)| 00:00:01 |
|  2 |   TABLE ACCESS FULL| EMP  |    12 |   396 |     3   (0)| 00:00:01 |
---------------------------------------------------------------------------
```

Uso de IN y EXISTS

IN y EXISTS suelen usarse, por deformación profesional, como sinónimos, aunque no lo son. El programador suele escoger una cláusula u otra en función de con cuál de ellas se siente mas cómodo y, dado que aparentemente los resultados son los mismos, se suelen identificar como sintaxis equivalentes.

Alrededor de IN y EXISTS también circulan falsos mitos sobre el mejor funcionamiento de uno respecto al otro. Si fueran ciertos, Oracle hubiera reemplazado la implementación de alguna de ellas.

La causa principal de la confusión es pensar que EXISTS evalúa un resultado.

En realidad, EXISTS evalúa si una subconsulta devuelve resultados (alguno) y no qué resultados devuelve, al contrario que IN, que evalúa un elemento sobre una lista de resultados.

La traducción semántica de la sintaxis de IN y EXISTS sería la siguiente:

- La cláusula IN evalúa que el valor de la variable "valor" sea un elemento existente en la lista que retorna la subconsulta.

-La cláusula EXISTS evalúa que la subconsulta devuelve, al menos, un resultado, aunque ese resultado sea NULL.

Además, sintácticamente se expresan de forma distinta.

Sintaxis de IN

```
AND valor IN (select col_valor from... subconsulta)
```

Sintaxis de EXISTS

```
AND EXISTS (select NULL from... subconsulta)
```

De este modo, teniendo en cuenta la diferencia de perspectiva en la carga de datos, IN resuelve en la consulta principal accesos a los valores de una subconsulta, mientras que EXISTS carga la subconsulta y conduce, mediante esta, los resultados de la tabla principal.

Expresado de una forma más clara, IN se interpreta resolviendo primero las subconsultas, de dentro hacia fuera, y EXISTS resolviendo la consulta principal en primer lugar, evaluando posteriormente las subconsultas, de fuera hacia dentro.

Por supuesto, ahí el optimizador tiene mucho que decir sobre el orden de los accesos a las tablas. No se trata de una regla exacta, pero sí de la estrategia de ejecución que se le está sugiriendo al optimizador.

IN y EXISTS suponen semánticamente operaciones distintas, pero pueden implementarse de forma que los resultados sean idénticos. De hecho, en muchos casos los planes y tiempos de ejecución pueden ser idénticos, pero es importante entender que a pesar de ello también pueden resolverse diferentes vías de ejecución ya que semánticamente se están formulando dos peticiones distintas aunque devuelvan los mismos resultados.

La estructura sintáctica de una subconsulta expresada con IN es la siguiente:

```
SELECT  campo1, campo2, ..., campoN
FROM    tabla1
WHERE   campoX IN (--subconsulta
                SELECT campo1
                FROM   tabla2
                WHERE  tabla2.campoZ=valor);
```

Una consulta de estas características podría implementarse en la mayoría de los casos como una *join* estándar. Oracle, cuando se trata de subconsultas simples, suele interpretarlas como *joins* y construye el mismo plan de ejecución expresado de la siguiente forma:

```
SELECT t1.campo1, t1.campo2
FROM   tabla1 t1, tabla2 t2
WHERE  t1.campo_X = t2.campo1
  AND  tabla2.campo_Z=valor;
```

Es decir, ambas consultas combinan los resultados de TABLA1 y TABLA2, unidos por las columnas T1.CAMPOX y T2.CAMPO1 de modo que visualizan únicamente los resultados de la TABLA1 que cumplen la condición de combinación.

La interpretación humana de la consulta, realizada con IN, podría ser la siguiente:

> *Selecciona el CAMPO1 y el CAMPO2*
> *de la tabla TABLA1*
> *únicamente para las filas cuyo valor en el CAMPO_X se encuentre en la siguiente lista de valores CAMPO1 de la TABLA2 cuyo valor en la columna CAMPO_Z sea igual al valor definido.*

La forma de resolver esta petición, para el servidor, es consultar la TABLA2 en la subconsulta y delimitar después qué campos de la TABLA1 cumplen esa condición de *join*. El optimizador, entonces, se ajusta a ese orden de resultados.

Por el contrario, EXISTS funciona con la siguiente sintaxis e interpretación:

```
SELECT campo1, campo2, ..., campoN
FROM   tabla1
WHERE  EXISTS  (--subconsulta
                SELECT NULL
                FROM   tabla2
                WHERE  t1.campoX=t2.campo1
                 AND   tabla2.campoZ=valor);
```

No existe en esta forma de programar la consulta una comparación de campos en las condiciones de filtro de la cláusula WHERE principal, por la propia sintaxis de EXISTS, de modo que la selección ha de hacerse en la subconsulta. Esta puede devolver cualquier valor, incluso NULL, ya que el valor no se evalúa por EXISTS, y su interpretación semántica sería la siguiente:

> *Selecciona el CAMPO1 y el CAMPO2*
> *de la tabla TABLA1*
> *únicamente cuando la subconsulta devuelva un registro, aunque este tenga el valor NULL.*

La subconsulta, por tanto, devolverá un registro para aquellos elementos de la TABLA2 cuyo CAMPO1 sea igual que el CAMPOX de la tabla principal. Oracle entiende que la consulta más idónea para resolver antes es la principal: resolver los valores de CAMPOX, y posteriormente compararlos con TABLA2.

Es decir, en la ejecución con EXISTS, Oracle interpreta que la consulta principal debe resolverse primero, y la subconsulta después. Justo al contrario que IN, lo que puede llevar a diferentes planes de ejecución.

Generalmente, IN resulta más ventajoso cuando la ejecución de la subconsulta tiene poco coste respecto a la principal, y EXISTS cuando sucede al revés.

Por lo tanto, IN y EXISTS no son sinónimos y tampoco es uno más eficiente que el otro.

Sin embargo, IN y EXISTS devuelven los mismos resultados, mientras que NOT IN y NOT EXISTS pueden generar resultados distintos para la misma consulta.

Diferencias entre NOT IN y NOT EXISTS

NOT IN y NOT EXISTS no son cláusulas sinónimas. La clave está en el tratamiento por parte de cada uno del valor NULL.

NOT IN evalúa que un valor no exista dentro de una lista, y si el valor a comparar es NULL, este se ignora. La condición NULL<>5 o NULL=5, por ejemplo, siempre es falsa.

Por su parte, NOT EXISTS no evalúa los valores, sino la presencia o no de resultados. Si en la subconsulta de NOT EXISTS hay una condición de *join* que compare un NULL, no se devolverá ninguna fila y, por tanto, NOT EXISTS será cierto.

Para ver un ejemplo, dada la siguiente consulta con NOT IN:

```
SQL> select count(*) from clients
  2  where ciu_id_ciudad not in (select ciu_id_ciudad from agencias);

  COUNT(*)
---------
        0
```

Su equivalente con NOT EXISTS devuelve las mismas filas. No existe ningún valor NULL en la columna CIU_ID_CIUDAD de la tabla CLIENTES.

```
SQL> select count(*) from clientes c
  2  where not exists (select a.ciu_id_ciudad from agencias a
where c.ciu_id_ciudad=a.ciu_id_ciudad);

  COUNT(*)
----------
         0
```

Los resultados son idénticos. Efectivamente, no existe ningún cliente que viva en una ciudad donde no haya una agencia. De hecho, existen clientes y agencias en todas las ciudades.

No obstante, si la tabla CLIENTES contiene elementos nulos en la columna CIU_ID_CIUDAD, las dos operaciones devolverán conjuntos de resultados distintos. El siguiente código actualiza las ciudades de 499 clientes a valor NULL.

```
SQL> update clients
  2  set ciu_id_ciudad=null
  3  where round(rownum/1000)=0;

499 filas actualizadas.
```

Mientras que la sentencia anterior con NOT IN no devuelve filas, la subsonsulta con NOT EXISTS no puede realizar la *join* con los elementos NULL, y hace que se cumpla la condición de visualización: "visualizar clientes que no existan en la lista de ciudades donde haya un cliente". En este caso, hay 499 casos de clientes cuya ciudad (NULL) no existe en la subconsulta.

```
SQL> select count(*) from clients
  2  where ciu_id_ciudad not in (select ciu_id_ciudad
  3                                 from agencias);

  COUNT(*)

----------
         0


SQL> select count(*) from clientes c
  2  where not exists (select a.ciu_id_ciudad
  3   from agencias a where c.ciu_id_ciudad=a.ciu_id_ciudad);

  COUNT(*)
----------
       499
```

Así, NOT IN se basa en la consulta de todos los valores respecto a un valor concreto para determinar que no está incluido en la lista. Los valores nulos se computan como FALSO y no incluyen el elemento en la selección.

NOT EXISTS se basa en la consulta de un valor y su no existencia en un subconjunto de registros. Los valores nulos implican que en la subconsulta no haya una correspondencia entre cliente y ciudad y, por lo tanto, computan como VERDADERO la condición de que no exista ninguna fila en la subconsulta, e incluyen la fila del cliente en el conjunto de filas para contar.

En un estudio concreto sobre el rendimiento es preciso evaluar los volúmenes que se manejarán en la consulta principal y en la subconsulta. Teniendo en cuenta únicamente casos en los que la consulta pueda expresarse como IN o como EXISTS, como norma general el procesamiento de las filas será óptimo con IN cuando la subconsulta devuelva pocos registros respecto a la consulta principal, y con EXISTS cuando el volumen de filas en la consulta principal pueda accederse a mucho menor coste que el volumen de filas a evaluar dentro de la subconsulta de la cláusula EXISTS.

El siguiente caso es un ejemplo de cómo una consulta expresada con IN mejora el rendimiento respecto a EXISTS.

Expresada con IN

```
select nif, apellidos, nombre, cn_sexo, cn_ec
from clientes c, sexos s, estadosciviles e, reservas r
where c.sex_id_sexo    = s.id_sexo
  and c.ec_id_ec       = e.id_ec
  and c.nif            = r.cli_nif
  and c.ciu_id_ciudad in (select ciu_id_ciudad from agencias a
                          where a.id_agencia  = r.age_id_agencia)
  and r.vue_id_vuelo  in (select id_vuelo
                          from vuelos v, aeropuertos ae
                          where v.aer_id_aero = ae.id_aero
                          and ae.ciu_id_ciudad = c.ciu_id_ciudad);
```

Expresada con EXISTS

```
select nif, apellidos, nombre, cn_sexo, cn_ec
from clientes c, sexos s, estadosciviles e, reservas r
where c.sex_id_sexo    = s.id_sexo
  and c.ec_id_ec       = e.id_ec
  and c.nif            = r.cli_nif
  and exists (select null  from agencias a
              where a.ciu_id_ciudad = c.ciu_id_ciudad
                and a.id_agencia    = r.age_id_agencia)
  and exists (select null
              from vuelos v, aeropuertos ae
              where v.aer_id_aero = ae.id_aero
                and ae.ciu_id_ciudad = c.ciu_id_ciudad
                and r.vue_id_vuelo = v.id_vuelo);
```

Las consultas, obviamente, no están formuladas en su mínima expresión, ya que IN y EXISTS podrían sustituirse mediante una *join*, pero el ejemplo sirve para ilustrar la comparativa de ejecución. La consulta retorna todos los clientes de la misma ciudad de la agencia donde se realizó la reserva y del aeropuerto origen del trayecto.

EXISTS arrastra a la consulta principal la totalidad de los registros de la subconsulta. Esto incide en una alta cardinalidad, que afecta directamente al procesamiento total de la ejecución. En este caso, y dado que la ejecución de IN se realiza desde la consulta principal hacia la subconsulta, con toda seguridad se reducirá el coste de ejecución.

En un vistazo más detenido a la traza de ejecución, la parte de IN y EXISTS se procesa de forma distinta al evaluar el volumen de filas:

Traza de ejecución con IN con AUTOTRACE

```
Rows     Row Source Operation
-------  ---------------------------------------------------
   211   FILTER
  5734    HASH JOIN
     5     TABLE ACCESS FULL ESTADOSCIVILES
  5734     HASH JOIN
     2      TABLE ACCESS FULL SEXOS
  5734      HASH JOIN
   102       TABLE ACCESS FULL AGENCIAS
171113       HASH JOIN
  9999         TABLE ACCESS FULL CLIENTES
171113         TABLE ACCESS FULL RESERVAS
   211    NESTED LOOPS
  5732     TABLE ACCESS BY INDEX ROWID VUELOS
  5732      INDEX UNIQUE SCAN VUE_PK (object id 43588)
   211     TABLE ACCESS BY INDEX ROWID AEROPUERTOS
  5732      INDEX UNIQUE SCAN AER_PK (object id 43584)
```

Traza de ejecución con EXISTS con AUTOTRACE

```
Rows     Row Source Operation
-------  ---------------------------------------------------
   211   FILTER
  5734    HASH JOIN
     5     TABLE ACCESS FULL ESTADOSCIVILES
  5734     HASH JOIN
     2      TABLE ACCESS FULL SEXOS
  5734      HASH JOIN SEMI
171113       HASH JOIN
  9999         TABLE ACCESS FULL CLIENTES
171113         TABLE ACCESS FULL RESERVAS
   102       TABLE ACCESS FULL AGENCIAS
   211    NESTED LOOPS
  5731     TABLE ACCESS BY INDEX ROWID VUELOS
  5731      INDEX UNIQUE SCAN VUE_PK (object id 43588)
   211     TABLE ACCESS BY INDEX ROWID AEROPUERTOS
  5731      INDEX UNIQUE SCAN AER_PK (object id 43584)
```

La diferencia entre HASH JOIN y HASH JOIN SEMI supone una estrategia totalmente distinta en la resolución de las dos consultas. HASH JOIN, por un lado, toma las agencias y las combina con todas las reservas y clientes mediante un algoritmo *hash* sobre las filas de agencias (102 filas). HASH JOIN SEMI, por otro lado, se detiene en cuanto encuentra el primer elemento existente de reservas y clientes para cada agencia, y ello obliga a realizar el *hash* sobre las filas de clientes y reservas (171.113 reservas asignadas cada una a un cliente) para cada una de las agencias.

En concreto, la parte de la ejecución en la que se resuelven IN y EXISTS es la siguiente, y ese cambio de orden en el procesamiento de los datos proporciona la clave de la diferencia de tiempos de ejecución.

Detalle de la traza de ejecución con IN con AUTOTRACE

```
Rows      Row Source Operation
-------   ---------------------------------------------------
   5734      HASH JOIN
    102        TABLE ACCESS FULL AGENCIAS
 171113        HASH JOIN
   9999          TABLE ACCESS FULL CLIENTES
 171113          TABLE ACCESS FULL RESERVAS
```

Detalle de la traza de ejecución con EXISTS con AUTOTRACE

```
Rows      Row Source Operation
-------   ---------------------------------------------------
   5734      HASH JOIN SEMI
 171113        HASH JOIN
   9999          TABLE ACCESS FULL CLIENTES
 171113          TABLE ACCESS FULL RESERVAS
    102        TABLE ACCESS FULL AGENCIAS
```

En ambos casos, el resultado de esta operación son los 5.734 clientes con reservas que se convierten en 211 tras aplicar los filtros de vuelos y aeropuertos. Los tiempos de ejecución son bastante diferentes:

Traza de ejecución con IN con TKPROF

call	count	cpu	elapsed	disk	query	current	rows
Parse	1	0.01	0.01	0	0	0	0
Execute	1	0.00	0.00	0	0	0	0
Fetch	16	0.39	4.65	1676	29917	0	211
total	18	0.40	4.67	1676	29917	0	211

Traza de ejecución con EXISTS con TKPROF

```
call     count      cpu    elapsed      disk      query    current       rows
-------  ------  --------  ---------- ---------- ---------- ---------- ----------
Parse        1     0.01       0.01          0          0          0          0
Execute      1     0.00       0.00          0          0          0          0
Fetch       16     0.48      11.77       3552      29906          0        211
-------  ------  --------  ---------- ---------- ---------- ---------- ----------
total       18     0.50      11.78       3552      29906          0        211
```

De hecho, aunque el HASH JOIN SEMI se detenga al encontrar el primer cliente/reserva por cada agencia, el volumen de accesos a disco es prácticamente el doble, así como el tiempo de ejecución entre una consulta y otra.

Por esta diferencia en el proceso de la subconsulta, también puede producirse el efecto inverso y suceder que EXISTS proporcione un mejor rendimiento que IN. Este sería el caso de consultas con un alto coste en la ejecución de la subconsulta respecto a los accesos de la consulta principal. El siguiente ejemplo muestra ciudades que son origen o destino de vuelos que tienen reservas de un importe mayor a 150 euros.

Esta condición la cumplen las 30 ciudades.

Expresada con IN

```
select cn_ciudad
from ciudades
where id_ciudad in (select ao.ciu_id_ciudad
                    from aeropuertos ao, aeropuertos ad, vuelos v, reservas r
                    where v.aer_id_aero=ao.id_aero
                      and v.aer_id_aero_destino=ad.id_aero
                      and r.vue_id_vuelo=v.id_vuelo
                      and importe>150)
```

Expresada con EXISTS

```
select cn_ciudad
from ciudades
where exists (select null
                    from aeropuertos ao, aeropuertos ad, vuelos v, reservas r
                    where v.aer_id_aero=ao.id_aero
                      and v.aer_id_aero_destino=ad.id_aero
                      and r.vue_id_vuelo=v.id_vuelo
                      and importe>150)
```

Mientras que la sentencia expresada con IN resuelve en primer lugar los resultados de las subconsultas para evaluarlos respecto a cada una de las ciudades, la misma sentencia con EXISTS resuelve en primer lugar la consulta principal (select cn_ciudad from ciudades, que da un total de 30 filas) y por cada una se evalúa que exista al menos un registro en las dos subconsultas.

El peso de la ejecución está en los accesos a vuelos y reservas, no en el acceso a ciudades. Resolver en primer lugar todo el volumen de vuelos y reservas para, posteriormente, chequear los códigos de ciudad con las ciudades es más pesado que tomar todas las ciudades y comprobar si al menos una fila existe en la lista de vuelos y reservas.

Los planes de ejecución muestran esa diferencia en los procesos de ejecución.

Plan de ejecución de la consulta usando IN

```
---------------------------------------------------------------
| Id | Operation            | Name        | Rows  | Bytes | Cost (%CPU)|
---------------------------------------------------------------
|  0 | SELECT STATEMENT     |             |    30 |   450 |   458   (2)|
|* 1 |  HASH JOIN SEMI      |             |    30 |   450 |   458   (2)|
|  2 |   TABLE ACCESS FULL  | CIUDADES    |    30 |   360 |     3   (0)|
|  3 |   VIEW               | VW_NSO_1    | 85557 |  250K |   454   (2)|
|* 4 |    HASH JOIN         |             | 85557 | 2506K |   454   (2)|
|* 5 |     HASH JOIN        |             | 57711 | 1127K |   141   (2)|
|  6 |      TABLE ACCESS FULL| AEROPUERTOS |    34 |   238 |     3   (0)|
|* 7 |      TABLE ACCESS FULL| VUELOS     | 57711 |   732K |   138   (2)|
|* 8 |     TABLE ACCESS FULL | RESERVAS   | 85557 |   835K |   311   (2)|
---------------------------------------------------------------
```

Plan de ejecución de la consulta usando EXISTS

```
---------------------------------------------------------------
| Id | Operation            | Name        | Rows  | Bytes | Cost (%CPU)|
---------------------------------------------------------------
|  0 | SELECT STATEMENT     |             |    30 |   270 |     6   (0)|
|* 1 |  FILTER              |             |       |       |            |
|  2 |   TABLE ACCESS FULL  | CIUDADES    |    30 |   270 |     3   (0)|
|  3 |   NESTED LOOPS       |             |       |       |            |
|  4 |    NESTED LOOPS      |             |     1 |    23 |     3   (0)|
|* 5 |     TABLE ACCESS FULL| RESERVAS    |     1 |    10 |     2   (0)|
|* 6 |     INDEX UNIQUE SCAN| VUE_PK      |     1 |       |     0   (0)|
|* 7 |    TABLE ACCESS BY INDEX ROWID| VUELOS |  1 |    13 |     1   (0)|
---------------------------------------------------------------
```

En la traza puede apreciarse la diferencia de volúmenes procesados en cada una de las fases de la ejecución.

Traza de ejecución con IN con AUTOTRACE

```
Rows     Row Source Operation
-------  --------------------------------------------------------
     30  MERGE JOIN SEMI
     30   TABLE ACCESS BY INDEX ROWID CIUDADES
     30    INDEX FULL SCAN CIU_PK
     30   SORT UNIQUE
  85381    VIEW  VW_NSO_1
  85381     HASH JOIN
  85381      NESTED LOOPS
  85381       NESTED LOOPS
  85381        TABLE ACCESS FULL RESERVAS
  85381        INDEX UNIQUE SCAN VUE_PK
  85381       TABLE ACCESS BY INDEX ROWID VUELOS
     34      TABLE ACCESS FULL AEROPUERTOS
```

Traza de ejecución con EXISTS con AUTOTRACE

```
Rows     Row Source Operation
-------  --------------------------------------------------------
     30  FILTER
     30   TABLE ACCESS FULL CIUDADES
      1   NESTED LOOPS
      1    NESTED LOOPS
      1     TABLE ACCESS FULL RESERVAS
      1     INDEX UNIQUE SCAN VUE_PK
      1    TABLE ACCESS BY INDEX ROWID VUELOS
```

Esta diferencia se traduce en que EXISTS, en este caso, efectúa una lectura de un mayor número de bloques en disco y en memoria, tal y como muestra el resumen de la ejecución.

Traza de ejecución con IN con TKPROF

call	count	cpu	elapsed	disk	query	current	rows
Parse	1	0.01	0.02	0	0	0	0
Execute	1	0.00	0.00	0	0	0	0
Fetch	3	0.34	0.54	1253	171908	0	30
total	5	0.35	0.56	1253	171908	0	30

Traza de ejecución con EXISTS con TKPROF

call	count	cpu	elapsed	disk	query	current	rows
Parse	1	0.00	0.00	0	0	0	0
Execute	1	0.00	0.00	0	7	0	0
Fetch	3	0.00	0.00	0	9	0	30
total	5	0.00	0.00	0	16	0	30

Del mismo modo que IN y EXISTS son adecuados cada uno en un escenario distinto, cuando se utiliza la negación de la cláusula y la sentencia permite ser traducida entre IN y EXISTS, NOT IN ofrece una posibilidad que NOT EXISTS, por su diferencia semántica, no puede evaluar: utilizar una ANTI JOIN para resolver las filas que no tienen correspondencia en valor.

La diferencia semántica entre IN y EXISTS en el caso de NOT IN y NOT EXISTS no es un matiz. No es solo que pueden devolverse filas distintas en los casos en los que las tablas puedan tener valores nulos en la clave de unión, sino que las alternativas para ejecutar la consulta por parte del optimizador también son distintas. NOT IN significa que un valor concreto no exista en una lista de valores. NOT EXISTS supone una condición verdadera en el filtro de WHERE cuando la subconsulta no devuelva filas.

El optimizador puede aplicar una ANTI JOIN en el primer caso, y únicamente cuando determine que ambas consultas son idénticas podrá aplicarlo tanto para NOT IN como para NOT EXISTS. Dada una lista de valores, serán válidos todos los que no existan en esta otra lista, de modo que una estrategia de ejecución sería crear una "antilista" de valores, es decir, la lista de valores inversa a los que produce la subconsulta, y evaluar la condición como si se tratase de un IN.

Dado que NOT IN y NOT EXISTS no tienen por qué devolver los mismos resultados, los planes de ejecución no son comparables. El peso que se atribuye internamente a una operación ANTI JOIN puede ser mayor que el del plan de la consulta equivalente en NOT EXISTS, y ello podría llevar a equívoco.

Si la ejecución de NOT EXISTS no puede resolverse con una ANTI JOIN y el coste estimado de ejecución es menor que el de NOT IN, cabría la prudencia de someter a una prueba ambas ejecuciones y analizar la traza, pues podría ser que, en este caso, el valor de coste del plan de ejecución nos lleve a confusión y que, en la práctica, tardara considerablemente.

En la versión Oracle 9i esta diferencia semántica supone que las dos sentencias se traten como dos consultas distintas. El cálculo y la evaluación de los costes no son comparables y no sirven para comprobar si la consulta expresada con NOT IN es más o menos rápida que con NOT EXISTS. Por otro lado, la imposibilidad de evaluar un ANTI JOIN cuando se formula la sentencia con NOT EXISTS también afecta a que las estrategias de ejecución sean diferentes.

El siguiente ejemplo ilustra este escenario. Dado que en el modelo de datos de reservas se permiten vuelos entre aeropuertos de la misma ciudad, la siguiente consulta muestra el total de reservas excluyendo estos vuelos internos.

Expresada con NOT IN

```
select sum (importe)
  from reservas r
 where vue_id_vuelo not in (select id_vuelo
               from vuelos v, aeropuertos ao, aeropuertos ad
              where v.aer_id_aero         = ao.id_aero
                and v.aer_id_aero_destino = ad.id_aero
                and ao.ciu_id_ciudad      = ad.ciu_id_ciudad)
```

Expresada con NOT EXISTS

```
select sum (importe)
    from reservas r
   where not exists (select null
                 from vuelos v, aeropuertos ao, aeropuertos ad
                where v.aer_id_aero = ao.id_aero
                      and v.aer_id_aero_destino = ad.id_aero
                      and ao.ciu_id_ciudad = ad.ciu_id_ciudad
                and r.vue_id_vuelo=id_vuelo)
```

En este caso ninguna de las columnas en la *join* tiene valor NULL, por lo que el valor total de SUM(IMPORTE) es el mismo en las dos ejecuciones. En los planes de ejecución, NOT EXISTS se evalúa como sentencia con menor coste en un entorno Oracle 9i.

Plan de ejecución para NOT IN con optimizer_features_enable='9.2.0'

```
---------------------------------------------------------------------------
| Id  | Operation             | Name       | Rows  | Bytes |TempSpc| Cost  |
---------------------------------------------------------------------------
|   0 | SELECT STATEMENT      |            |     1 |    23 |       |   314 |
|   1 |  SORT AGGREGATE       |            |     1 |    23 |       |       |
|*  2 |   HASH JOIN ANTI      |            |  167K |  3752K|  3680K|   314 |
|   3 |    TABLE ACCESS FULL  | RESERVAS   |  171K |  1671K|       |   173 |
|   4 |    VIEW               | VW_NSO_1   |  1298 | 16874 |       |    83 |
|*  5 |     HASH JOIN         |            |  1298 | 35046 |       |    83 |
|*  6 |      HASH JOIN        |            |    26 |   364 |       |     5 |
|   7 |       TABLE ACCESS FULL| AEROPUERTOS|    34 |   238 |       |     2 |
|   8 |       TABLE ACCESS FULL| AEROPUERTOS|    34 |   238 |       |     2 |
|   9 |      TABLE ACCESS FULL | VUELOS     | 57711 |   732K|       |    77 |
---------------------------------------------------------------------------
```

La operación 2 corresponde a la operación ANTI JOIN, que realiza la correspondencia de valores con los 1.298 elementos a descartar. Así, las 171.000 reservas se filtran en 167.000 aproximadamente.

Plan de ejecución con NOT EXISTS con optimizer_features_enable='9.2.0'

```
--------------------------------------------------------------------------------
| Id  | Operation                       | Name       | Rows | Bytes | Cost |
--------------------------------------------------------------------------------
|   0 | SELECT STATEMENT                |            |    1 |    10 |  177 |
|   1 |  SORT AGGREGATE                 |            |    1 |    10 |      |
|*  2 |   FILTER                        |            |      |       |      |
|   3 |    TABLE ACCESS FULL            | RESERVAS   | 8556 | 85560 |  173 |
|   4 |    NESTED LOOPS                 |            |    1 |    27 |    4 |
|   5 |     NESTED LOOPS                |            |    1 |    20 |    3 |
|   6 |      TABLE ACCESS BY INDEX ROWID| VUELOS     |    1 |    13 |    2 |
|*  7 |       INDEX UNIQUE SCAN         | VUE_PK     |    1 |       |    1 |
|   8 |      TABLE ACCESS BY INDEX ROWID| AEROPUERTOS|   34 |   238 |    1 |
|*  9 |       INDEX UNIQUE SCAN         | AER_PK     |    1 |       |      |
|* 10 |     TABLE ACCESS BY INDEX ROWID | AEROPUERTOS|   34 |   238 |    1 |
|* 11 |      INDEX UNIQUE SCAN          | AER_PK     |    1 |       |      |
--------------------------------------------------------------------------------
```

Desde esta perspectiva, aparentemente NOT EXISTS proporciona mejor rendimiento en coste, pero dado que no se está evaluando el NOT EXISTS como una ANTI JOIN, sino como un filtrado de las filas individualmente usando NESTED LOOPS, la traza de ejecución será la que determine cuál de las dos sentencias es óptima.

En resumen, dado que las dos sentencias implican peticiones distintas semánticamente para el optimizador de costes de Oracle 9i, no puede compararse el valor de la columna COST de los dos planes de ejecución.

La traza de ejecución revela un mayor consumo de bloques en memoria mediante NOT EXISTS y su mecanismo de filtrado de filas mediante NESTED LOOPS, lo cual supone una ejecución más lenta aunque el plan de ejecución era aparentemente más efectivo.

Traza de ejecución para NOT IN con optimizer_features_enable='9.2.0'

```
call     count      cpu    elapsed      disk      query    current       rows
------- ------  -------- ---------- ---------- ---------- ---------- ----------
Parse        1     0.01       0.00          0          0          0          0
Execute      1     0.00       0.00          0          0          0          0
Fetch        2     0.15       0.16          0       1600          0          1
------- ------  -------- ---------- ---------- ---------- ---------- ----------
total        4     0.17       0.16          0       1600          0          1

Rows     Row Source Operation
-------  ---------------------------------------------------
      1  SORT AGGREGATE
 169866   HASH JOIN ANTI
 171113    TABLE ACCESS FULL RESERVAS
    427    VIEW  VW_NSO_1
    427     HASH JOIN
     42      HASH JOIN
     34       TABLE ACCESS FULL AEROPUERTOS
     34       TABLE ACCESS FULL AEROPUERTOS
  57711      TABLE ACCESS FULL VUELOS
```

Traza de ejecución para NOT EXISTS con optimizer_features_enable='9.2.0'

```
call     count       cpu    elapsed       disk      query    current       rows
-------  ------  --------  ---------  ---------  ---------  ---------  ---------
Parse         1     0.00       0.00          0          0          0          0
Execute       1     0.00       0.00          0          0          0          0
Fetch         2     1.77       1.78          0    1188401          0          1
-------  ------  --------  ---------  ---------  ---------  ---------  ---------
total         4     1.77       1.78          0    1188401          0          1

Rows     Row Source Operation
-------  ---------------------------------------------------------
      1  SORT AGGREGATE
 169866  FILTER
 171113   TABLE ACCESS FULL RESERVAS
   1239   NESTED LOOPS
 169610    NESTED LOOPS
 169610     TABLE ACCESS BY INDEX ROWID VUELOS
 169610      INDEX UNIQUE SCAN VUE_PK
 169610     TABLE ACCESS BY INDEX ROWID AEROPUERTOS
 169610      INDEX UNIQUE SCAN AER_PK
   1239    TABLE ACCESS BY INDEX ROWID AEROPUERTOS
 169610     INDEX UNIQUE SCAN AER_PK
```

El volumen de bloques necesario para descartar elementos en la sentencia con NOT IN es notablemente menor que los necesarios para excluir uno a uno los que no existen, ya que son prácticamente todos (de 1.600 bloques necesarios para NOT IN, al más de un millón para NOT EXISTS). El tiempo de ejecución también se ve aumentado, de 0,16 a 1,77 segundos, once veces más lento.

En versiones posteriores a Oracle 9i, el código anterior se resuelve con este único plan de ejecución:

Plan de ejecución para NOT IN y NOT EXISTS con optimizer_features_enable='10.2.0.5' y optimizer_features_enable='11.2.0.1'

```
---------------------------------------------------------------------------------
| Id  | Operation                   | Name           | Rows  | Bytes | Cost (%CPU)|
---------------------------------------------------------------------------------
|   0 | SELECT STATEMENT            |                |     1 |    23 |   456   (2)|
|   1 |  SORT AGGREGATE             |                |     1 |    23 |            |
|*  2 |   HASH JOIN RIGHT ANTI      |                |  167K |  3752K|   456   (2)|
|   3 |    VIEW                     | VW_NSO_1       |  1298 | 16874 |   144   (3)|
|*  4 |     HASH JOIN               |                |  1298 | 35046 |   144   (3)|
|*  5 |      HASH JOIN              |                |    26 |   364 |     6  (34)|
|   6 |       VIEW                  | index$_join$_003|   34 |   238 |     3  (34)|
|*  7 |        HASH JOIN            |                |       |       |            |
|   8 |         INDEX FAST FULL SCAN| AER_CIU_FK_I   |    34 |   238 |     1   (0)|
|   9 |         INDEX FAST FULL SCAN| AER_PK         |    34 |   238 |     1   (0)|
|  10 |       VIEW                  | index$_join$_004|   34 |   238 |     3  (34)|
|* 11 |        HASH JOIN            |                |       |       |            |
|  12 |         INDEX FAST FULL SCAN| AER_CIU_FK_I   |    34 |   238 |     1   (0)|
|  13 |         INDEX FAST FULL SCAN| AER_PK         |    34 |   238 |     1   (0)|
|  14 |      TABLE ACCESS FULL      | VUELOS         | 57711 |   732K|   137   (1)|
|  15 |    TABLE ACCESS FULL        | RESERVAS       |  171K |  1671K|   311   (2)|
---------------------------------------------------------------------------------
```

A partir de la versión Oracle 10g, el inconveniente de que el optimizador no considere realizar una ANTI JOIN en una sentencia NOT EXISTS prácticamente desaparece, pues el optimizador de costes realiza una traducción de NOT EXISTS a NOT IN cuando interpreta que NOT EXISTS está efectuando un filtrado de filas del que podría beneficiarse haciendo una *join* de tipo ANTI JOIN.

En todo caso, es interesante saber que existe un parámetro no documentado llamado _optimizer_cost_based_transformation que inhibe este tipo de traducciones entre NOT EXISTS para forzar que, en una base de datos posterior a Oracle 9i, el optimizador se comporte como en versiones anteriores.

Con este parámetro en OFF, la comparación entre los dos planes de ejecución sin transformación revela que NOT IN se beneficia notablemente de la combinación ANTI JOIN, mientras que NOT EXISTS se ve penalizado por una operación FILTER muy poco efectiva.

***Traza de ejecución para NOT EXISTS con optimizer_features_enable='11.2.0.1'
y _optimizer_cost_based_transformation = OFF***

```
---------------------------------------------------------------------------
| Id  | Operation                     | Name        | Rows  | Bytes | Cost (%CPU)|
---------------------------------------------------------------------------
|   0 | SELECT STATEMENT              |             |     1 |    10 |   592K  (1)|
|   1 |  SORT AGGREGATE               |             |     1 |    10 |            |
|*  2 |   FILTER                      |             |       |       |            |
|   3 |    TABLE ACCESS FULL          | RESERVAS    |  171K|  1671K|   311  (2)|
|   4 |    NESTED LOOPS               |             |     1 |    27 |     4  (0)|
|   5 |     NESTED LOOPS              |             |     1 |    20 |     3  (0)|
|   6 |      TABLE ACCESS BY INDEX ROWID| VUELOS    |     1 |    13 |     2  (0)|
|*  7 |       INDEX UNIQUE SCAN       | VUE_PK      |     1 |       |     1  (0)|
|   8 |      TABLE ACCESS BY INDEX ROWID| AEROPUERTOS|   34 |   238 |     1  (0)|
|*  9 |       INDEX UNIQUE SCAN       | AER_PK      |     1 |       |     0  (0)|
|* 10 |     TABLE ACCESS BY INDEX ROWID | AEROPUERTOS|   34 |   238 |     1  (0)|
|* 11 |      INDEX UNIQUE SCAN        | AER_PK      |     1 |       |     0  (0)|
---------------------------------------------------------------------------
```

Cabe recordar que el coste no es directamente proporcional al tiempo, sino a la puntuación del plan respecto a otras evaluaciones de ejecución. En este caso, dado que conocemos que son ejecuciones idénticas, el coste nos alerta de que ese plan de ejecución no es óptimo respecto a la traducción que el optimizador podría hacer para beneficiarse de la ANTI JOIN.

Es decir, se trata del mismo plan de ejecución que se resolvía en un entorno Oracle 9i, pero con una aproximación de coste mil veces superior, lo cual muestra la evidencia del ajuste que ha sufrido el optimizador en versiones posteriores, realizando un cálculo del coste mucho más cercano a la realidad.

La sentencia expresada con NOT IN y _optimizer_cost_based_transformation en OFF igualmente mostrará un coste adecuado, pues considera de forma efectiva el uso de la ANTI JOIN como estrategia de ejecución.

Traza de ejecución para NOT IN con optimizer_features_enable='11.2.0.1' y _optimizer_cost_based_transformation = OFF

```
---------------------------------------------------------------------------
| Id  | Operation                   | Name            | Rows  | Bytes | Cost (%CPU)|
---------------------------------------------------------------------------
|   0 | SELECT STATEMENT            |                 |     1 |    23 |   456   (2)|
|   1 |  SORT AGGREGATE             |                 |     1 |    23 |            |
|*  2 |   HASH JOIN RIGHT ANTI      |                 |  167K|  3752K|   456   (2)|
|   3 |    VIEW                     | VW_NSO_1        |  1298 | 16874 |   144   (3)|
|*  4 |     HASH JOIN               |                 |  1298 | 35046 |   144   (3)|
|*  5 |      HASH JOIN              |                 |    26 |   364 |     6  (34)|
|   6 |       VIEW                  | index$_join$_003|    34 |   238 |     3  (34)|
|*  7 |        HASH JOIN            |                 |       |       |            |
|   8 |         INDEX FAST FULL SCAN| AER_CIU_FK_I    |    34 |   238 |     1   (0)|
|   9 |         INDEX FAST FULL SCAN| AER_PK          |    34 |   238 |     1   (0)|
|  10 |       VIEW                  | index$_join$_004|    34 |   238 |     3  (34)|
|* 11 |        HASH JOIN            |                 |       |       |            |
|  12 |         INDEX FAST FULL SCAN| AER_CIU_FK_I    |    34 |   238 |     1   (0)|
|  13 |         INDEX FAST FULL SCAN| AER_PK          |    34 |   238 |     1   (0)|
|  14 |      TABLE ACCESS FULL      | VUELOS          | 57711 |  732K|   137   (1)|
|  15 |    TABLE ACCESS FULL        | RESERVAS        |  171K|  1671K|   311   (2)|
---------------------------------------------------------------------------
```

Uso correcto de los tipos de datos

Los tipos de datos numéricos fueron concebidos para almacenar números. Los tipos de datos de fechas para almacenar fechas. Los tipos de datos alfanuméricos para almacenar texto y cifras sin valor numérico en sí mismos.

Repita las frases anteriores varias veces, compréndalas y asúmalas. Son ciertas. Cuando los programadores del núcleo de un sistema gestor de base de datos implementaron los tipos de datos siguieron esas premisas para crear estructuras eficientes de almacenamiento de información.

Oracle almacena los números en formato exponencial. Los valores para el tipo NUMBER, el más estándar, van de $-9,99...9x10^{125}$ a $9,99...9x10^{125}$ con 38 dígitos significativos. Utiliza 1 byte para el exponente y 20 bytes para la mantisa, más un byte en caso de ser un número negativo.

Por ejemplo, para almacenar el valor 555 Oracle utiliza la fórmula: $5,55x10^2$. Un byte para el exponente, 2 bytes para los tres dígitos significativos de la mantisa (en este caso, para almacenar "555" se necesitan dos bytes).

Esta es la forma óptima de almacenar valores numéricos, cifras, importes. Es la estructura que el gestor de base de datos mejor maneja para calcular, evaluar, convertir, etc.

Si se usa un tipo de dato VARCHAR2 para almacenar '555', Oracle almacenará tres bytes: uno por cada carácter '5'. No hay ningún significado numérico, no admite sumas o restas, es igual que almacenar 'aaa', con tres bytes para el carácter 'a'. Se tratarán las cifras '5' como texto.

Las fechas, almacenadas con DATE, por ejemplo, contienen año, incluyendo la era (antes de Cristo y después de Cristo), mes y día, con información de hora, minuto y segundo a partir de la medianoche.

Supongamos la misma tabla de VUELOS usada anteriormente, con una columna con la fecha de vuelo en formato texto.

```
SQL> alter table vuelos
  2  add fecha_vuelo_char varchar2(500);

Tabla modificada.

SQL> update vuelos
  2  set fecha_vuelo_char=to_char(fecha_vuelo,'YYYYMMDDHH24MISS');

57711 filas actualizadas.

SQL> commit;

Confirmación terminada.
```

Ahora existen dos columnas con la fecha. Una expresada en tipo de dato DATE y la nueva de tipo VARCHAR2. Cada una de estas columnas está indexada y la tabla tiene estadísticas generadas con DBMS_STATS.

```
SQL> create index idx_fecha_vuelo
  2  on vuelos(fecha_vuelo);

Índice creado.

SQL> create index idx_fecha_vuelo_char
  2  on vuelos(fecha_vuelo_char);

Índice creado.

SQL> exec dbms_stats.gather_table_stats(tabname=>'VUELOS',ownname=>'VUELOS')

Procedimiento PL/SQL terminado correctamente.
```

En estos términos, en la búsqueda de vuelos para una hora en concreto, el optimizador estima de forma distinta la cardinalidad de elementos filtrando por una hora que la producida por la distancia en bytes de una cadena de caracteres a otra.

Estimación de filas consultando valores entre fechas expresadas en formato carácter

```
SQL> explain plan for
  2  select *
  3    from vuelos
  4   where fecha_vuelo_char between '2004060123'
  5                           and '2004060200';

Explicado.

SQL> @?/rdbms/admin/utlxpls

PLAN_TABLE_OUTPUT
---------------------------------------------------------------------------
Plan hash value: 672684626


---------------------------------------------------------------------------
| Id  | Operation          | Name   | Rows  | Bytes | Cost (%CPU)| Time     |
---------------------------------------------------------------------------
|   0 | SELECT STATEMENT   |        |   223 | 13380 |   172   (2)| 00:00:03 |
|*  1 |  TABLE ACCESS FULL | VUELOS |   223 | 13380 |   172   (2)| 00:00:03 |
---------------------------------------------------------------------------

Predicate Information (identified by operation id):
---------------------------------------------------

   1 - filter("FECHA_VUELO_CHAR"<='2004060200' AND
             "FECHA_VUELO_CHAR">='2004060123')
```

En este caso, el número de filas para los vuelos con fecha 1-junio-2004 entre las 23:00 y la medianoche se estima en 223, suficientes para justificar un FULL SCAN de la tabla VUELOS con un coste de 172.

La misma consulta sobre la columna de fecha de vuelo en formato fecha, y no en formato carácter, muestra un plan de ejecución distinto. El optimizador prevé acceder a un total de 102 filas y estima más conveniente acceder a la tabla mediante el índice, resultando un coste de 104.

Estimación de filas consultando valores entre fechas expresadas en formato fecha

```
SQL> explain plan for
  2  select *
  3    from vuelos
  4   where fecha_vuelo between to_date('2004060123','YYYYMMDDHH24')
  5                         and to_date('2004060200','YYYYMMDDHH24');

Explicado.
```

```
SQL> @?/rdbms/admin/utlxpls

PLAN_TABLE_OUTPUT
-----------------------------------------------------------------------------------
Plan hash value: 3929702166

-----------------------------------------------------------------------------------
| Id  | Operation                    | Name            | Rows  | Bytes | Cost (%CPU)| Time     |
-----------------------------------------------------------------------------------
|   0 | SELECT STATEMENT             |                 |   102 |  6120 |   104   (0)| 00:00:02 |
|   1 |  TABLE ACCESS BY INDEX ROWID| VUELOS          |   102 |  6120 |   104   (0)| 00:00:02 |
|*  2 |   INDEX RANGE SCAN           | IDX_FECHA_VUELO |   102 |       |     2   (0)| 00:00:01 |
-----------------------------------------------------------------------------------

Predicate Information (identified by operation id):
---------------------------------------------------

   2 - access("FECHA_VUELO">=TO_DATE(' 2004-06-01 23:00:00', 'syyyy-mm-dd hh24:mi:ss')
            AND "FECHA_VUELO"<=TO_DATE(' 2004-06-02 00:00:00', 'syyyy-mm-dd
hh24:mi:ss'))
```

El paso número 2, con el filtro por acceso, muestra que el optimizador es consciente de estar calculando elementos entre dos fechas, y no la cantidad de elementos alfabéticamente ordenados entre una cifra y otra.

En realidad, ambas consultas devuelven 89 filas.

```
SQL> select count(*)
  2    from vuelos
  3   where fecha_vuelo_char between '2004060123'
  4                            and '2004060200';

  COUNT(*)
----------
        89

SQL> select count(*)
  2    from vuelos
  3   where fecha_vuelo between to_date('2004060123','YYYYMMDDHH24')
  4                       and to_date('2004060200','YYYYMMDDHH24');

  COUNT(*)
----------
        89
```

Aunque ninguna de las dos estimaciones haya acertado por completo, la estimación de fechas ha sido la más acertada en las múltiples variaciones de consulta sobre rangos de texto para obtener la estimación de filas en una hora concreta. Los valores estimados pueden llegar a variar considerablemente.

La misma sentencia, expresada entre las 23:00 y las 23:59, retorna el mismo número de filas. La estimación de vuelos filtrando sobre la columna en formato carácter llega a determinar únicamente dos filas, mientras que cuando compara las fechas afina mucho más el cálculo, estimando los mismos 102 elementos que antes.

Estimación de filas consultando valores entre fechas expresadas en formato carácter

```
SQL> explain plan for
  2  select *
  3    from vuelos
  4   where fecha_vuelo_char between '200406012300'
  5                             and '20040601235959';

Explicado.


SQL> @?/rdbms/admin/utlxpls

PLAN_TABLE_OUTPUT
--------------------------------------------------------------------------------
Plan hash value: 783782159


--------------------------------------------------------------------------------
| Id  | Operation                    | Name               | Rows | Bytes | Cost (%CPU)| Time     |
--------------------------------------------------------------------------------
|   0 | SELECT STATEMENT             |                    |    2 |  120  |    4   (0)| 00:00:01 |
|   1 |  TABLE ACCESS BY INDEX ROWID| VUELOS             |    2 |  120  |    4   (0)| 00:00:01 |
|*  2 |   INDEX RANGE SCAN           | IDX_FECHA_VUELO_CHAR |  2 |       |    2   (0)| 00:00:01 |
--------------------------------------------------------------------------------

Predicate Information (identified by operation id):
---------------------------------------------------

   2 - access("FECHA_VUELO_CHAR">='200406012300' AND
"FECHA_VUELO_CHAR"<='20040601235959')

14 filas seleccionadas.



SQL> select count(*)
  2    from vuelos
  3   where fecha_vuelo_char between '200406012300'
  4                             and '20040601235959';

  COUNT(*)
----------
        89
```

Estimación de filas consultando valores entre fechas expresadas en formato fecha

```
SQL> explain plan for
  2  select *
  3    from vuelos
  4   where fecha_vuelo between to_date('2004060123','YYYYMMDDHH24')
  5                         and to_date('20040601235959','YYYYMMDDHH24MISS');

Explicado.
```

```
SQL> @?/rdbms/admin/utlxpls

PLAN_TABLE_OUTPUT
----------------------------------------------------------------------------------
Plan hash value: 3929702166


----------------------------------------------------------------------------------
| Id  | Operation                    | Name           | Rows  | Bytes | Cost (%CPU)| Time     |
----------------------------------------------------------------------------------
|   0 | SELECT STATEMENT             |                |   102 |  6120 |   104   (0)| 00:00:02 |
|   1 |  TABLE ACCESS BY INDEX ROWID| VUELOS         |   102 |  6120 |   104   (0)| 00:00:02 |
|*  2 |   INDEX RANGE SCAN           | IDX_FECHA_VUELO|   102 |       |     2   (0)| 00:00:01 |
----------------------------------------------------------------------------------

Predicate Information (identified by operation id):
---------------------------------------------------

   2 - access("FECHA_VUELO">=TO_DATE(' 2004-06-01 23:00:00', 'syyyy-mm-dd hh24:mi:ss')
           AND "FECHA_VUELO"<=TO_DATE(' 2004-06-01 23:59:59', 'syyyy-mm-dd hh24:mi:ss'))

15 filas seleccionadas.

SQL> select count(*)
  2    from vuelos
  3    where fecha_vuelo between to_date('2004060123','YYYYMMDDHH24')
  4                         and to_date('20040601235959','YYYYMMDDHH24MISS');

  COUNT(*)
----------
        89
```

En resumen, cuando las fechas son almacenadas como fechas, las estimaciones de la cardinalidad de elementos es mucho más acertada que cuando el optimizador tiene que estimar cuántas filas distintas puede haber entre dos cadenas de caracteres que enmascaren una fecha.

El optimizador, según los caracteres usados para expresar un intervalo de una hora entre dos fechas expresadas en carácter, ha llegado a estimar desde 2 filas a 223. Esto puede generar planes de ejecución diferentes escribiendo la máscara de fecha en una u otra forma, y ninguno de ellos podría traducir literalmente que lo que se precisa es el número de filas existente entre dos fechas concretas.

La norma es sencilla. Un número ha de almacenarse en un tipo de datos numérico (NUMBER, FLOAT, INTEGER, etc.). Un texto, aunque incluya números, en formato alfanumérico (CHAR, VARCHAR2, etc.). Una fecha ha de almacenarse en un tipo de datos de fecha (DATE, TIMESTAMP, etc.).

El optimizador supone que la información contenida es de ese tipo, y la evalúa como si se tratase de números, texto o fechas. No hay motivo para almacenar fechas en formato numérico o carácter. Sí lo hay para usar los tipos de datos adecuados: el optimizador considerará los datos como del tipo al que pertenecen. Mejora la eficiencia de la compilación y la estimación de valores en filtros por rangos.

Glosario de *hints*

Advertencia al uso de *hints*

Según la documentación de Oracle, las *hints* se clasifican según los siguientes criterios: las que alteran el objetivo del optimizador (todas las filas respecto a las primeras), las que fuerzan cambiar la forma de acceder a los objetos y combinar las tablas entre sí, las que condicionan si se transforma o no el comando SQL ejecutado, por el uso o no de particionamiento, y otras incatalogables.

No es que me parezca incorrecta esta clasificación, pero personalmente suelo utilizar un criterio bastante más subjetivo para clasificarlas: las que me gustan y las que no me gustan.

Me gustan las *hints* que proporcionan información al optimizador, o que indican una preferencia en una forma de ejecución.

No me gustan las *hints* que pretenden optimizar mejor que el propio optimizador, aunque en algunos casos lo consigan, solo por el mero hecho de que las tablas cambian y de que un sistema gestor de base de datos es un entorno vivo. Lo que hoy funciona optimizado de forma antinatural, no podrá funcionar mejor al no dejar que el optimizador use sus propios caminos para las estimaciones.

Las *hints* cambian según cada versión, y el optimizador las evalúa de forma diferente en función de nuevos factores y nuevos parámetros. Si no procede usar una *hint*, el optimizador la ignora. Si deja de estar soportada en una futura versión, el código se ejecutará obviando el código de la *hint*.

Según Jonathan Lewis, la primera norma de uso seguro de las *hints* en producción es: "No usarlas"[3] (artículo "Rules for hinting" del 2 de mayo de 2008 en su blog Oracle Scratchpad). Uno de los primeros pasos que doy al optimizar una sentencia es quitar todas las *hints* para ver una ejecución sin condicionar el optimizador.

Como ya menciono en el capítulo correspondiente, úsense con moderación y con sentido común, y únicamente en los casos en los que sea imposible proporcionar esa información de forma natural a la sentencia mediante estadísticas, parámetros de sesión, un buen modelo de datos, tipos de datos correctos, uso de histogramas, uso correcto de variables, etc.

Úsense preferentemente en entornos de test, y como herramienta de investigación y estudio. Para ese propósito son ideales, pues permiten ver pesos de ejecución a alternativas, formas de combinación y acceso a objetos diferentes y rutas alternativas a la ejecución.

Este anexo supone no solo un glosario de *hints*, sino un estudio complementario de estas ejecuciones alternativas, de cómo el optimizador abre una puerta al desarrollador para aceptar sugerencias y adaptar su búsqueda del plan óptimo a ciertas recomendaciones explícitas.

Es importante conocerlas o, por lo menos, reconocerlas.

La última vez que usé una *hint*, sirvió para salvar un *bug* del motor que generaba un error en la ejecución de una consulta sobre una tabla particionada por referencia si el optimizador determinaba acceder a ella por NESTED LOOPS. El error desconectaba al usuario de la sesión y la aplicación estaba funcionando en producción. Se trataba de un fallo repentino por un cambio de decisión del optimizador y era imposible haberlo previsto durante el desarrollo. Mientras el equipo de Oracle Soporte resolvía el incidente, la sentencia pudo ejecutarse con la *hint* NO_USE_NL, que impide al optimizador usar NESTED LOOPS para la tabla en cuestión.

Se trata de una herramienta muy potente y versátil, que requiere una gran responsabilidad de uso si se va a implementar de forma permanente en entornos productivos.

He usado *hints* en numerosos ejemplos de este libro, tanto para condicionar una ejecución por producto cartesiano (impidiendo un HASH JOIN), como para insertar

---

[3] Traducción propia. "So I've decided it was time that I made clear my basic guidelines on safe hinting, as follows: 1.- Don't, 2.- If you must use hints, then assume you've used them incorrectly."

filas a partir del final de una tabla (/*+APPEND */) o para forzar un determinado paralelismo en el acceso a una tabla particionada.

Las *hints* son una buena ayuda para el estudio de las ejecuciones y el comportamiento del optimizador. Úsense con medida y conocimiento.

Para alterar el objetivo del optimizador

Este conjunto de *hints* es interesante desde el punto de vista de la aplicación. En aplicaciones web que gestionan vistas parciales de la información, como listados por páginas por ejemplo, priorizar las primeras filas proporcionará un mejor rendimiento para obtener los primeros resultados, aunque una ejecución completa resulte más lenta. En otros casos puede ser más conveniente priorizar las ejecuciones al mínimo tiempo de ejecución para devolver todas las filas. Independientemente del parámetro definido para la instancia, se puede alterar el objetivo del optimizador mediante las siguientes *hints*.

De forma alternativa, y como curiosidad, puede ser interesante echar un vistazo a un plan de ejecución basado en reglas, aunque sin coste, en sentencias con un gran volumen de código, para ver un mapa claro (aunque poco optimizado) de la ejecución completa.

/*+FIRST_ROWS */ y /*+FIRST_ROWS_n */

La optimización de la ejecución se tendrá en cuenta respecto al menor coste de devolver la primera fila, las 10 primeras, las 100 primeras o las 1.000 primeras.

Proporcionan libertad total al optimizador para evaluar accesos y métodos de combinación como considere. Es conveniente usarla en aplicaciones que muestran un conjunto reducido de información, como visualizaciones por páginas, buscadores o informes en varias páginas, pues una vez recogidos los elementos de la primera página ya están listos para visualizarse.

```
SQL> explain plan for
  2  select /*+FIRST_ROWS */ *
  3  from objetos
  4  where object_id<500;

Explained.

SQL> @?/rdbms/admin/utlxpls

PLAN_TABLE_OUTPUT
--------------------------------------------------------------------------------
Plan hash value: 734857049

--------------------------------------------------------------------------------
| Id  | Operation                   | Name         | Rows  | Bytes | Cost (%CPU)| Time     |
--------------------------------------------------------------------------------
|   0 | SELECT STATEMENT            |              | 12703 | 1203K| 13081   (1)| 00:02:37 |
|   1 |  TABLE ACCESS BY INDEX ROWID| OBJETOS      | 12703 | 1203K| 13081   (1)| 00:02:37 |
|*  2 |   INDEX RANGE SCAN          | IDX_OBJECT_ID| 13028 |      |    32   (4)| 00:00:01 |
--------------------------------------------------------------------------------
```

/*+ALL_ROWS */

La optimización de la ejecución se tendrá en cuenta respecto al menor coste de devolver todas las filas. Es el valor de optimización por defecto, y el más efectivo, pero si la instancia o la sesión están configuradas para optimizar con FIRST_ROWS, esta *hint* hará que el optimizador analice la consulta estimando el menor coste total.

```
SQL> explain plan for
  2  select /*+ALL_ROWS */ *
  3  from objetos
  4  where object_id<500;

Explained.

SQL> @?/rdbms/admin/utlxpls

PLAN_TABLE_OUTPUT
--------------------------------------------------------------------------------
Plan hash value: 3955325447

--------------------------------------------------------------------------------
| Id  | Operation          | Name    | Rows  | Bytes | Cost (%CPU)| Time     |
--------------------------------------------------------------------------------
|   0 | SELECT STATEMENT   |         | 12703 | 1203K|  8961   (2)| 00:01:48 |
|*  1 |  TABLE ACCESS FULL | OBJETOS | 12703 | 1203K|  8961   (2)| 00:01:48 |
--------------------------------------------------------------------------------
```

La *hint* ALL_ROWS aplicaría la optimización convencional, lo cual en este caso implicaría un FULL SCAN sobre la tabla OBJETOS.

/*+RULE */

¿Cómo se resolvería la siguiente consulta si no existiera información volumétrica de los objetos, sin información de las columnas, teniendo tan solo en cuenta que existe un índice (no único) sobre la columna por la que se filtra? La *hint* RULE fuerza a usar el optimizador de reglas, completamente ciego en términos de costes.

```
SQL> set timing on
SQL> set autotrace traceonly
SQL> select /*+RULE */ *
  2  from objetos
  3  where object_id<50000;

1578048 rows selected.

Elapsed: 00:01:54.14

Execution Plan
----------------------------------------------------------
Plan hash value: 734857049

----------------------------------------------------------
| Id  | Operation                    | Name          |
----------------------------------------------------------
|   0 | SELECT STATEMENT             |               |
|   1 |  TABLE ACCESS BY INDEX ROWID | OBJETOS       |
|*  2 |   INDEX RANGE SCAN           | IDX_OBJECT_ID |
----------------------------------------------------------

Predicate Information (identified by operation id):
----------------------------------------------------------

   2 - access("OBJECT_ID"<50000)

Note
-----
   - rule based optimizer used (consider using cbo)


Statistics
----------------------------------------------------------
          1  recursive calls
          0  db block gets
    1686493  consistent gets
      21426  physical reads
          0  redo size
  180746329  bytes sent via SQL*Net to client
    1157753  bytes received via SQL*Net from client
     105205  SQL*Net roundtrips to/from client
          0  sorts (memory)
          0  sorts (disk)
    1578048  rows processed
```

Tal como menciona la nota, consideraremos usar el CBO (Cost Based Optimizer) en vez del RBO (Rule Based Optimizer). Obtener el 100 % de las filas de una tabla de más de un millón de elementos mediante acceso de su índice, es decir, rescatando las filas una a una, no es el mejor plan para resolverla. El coste de ejecución es de casi dos minutos.

Muy probablemente sea por el hecho de que unos 21.426 bloques físicos se están leyendo en conjunto 1.686.493 veces en memoria, y eso tiene un coste.

En este caso, una optimización ineficiente a simple vista, resulta interesante ver un árbol de ejecución que no tenga en cuenta los costes pues refleja los órdenes de ejecución, los índices válidos disponibles y los filtros naturales.

En ocasiones, cuando la sentencia que se quiere optimizar es compleja o maneja un gran número de tablas y filtros, consulto el plan de ejecución con RULE y veo el árbol de procesos de forma clara. Por supuesto, solo por curiosidad y como una forma de aprender más, o de ver de forma distinta, menos sofisticada, el orden de los datos y el flujo de la información durante la resolución de la consulta.

Para alterar la forma de acceder a un objeto

Como si el optimizador no tuviera información suficiente para determinar la mejor forma de acceso a un determinado objeto, el siguiente conjunto de *hints* alteran las decisiones del optimizador para forzar un acceso tipo FULL SCAN, mediante un índice,   etc.

Si el optimizador no puede llevar a cabo la recomendación de la *hint* como, por ejemplo, cuando se pide usar un índice sobre unos campos distintos a los filtrados, o si se indica realizar un acceso CLUSTER en una tabla que no está en un segmento *cluster*, el gestor simplemente ignorará el texto de la *hint* y proseguirá la optimización por los métodos convencionales.

Esta sección corresponde a esas *hints* especialmente peligrosas en producción. Ninguna de las siguientes debería implementarse para mejorar el rendimiento de una sentencia, pues el optimizador no debe necesitar de esta ayuda para decidir la forma de acceder a un objeto. Ahora más que nunca tenga presente la siguiente advertencia: úsense bajo su propia responsabilidad, preferentemente con fines de evaluación o de estudio y no como código que se vaya a mantener de forma permanente y definitiva en entornos productivos.

/*+FULL */

Fuerza el acceso completo a una tabla. Si la consulta tiene filtros, estos se ejecutarán durante el proceso de extracción de las filas. Esta *hint* necesita el nombre de la tabla sobre la cual se forzará una lectura FULL SCAN.

```
SQL> select /*+FULL (clientes) */ *
  2  from clientes where nif='63662280-U';

NIF          NOMBRE          APELLIDOS                S EC EL EDA_EDA_ID CIU
------------ --------------- ------------------------ - -- -- ---------- ---
63662280-U Nombre9364       Apellido9364 Apellido9364 H VI IN         3 3


Execution Plan
----------------------------------------------------------
Plan hash value: 1283572259


---------------------------------------------------------------------------
| Id  | Operation          | Name     | Rows  | Bytes | Cost (%CPU)| Time     |
---------------------------------------------------------------------------
|   0 | SELECT STATEMENT   |          |     1 |    54 |    28   (4)| 00:00:01 |
|*  1 |  TABLE ACCESS FULL| CLIENTES |     1 |    54 |    28   (4)| 00:00:01 |
---------------------------------------------------------------------------

Predicate Information (identified by operation id):
---------------------------------------------------

   1 - filter("NIF"='63662280-U')
```

/*+CLUSTER*/

Fuerza el acceso de tipo CLUSTER a una tabla. Si la tabla no está construida sobre un *cluster*, el CBO ignorará la *hint*. Este método de acceso se considera muy eficiente, por lo que es poco común tener que indicar al optimizador que haga un acceso CLUSTER si la tabla está construida sobre uno.

```
SQL> select /*+CLUSTER (linea_factura) */ *
  2  from linea_factura
  3  where id_factura=5;

ID_DETALLE ARTICULO                                        PRECIO   UNIDADES ID_FACTURA
---------- ----------------------------------------------- -------- -------- ----------
         1 ART-001                                               10        1          5
         3 ART-003                                               15       20          5
         6 ART-006                                              100        2          5
        10 ART-0010                                              10       10          5
        13 ART-0013                                               1        5          5

Execution Plan
----------------------------------------------------------
Plan hash value: 1409678405
```

```
--------------------------------------------------------------------------------
| Id  | Operation             | Name          | Rows | Bytes | Cost (%CPU)| Time     |
--------------------------------------------------------------------------------
|   0 | SELECT STATEMENT      |               |   1  |   79  |   2   (0)| 00:00:01 |
|   1 |  TABLE ACCESS CLUSTER| LINEA_FACTURA  |   1  |   79  |   2   (0)| 00:00:01 |
|*  2 |   INDEX UNIQUE SCAN   | IDX_CLU_FACTURA|   1  |       |   1   (0)| 00:00:01 |
--------------------------------------------------------------------------------

Predicate Information (identified by operation id):
---------------------------------------------------

   2 - access("ID_FACTURA"=5)
```

/*+HASH */

Fuerza el acceso de tipo HASH a una tabla construida sobre un *cluster* de tipo HASH. Si la tabla no está construida sobre un *cluster* de este tipo, el CBO ignorará la *hint*. Al igual que la *hint* anterior, si la tabla no está construida sobre un *cluster* HASH, el optimizador ignorará el consejo y optimizará según sus propias conclusiones.

```
SQL> select /*+HASH (libros) */ * from libros where isbn=2341269983422;

      ISBN TITULO               AUTOR                 PAGINAS
---------- -------------------- -------------------- ----------
2.3413E+12 LIBRO 2              AUTOR 2                    95


Execution Plan
----------------------------------------------------------
Plan hash value: 7446791

-----------------------------------------------------------------
| Id  | Operation          | Name   | Rows  | Bytes | Cost (%CPU)|
-----------------------------------------------------------------
|   0 | SELECT STATEMENT   |        |  388K |  196M |   0   (0)|
|*  1 |  TABLE ACCESS HASH| LIBROS  |  388K |  196M |          |
-----------------------------------------------------------------

Predicate Information (identified by operation id):
---------------------------------------------------

   1 - access("ISBN"=2341269983422)
```

/*+INDEX (tabla índice) */

Fuerza que se acceda a la tabla indicada mediante el índice descrito. El siguiente ejemplo muestra una ejecución normal que filtra por un NIF de un cliente. El optimizador usará el índice único de la clave primaria, que es el más efectivo. Esta *hint* permite forzar el acceso sobre el otro índice secundario.

```
SQL> select  index_name, column_name, column_position
  2  from user_ind_columns where table_name='CLIENTES'
  3  and index_name in ('CLI_PK','CLI_NIF_APELLIDOS');

INDEX_NAME                      COLUMN_NAME             COLUMN_POSITION
------------------------------  ----------------------  ---------------
CLI_PK                          NIF                                   1
CLI_NIF_APELLIDOS               NIF                                   1
CLI_NIF_APELLIDOS               APELLIDOS                             2
```

El acceso natural filtrando por NIF es mediante el índice único CLI_PK.

```
SQL> select * from clientes where nif='63662280-U';

NIF          NOMBRE          APELLIDOS                S EC EL EDA_EDA_ID CIU
----------   ---------------  ------------------------ - -- -- ---------- ---
63662280-U Nombre9364       Apellido9364 Apellido9364 H VI IN         3 3

Execution Plan
----------------------------------------------------------
Plan hash value: 1118359472


------------------------------------------------------------------------------------
| Id  | Operation                    | Name      | Rows  | Bytes | Cost (%CPU)| Time     |
------------------------------------------------------------------------------------
|   0 | SELECT STATEMENT             |           |     1 |    54 |     2   (0)| 00:00:01 |
|   1 |  TABLE ACCESS BY INDEX ROWID| CLIENTES  |     1 |    54 |     2   (0)| 00:00:01 |
|*  2 |   INDEX UNIQUE SCAN          | CLI_PK    |     1 |       |     1   (0)| 00:00:01 |
------------------------------------------------------------------------------------

Predicate Information (identified by operation id):
---------------------------------------------------

   2 - access("NIF"='63662280-U')
```

La siguiente consulta realizará el filtrado por NIF usando el índice no único CLI_NIF_APELLIDOS.

```
SQL> select /*+INDEX (clientes, cli_nif_apellidos) */ *
  2  from clientes where nif='63662280-U';

NIF          NOMBRE          APELLIDOS                S EC EL EDA_EDA_ID CIU
----------   ---------------  ------------------------ - -- -- ---------- ---
63662280-U Nombre9364       Apellido9364 Apellido9364 H VI IN         3 3
```

```
Execution Plan
-----------------------------------------------------------
Plan hash value: 4132583451
-----------------------------------------------------------
| Id  | Operation                   | Name             | Rows  | Bytes | Cost (%CPU)| Time     |
-----------------------------------------------------------
|   0 | SELECT STATEMENT            |                  |   1 |    54 |     3   (0)| 00:00:01 |
|   1 |  TABLE ACCESS BY INDEX ROWID| CLIENTES         |   1 |    54 |     3   (0)| 00:00:01 |
|*  2 |   INDEX RANGE SCAN          | CLI_NIF_APELLIDOS|   1 |       |     2   (0)| 00:00:01 |
-----------------------------------------------------------

Predicate Information (identified by operation id):
---------------------------------------------------

   2 - access("NIF"='63662280-U')
```

/*+NO_INDEX (tabla índice) */

Impide que se acceda a la tabla indicada mediante el índice descrito. El siguiente ejemplo muestra una ejecución que filtra por un NIF de un cliente. El optimizador no usará el índice único de la clave primaria, que es el más efectivo, pues la *hint* NO_INDEX lo impide y obliga a acceder a la tabla mediante el índice secundario.

```
SQL> select /*+NO_INDEX (clientes, cli_pk ) */ *
  2  from clientes where nif='63662280-U';

NIF        NOMBRE          APELLIDOS                 S EC EL EDA_EDA_ID CIU
---------- --------------- ------------------------- - -- -- ---------- ---
63662280-U Nombre9364      Apellido9364 Apellido9364 H VI IN          3 3


Execution Plan
-----------------------------------------------------------
Plan hash value: 4132583451

-----------------------------------------------------------
| Id  | Operation                   | Name             | Rows  | Bytes | Cost (%CPU)| Time     |
-----------------------------------------------------------
|   0 | SELECT STATEMENT            |                  |   1 |    54 |     3   (0)| 00:00:01 |
|   1 |  TABLE ACCESS BY INDEX ROWID| CLIENTES         |   1 |    54 |     3   (0)| 00:00:01 |
|*  2 |   INDEX RANGE SCAN          | CLI_NIF_APELLIDOS|   1 |       |     2   (0)| 00:00:01 |
-----------------------------------------------------------

Predicate Information (identified by operation id):
---------------------------------------------------

   2 - access("NIF"='63662280-U')
```

/*+INDEX_ASC (tabla índice) */
/*+INDEX_DESC (tabla índice) */

Fuerza que se acceda a la tabla indicada mediante el índice descrito en sentido ascendente o descendente. Oracle es capaz de, en función de dónde estime que se encuentran los valores en un índice mediante la consulta a sus histogramas, determinar si es más efectivo acceder a un índice por el principio o por el final. Estas *hints* fuerzan que se use el índice, especificando además el sentido en que debe usarse.

Por defecto, los índices se consultan de forma ascendente, y en el caso de una consulta descendente, desde el final a principio, esta se indicará en el plan de ejecución con INDEX RANGE SCAN DESCENDING.

```
SQL> select /*+INDEX_DESC (clientes, cli_pk ) */ *
  2  from clientes where nif='63662280-U';

NIF          NOMBRE          APELLIDOS                S EC EL EDA_EDA_ID CIU
---------- --------------- ------------------------ - -- -- ---------- ---
63662280-U Nombre9364      Apellido9364 Apellido9364 H VI IN         3 3
Execution Plan
----------------------------------------------------------
Plan hash value: 2919827106


---------------------------------------------------------------------------
| Id  | Operation                   | Name     | Rows  | Bytes | Cost (%CPU)| Time     |
---------------------------------------------------------------------------
|   0 | SELECT STATEMENT            |          |     1 |    54 |     2   (0)| 00:00:01 |
|   1 |  TABLE ACCESS BY INDEX ROWID | CLIENTES |     1 |    54 |     2   (0)| 00:00:01 |
|*  2 |   INDEX RANGE SCAN DESCENDING| CLI_PK   |     1 |       |     1   (0)| 00:00:01 |
---------------------------------------------------------------------------

Predicate Information (identified by operation id):
---------------------------------------------------

   2 - access("NIF"='63662280-U')
       filter("NIF"='63662280-U')
```

/*+INDEX_COMBINE (tabla índice1 índice2) */

Fuerza que el acceso a la tabla se haga mediante una combinación de índices *bitmap*.

El siguiente ejemplo muestra el contraste entre la optimización por defecto, que en este caso es realizar un FULL SCAN sobre la tabla, y el resultado de forzar la combinación con los dos índices *bitmap* por las tablas del filtro.

Sentencia sin INDEX_COMBINE

```
SQL> select  *
  2    from clientes sample (1)
  3    where ec_id_ec='SO'
  4      and sex_id_sexo='M';

NIF           NOMBRE          APELLIDOS                 S EC EL EDA_EDA_ID CIU
----------    --------------- ------------------------- - -- -- ---------- ---
31401289-M Nombre5573         Apellido5573 Apellido5573 M SO AC          1 24
55044574-J Nombre5575         Apellido5575 Apellido5575 M SO AC          1 1
80050960-A Nombre2537         Apellido2537 Apellido2537 M SO IN          3 24
38113404-U Nombre5280         Apellido5280 Apellido5280 M SO AC          2 24
81592860-A Nombre3463         Apellido3463 Apellido3463 M SO IN          3 4
79539586-W Nombre3567         Apellido3567 Apellido3567 M SO IN          3 25
79425481-D Nombre505          Apellido505 Apellido505   M SO AC          2 20
57071925-T Nombre1192         Apellido1192 Apellido1192 M SO AC          1 23

8 rows selected.

Execution Plan
----------------------------------------------------------
Plan hash value: 1383874988


--------------------------------------------------------------------------------
| Id  | Operation            | Name      | Rows  | Bytes | Cost (%CPU)| Time     |
--------------------------------------------------------------------------------
|   0 | SELECT STATEMENT     |           |    10 |   640 |    28   (4)| 00:00:01 |
|*  1 |   TABLE ACCESS SAMPLE| CLIENTES  |    10 |   640 |    28   (4)| 00:00:01 |
--------------------------------------------------------------------------------

Predicate Information (identified by operation id):
---------------------------------------------------

   1 - filter("EC_ID_EC"='SO' AND "SEX_ID_SEXO"='M')
```

Sentencia con INDEX_COMBINE usando índices bitmap

```
SQL> select /*+INDEX_COMBINE (clientes CLI_SEX_FK_I CLI_EC_FK_I ) */ *
  2    from clientes sample (1)
  3    where ec_id_ec='SO'
  4      and sex_id_sexo='M';

NIF           NOMBRE          APELLIDOS                 S EC EL EDA_EDA_ID CIU
----------    --------------- ------------------------- - -- -- ---------- ---
12282419-U Nombre9179         Apellido9179 Apellido9179 M SO IN          2 19
66901180-G Nombre9229         Apellido9229 Apellido9229 M SO AC          3 2
75219413-W Nombre9705         Apellido9705 Apellido9705 M SO AC          2 21
64975773-V Nombre2587         Apellido2587 Apellido2587 M SO IN          1 4
7661489-V  Nombre3400         Apellido3400 Apellido3400 M SO AC          1 10
46914534-X Nombre1498         Apellido1498 Apellido1498 M SO AC          2 4
57979061-Y Nombre1084         Apellido1084 Apellido1084 M SO IN          1 6
62317258-K Nombre2240         Apellido2240 Apellido2240 M SO IN          3 2
57830713-E Nombre6861         Apellido6861 Apellido6861 M SO IN          1 9

9 rows selected.

Execution Plan
----------------------------------------------------------
Plan hash value: 3106979650
```

```
--------------------------------------------------------------------------------
| Id  | Operation                      | Name         | Rows  | Bytes | Cost (%CPU)| Time     |
--------------------------------------------------------------------------------
|   0 | SELECT STATEMENT               |              |    10 |   640 |    34   (0)| 00:00:01 |
|   1 |  TABLE ACCESS BY INDEX ROWID   | CLIENTES     |    10 |   640 |    34   (0)| 00:00:01 |
|*  2 |   BITMAP CONVERSION TO ROWIDS  |              |       |       |            |          |
|   3 |    BITMAP AND                  |              |       |       |            |          |
|*  4 |     BITMAP INDEX SINGLE VALUE  | CLI_EC_FK_I  |       |       |            |          |
|*  5 |     BITMAP INDEX SINGLE VALUE  | CLI_SEX_FK_I |       |       |            |          |
--------------------------------------------------------------------------------

Predicate Information (identified by operation id):
---------------------------------------------------

   2 - filter(ORA_HASH(ROWID,0,942956816,'SYS_SAMPLE',0)<42949673)
   4 - access("EC_ID_EC"='SO')
   5 - access("SEX_ID_SEXO"='M')
```

Si la tabla carece de ellos, buscará los índices normales que, convirtiéndolos a índice *bitmap*, tengan una mejor estimación de combinación. El siguiente ejemplo reproduce la situación anterior, pero los índices CLI_EC_FK_I y CLI_SEX_FR_I están definidos como índices normales y no índices *bitmap*. El resultado es una conversión implícita a *bitmap*, y una consiguiente reconversión a *rowid* para acceder a la tabla CLIENTES.

Sentencia con INDEX_COMBINE usando índices B-tree convertidos implícitamente a bitmap

```
SQL> select /*+INDEX_COMBINE (clientes) */ *
  2      from clientes sample (1)
  3      where ec_id_ec='SO'
  4      and sex_id_sexo='M';

NIF          NOMBRE          APELLIDOS                       S EC EL EDA_EDA_ID CIU
----------   --------------  ------------------------------  - -- -- ---------- ---
73538799-A   Nombre4785      Apellido4785 Apellido4785      M SO IN          2  28
60892933-D   Nombre2531      Apellido2531 Apellido2531      M SO IN          3  12
15461005-P   Nombre3378      Apellido3378 Apellido3378      M SO AC          3  12
32751479-D   Nombre3644      Apellido3644 Apellido3644      M SO AC          3   4
42724736-S   Nombre3697      Apellido3697 Apellido3697      M SO IN          2   9
86557884-O   Nombre6818      Apellido6818 Apellido6818      M SO AC          3  13
5974936-S    Nombre6865      Apellido6865 Apellido6865      M SO IN          2  21
11204964-E   Nombre7074      Apellido7074 Apellido7074      M SO IN          1  26

8 rows selected.

Execution Plan
----------------------------------------------------------
Plan hash value: 218503385

--------------------------------------------------------------------------------
| Id  | Operation                       | Name         | Rows  | Bytes | Cost (%CPU)| Time     |
--------------------------------------------------------------------------------
|   0 | SELECT STATEMENT                |              |    10 |   620 |    47   (3)| 00:00:01 |
|   1 |  TABLE ACCESS BY INDEX ROWID    | CLIENTES     |    10 |   620 |    47   (3)| 00:00:01 |
|*  2 |   BITMAP CONVERSION TO ROWIDS   |              |       |       |            |          |
|   3 |    BITMAP AND                   |              |       |       |            |          |
|*  4 |     BITMAP CONVERSION FROM ROWIDS|             |       |       |            |          |
|*  5 |      INDEX RANGE SCAN           | CLI_EC_FK_I  |       |       |     4   (0)| 00:00:01 |
|*  6 |     BITMAP CONVERSION FROM ROWIDS|             |       |       |            |          |
|*  7 |      INDEX RANGE SCAN           | CLI_SEX_FK_I |       |       |    10   (0)| 00:00:01 |
--------------------------------------------------------------------------------
```

/*+INDEX_JOIN (tabla índice1_tabla1 índice2_tabla2) */

Fuerza que una *join* sobre dos tablas se haga mediante una combinación de índices *bitmap*.

Al igual que con la *hint* anterior INDEX_COMBINE, si la tabla está construida sobre índices *bitmap*, INDEX_JOIN fusionará los índices directamente y convertirá su resultado en los *rowid* fruto de la fusión. En caso de no existir índices *bitmap*, el optimizador convertirá los índices normales B-tree a *bitmap* para realizar la fusión, y su resultado a *rowid*.

Sentencia de INDEX_JOIN sobre índices B-tree

```
SQL> select /*+INDEX_COMBINE (clientes) */ clientes.*, ciudades.cn_ciudad
  2    from clientes sample (1), ciudades
  3    where ciu_id_ciudad=id_ciudad
  4      and ec_id_ec='SO'
  5      and sex_id_sexo='M';

NIF           NOMBRE        APELLIDOS                      S EC EL EDA_EDA_ID CIU CN_CIUDAD
----------    ----------    ------------------------       - -- -- ---------- --- ------------
1935694-R     Nombre6142    Apellido6142 Apellido6142  M SO AC          1  14  Liverpool
64730456-H    Nombre1785    Apellido1785 Apellido1785  M SO IN          3  16  París
29647534-T    Nombre5832    Apellido5832 Apellido5832  M SO AC          1  28  Roma
7701167-K     Nombre9622    Apellido9622 Apellido9622  M SO AC          1  29  Milán


Execution Plan
----------------------------------------------------------
Plan hash value: 2733410816
```

Id	Operation	Name	Rows	Bytes	Cost (%CPU)	Time
0	SELECT STATEMENT		10	740	50 (4)	00:00:01
1	MERGE JOIN		10	740	50 (4)	00:00:01
2	TABLE ACCESS BY INDEX ROWID	CIUDADES	30	360	2 (0)	00:00:01
3	INDEX FULL SCAN	CIU_PK	30		1 (0)	00:00:01
* 4	SORT JOIN		10	620	48 (5)	00:00:01
5	TABLE ACCESS BY INDEX ROWID	CLIENTES	10	620	47 (3)	00:00:01
* 6	BITMAP CONVERSION TO ROWIDS					
7	BITMAP AND					
* 8	BITMAP CONVERSION FROM ROWIDS					
* 9	INDEX RANGE SCAN	CLI_EC_FK_I			4 (0)	00:00:01
* 10	BITMAP CONVERSION FROM ROWIDS					
* 11	INDEX RANGE SCAN	CLI_SEX_FK_I			10 (0)	00:00:01

```
Predicate Information (identified by operation id):
---------------------------------------------------

   4 - access("CIU_ID_CIUDAD"="ID_CIUDAD")
       filter("CIU_ID_CIUDAD"="ID_CIUDAD")
   6 - filter(ORA_HASH(ROWID,0,277288537,'SYS_SAMPLE',0)<42949673)
   8 - filter(ORA_HASH(ROWID,0,277288537,'SYS_SAMPLE',0)<42949673)
```

```
    9 - access("EC_ID_EC"='SO')
        filter(ORA_HASH(ROWID,0,277288537,'SYS_SAMPLE',0)<42949673)
   10 - filter(ORA_HASH(ROWID,0,277288537,'SYS_SAMPLE',0)<42949673)
   11 - access("SEX_ID_SEXO"='M')
        filter(ORA_HASH(ROWID,0,277288537,'SYS_SAMPLE',0)<42949673)
```

Sentencia de INDEX_JOIN sobre índices bitmap

```
SQL> select /*+INDEX_COMBINE (clientes) */ clientes.*, ciudades.cn_ciudad
  2          from clientes sample (1), ciudades
  3          where ciu_id_ciudad=id_ciudad
  4          and ec_id_ec='SO'
  5*         and sex_id_sexo='M'

NIF          NOMBRE      APELLIDOS                       S EC EL EDA_EDA CIU CN_CIUDAD
----------   ----------- -------------------------  - -- -- ------- --- -------------------
667415-H     Nombre8164  Apellido8164 Apellido8164 M SO AC        3 16  París
64835075-G   Nombre8651  Apellido8651 Apellido8651 M SO AC        3 17  Lion
57339320-E   Nombre6809  Apellido6809 Apellido6809 M SO AC        2 25  New York
49674136-B   Nombre9668  Apellido9668 Apellido9668 M SO AC        3 27  Florencia
88778883-B   Nombre8562  Apellido8562 Apellido8562 M SO IN        2 28  Roma
76229112-M   Nombre3388  Apellido3388 Apellido3388 M SO AC        3 7   Málaga
19070525-C   Nombre5056  Apellido5056 Apellido5056 M SO IN        1 9   Palma de Mallorca
57830713-E   Nombre6861  Apellido6861 Apellido6861 M SO IN        1 9   Palma de Mallorca

8 rows selected.


Execution Plan
--------------------------------------------------------
Plan hash value: 2415483239
```

Id	Operation	Name	Rows	Bytes	Cost (%CPU)	Time
0	SELECT STATEMENT		10	740	38 (6)	00:00:01
1	MERGE JOIN		10	740	38 (6)	00:00:01
2	TABLE ACCESS BY INDEX ROWID	CIUDADES	30	360	2 (0)	00:00:01
3	INDEX FULL SCAN	CIU_PK	30		1 (0)	00:00:01
* 4	SORT JOIN		10	620	36 (6)	00:00:01
5	TABLE ACCESS BY INDEX ROWID	CLIENTES	10	620	35 (3)	00:00:01
* 6	BITMAP CONVERSION TO ROWIDS					
7	BITMAP AND					
* 8	BITMAP INDEX SINGLE VALUE	CLI_EC_FK_I				
* 9	BITMAP INDEX SINGLE VALUE	CLI_SEX_FK_I				

```
Predicate Information (identified by operation id):
---------------------------------------------------


    4 - access("CIU_ID_CIUDAD"="ID_CIUDAD")
        filter("CIU_ID_CIUDAD"="ID_CIUDAD")
    6 - filter(ORA_HASH(ROWID,0,1671003727,'SYS_SAMPLE',0)<42949673)
    8 - access("EC_ID_EC"='SO')
    9 - access("SEX_ID_SEXO"='M')
```

/*+INDEX_FFS (tabla índice1) */
/*+NO_INDEX_FFS (tabla índice1) */

Cuando el optimizador descubre que puede acceder a un índice y evitar hacer un FULL SCAN sobre una tabla, pues este proporciona toda la información que necesita, realiza un INDEX FAST FULL SCAN.

Del mismo modo que se sugiere el uso de un índice respecto a otro para realizar el INDEX FAST FULL SCAN, también se puede recomendar mediante la *hint* NO_INDEX_FFS que no se contemple hacer esta operación sobre la tabla, o usando el índice especificado.

```
SQL> select count(*) from clientes;

  COUNT(*)
----------
      9999


Execution Plan
----------------------------------------------------------
Plan hash value: 389410182

-----------------------------------------------------------------------
| Id  | Operation           | Name   | Rows  | Cost (%CPU)| Time       |
-----------------------------------------------------------------------
|   0 | SELECT STATEMENT    |        |     1 |    10   (0)| 00:00:01 |
|   1 |  SORT AGGREGATE     |        |     1 |            |          |
|   2 |   INDEX FAST FULL SCAN| CLI_PK |  9999 |    10   (0)| 00:00:01 |
-----------------------------------------------------------------------
```

En el siguiente ejemplo se pide en NO_INDEX_FFS que el INDEX FAST FULL SCAN no se haga con el índice CLI_EL_FK_I, pero le permite realizar FFS, si lo considera, con otro índice.

```
SQL> select /*+NO_INDEX_FFS (clientes, cli_pk) */ count(*)
  2  from clientes;

  COUNT(*)
----------
      9999


Execution Plan
----------------------------------------------------------
Plan hash value: 1001544902

-----------------------------------------------------------------------
| Id  | Operation           | Name     | Rows  | Cost (%CPU)| Time     |
-----------------------------------------------------------------------
|   0 | SELECT STATEMENT    |          |     1 |    27   (0)| 00:00:01 |
|   1 |  SORT AGGREGATE     |          |     1 |            |          |
|   2 |   TABLE ACCESS FULL | CLIENTES |  9999 |    27   (0)| 00:00:01 |
-----------------------------------------------------------------------
```

Para permitir que el optimizador realice un INDEX FAST FULL SCAN sobre otro índice, la *constraint* NOT NULL debe estar definida sobre una columna indexada. De este modo se garantiza que el cómputo de todos los elementos del índice corresponde con el total de filas de la tabla, pues los valores nulos no se almacenan en un índice. En el caso expuesto, si hubiera una fila sin informar si el cliente es hombre o mujer.

```
SQL> alter table clientes modify sex_id_sexo not null;

Table altered.

SQL> select /*+NO_INDEX_FFS (clientes, cli_pk) */ count(*)
  2  from clientes;

  COUNT(*)
----------
      9999


Execution Plan
----------------------------------------------------------
Plan hash value: 2961326115

---------------------------------------------------------------------------
| Id  | Operation            | Name        | Rows  | Cost (%CPU)| Time     |
---------------------------------------------------------------------------
|   0 | SELECT STATEMENT     |             |     1 |     7   (0)| 00:00:01 |
|   1 |  SORT AGGREGATE      |             |     1 |            |          |
|   2 |   INDEX FAST FULL SCAN| CLI_SEX_FK_I|  9999 |     7   (0)| 00:00:01 |
---------------------------------------------------------------------------
```

/*+INDEX_SS (tabla índice1) */
/*+NO_INDEX_SS (tabla índice1) */
/*+INDEX_SS_ASC (tabla índice1) */
/*+INDEX_SS_DESC (tabla índice1) */

Cuando una tabla tiene un índice compuesto por varias columnas, el optimizador no considera usar el índice compuesto para filtrados por otra columna que no sea la primera, pues en un índice por (APELLIDO, NOMBRE), un alto número de personas llamadas igual pueden estar distribuidas de forma aleatoria por el índice. Es decir, buscar aquellos que se llamen "Juan" puede devolver valores para elementos con cualquier apellido.

Las *hints* relacionadas con INDEX SKIP SCAN permiten forzar al optimizador a que utilice estos índices compuestos, realizando una búsqueda por rango "salteada". Cuando encuentre el primer elemento de la segunda columna, seguirá buscándolo por todo el índice por si volviera a aparecer.

```
SQL> create index idx_apell_nombre on clientes (apellidos, nombre);

Index created.

SQL> select /*+INDEX_SS (clientes) */ *
  2  from clientes where nombre='Nombre1245';

NIF          NOMBRE          APELLIDOS                S EC EL EDA_EDA_ID CIU
----------- --------------- ------------------------- - -- -- ---------- ---
99859854-M Nombre1245       Apellido1245 Apellido1245 M CA IN         1 23


Execution Plan
----------------------------------------------------------
Plan hash value: 3315206829

------------------------------------------------------------------------------------
| Id  | Operation                   | Name            | Rows  | Bytes | Cost (%CPU)| Time     |
------------------------------------------------------------------------------------
|   0 | SELECT STATEMENT            |                 |     1 |    62 |     69   (0)| 00:00:01 |
|   1 |  TABLE ACCESS BY INDEX ROWID| CLIENTES        |     1 |    62 |     69   (0)| 00:00:01 |
|*  2 |   INDEX SKIP SCAN           | IDX_APELL_NOMBRE |     1 |       |     68   (0)| 00:00:01 |
------------------------------------------------------------------------------------

Predicate Information (identified by operation id):
---------------------------------------------------

   2 - access("NOMBRE"='Nombre1245')
       filter("NOMBRE"='Nombre1245')
```

Las variantes de INDEX_SS indicarán:

- **-NO_INDEX_SS:** que no se realice un SKIP SCAN sobre la tabla o sobre el índice especificado.

- **-INDEX_SS_ASC:** forzar el SKIP SCAN del índice de forma ascendente (por defecto).

- **-INDEX_SS_DESC:** forzar el SKIP SCAN en sentido descendente.

Para condicionar las transformaciones del SQL

Una de las primeras cosas que hace el optimizador cuando interpreta una sentencia es realizar una serie de transformaciones del código SQL. Una condición IN sobre una lista de valores se transforma en una concatenación de OR. Si se consulta sobre una vista, los filtros de la sentencia y la vista se fusionan, de igual modo que si existen vistas materializadas con el conjunto de resultados de la *query*, el SQL se reescribe para acceder a la vista materializada en vez de a las tablas.

Las siguientes *hints* condicionan al optimizador a cambiar su plan de optimización mediante consejos sobre las transformaciones del SQL.

/*+NO_QUERY_TRANSFORMATION */

Esta *hint* impide cualquier transformación. El siguiente código podría reducirse por el optimizador del siguiente modo:

Optimización SQL en Oracle

Sentencia original

```
select clientes.*
      from (select * from clientes sample (1)) clientes
      where sex_id_sexo='M';
```

Sentencia transformada

```
select clientes.*
  from clientes sample (1)
 where sex_id_sexo='M';
```

El plan de ejecución resultante de aplicar esta transformación es el siguiente:

```
---------------------------------------------------------------------------------
| Id | Operation                    | Name        | Rows | Bytes | Cost (%CPU)| Time     |
---------------------------------------------------------------------------------
|  0 | SELECT STATEMENT             |             |  51  | 3162  |   11   (0)| 00:00:01 |
|  1 |  TABLE ACCESS BY INDEX ROWID | CLIENTES    |  51  | 3162  |   11   (0)| 00:00:01 |
|* 2 |   INDEX RANGE SCAN           | CLI_SEX_FK_I|  51  |       |   10   (0)| 00:00:01 |
---------------------------------------------------------------------------------
```

Pero la *hint* NO_QUERY_TRANSFORMATION evitará el fusionado con la subconsulta y la tratará como una vista.

```
SQL> select /*+ NO_QUERY_TRANSFORMATION */ clientes.*
      from (select * from clientes sample (1)) clientes
      where sex_id_sexo='M';  2    3

NIF           NOMBRE         APELLIDOS                    S EC EL EDA_EDA_ID CIU
----------    -------------  ------------------------     - -- -- ---------- ---
87033735-F  Nombre9708      Apellido9708 Apellido9708 M VI IN          2 4
20278572-H  Nombre9752      Apellido9752 Apellido9752 M VI IN          2 28
35438078-S  Nombre4696      Apellido4696 Apellido4696 M VI AC          1 20
...
66795362-A  Nombre3006      Apellido3006 Apellido3006 M SO IN          2 18

49 rows selected.


Execution Plan
----------------------------------------------------------
Plan hash value: 1366014143

---------------------------------------------------------------------------------
| Id | Operation                     | Name        | Rows | Bytes | Cost (%CPU)| Time     |
---------------------------------------------------------------------------------
|  0 | SELECT STATEMENT              |             |  51  | 2754  |   11   (0)| 00:00:01 |
|  1 |  VIEW                         |             |  51  | 2754  |   11   (0)| 00:00:01 |
|  2 |   TABLE ACCESS BY INDEX ROWID | CLIENTES    |  51  | 3162  |   11   (0)| 00:00:01 |
|* 3 |    INDEX RANGE SCAN           | CLI_SEX_FK_I|  51  |       |   10   (0)| 00:00:01 |
---------------------------------------------------------------------------------
```

```
Predicate Information (identified by operation id):
---------------------------------------------------

   3 - access("CLIENTES"."SEX_ID_SEXO"='M')
       filter(ORA_HASH(ROWID,0,3237930953,'SYS_SAMPLE',0)<42949673)
```

/*+USE_CONCAT */
/*+NO_EXPAND */

Un par de expresiones OR podrían transformarse en una combinación de consultas mediante UNION ALL. Una consulta del tipo:

> *select campos*
> *from tabla*
> *where campo1='A' or campo2='O';*

Sería equivalente a:

> *select campos*
> *from tabla*
> *where campo1='A'*
> *union all*
> *select campos*
> *from tabla*
> *where campo2='O' and campo1<>'A';*

La *hint* USE_CONCAT fuerza a usar la concatenación de resultados sobre varias sentencias usando UNION ALL. La *hint* NO_EXPAND impide que la sentencia pueda transformarse en varias concatenadas por UNION ALL. No especificar ninguna de ellas deja libre al optimizador para transformar o no según considere.

```
SQL> explain plan for
  2  select clientes.*, ciudades.cn_ciudad
  3    from clientes sample (1), ciudades
  4   where ciu_id_ciudad=id_ciudad
  5     and (ec_id_ec='SO'
  6     and sex_id_sexo='M')
  7     or  ciudades.cn_ciudad='Barcelona';

Explained.
```

```
SQL> @?/rdbms/admin/utlxpls

PLAN_TABLE_OUTPUT
----------------------------------------------------------------------------------
Plan hash value: 3316571551
----------------------------------------------------------------------------------
| Id  | Operation                         | Name       | Rows | Bytes | Cost (%CPU)| Time     |
----------------------------------------------------------------------------------
|   0 | SELECT STATEMENT                  |            |  110 |  8140 |   39   (6)| 00:00:01 |
|   1 |  CONCATENATION                    |            |      |       |           |          |
|   2 |   MERGE JOIN CARTESIAN            |            |  100 |  7400 |   30   (0)| 00:00:01 |
|*  3 |    TABLE ACCESS FULL              | CIUDADES   |    1 |    12 |    3   (0)| 00:00:01 |
|   4 |    BUFFER SORT                    |            |  100 |  6200 |   27   (0)| 00:00:01 |
|   5 |     TABLE ACCESS SAMPLE           | CLIENTES   |  100 |  6200 |   27   (0)| 00:00:01 |
|   6 |   MERGE JOIN                      |            |   10 |   740 |    8  (13)| 00:00:01 |
|*  7 |    TABLE ACCESS BY INDEX ROWID    | CIUDADES   |   29 |   348 |    2   (0)| 00:00:01 |
|   8 |     INDEX FULL SCAN               | CIU_PK     |   30 |       |    1   (0)| 00:00:01 |
|*  9 |    SORT JOIN                      |            |   10 |   620 |    6  (17)| 00:00:01 |
|* 10 |     TABLE ACCESS BY INDEX ROWID   | CLIENTES   |   10 |   620 |    5   (0)| 00:00:01 |
|* 11 |      INDEX RANGE SCAN             | CLI_EC_FK_I|   20 |       |    4   (0)| 00:00:01 |
----------------------------------------------------------------------------------

Predicate Information (identified by operation id):
---------------------------------------------------

   3 - filter("CIUDADES"."CN_CIUDAD"='Barcelona')
   7 - filter(LNNVL("CIUDADES"."CN_CIUDAD"='Barcelona'))
   9 - access("CIU_ID_CIUDAD"="ID_CIUDAD")
       filter("CIU_ID_CIUDAD"="ID_CIUDAD")
  10 - filter("SEX_ID_SEXO"='M')
  11 - access("EC_ID_EC"='SO')
       filter(ORA_HASH(ROWID,0,3153154939,'SYS_SAMPLE',0)<42949673)
```

La sentencia se transforma en una concatenación de resultados: por una parte, el fruto de combinar todos los clientes de Barcelona con el código de su ciudad mediante un producto cartesiano (100 x 1 elementos) con los clientes en estado "SO" y sexo "M" del resto de la muestra.

La sentencia, sin transformación en concatenación de resultados, sería la siguiente:

```
SQL> explain plan for
  2  select /*+ NO_EXPAND */ clientes.*, ciudades.cn_ciudad
  3    from clientes sample (1), ciudades
  4   where ciu_id_ciudad=id_ciudad
  5     and (ec_id_ec='SO'
  6     and sex_id_sexo='M')
  7     or  ciudades.cn_ciudad='Barcelona' ;

Explained.


SQL> @?/rdbms/admin/utlxpls

PLAN_TABLE_OUTPUT
----------------------------------------------------------------------------------
Plan hash value: 1341633685
```

```
--------------------------------------------------------------------------
| Id  | Operation             | Name     | Rows  | Bytes | Cost (%CPU)| Time     |
--------------------------------------------------------------------------
|   0 | SELECT STATEMENT      |          |   110 |  8140 |   165   (1)| 00:00:02 |
|   1 |  NESTED LOOPS         |          |   110 |  8140 |   165   (1)| 00:00:02 |
|   2 |   TABLE ACCESS SAMPLE | CLIENTES |   100 |  6200 |    27   (0)| 00:00:01 |
|*  3 |   TABLE ACCESS FULL   | CIUDADES |     1 |    12 |     1   (0)| 00:00:01 |
--------------------------------------------------------------------------


Predicate Information (identified by operation id):
---------------------------------------------------

   3 - filter("CIU_ID_CIUDAD"="ID_CIUDAD" AND "EC_ID_EC"='SO' AND
              "SEX_ID_SEXO"='M' OR "CIUDADES"."CN_CIUDAD"='Barcelona')
```

Aunque se le presupone un coste mayor, dependiendo del volumen de resultados procesados, quizás el repetido acceso a CLIENTES y CIUDADES no proporcione tanto beneficio. Puede ser una alternativa para tantear tiempos de ejecución.

/*+REWRITE */
/*+NO_REWRITE */

Uno de los objetivos de las vistas materializadas es proporcionar un resultado precalculado. Resulta una estrategia muy eficaz en entornos *data warehouse*, donde una sentencia sobre una tabla de hechos que pueda contener millones de filas puede ser reescrita para acceder a la vista materializada.

No obstante, como los *refresh* de las vistas materializadas suelen realizarse durante la noche, quizás interese ejecutar la consulta sobre los datos a tiempo real. Para ello, las *hints* REWRITE y NO_REWRITE indican al optimizador que reescriba la consulta para usar las vistas, o que no la reescriba y acceda a las tablas que se mencionan en la cláusula FROM.

En el siguiente ejemplo, el sistema está configurado para reescribir la consulta cuando sea posible, de modo que la consulta sin *hint* usa la funcionalidad de *query rewrite*, y la *hint* en el segundo ejemplo la inhibe, forzando al optimizador a acceder a las tablas.

```
SQL> explain plan for
  2  SELECT ANYOMES, ID_CIUDAD CIUDAD, AVG(IMPORTE) MEDIA, SUM(IMPORTE) TOTAL
  3      FROM TIEMPO, CLIENTES, CIUDADES, RESERVAS
  4      WHERE FECHA_RESERVA=TIEMPO.FECHA
  5      AND CIU_ID_CIUDAD= ID_CIUDAD
  6      AND CLI_NIF=NIF
  7      GROUP BY ANYOMES, ID_CIUDAD;

Explained.
```

```
SQL> @?/rdbms/admin/utlxpls

PLAN_TABLE_OUTPUT
------------------------------------------------------------------------------------------
Plan hash value: 2448965636


-------------------------------------------------------------------------------------------
| Id  | Operation                  | Name                          | Rows | Bytes | Cost (%CPU)| Time     |
-------------------------------------------------------------------------------------------
|   0 | SELECT STATEMENT           |                               |   60 |  2160 |    3   (0)| 00:00:01 |
|   1 |  MAT_VIEW REWRITE ACCESS FULL| MV_RESULTADOS_CIUDADES_MENSUAL |   60 |  2160 |    3   (0)| 00:00:01 |
-------------------------------------------------------------------------------------------

8 rows selected.

SQL> explain plan for
  2  SELECT /*+ NO_REWRITE */ ANYOMES, ID_CIUDAD CIUDAD,
  3          AVG(IMPORTE) MEDIA,SUM(IMPORTE) TOTAL
  4    FROM TIEMPO, CLIENTES, CIUDADES, RESERVAS
  5  WHERE FECHA_RESERVA=TIEMPO.FECHA
  6    AND CIU_ID_CIUDAD= ID_CIUDAD
  7    AND CLI_NIF=NIF
  8* GROUP BY ANYOMES, ID_CIUDAD;

Explained.

SQL> @?/rdbms/admin/utlxpls

PLAN_TABLE_OUTPUT
------------------------------------------------------------------------------------------
Plan hash value: 2486373541


-------------------------------------------------------------------------------------------
| Id  | Operation             | Name      | Rows  | Bytes | Cost (%CPU)| Time     |
-------------------------------------------------------------------------------------------
|   0 | SELECT STATEMENT      |           |   531 | 26550 |   428  (12)| 00:00:06 |
|   1 |  HASH GROUP BY        |           |   531 | 26550 |   428  (12)| 00:00:06 |
|*  2 |   HASH JOIN           |           |   531 | 26550 |   427  (12)| 00:00:06 |
|   3 |    VIEW               | VW_GBC_9  |   531 | 19647 |   415  (12)| 00:00:05 |
|   4 |     HASH GROUP BY     |           |   531 | 20178 |   415  (12)| 00:00:05 |
|*  5 |      HASH JOIN        |           |  171K |  6349K|   386   (5)| 00:00:05 |
|   6 |       TABLE ACCESS FULL| CLIENTES |  9999 |   136K|    28   (4)| 00:00:01 |
|   7 |       TABLE ACCESS FULL| RESERVAS |  171K |  4010K|   353   (4)| 00:00:05 |
|   8 |    TABLE ACCESS FULL   | TIEMPO   |  2922 | 37986 |    11   (0)| 00:00:01 |
-------------------------------------------------------------------------------------------

Predicate Information (identified by operation id):
---------------------------------------------------

   2 - access("ITEM_1"="TIEMPO"."FECHA")
   5 - access("CLI_NIF"="NIF")
```

/*+MERGE */
/*+NO_MERGE */

Oracle reescribe las consultas que acceden a vistas para fusionar el código en una única compilación. Los filtros se unifican y se estudia el acceso óptimo para todo el conjunto de tablas. No obstante, puede suceder que el producto de la vista tenga una ejecución mejorada tratada de forma individual, mediante una operación VIEW en el plan. Para estos casos, la *hint* NO_MERGE evita esa fusión y, en los casos en los que el optimizador sugiere no fusionar el texto de la consulta con la vista, MERGE fuerza esa fusión del código ejecutado con el código compilado.

En el siguiente ejemplo, la sentencia forzada con NO_MERGE obliga al optimizador a tratar las tablas de la vista como una entidad, y luego combina el resultado con la tabla CIUDADES.

```
SQL> explain plan for
  2   select /*+NO_MERGE (vw_importes_reservas) */ c.cn_ciudad, media
  3   from vw_importes_reservas , ciudades c
  4   where ciudad=c.id_ciudad
  5*    and c.id_ciudad < 20;

Explained.


SQL> @?/rdbms/admin/utlxpls

PLAN_TABLE_OUTPUT
-----------------------------------------------------------------------------------
Plan hash value: 983250139
```

Id	Operation	Name	Rows	Bytes	Cost (%CPU)	Time
0	SELECT STATEMENT		102	2754	177 (3)	00:00:03
1	NESTED LOOPS		102	2754	177 (3)	00:00:03
* 2	TABLE ACCESS FULL	CIUDADES	2	24	3 (0)	00:00:01
3	VIEW PUSHED PREDICATE	VW_IMPORTES_RESERVAS	2	30	87 (3)	00:00:02
4	SORT GROUP BY		68	3468	87 (3)	00:00:02
* 5	HASH JOIN		285	14535	86 (2)	00:00:02
6	NESTED LOOPS					
7	NESTED LOOPS		285	10830	74 (0)	00:00:01
8	TABLE ACCESS BY INDEX ROWID	CLIENTES	17	238	6 (0)	00:00:01
* 9	INDEX RANGE SCAN	CLI_CIU_FK_I	17		1 (0)	00:00:01
* 10	INDEX RANGE SCAN	RES_CLI_FK_I	17		2 (0)	00:00:01
11	TABLE ACCESS BY INDEX ROWID	RESERVAS	17	408	4 (0)	00:00:01
12	TABLE ACCESS FULL	TIEMPO	2922	37986	11 (0)	00:00:01

```
Predicate Information (identified by operation id):
---------------------------------------------------

   2 - filter(TO_NUMBER("C"."ID_CIUDAD")<20)
   5 - access("FECHA_RESERVA"="TIEMPO"."FECHA")
   9 - access("CIU_ID_CIUDAD"="C"."ID_CIUDAD")
       filter(TO_NUMBER("CIU_ID_CIUDAD")<20)
  10 - access("CLI_NIF"="NIF")
```

/*+STAR_TRANSFORMATION */
/*+NO_STAR_TRANSFORMATION */
/*+FACT */
/*+NO_FACT */

En los entornos *data warehouse*, los modelos en estrella tienen una morfología basada en una tabla de hechos inmensa (*fact table*) donde reside el volumen de la información, y una serie de tablas pequeñas con parámetros de esa tabla de hechos llamadas tablas de dimensión. En este libro hay un capítulo entero dedicado a ello.

En ese escenario, la forma óptima de resolver una consulta que acceda a la tabla de hechos y a sus tablas de dimensión es mediante una consulta en estrella, es decir, leer primero las tablas pequeñas, hacer un HASH y posteriormente un recorrido secuencial de la tabla de hechos.

Para ello, es necesario que Oracle reconozca cuál es la tabla de hechos y cuáles las de dimensión, que haya *constraints* de NOT NULL en las columnas con clave ajena a las tablas de dimensión. Para esto también ayuda tener definidos objetos DIMENSION que aporten información estructural del modelo en estrella.

Las consultas en estrella son eficaces cuando se trata de un modelo de tablas en estrella (tabla de hechos y múltiples tablas de dimensión), pero resultan ineficaces en otros modelos tipo copo de nieve o modelos normalizados. Por este motivo existe un parámetro a nivel de instancia llamado STAR_TRANSFORMATION_ENABLED, que puede tener los valores TRUE, FALSE o TEMP_DISABLE. Este último valor impide transformaciones de sentencias a estrella para tablas temporales.

Si la base de datos no es un *data warehouse*, no tiene sentido dejar el parámetro STAR_TRANSFORMATION habilitado. Por el contrario, en un *data warehouse* es un parámetro obligado.

La *hint* /*+STAR_TRANSFORMATION */ indica al optimizador que considere el mejor plan que use transformación en estrella, y la *hint* /*+NO_STAR_TRANSFORMATION */ evita la evaluación de esa transformación.

Veamos el siguiente ejemplo de consulta candidata a ejecutarse con transformación en estrella:

```
SQL> select CN_TRESERVA, CN_SEXO, RANGO_EDAD, sum(importe)
  2  from fact_reservas, tipos_reservas, sexos, edades
  3  where fact_reservas.TRS_ID_TRESERVA=tipos_reservas.ID_TRESERVA
  4    and fact_reservas.SEX_ID_SEXO    =sexos.ID_SEXO
  5    and fact_reservas.EDA_ID_EDAD    =edades.EDA_ID
  6  group by CN_TRESERVA, CN_SEXO, RANGO_EDAD
  7  order by CN_TRESERVA, CN_SEXO, RANGO_EDAD;
```

```
CN_TRESERVA          CN_SEXO     RANGO_EDAD            SUM(IMPORTE)
-------------------- ---------- --------------------- ------------
Internet             Hombre     Mayores de 50 años     1432215,44
Internet             Hombre     Menores de 18 años     1396206,9
Internet             Hombre     Menores de 50 años     1374908,7
Internet             Mujer      Mayores de 50 años     1442983,77
Internet             Mujer      Menores de 18 años     1449857,15
Internet             Mujer      Menores de 50 años     1445301,94
Telefónica           Hombre     Mayores de 50 años     1419459,87
Telefónica           Hombre     Menores de 18 años     1428556,36
Telefónica           Hombre     Menores de 50 años     1366735,51
Telefónica           Mujer      Mayores de 50 años     1430683,01
Telefónica           Mujer      Menores de 18 años     1433673,07
Telefónica           Mujer      Menores de 50 años     1434546,31
Venta directa        Hombre     Mayores de 50 años     1440382,68
Venta directa        Hombre     Menores de 18 años     1424507,43
Venta directa        Hombre     Menores de 50 años     1389034,08
Venta directa        Mujer      Mayores de 50 años     1450820,18
Venta directa        Mujer      Menores de 18 años     1426227,22
Venta directa        Mujer      Menores de 50 años     1472852,53

18 filas seleccionadas.
```

El plan de ejecución usando la transformación en estrella es el siguiente:

```
SQL> @?/rdbms/admin/utlxpls

PLAN_TABLE_OUTPUT
--------------------------------------------------------------------------------------------
Plan hash value: 171871848


--------------------------------------------------------------------------------------------
| Id  | Operation                        | Name          | Rows  | Bytes | Cost (%CPU)| Time     |
--------------------------------------------------------------------------------------------
|   0 | SELECT STATEMENT                 |               |     3 |   162 |    74  (11)| 00:00:01 |
|   1 |  SORT ORDER BY                   |               |     3 |   162 |    74  (11)| 00:00:01 |
|   2 |   HASH GROUP BY                  |               |     3 |   162 |    74  (11)| 00:00:01 |
|   3 |    NESTED LOOPS                  |               |     5 |   270 |    72   (9)| 00:00:01 |
|   4 |     TABLE ACCESS FULL            | EDADES        |     3 |    60 |     3   (0)| 00:00:01 |
|   5 |     VIEW PUSHED PREDICATE        | VW_GBC_13     |     2 |    68 |    23   (9)| 00:00:01 |
|   6 |      SORT GROUP BY               |               |     5 |   260 |    23   (9)| 00:00:01 |
|*  7 |       HASH JOIN                  |               |    50 |  2600 |    20   (5)| 00:00:01 |
|*  8 |        HASH JOIN                 |               |    50 |  1900 |    17   (6)| 00:00:01 |
|   9 |         TABLE ACCESS FULL        | SEXOS         |     2 |    14 |     3   (0)| 00:00:01 |
|  10 |         TABLE ACCESS BY INDEX ROWID | FACT_RESERVAS |  50 |  1550 |    13   (0)| 00:00:01 |
|  11 |          BITMAP CONVERSION TO ROWIDS|             |       |       |            |          |
|  12 |           BITMAP AND             |               |       |       |            |          |
|  13 |            BITMAP MERGE          |               |       |       |            |          |
|  14 |             BITMAP KEY ITERATION |               |       |       |            |          |
|  15 |              INDEX FULL SCAN     | TRS_PK        |     3 |     9 |     1   (0)| 00:00:01 |
|* 16 |              BITMAP INDEX RANGE SCAN| BMP_TRESERVA |       |       |            |          |
|  17 |            BITMAP MERGE          |               |       |       |            |          |
|  18 |             BITMAP KEY ITERATION |               |       |       |            |          |
|  19 |              INDEX FULL SCAN     | SEX_PK        |     2 |     2 |     1   (0)| 00:00:01 |
|* 20 |              BITMAP INDEX RANGE SCAN| BMP_SEXO    |       |       |            |          |
|* 21 |            BITMAP INDEX SINGLE VALUE| BMP_EDAD    |       |       |            |          |
|  22 |         TABLE ACCESS FULL        | TIPOS_RESERVAS|     3 |    42 |     3   (0)| 00:00:01 |
--------------------------------------------------------------------------------------------
```

```
Predicate Information (identified by operation id):
---------------------------------------------------

   7 - access("FACT_RESERVAS"."TRS_ID_TRESERVA"="TIPOS_RESERVAS"."ID_TRESERVA")
   8 - access("FACT_RESERVAS"."SEX_ID_SEXO"="SEXOS"."ID_SEXO")
  16 - access("FACT_RESERVAS"."TRS_ID_TRESERVA"="TIPOS_RESERVAS"."ID_TRESERVA")
  20 - access("FACT_RESERVAS"."SEX_ID_SEXO"="SEXOS"."ID_SEXO")
  21 - access("FACT_RESERVAS"."EDA_ID_EDAD"="EDADES"."EDA_ID")

Note
-----
   - dynamic sampling used for this statement (level=2)
   - star transformation used for this statement
```

Y el siguiente, desestimando la transformación en estrella:

```
SQL> @?/rdbms/admin/utlxpls

PLAN_TABLE_OUTPUT
-------------------------------------------------------------------------------------
Plan hash value: 3413085940

-------------------------------------------------------------------------------------
| Id  | Operation                      | Name          | Rows  | Bytes | Cost (%CPU)| Time     |
-------------------------------------------------------------------------------------
|   0 | SELECT STATEMENT               |               |     5 |   315 |   401   (5)| 00:00:05 |
|   1 |  SORT ORDER BY                 |               |     5 |   315 |   401   (5)| 00:00:05 |
|   2 |   HASH GROUP BY                |               |     5 |   315 |   401   (5)| 00:00:05 |
|   3 |    NESTED LOOPS                |               |       |       |            |          |
|   4 |     NESTED LOOPS               |               |     5 |   315 |   399   (5)| 00:00:05 |
|   5 |      VIEW                      | VW_GBC_13     |     5 |   215 |   398   (5)| 00:00:05 |
|   6 |       HASH GROUP BY            |               |     5 |   260 |   398   (5)| 00:00:05 |
|*  7 |        HASH JOIN               |               |  165K | 8398K |   388   (2)| 00:00:05 |
|   8 |         MERGE JOIN CARTESIAN   |               |     6 |   126 |     7   (0)| 00:00:01 |
|   9 |          TABLE ACCESS FULL     | SEXOS         |     2 |    14 |     3   (0)| 00:00:01 |
|  10 |          BUFFER SORT           |               |     3 |    42 |     4   (0)| 00:00:01 |
|  11 |           TABLE ACCESS FULL    | TIPOS_RESERVAS|     3 |    42 |     2   (0)| 00:00:01 |
|  12 |         TABLE ACCESS FULL      | FACT_RESERVAS |  165K | 5006K |   380   (2)| 00:00:05 |
|* 13 |      INDEX UNIQUE SCAN         | EDA_PK        |     1 |       |     0   (0)| 00:00:01 |
|  14 |     TABLE ACCESS BY INDEX ROWID| EDADES        |     1 |    20 |     1   (0)| 00:00:01 |
-------------------------------------------------------------------------------------

Predicate Information (identified by operation id):
---------------------------------------------------

   7 - access("FACT_RESERVAS"."SEX_ID_SEXO"="SEXOS"."ID_SEXO" AND
             "FACT_RESERVAS"."TRS_ID_TRESERVA"="TIPOS_RESERVAS"."ID_TRESERVA")
  13 - access("ITEM_1"="EDADES"."EDA_ID")

Note
-----
   - dynamic sampling used for this statement (level=2)
```

Tomando los modelos en estrella anteriores, la tabla mayor sobre la cual se proyecta la estrella es la llamada "tabla de hechos". La *hint* /*+FACT (tabla) */ indicará cuál es la tabla de hechos, y la *hint* /*+NO_FACT (tabla) */ señala una tabla para descartar su papel como tabla de hechos en una ejecución con transformación en estrella.

Respecto al uso de estas *hints* sobre entornos *data warehouse*, no debería ser necesario. Un sistema bien construido debería permitir que el optimizador reconozca las transformaciones en estrella y cuáles son las tablas de hechos. De lo contrario, si es necesario proporcionar este "empujón", cabría considerar si el diseño del *data warehouse* está bien implementado.

/*+UNNEST */
/*+NO_UNNEST */

Otra de las transformaciones que el optimizador realiza es la "desanidación" de subconsultas. En muchos casos una subconsulta esconde una *join*, tal como se describe en el capítulo de manejo de subconsultas. Es la forma natural de hablar, expresar una búsqueda de un valor dentro de un conjunto de resultados. La *hint* /*+UNNEST */ fuerza al optimizador a transformar la subconsulta en una *join*, que es la acción natural del optimizador cuando lo considera viable, y de forma opuesta, la *hint* /*+NO_UNNEST */ impide esta transformación. Esta *hint* se debe incluir en el texto de la subconsulta a anidar o desanidar.

La sentencia, no desanidada (es decir, anidada), se traduce en la obtención primero de los departamentos y posteriormente cruzada con los empleados. No realiza una *join* como tal, sino un filtro de resultados (operación FILTER).

```
SQL> explain plan for
  2  select  ename
  3  from scott.emp
  4  where deptno in (select /*+ NO_UNNEST */ deptno
  5                   from scott.dept where dname='SALES');

Explicado.

SQL> @?/rdbms/admin/utlxpls

PLAN_TABLE_OUTPUT
---------------------------------------------------------------------------------
Plan hash value: 2809975276


---------------------------------------------------------------------------------
| Id | Operation                    | Name    | Rows | Bytes | Cost (%CPU)| Time     |
---------------------------------------------------------------------------------
|  0 | SELECT STATEMENT             |         |    5 |    45 |     6   (0)| 00:00:01 |
|* 1 |  FILTER                      |         |      |       |            |          |
|  2 |   TABLE ACCESS FULL          | EMP     |   14 |   126 |     3   (0)| 00:00:01 |
|* 3 |   TABLE ACCESS BY INDEX ROWID| DEPT    |    1 |    13 |     1   (0)| 00:00:01 |
|* 4 |    INDEX UNIQUE SCAN         | PK_DEPT |    1 |       |     0   (0)| 00:00:01 |
---------------------------------------------------------------------------------
```

```
Predicate Information (identified by operation id):
---------------------------------------------------

   1 - filter( EXISTS (SELECT /*+ NO_UNNEST */ 0 FROM "SCOTT"."DEPT" "DEPT"
               WHERE "DEPTNO"=:B1 AND "DNAME"='SALES'))
   3 - filter("DNAME"='SALES')
   4 - access("DEPTNO"=:B1)
```

La misma sentencia, desanidada, convierte la subconsulta en una *join*.

```
SQL> explain plan for
  2  select  ename
  3  from scott.emp
  4  where deptno in (select /*+ UNNEST */ deptno
  5                   from scott.dept where dname='SALES');

Explicado.

SQL> @?/rdbms/admin/utlxpls

PLAN_TABLE_OUTPUT
---------------------------------------------------------------------------------------
Plan hash value: 844388907
```

```
---------------------------------------------------------------------------------------
| Id  | Operation                     | Name    | Rows  | Bytes | Cost (%CPU)| Time     |
---------------------------------------------------------------------------------------
|   0 | SELECT STATEMENT              |         |     5 |   110 |     6  (17)| 00:00:01 |
|   1 |  MERGE JOIN                   |         |     5 |   110 |     6  (17)| 00:00:01 |
|*  2 |   TABLE ACCESS BY INDEX ROWID | DEPT    |     1 |    13 |     2   (0)| 00:00:01 |
|   3 |    INDEX FULL SCAN            | PK_DEPT |     4 |       |     1   (0)| 00:00:01 |
|*  4 |   SORT JOIN                   |         |    14 |   126 |     4  (25)| 00:00:01 |
|   5 |    TABLE ACCESS FULL          | EMP     |    14 |   126 |     3   (0)| 00:00:01 |
---------------------------------------------------------------------------------------
```

```
Predicate Information (identified by operation id):
---------------------------------------------------

   2 - filter("DNAME"='SALES')
   4 - access("DEPTNO"="DEPTNO")
       filter("DEPTNO"="DEPTNO")
```

19 filas seleccionadas.

Para definir el orden de combinación de las tablas

Antiguamente, en tiempos de Oracle versión 7, el optimizador de reglas se regía por el orden de combinación de tablas en la cláusula FROM para aquellas con puntuación similar. Es decir, por las reglas estándares, cuando dos tablas tenían cada una un índice en la columna que formaba parte de la *join*, al optimizador le daba igual cuál de las dos escoger como conductora y cuál como conducida. En igualdad de condiciones, seguía el orden establecido en la *join*.

Esto ha propiciado el nacimiento de un mito que a día de hoy sigue presente en algunos entornos, y que proviene de versiones ancestrales, en los que se recomienda usar las tablas en orden de relevancia, poniendo primero las más pesadas y que podrían filtrar más elementos como primeras tablas en la cláusula FROM para mejorar el plan de ejecución resultante. También se mencionaba que si una consulta cruzaba datos de muchas tablas, el optimizador al cabo de un tiempo de CPU dejaba de optimizar y dejaba el mejor plan resultante hasta el momento y que por este motivo las tablas más pesadas debían figurar en primer lugar en la cláusula FROM.

Actualmente, para que esto suceda en la práctica, la consulta debe tener un número altísimo de tablas a cruzar. De hecho, un caso práctico del que tuve conocimiento se basaba en una única sentencia SQL formada por unas 30 páginas de código.

/*+ORDERED */
/*+LEADING */

La *hint* ORDERED fuerza al optimizador a cruzar las tablas en el orden en que se mencionan las tablas en la cláusula FROM, y al contrario, LEADING usa la mejor forma de combinarlas.

El siguiente ejemplo muestra el desastre que supone imponer al optimizador qué tablas ha de combinar primero, respecto a la ejecución natural dejando que sea este el que escoja la ruta más adecuada para resolver la sentencia. Un coste de 233.000 con ORDERED frente a un coste de 482 con LEADING, o el equivalente en tiempo: 6 centésimas de segundo frente a más de 46 segundos.

En esta ejecución con ORDERED, las tablas se han combinado así:

> -Paso 6: **vuelos** con **reservas.**
> -Paso 5: el resultado con **ciudades** (ciudad=14) en producto cartesiano con una única ciudad.
> -Paso 3: el resultado con **países.**
> -Paso 1: el resultado con **clientes.**

```
SQL> explain plan for
  2   select /*+ORDERED */ vuelos.detalles, clientes.nif, ciudades.cn_ciudad,
paises.cn_pais
  3   from vuelos, reservas, ciudades, paises, clientes
  4   where vuelos.id_vuelo=reservas.vue_id_vuelo
  5     and reservas.cli_nif=clientes.nif
  6     and clientes.ciu_id_ciudad=ciudades.id_ciudad
  7     and ciudades.pai_id_pais=paises.id_pais
  8     and ciudades.id_ciudad=14;

Explicado.

SQL>
SQL> @?/rdbms/admin/utlxpls

PLAN_TABLE_OUTPUT
--------------------------------------------------------------------------------
Plan hash value: 1569093269

--------------------------------------------------------------------------------
| Id  | Operation            | Name     | Rows  | Bytes |TempSpc| Cost (%CPU)| Time     |
--------------------------------------------------------------------------------
|   0 | SELECT STATEMENT     |          |  5704 |  389K |       |  233K   (1)| 00:46:37 |
|*  1 |  HASH JOIN           |          |  5704 |  389K |       |  233K   (1)| 00:46:37 |
|   2 |   TABLE ACCESS FULL  | CLIENTES |  9999 |  136K |       |    27   (0)| 00:00:01 |
|*  3 |   HASH JOIN          |          |  171K | 9357K |       |  232K   (1)| 00:46:36 |
|   4 |    TABLE ACCESS FULL | PAISES   |     7 |    70 |       |     3   (0)| 00:00:01 |
|   5 |    MERGE JOIN CARTESIAN|        |  171K | 7686K |       |  232K   (1)| 00:46:36 |
|*  6 |     HASH JOIN        |          |  171K | 5347K | 1584K |   756   (2)| 00:00:10 |
|   7 |      TABLE ACCESS FULL| VUELOS  | 57711 |  901K |       |   137   (1)| 00:00:02 |
|   8 |      TABLE ACCESS FULL| RESERVAS|  171K | 2673K |       |   311   (2)| 00:00:04 |
|   9 |     BUFFER SORT      |          |     1 |    14 |       |  232K   (1)| 00:46:32 |
|* 10 |      TABLE ACCESS FULL| CIUDADES|     1 |    14 |       |     1   (0)| 00:00:01 |
--------------------------------------------------------------------------------
```

```
Predicate Information (identified by operation id):
---------------------------------------------------

   1 - access("RESERVAS"."CLI_NIF"="CLIENTES"."NIF" AND
              "CLIENTES"."CIU_ID_CIUDAD"="CIUDADES"."ID_CIUDAD")
   3 - access("CIUDADES"."PAI_ID_PAIS"="PAISES"."ID_PAIS")
   6 - access("VUELOS"."ID_VUELO"="RESERVAS"."VUE_ID_VUELO")
  10 - filter(TO_NUMBER("CIUDADES"."ID_CIUDAD")=14)

26 filas seleccionadas.
```

En la ejecución natural con LEADING, las tablas se han combinado así:

- Paso 5: **ciudades** con **países** (ciudad=14).
- Paso 4: el resultado con **reservas** en producto cartesiano con una única fila de ciudad/país.
- Paso 2: el resultado con **clientes.**
- Paso 1: el resultado con **vuelos.**

```
SQL> explain plan for
  2  select /*+LEADING */ vuelos.detalles, clientes.nif, ciudades.cn_ciudad,
paises.cn_pais
  3  from vuelos, reservas, ciudades, paises, clientes
  4  where vuelos.id_vuelo=reservas.vue_id_vuelo
  5    and reservas.cli_nif=clientes.nif
  6    and clientes.ciu_id_ciudad=ciudades.id_ciudad
  7    and ciudades.pai_id_pais=paises.id_pais
  8    and ciudades.id_ciudad=14;

Explicado.

SQL>
SQL> @?/rdbms/admin/utlxpls

PLAN_TABLE_OUTPUT
-------------------------------------------------------------------------------
Plan hash value: 1582226041

-------------------------------------------------------------------------------
| Id  | Operation                      | Name     | Rows  | Bytes | Cost (%CPU)| Time     |
-------------------------------------------------------------------------------
|   0 | SELECT STATEMENT               |          | 5704  | 389K|   482   (2)| 00:00:06 |
|*  1 |  HASH JOIN                     |          | 5704  | 389K|   482   (2)| 00:00:06 |
|*  2 |   HASH JOIN                    |          | 5704  | 300K|   344   (2)| 00:00:05 |
|   3 |    TABLE ACCESS FULL           | CLIENTES | 9999  | 136K|    27   (0)| 00:00:01 |
|   4 |    MERGE JOIN CARTESIAN        |          | 171K  |6684K|   315   (2)| 00:00:04 |
|   5 |     NESTED LOOPS               |          |       |     |           |          |
|   6 |      NESTED LOOPS              |          |   1   |  24 |     4   (0)| 00:00:01 |
|*  7 |       TABLE ACCESS FULL        | CIUDADES |   1   |  14 |     3   (0)| 00:00:01 |
|*  8 |       INDEX UNIQUE SCAN        | PAI_PK   |   1   |     |     0   (0)| 00:00:01 |
|   9 |      TABLE ACCESS BY INDEX ROWID| PAISES  |   1   |  10 |     1   (0)| 00:00:01 |
|  10 |     BUFFER SORT                |          | 171K  |2673K|   314   (2)| 00:00:04 |
|  11 |      TABLE ACCESS FULL         | RESERVAS | 171K  |2673K|   311   (2)| 00:00:04 |
|  12 |   TABLE ACCESS FULL            | VUELOS   | 57711 | 901K|   137   (1)| 00:00:02 |
-------------------------------------------------------------------------------

Predicate Information (identified by operation id):
---------------------------------------------------

   1 - access("VUELOS"."ID_VUELO"="RESERVAS"."VUE_ID_VUELO")
   2 - access("RESERVAS"."CLI_NIF"="CLIENTES"."NIF" AND
              "CLIENTES"."CIU_ID_CIUDAD"="CIUDADES"."ID_CIUDAD")
   7 - filter(TO_NUMBER("CIUDADES"."ID_CIUDAD")=14)
   8 - access("CIUDADES"."PAI_ID_PAIS"="PAISES"."ID_PAIS")
```

Para definir los métodos de combinación de las tablas

El siguiente conjunto de *hints* recoge las indicaciones de uso de los tres métodos de combinación de tablas descritos en el capítulo "Conceptos relativos a combinaciones y filtros": HASH JOIN, MERGE JOIN y NESTED LOOPS.

/*+USE_NL (tabla1, tabla2) */
/*+NO_USE_NL (tabla1, tabla2) */
/*+USE_NL_WITH_INDEX (tabla1, tabla2) */

Las *hints* que condicionan el uso de NESTED LOOPS permiten especificar la tabla sobre la cual aplicar el NESTED LOOPS, sobre la cual inhibir el uso de este método de combinación, y la indicación de que el NESTED LOOPS se realice utilizando un índice, pues cuando el NESTED LOOPS se realiza sobre tablas conducidas sobre las cuales no hay un índice, implica el recorrido completo de la tabla para tantos elementos como se hayan encontrado en la tabla conductora.

Los planes de ejecución de las siguientes consultas muestran el comportamiento de las *hints*.

Ejecución con USE_NL

```
select /*+USE_NL (emp, dept) */ ename, dname
from scott.emp, scott.dept
where emp.deptno=dept.deptno;
```

```
---------------------------------------------------------------------------
| Id  | Operation          | Name | Rows  | Bytes | Cost (%CPU)| Time     |
---------------------------------------------------------------------------
|   0 | SELECT STATEMENT   |      |    14 |   308 |    10   (0)| 00:00:01 |
|   1 |  NESTED LOOPS      |      |    14 |   308 |    10   (0)| 00:00:01 |
|   2 |   TABLE ACCESS FULL| DEPT |     4 |    52 |     3   (0)| 00:00:01 |
|*  3 |   TABLE ACCESS FULL| EMP  |     4 |    36 |     2   (0)| 00:00:01 |
---------------------------------------------------------------------------

Predicate Information (identified by operation id):
---------------------------------------------------

   3 - filter("EMP"."DEPTNO"="DEPT"."DEPTNO")
```

Ejecución con NO_USE_NL

```
select /*+NO_USE_NL (emp, dept) */ ename, dname
from scott.emp, scott.dept
where emp.deptno=dept.deptno;
```

```
----------------------------------------------------------------------------------
| Id  | Operation                    | Name    | Rows  | Bytes | Cost (%CPU)| Time     |
----------------------------------------------------------------------------------
|   0 | SELECT STATEMENT             |         |    14 |   308 |     6  (17)| 00:00:01 |
|   1 |  MERGE JOIN                  |         |    14 |   308 |     6  (17)| 00:00:01 |
|   2 |   TABLE ACCESS BY INDEX ROWID| DEPT    |     4 |    52 |     2   (0)| 00:00:01 |
|   3 |    INDEX FULL SCAN           | PK_DEPT |     4 |       |     1   (0)| 00:00:01 |
|*  4 |   SORT JOIN                  |         |    14 |   126 |     4  (25)| 00:00:01 |
|   5 |    TABLE ACCESS FULL         | EMP     |    14 |   126 |     3   (0)| 00:00:01 |
----------------------------------------------------------------------------------

Predicate Information (identified by operation id):
---------------------------------------------------

   4 - access("EMP"."DEPTNO"="DEPT"."DEPTNO")
       filter("EMP"."DEPTNO"="DEPT"."DEPTNO")
```

En este caso, el optimizador descarta el uso de NESTED LOOPS y opta por la mejor combinación analizada, que es MERGE JOIN.

Ejecución con USE_NL_WITH_INDEX

```
select /*+USE_NL_WITH_INDEX (emp, dept) */ ename, dname
from scott.emp, scott.dept
where emp.deptno=dept.deptno;
```

```
-------------------------------------------------------------------------------
| Id  | Operation                    | Name    | Rows | Bytes | Cost (%CPU)| Time     |
-------------------------------------------------------------------------------
|   0 | SELECT STATEMENT             |         |   14 |   308 |    6  (17)| 00:00:01 |
|   1 |  MERGE JOIN                  |         |   14 |   308 |    6  (17)| 00:00:01 |
|   2 |   TABLE ACCESS BY INDEX ROWID| DEPT    |    4 |    52 |    2   (0)| 00:00:01 |
|   3 |    INDEX FULL SCAN           | PK_DEPT |    4 |       |    1   (0)| 00:00:01 |
|*  4 |   SORT JOIN                  |         |   14 |   126 |    4  (25)| 00:00:01 |
|   5 |    TABLE ACCESS FULL         | EMP     |   14 |   126 |    3   (0)| 00:00:01 |
-------------------------------------------------------------------------------

Predicate Information (identified by operation id):
---------------------------------------------------

   4 - access("EMP"."DEPTNO"="DEPT"."DEPTNO")
       filter("EMP"."DEPTNO"="DEPT"."DEPTNO")
```

Dado que la *hint* indica usar NESTED LOOPS mediante un índice, y como la tabla EMP carece de este para la columna parte de la *join*, el optimizador vuelve a recurrir por el método de combinación MERGE JOIN.

/*+USE_MERGE (tabla1, tabla2) */
/*+NO_USE_MERGE (tabla1, tabla2) */

Al igual que las anteriores *hints*, USE_MERGE y NO_USE_MERGE advertirán de la preferencia de usar combinaciones MERGE JOIN o no para las tablas indicadas.

Ejecución con USE_MERGE

```
select /*+USE_MERGE (emp, dept) */ ename, dname
from scott.emp, scott.dept
where emp.deptno=dept.deptno;
```

```
-------------------------------------------------------------------------------
| Id  | Operation                    | Name    | Rows | Bytes | Cost (%CPU)| Time     |
-------------------------------------------------------------------------------
|   0 | SELECT STATEMENT             |         |   14 |   308 |    6  (17)| 00:00:01 |
|   1 |  MERGE JOIN                  |         |   14 |   308 |    6  (17)| 00:00:01 |
|   2 |   TABLE ACCESS BY INDEX ROWID| DEPT    |    4 |    52 |    2   (0)| 00:00:01 |
|   3 |    INDEX FULL SCAN           | PK_DEPT |    4 |       |    1   (0)| 00:00:01 |
|*  4 |   SORT JOIN                  |         |   14 |   126 |    4  (25)| 00:00:01 |
|   5 |    TABLE ACCESS FULL         | EMP     |   14 |   126 |    3   (0)| 00:00:01 |
-------------------------------------------------------------------------------

Predicate Information (identified by operation id):
---------------------------------------------------

   4 - access("EMP"."DEPTNO"="DEPT"."DEPTNO")
       filter("EMP"."DEPTNO"="DEPT"."DEPTNO")
```

Ejecución con NO_USE_MERGE

```
select /*+NO_USE_MERGE (emp, dept) */ ename, dname
from scott.emp, scott.dept
where emp.deptno=dept.deptno;
```

```
---------------------------------------------------------------------
| Id  | Operation          | Name | Rows  | Bytes | Cost (%CPU)| Time     |
---------------------------------------------------------------------
|   0 | SELECT STATEMENT   |      |    14 |   308 |    7  (15)| 00:00:01 |
|*  1 |  HASH JOIN         |      |    14 |   308 |    7  (15)| 00:00:01 |
|   2 |   TABLE ACCESS FULL| DEPT |     4 |    52 |    3   (0)| 00:00:01 |
|   3 |   TABLE ACCESS FULL| EMP  |    14 |   126 |    3   (0)| 00:00:01 |
---------------------------------------------------------------------

Predicate Information (identified by operation id):
---------------------------------------------------

   1 - access("EMP"."DEPTNO"="DEPT"."DEPTNO")
```

En este caso, dado que parece que la mejor opción es el MERGE JOIN y la *hint* inhibe su uso, y dado que el plan con NESTED LOOPS tampoco resultaba muy ventajoso, opta por la siguiente mejor combinación, que es HASH JOIN.

/*+USE_HASH (tabla1, tabla2) */
/*+NO_USE_HASH (tabla1, tabla2) */

USE_HASH y NO_USE_HASH tendrán el mismo funcionamiento que las anteriores, indicando el uso de HASH JOIN o no para las tablas indicadas.

Ejecución con USE_HASH

```
select /*+USE_HASH (emp, dept) */ ename, dname
from scott.emp, scott.dept
where emp.deptno=dept.deptno;
```

```
---------------------------------------------------------------------
| Id  | Operation          | Name | Rows  | Bytes | Cost (%CPU)| Time     |
---------------------------------------------------------------------
|   0 | SELECT STATEMENT   |      |    14 |   308 |    7  (15)| 00:00:01 |
|*  1 |  HASH JOIN         |      |    14 |   308 |    7  (15)| 00:00:01 |
|   2 |   TABLE ACCESS FULL| DEPT |     4 |    52 |    3   (0)| 00:00:01 |
|   3 |   TABLE ACCESS FULL| EMP  |    14 |   126 |    3   (0)| 00:00:01 |
---------------------------------------------------------------------

Predicate Information (identified by operation id):
---------------------------------------------------

   1 - access("EMP"."DEPTNO"="DEPT"."DEPTNO")
```

Ejecución con NO_USE_HASH

```
select /*+NO_USE_HASH (emp, dept) */ ename, dname
from scott.emp, scott.dept
where emp.deptno=dept.deptno;
```

```
---------------------------------------------------------------------------
| Id  | Operation                    | Name    | Rows  | Bytes | Cost (%CPU)| Time     |
---------------------------------------------------------------------------
|   0 | SELECT STATEMENT             |         |    14 |   308 |     6  (17)| 00:00:01 |
|   1 |  MERGE JOIN                  |         |    14 |   308 |     6  (17)| 00:00:01 |
|   2 |   TABLE ACCESS BY INDEX ROWID| DEPT    |     4 |    52 |     2   (0)| 00:00:01 |
|   3 |    INDEX FULL SCAN           | PK_DEPT |     4 |       |     1   (0)| 00:00:01 |
|*  4 |   SORT JOIN                  |         |    14 |   126 |     4  (25)| 00:00:01 |
|   5 |    TABLE ACCESS FULL         | EMP     |    14 |   126 |     3   (0)| 00:00:01 |
---------------------------------------------------------------------------
```

```
Predicate Information (identified by operation id):
---------------------------------------------------

   4 - access("EMP"."DEPTNO"="DEPT"."DEPTNO")
       filter("EMP"."DEPTNO"="DEPT"."DEPTNO")
```

Al igual que en los casos anteriores, al inhibir el uso de HASH JOIN, el optimizador opta por la mejor optimización: MERGE JOIN.

Para definir ejecuciones en paralelo

A través de las *hints* es posible aportar al optimizador el grado de paralelismo que precisa cada consulta. Este tipo de *hints* es especialmente interesante pues ofrece la posibilidad de informar de algo que el optimizador por sí solo no considera, salvo que esté definido el parámetro PARALLEL_AUTOMATIC_TUNING.

En el capítulo de este libro en el que se detallan las claves del particionamiento se ofrece una visión sobre los pros y contras de lanzar procesos en paralelo sobre los distintos tipos de particionamiento. Las siguientes *hints* pueden ayudar a un mayor control y a un funcionamiento más eficaz de este tipo de consultas.

/*+PARALLEL (tabla1, grado_paralelismo) */
/*+NO_PARALLEL (tabla1) */

Sobre todo la primera *hint*, PARALLEL, para informar al optimizador del grado de paralelismo al acceder a la tabla especificada, y la *hint* NO_PARALLEL para inhibir el uso automático de paralelismo cuando en la base de datos está definido por defecto el parámetro PARALLEL_AUTOMATIC_TUNING a TRUE, tienen una gran presencia en código donde hay cargas muy pesadas sobre tablas de un gran volumen, y más aún si estas están particionadas.

Hay que tener en cuenta que una *hint* PARALLEL con un grado de paralelismo de ocho procesos implica no solo que la sentencia ejecute ocho procesos en paralelo, con su considerable coste de gestión individual, y el peso relativo al uso de CPU correspondiente a esos ocho procesos, sino además una gestión adicional para dividir la ejecución en ocho partes. No es un coste despreciable, aunque suele hacerse si el beneficio de usar paralelismo sobre objetos particionados mejora ocho veces el rendimiento.

En los casos en los que usar paralelismo no aporte ningún beneficio, por ejemplo, sobre una tabla de 3.000 filas que puedan estar almacenadas en un número reducido de bloques, paralelizar esa consulta repercutirá en un mayor coste de ejecución solo por la división en ocho procesos de algo que se ejecutaría más eficazmente en un único proceso, en una lectura secuencial de estos pocos bloques.

Tom Kyte suele utilizar un ejemplo muy ingenioso sobre el uso del paralelismo[4]. Si usted tuviera que redactar un resumen sobre una página, probablemente no encargaría el trabajo a ocho personas para que redactaran cada una un párrafo, pues sería más costoso unificar esos ocho párrafos para hacerlos encajar en una página, además del trabajo de "arrancar" a ocho personas a trabajar para un volumen de trabajo tan pequeño. Sin embargo, si se tratase de un informe sobre varios capítulos, sí resultaría más provechoso repartir esos capítulos entre varias personas y unir los resultados.

Recuerde la frase: "nueve mujeres no pueden engendrar un hijo en un mes". No siempre aumentar el número de recursos consigue aumentar el rendimiento. En ocasiones puede incluso empeorarlo.

Al igual que se menciona en la parte relativa al particionamiento, úsese el paralelismo con conocimiento de causa, con comprensión de la implicación subyacente a nivel de procesos y cómo estos afectarán beneficiando o perjudicando la ejecución.

En caso de duda, puede ser útil el uso del parámetro AUTO o MANUAL al invocar la *hint* PARALLEL. Si se expresa AUTO, el optimizador estudiará la mejor forma de paralelizar, y si se expresa MANUAL, usará el grado de paralelismo por defecto que tenga la tabla o el número de procesos que se definan como parámetro.

```
SQL> explain plan for
  2   select /*+ PARALLEL (facturas_rango_hash, 6) */ count(*)
  3   from facturas_rango_hash partition ("2011_T4");

Explicado.
```

---

[4] Kyte T. *Expert Database Architecture*. Capítulo 14. "Parallel Execution", pp. 617-618.

```
SQL> @?/rdbms/admin/utlxplp

PLAN_TABLE_OUTPUT
--------------------------------------------------------------------------------
Plan hash value: 1913520869
```

```
-------------------------------------------------------------------------------------------
| Id | Operation           | Name                | Rows | Cost (%CPU)| Time     | Pstart| Pstop |    TQ  |IN-OUT| PQ Distrib |
-------------------------------------------------------------------------------------------
|  0 | SELECT STATEMENT    |                     |   1  |   19    (0)| 00:00:01 |       |       |        |      |            |
|  1 |  SORT AGGREGATE     |                     |   1  |            |          |       |       |        |      |            |
|  2 |   PX COORDINATOR    |                     |      |            |          |       |       |        |      |            |
|  3 |    PX SEND QC (RANDOM) | :TQ10000         |   1  |            |          |       |       | Q1,00  | P->S | QC (RAND)  |
|  4 |     SORT AGGREGATE  |                     |   1  |            |          |       |       | Q1,00  | PCWP |            |
|  5 |      PX BLOCK ITERATOR |                  | 8169 |   19    (0)| 00:00:01 |   1   |   6   | Q1,00  | PCWC |            |
|  6 |       TABLE ACCESS FULL| FACTURAS_RANGO_HASH | 8169 |  19    (0)| 00:00:01 |   1   |   6   | Q1,00  | PCWP |            |
-------------------------------------------------------------------------------------------
```

```
SQL> explain plan for
  2  select /*+ PARALLEL (AUTO) */ count(*)
  3  from facturas_rango_hash partition ("2011_T4");

Explicado.

SQL> @?/rdbms/admin/utlxplp

PLAN_TABLE_OUTPUT
--------------------------------------------------------------------------------
Plan hash value: 1913520869
```

```
-------------------------------------------------------------------------------------------
| Id | Operation           | Name                | Rows | Cost (%CPU)| Time     | Pstart| Pstop |    TQ  |IN-OUT| PQ Distrib |
-------------------------------------------------------------------------------------------
|  0 | SELECT STATEMENT    |                     |   1  |   56    (0)| 00:00:01 |       |       |        |      |            |
|  1 |  SORT AGGREGATE     |                     |   1  |            |          |       |       |        |      |            |
|  2 |   PX COORDINATOR    |                     |      |            |          |       |       |        |      |            |
|  3 |    PX SEND QC (RANDOM) | :TQ10000         |   1  |            |          |       |       | Q1,00  | P->S | QC (RAND)  |
|  4 |     SORT AGGREGATE  |                     |   1  |            |          |       |       | Q1,00  | PCWP |            |
|  5 |      PX BLOCK ITERATOR |                  | 8169 |   56    (0)| 00:00:01 |   1   |   6   | Q1,00  | PCWC |            |
|  6 |       TABLE ACCESS FULL| FACTURAS_RANGO_HASH | 8169 |  56    (0)| 00:00:01 |   1   |   6   | Q1,00  | PCWP |            |
-------------------------------------------------------------------------------------------
```

```
Note
-----
   - automatic DOP: Computed Degree of Parallelism is 2
```

Para obtener el plan de ejecución de una sentencia en paralelo, el *script* de generación del plan es utlxplp, en lugar del utlxpls, como se habrá podido observar. Este anterior no muestra ninguna información sobre los procesos de la ejecución en paralelo, tal como ilustra el siguiente ejemplo:

```
SQL> @?/rdbms/admin/utlxpls

PLAN_TABLE_OUTPUT
--------------------------------------------------------------------------------
Plan hash value: 1913520869
```

```
----------------------------------------------------------------------------------------
| Id | Operation              | Name                | Rows | Cost (%CPU)| Time     | Pstart| Pstop |
----------------------------------------------------------------------------------------
|  0 | SELECT STATEMENT       |                     |   1  |   19    (0)| 00:00:01 |       |       |
|  1 |  SORT AGGREGATE        |                     |   1  |            |          |       |       |
|  2 |   PX COORDINATOR       |                     |      |            |          |       |       |
|  3 |    PX SEND QC (RANDOM) | :TQ10000            |   1  |            |          |       |       |
|  4 |     SORT AGGREGATE     |                     |   1  |            |          |       |       |
|  5 |      PX BLOCK ITERATOR |                     | 8169 |   19    (0)| 00:00:01 |   1   |   6   |
|  6 |       TABLE ACCESS FULL| FACTURAS_RANGO_HASH | 8169 |  19    (0)| 00:00:01 |   1   |   6   |
----------------------------------------------------------------------------------------
```

Usando la *hint* NO_PARALLEL, al inhibir el uso de particionamiento, la ejecución anterior se realizará en un único proceso, y el *script* utlxplp mostrará la misma información que utlxpls.

```
SQL> explain plan for
  2  select /*+ NO_PARALLEL (facturas_rango_hash) */ count(*)
  3  from facturas_rango_hash partition ("2011_T4");

Explicado.


SQL> @?/rdbms/admin/utlxplp

PLAN_TABLE_OUTPUT
--------------------------------------------------------------------------------
Plan hash value: 661632812

--------------------------------------------------------------------------------
| Id | Operation                | Name                | Rows | Cost (%CPU)| Time     | Pstart| Pstop |
--------------------------------------------------------------------------------
|  0 | SELECT STATEMENT         |                     |    1 | 100  (0)| 00:00:02 |       |       |
|  1 |  SORT AGGREGATE          |                     |    1 |         |          |       |       |
|  2 |   PARTITION RANGE SINGLE |                     | 8169 | 100  (0)| 00:00:02 |     1 |     1 |
|  3 |    PARTITION HASH ALL    |                     | 8169 | 100  (0)| 00:00:02 |     1 |     6 |
|  4 |     TABLE ACCESS FULL    | FACTURAS_RANGO_HASH | 8169 | 100  (0)| 00:00:02 |     1 |     6 |
--------------------------------------------------------------------------------
```

/*+PQ_DISTRIBUTE (tabla distribución) */ /*+PQ_DISTRIBUTE (tabla distribución_conducida distribución_conductora) */

Esta *hint* permite definir la distribución de carga entre procesos en paralelo sobre dos situaciones: una, la carga de filas de una tabla particionada, y la otra sobre *joins* de una tabla particionada con otra (particionada o no). Para el primer caso, lectura con paralelismo de una tabla particionada, solo se pasan dos parámetros: la tabla a paralelizar y la distribución de carga en la lectura con paralelismo. Para el segundo caso, *join* de dos tablas con uso de paralelismo, se especifican tres parámetros: tabla para la cual aplicar el paralelismo, distribución de carga en la tabla conducida y distribución de carga en la tabla conductora.

Es decir, cuando se cruzan tablas con particionamiento o cuando se lee una tabla particionada o mediante uso de paralelismo, la *hint* PQ_DISTRIBUTE permite definir el tipo de distribución de carga de datos especificando el tipo de comunicación que tendrán los procesos productores y los consumidores.

Los procesos consumidores son los que "consumen" y procesan las filas generadas por los distintos procesos productores ejecutándose en paralelo. Los procesos productores son los encargados de procesar las filas (producirlas) para comunicarlas a los procesos consumidores. Es importante que la carga de filas que estos procesos se transmitan sea proporcionada.

Imaginen una ejecución en paralelo cuyos procesos consumidores no dan a basto a procesar las filas que los procesos productores generan. Imaginen una ejecución en paralelo donde los procesos productores procesan muy pocas filas, y los procesos consumidores dedican tiempo en atender unos procesos que prácticamente no le dan consumo.

Estos desequilibrios pueden llevar a una ejecución en paralelo, como una carga INSERT INTO as SELECT, a resolverse de una forma más costosa. Del mismo modo también afecta a la forma de procesar las *joins* de dos tablas usando paralelismo.

Respecto al primer escenario, control de la distribución de las filas para la carga, los casos prácticos de uso son INSERT INTO as SELECT y CREATE TABLE as SELECT.

Los posibles valores para los parámetros de distribución son:

-**NONE.** No hay distribución. Los procesos servidores toman filas sobre todas las particiones. En principio es útil para cargas no segregadas de datos porque reduce el coste de distribuir lógicamente las filas sobre los procesos y particiones.

-**PARTITION.** Se distribuyen las cargas de los procesos productores sobre los consumidores, asociando los servidores cada uno a una partición de la tabla.

-**RANDOM.** Las filas se distribuyen de los procesos productores a los consumidores de forma aleatoria, mediante una especie de *round-robin*, realizando una repartición de las filas sobre los procesos de forma correlativa.

-**RANDOM_LOCAL.** Las filas se distribuyen aleatoriamente sobre procesos consumidores asociados a unas mismas particiones. Dos o más procesos pueden cargar filas sobre la misma partición, aunque estos no contendrán filas de otras particiones. Este método es conveniente cuando se trata de cargas segregadas, al igual que el anterior RANDOM.

Para comparar las distribuciones PARTITION y RANDOM, el siguiente ejemplo crea una tabla particionada en la cual las filas se insertan en solo dos particiones. La distribución de filas entre procesos consumidores y productores resulta así:

```
SQL> create /*+pq_distribute (part_reservas, partition) */  table part_reservas
  2      parallel 8
  3      partition by range (fecha_vuelo)
  4      interval(numtoyminterval(1, 'month'))
  5      (partition principal
  6          values less than (to_date('01-01-2004', 'dd-mm-yyyy')))
  7  as select * from reservas_fecha;

Tabla creada.
```

La distribución de filas entre procesos consumidores y productores resulta así:

```
SQL> select dfo_number, tq_id, server_type,  process,
  2    num_rows, bytes, waits, timeouts
  3  from v$pq_tqstat
  4  order by 1, 2, 3, 4, 5;
```

DFO_NUMBER	TQ_ID	SERVER_TYP	PROCESS	NUM_ROWS	BYTES	WAITS	TIMEOUTS
1	0	Consumer	P000	112607	6516918	33	30
1	0	Consumer	P001	0	192	33	30
1	0	Consumer	P002	0	192	33	30
1	0	Consumer	P003	0	192	33	30
1	0	Consumer	P004	0	192	33	30
1	0	Consumer	P005	58506	3386116	33	30
1	0	Consumer	P006	0	192	33	30
1	0	Consumer	P007	0	192	33	30
1	0	Producer	P008	22225	1286601	16	3
1	0	Producer	P009	13812	799474	14	5
1	0	Producer	P010	23942	1385850	19	4
1	0	Producer	P011	25656	1484685	22	6
1	0	Producer	P012	20525	1187892	15	3
1	0	Producer	P013	25643	1484449	21	6
1	0	Producer	P014	17087	988815	15	4
1	0	Producer	P015	22223	1286420	19	3
1	1	Consumer	QC	2	406	4	1
1	1	Producer	P000	1	131	241	89
1	1	Producer	P001	0	24	9	0
1	1	Producer	P002	0	24	9	0
1	1	Producer	P003	0	24	9	0
1	1	Producer	P004	0	24	9	0
1	1	Producer	P005	1	131	191	44
1	1	Producer	P006	0	24	10	1
1	1	Producer	P007	0	24	9	0

La vista dinámica V$PQ_TQSTAT permite consultar la actividad de paralelismo realizada sobre la última consulta ejecutada con PARALLEL. En la relación de procesos consumidores y productores se puede apreciar que los productores se distribuyen el acceso a la tabla RESERVAS_FECHA, pero al distribuir las filas a los procesos consumidores las filas tienen en cuenta la partición destino y la distribución de las filas se hace sobre dos procesos: P000 y P005 del TQ0.

Las particiones creadas para esta tabla han resultado únicamente tres: la denominada principal, y otras dos correspondientes a las fechas de mayo y junio de 2004.

```
SQL> exec dbms_stats.gather_table_stats('VUELOS','PART_RESERVAS');

Procedimiento PL/SQL terminado correctamente.

SQL> select partition_name, num_rows
  2  from user_tab_partitions
  3  where table_name='PART_RESERVAS';

PARTITION_NAME                  NUM_ROWS
------------------------------- ----------
PRINCIPAL                              0
SYS_P18926                         58506
SYS_P18927                        112607
```

El plan de ejecución de la creación de la tabla es el siguiente:

```
PLAN_TABLE_OUTPUT
----------------------------------------------------------------------------------------
Plan hash value: 2315199011

----------------------------------------------------------------------------------------
| Id | Operation                    | Name          | Rows  | Bytes | Cost (%CPU)| Time     | TQ    |IN-OUT| PQ Distrib |
----------------------------------------------------------------------------------------
|  0 | CREATE TABLE STATEMENT       |               | 171K| 8355K|  78   (2)| 00:00:01 |       |      |            |
|  1 |  PX COORDINATOR              |               |       |       |          |          |       |      |            |
|  2 |   PX SEND QC (RANDOM)        | :TQ10001      | 171K| 8355K|  51   (2)| 00:00:01 | Q1,01 | P->S | QC (RAND)  |
|  3 |    LOAD AS SELECT            | PART_RESERVAS |       |       |          |          | Q1,01 | PCWP |            |
|  4 |     PX RECEIVE               |               | 171K| 8355K|  51   (2)| 00:00:01 | Q1,01 | PCWP |            |
|  5 |      PX SEND PARTITION (KEY) | :TQ10000      | 171K| 8355K|  51   (2)| 00:00:01 | Q1,00 | P->P | PART (KEY) |
|  6 |       PX BLOCK ITERATOR      |               | 171K| 8355K|  51   (2)| 00:00:01 | Q1,00 | PCWC |            |
|  7 |        TABLE ACCESS FULL     | RESERVAS_FECHA| 171K| 8355K|  51   (2)| 00:00:01 | Q1,00 | PCWP |            |
----------------------------------------------------------------------------------------
```

La misma sentencia utilizada con el parámetro RANDOM para la distribución entre los procesos productores y consumidores de la carga resultaría así:

```
SQL> drop table part_reservas;

Tabla borrada.

SQL> create /*+pq_distribute (part_reservas, random) */  table part_reservas
  2       parallel 8
  3       partition by range (fecha_vuelo)
  4       interval(numtoyminterval(1, 'month'))
  5       (partition principal
  6            values less than (to_date('01-01-2004', 'dd-mm-yyyy')))
  7  as select * from reservas_fecha;

Tabla creada.

SQL> select dfo_number, tq_id, server_type,  process,
  2    num_rows, bytes, waits, timeouts
  3  from v$pq_tqstat
  4  order by 1, 2, 3, 4, 5;

DFO_NUMBER      TQ_ID SERVER_TYP PROCESS      NUM_ROWS       BYTES      WAITS   TIMEOUTS
---------- ---------- ---------- ---------- ---------- ---------- ---------- ----------
         1          0 Consumer   P000            21387    1237710         34         31
         1          0 Consumer   P001            21349    1235699         34         31
         1          0 Consumer   P002            21001    1215411         34         31
         1          0 Consumer   P003            21548    1247162         34         31
         1          0 Consumer   P004            21041    1217844         34         31
         1          0 Consumer   P005            21979    1272073         34         31
```

```
1        0 Consumer  P006          21420   1239653        34        31
1        0 Consumer  P007          21388   1237770        34        31
1        0 Producer  P008          35894   2077819        26         5
1        0 Producer  P009          10256    593725         6         0
1        0 Producer  P010          22245   1286996        13         0
1        0 Producer  P011          23943   1385543        16         1
1        0 Producer  P012          22215   1285679        18         1
1        0 Producer  P013          23943   1385645        15         2
1        0 Producer  P014          15382    890466        12         3
1        0 Producer  P015          17235    997449        11         0
1        1 Consumer  QC               16      1904        13         2
1        1 Producer  P000              2       238        79         3
1        1 Producer  P001              2       238        78         7
1        1 Producer  P002              2       238        72        10
1        1 Producer  P003              2       238        75         5
1        1 Producer  P004              2       238        76         7
1        1 Producer  P005              2       238        77         3
1        1 Producer  P006              2       238        77         9
1        1 Producer  P007              2       238        76        11
```

La distribución entre productores y consumidores, esta vez, es prácticamente
aleatoria. Las filas se propagan de los procesos productores de la consulta (TQ-0
P008 a P015) a los consumidores (TQ-0 P001 a P007), y estos posteriormente se
distribuyen sobre los productores de INSERT en la nueva tabla de una forma
repartida (TQ-1 P000 a P007), aunque todas las filas vayan a ser insertadas sobre
dos particiones, al igual que en el ejemplo anterior.

El plan de ejecución, en este caso, aunque similar, mostrará la distribución por
ROUND-ROBIN de las filas sobre los procesos consumidores-productores.

```
PLAN_TABLE_OUTPUT
--------------------------------------------------------------------------------------
Plan hash value: 329507369

-----------------------------------------------------------------------------------------------
| Id  | Operation                | Name          | Rows  | Bytes | Cost (%CPU)| Time     |   TQ  |IN-OUT| PQ Distrib |
-----------------------------------------------------------------------------------------------
|   0 | CREATE TABLE STATEMENT   |               |  171K | 8355K |   78   (2)| 00:00:01 |       |      |            |
|   1 |  PX COORDINATOR          |               |       |       |           |          |       |      |            |
|   2 |   PX SEND QC (RANDOM)    | :TQ10001      |  171K | 8355K |   51   (2)| 00:00:01 | Q1,01 | P->S | QC (RAND)  |
|   3 |    LOAD AS SELECT        | PART_RESERVAS |       |       |           |          | Q1,01 | PCWP |            |
|   4 |     PX RECEIVE           |               |  171K | 8355K |   51   (2)| 00:00:01 | Q1,01 | PCWP |            |
|   5 |      PX SEND ROUND-ROBIN | :TQ10000      |  171K | 8355K |   51   (2)| 00:00:01 | Q1,00 | P->P | RND-ROBIN  |
|   6 |       PX BLOCK ITERATOR  |               |  171K | 8355K |   51   (2)| 00:00:01 | Q1,00 | PCWC |            |
|   7 |        TABLE ACCESS FULL | RESERVAS_FECHA|  171K | 8355K |   51   (2)| 00:00:01 | Q1,00 | PCWP |            |
-----------------------------------------------------------------------------------------------
```

Respecto al segundo escenario, control de la distribución de las filas para *joins*, se
pasará un par de parámetros para la distribución. El primero de ellos corresponderá
a la tabla conducida (*outer*) y el siguiente a la tabla conductora (*inner*).

Los posibles valores para los parámetros de distribución son:

-**NONE.** No hay distribución. Las filas se distribuyen aleatoriamente sobre los
procesos.

-**PARTITION.** Corresponde a la distribución sobre las particiones. Esta *hint* se ignora si la *join* no cruza las tablas por la clave de partición o si la tabla no está particionada.

-**HASH.** Mapea la tabla en memoria usando un algoritmo *hash* sobre la clave de *join*. Una vez hecho el *hash*, cada servidor realiza la *join* por correspondencia entre las particiones resultantes. Resulta adecuada cuando la correspondencia entre tablas y su tamaño es similar y los métodos de combinación más eficaces para estos casos son HASH JOIN o MERGE JOIN.

-**BROADCAST.** Las filas se distribuyen sobre todos los procesos. Se recomienda cuando la tabla es relativamente pequeña respecto a la tabla a combinar.

Existen seis formas de combinación, siendo el primer valor para la tabla conducida (*outer*) y el siguiente para la conductora (*inner*):

-**Hash / Hash.** Se genera un *hash* con ambas. La combinación se hace por correspondencia de particiones.

-**Broadcast / None.** Todas las filas de la tabla conducida se propagan sobre todos los procesos de la conductora.

-**None / Broadcast.** Todas las filas de la tabla conductora se propagan sobre todos los procesos de la conducida.

-**Partition / None.** Se mapea la tabla conducida con las particiones de la tabla conductora. La tabla conductora debe estar particionada por la clave de unión de la *join*.

-**None / Partition.** Se mapea la tabla conductora con las particiones de la tabla conducida. La tabla conducida debe estar particionada por la clave de unión de la *join*.

-**None / None.** Cada proceso se encarga de resolver una *query* correspondiente a una unión por la misma clave de partición. Ambas tablas deben estar particionadas por la misma clave de unión de la *join*.

Para ilustrar el funcionamiento de la distribución de filas entre procesos en paralelo para *joins*, las dos tablas de RESERVAS y VUELOS estarán particionadas por la misma clave de partición (código de vuelo) y mismo criterio (5.000 vuelos por partición).

```
SQL> drop table part_reservas;

Tabla borrada.


SQL> create table part_reservas
  2       partition by range (vue_id_vuelo)
  3       interval(5000)
  4       (partition principal values less than (5000))
  5  as select * from reservas_fecha;

Tabla creada.


SQL> drop table part_vuelos;

Tabla borrada.


SQL> create table part_vuelos
  2       partition by range (id_vuelo)
  3       interval(5000)
  4       (partition principal values less than (5000))
  5  as select * from vuelos;

Tabla creada.


SQL> exec dbms_stats.gather_table_stats('VUELOS','PART_VUELOS')

Procedimiento PL/SQL terminado correctamente.


SQL> exec dbms_stats.gather_table_stats('VUELOS','PART_RESERVAS')
Procedimiento PL/SQL terminado correctamente.

SQL> select table_name, count(*), sum(num_rows)
  2  from user_tab_partitions
  3  group by table_name;

TABLE_NAME                     COUNT(*)  SUM(NUM_ROWS)
------------------------------ --------- -------------
PART_RESERVAS                         21        171113
PART_VUELOS                           21         57711
```

En total, en las 21 particiones de cada tabla se encuentran los más de 57.000 vuelos y las más de 171.000 reservas sobre esos vuelos.

Sin paralelismo, la siguiente consulta recupera las siguientes filas con el consiguiente plan de ejecución:

```
SQL> select detalles, aer_id_aero, aer_id_aero_destino, count(*), sum(importe)
  2  from part_vuelos, part_reservas
  3  where id_vuelo=vue_id_vuelo
  4  group by detalles, aer_id_aero, aer_id_aero_destino
  5  having count(*) >10;
```

```
DETALLES                  AER AER   COUNT(*) SUM(IMPORTE)
-------------------       --- ---   -------- ------------
VUELO27010                FLO VER         11      1432,35
VUELO2119                 MNC BON         12      1797,56
VUELO21704                LND LIV         11       1512,3
VUELO47640                DNV SVL         11      1670,82
VUELO71946                SVL LAN         11      1695,36
VUELO77068                BLB LND         11      1613,95
VUELO44344                VEN LIO         11      1640,98
VUELO43063                BOS DNV         11      1707,41
VUELO52354                VEN MDE         11      1600,03
VUELO73330                VER NYR         13      1805,27
VUELO98676                PLM HEA         12      1755,78
VUELO22512                DNV SVL         12      1875,86
VUELO18816                MDE BCN         11      1688,96
VUELO51730                WSH ESX         11      1647,44
VUELO94386                PMP VLC         11      1632,76

15 filas seleccionadas.

PLAN_TABLE_OUTPUT
-----------------------------------------------------------------------------------------------
Plan hash value: 3641778576

-----------------------------------------------------------------------------------------------
| Id  | Operation            | Name         | Rows  | Bytes |TempSpc| Cost (%CPU)| Time     | Pstart| Pstop |
-----------------------------------------------------------------------------------------------
|   0 | SELECT STATEMENT     |              |  8556 |  284K |       | 1296   (3)| 00:00:16 |       |        |
|*  1 |  FILTER              |              |       |       |       |           |          |       |        |
|   2 |   HASH GROUP BY      |              |  8556 |  284K | 7408K | 1296   (3)| 00:00:16 |       |        |
|   3 |    PARTITION RANGE ALL|             |  171K | 5681K |       |  687   (3)| 00:00:09 |     1 |1048575|
|*  4 |     HASH JOIN        |              |  171K | 5681K |       |  687   (3)| 00:00:09 |       |        |
|   5 |      TABLE ACCESS FULL| PART_VUELOS | 57711 | 1352K |       |  214   (1)| 00:00:03 |     1 |1048575|
|   6 |      TABLE ACCESS FULL| PART_RESERVAS|  171K | 1671K |       |  461   (1)| 00:00:06 |     1 |1048575|
-----------------------------------------------------------------------------------------------

Predicate Information (identified by operation id):
---------------------------------------------------

   1 - filter(COUNT(*)>10)
   4 - access("ID_VUELO"="VUE_ID_VUELO")
```

Un ejemplo de la ejecución con distribución *broadcast / none* mostraría lo siguiente: sobre la tabla conductora (RESERVAS) y la conducida (VUELOS), una propagación de las filas de la tabla conducida sobre todos los procesos de la tabla conductora. Esto significa que los ocho procesos consumidores tendrán las 57.711 filas sobre su proceso productor (461.688 filas) para combinarse con los 171.113 filas de reservas, distribuidas a lo largo de sus procesos consumidores.

Posteriormente, el filtro HAVING para mostrar únicamente los vuelos con más de 10 reservas filtra las filas en los procesos productores, llevando al proceso consumidor final un total de 15 filas.

```
SQL> select /*+PARALLEL (part_reservas) PQ_DISTRIBUTE (part_reservas broadcast, none) */
  2          detalles, aer_id_aero, aer_id_aero_destino, count(*), sum(importe)
  3  from part_vuelos, part_reservas
  4  where id_vuelo=vue_id_vuelo
  5  group by detalles, aer_id_aero, aer_id_aero_destino
  6  having count(*) >10;
```

```
SQL> select dfo_number, tq_id, server_type,  process,
  2    num_rows, bytes, waits, timeouts
  3  from v$pq_tqstat
  4  order by 1, 2, 3, 4, 5;
```

DFO_NUMBER	TQ_ID	SERVER_TYP	PROCESS	NUM_ROWS	BYTES	WAITS	TIMEOUTS
1	0	Consumer	P008	57711	1605386	3	0
1	0	Consumer	P009	57711	1605386	3	0
1	0	Consumer	P010	57711	1605386	3	0
1	0	Consumer	P011	57711	1605386	3	0
1	0	Consumer	P012	57711	1605386	3	0
1	0	Consumer	P013	57711	1605386	3	0
1	0	Consumer	P014	57711	1605386	3	0
1	0	Consumer	P015	57711	1605386	3	0
1	0	Producer	QC	461688	12843088	0	0
1	1	Consumer	P000	21506	600794	4	1
1	1	Consumer	P001	21669	605115	4	1
1	1	Consumer	P002	21393	597173	4	1
1	1	Consumer	P003	20764	579709	4	1
1	1	Consumer	P004	21918	612195	4	1
1	1	Consumer	P005	21334	595772	4	1
1	1	Consumer	P006	21433	598628	4	1
1	1	Consumer	P007	21096	588885	4	1
1	1	Producer	P008	18916	528032	12	1
1	1	Producer	P009	27363	765399	17	2
1	1	Producer	P010	21919	611163	14	1
1	1	Producer	P011	19194	535862	13	1
1	1	Producer	P012	14917	414803	10	1
1	1	Producer	P013	22351	624314	14	1
1	1	Producer	P014	23686	662708	14	0
1	1	Producer	P015	22767	635990	15	2
1	2	Consumer	QC	15	671	12	3
1	2	Producer	P000	2	88	42	1
1	2	Producer	P001	2	88	44	1
1	2	Producer	P002	2	88	42	2
1	2	Producer	P003	2	88	41	2
1	2	Producer	P004	1	56	44	0
1	2	Producer	P005	1	56	41	3
1	2	Producer	P006	3	119	42	3
1	2	Producer	P007	2	88	41	2

34 filas seleccionadas.

```
PLAN_TABLE_OUTPUT
----------------------------------------------------------------------------------------------------

Plan hash value: 2121006324

----------------------------------------------------------------------------------------------------------------------------------
| Id  | Operation                    | Name          | Rows  | Bytes |TempSpc| Cost (%CPU)| Time     | Pstart| Pstop |    TQ  |IN-OUT| PQ Distrib |
----------------------------------------------------------------------------------------------------------------------------------
|   0 | SELECT STATEMENT             |               |  8556 |  284K |       |   402   (2)| 00:00:05 |       |       |        |      |            |
|   1 |  PX COORDINATOR              |               |       |       |       |            |          |       |       |        |      |            |
|   2 |   PX SEND QC (RANDOM)        | :TQ10002      |  8556 |  284K |       |   402   (2)| 00:00:05 |       |       |  Q1,02 | P->S | QC (RAND)  |
|*  3 |    FILTER                    |               |       |       |       |            |          |       |       |  Q1,02 | PCWC |            |
|   4 |     HASH GROUP BY            |               |  8556 |  284K | 7408K |   402   (2)| 00:00:05 |       |       |  Q1,02 | PCWP |            |
|   5 |      PX RECEIVE              |               |  171K | 5681K |       |   278   (2)| 00:00:04 |       |       |  Q1,02 | PCWP |            |
|   6 |       PX SEND HASH           | :TQ10001      |  171K | 5681K |       |   278   (2)| 00:00:04 |       |       |  Q1,01 | P->P | HASH       |
|*  7 |        HASH JOIN             |               |  171K | 5681K |       |   278   (2)| 00:00:04 |       |       |  Q1,01 | PCWP |            |
|   8 |         BUFFER SORT          |               |       |       |       |            |          |       |       |  Q1,01 | PCWC |            |
|   9 |          PART JOIN FILTER CREATE| :BF0000    | 57711 | 1352K |       |   214   (1)| 00:00:03 |       |       |  Q1,01 | PCWP |            |
|  10 |           PX RECEIVE         |               | 57711 | 1352K |       |   214   (1)| 00:00:03 |       |       |  Q1,01 | PCWP |            |
|  11 |            PX SEND BROADCAST | :TQ10000      | 57711 | 1352K |       |   214   (1)| 00:00:03 |       |       |  S->P  |      | BROADCAST  |
|  12 |             PARTITION RANGE ALL|            | 57711 | 1352K |       |   214   (1)| 00:00:03 |     1 |1048575|        |      |            |
|  13 |              TABLE ACCESS FULL| PART_VUELOS  | 57711 | 1352K |       |   214   (1)| 00:00:03 |     1 |1048575|        |      |            |
|  14 |         PX BLOCK ITERATOR    |               |  171K | 1671K |       |    64   (2)| 00:00:01 |:BF0000|:BF0000| Q1,01 | PCWC |            |
|  15 |          TABLE ACCESS FULL   | PART_RESERVAS |  171K | 1671K |       |    64   (2)| 00:00:01 |:BF0000|:BF0000| Q1,01 | PCWP |            |
----------------------------------------------------------------------------------------------------------------------------------

Predicate Information (identified by operation id):
---------------------------------------------------

   3 - filter(COUNT(*)>10)
   7 - access("ID_VUELO"="VUE_ID_VUELO")
```

El mismo ejemplo anterior, pero utilizando *hash / hash*, implicaría la lectura de filas mapeadas con algoritmos de *hash* con el fin de distribuirse entre los procesos consumidores y productores. Posteriormente, los procesos productores se emparejan por particiones para resolver la *join*.

```
SQL> select /*+ PARALLEL (part_reservas) PQ_DISTRIBUTE (part_reservas hash, hash) */
  2         detalles, aer_id_aero, aer_id_aero_destino, count(*), sum(importe)
  3  from part_vuelos, part_reservas
  4  where id_vuelo=vue_id_vuelo
  5  group by detalles, aer_id_aero, aer_id_aero_destino
  6  having count(*) >10;


SQL> select dfo_number, tq_id, server_type,  process,
  2    num_rows, bytes, waits, timeouts
  3  from v$pq_tqstat
  4  order by 1, 2, 3, 4, 5;
```

DFO_NUMBER	TQ_ID	SERVER_TYP	PROCESS	NUM_ROWS	BYTES	WAITS	TIMEOUTS
1	0	Consumer	P008	7214	200808	21	7
1	0	Consumer	P009	7285	202554	29	6
1	0	Consumer	P010	7322	203601	28	6
1	0	Consumer	P011	7123	198158	28	7
1	0	Consumer	P012	7180	199695	28	7
1	0	Consumer	P013	7311	203469	29	8
1	0	Consumer	P014	7097	197540	27	6
1	0	Consumer	P015	7179	199657	29	8
1	0	Producer	QC	57711	1605482	0	0
1	1	Consumer	P008	21330	253945	23	12
1	1	Consumer	P009	21467	255250	24	11
1	1	Consumer	P010	21424	254812	24	11
1	1	Consumer	P011	21408	254774	22	10
1	1	Consumer	P012	21187	252046	23	11
1	1	Consumer	P013	21996	261915	24	13
1	1	Consumer	P014	20953	249508	22	12
1	1	Consumer	P015	21348	253884	22	10
1	1	Producer	P000	32167	382835	21	2
1	1	Producer	P001	26640	317995	20	3
1	1	Producer	P002	17537	206846	12	1
1	1	Producer	P003	19492	233908	15	5
1	1	Producer	P004	18986	222844	14	2
1	1	Producer	P005	18055	214795	14	3
1	1	Producer	P006	18943	227339	14	3
1	1	Producer	P007	19293	229572	15	2
1	2	Consumer	P000	21506	600746	33	9
1	2	Consumer	P001	21669	605067	32	10
1	2	Consumer	P002	21393	597197	24	8
1	2	Consumer	P003	20764	579733	27	12
1	2	Consumer	P004	21918	612123	26	9
1	2	Consumer	P005	21334	595748	26	10
1	2	Consumer	P006	21433	598580	26	10
1	2	Consumer	P007	21096	588885	27	9
1	2	Producer	P008	21330	595754	0	0
1	2	Producer	P009	21467	599236	0	0
1	2	Producer	P010	21424	598134	0	0
1	2	Producer	P011	21408	597792	0	0
1	2	Producer	P012	21187	591559	0	0
1	2	Producer	P013	21996	614322	0	0
1	2	Producer	P014	20953	585275	0	0
1	2	Producer	P015	21348	596007	0	0

Optimización SQL en Oracle

1	3 Consumer	QC	15	671	14	1
1	3 Producer	P000	2	88	7	4
1	3 Producer	P001	2	88	19	8
1	3 Producer	P002	2	88	18	6
1	3 Producer	P003	2	88	9	5
1	3 Producer	P004	1	56	9	5
1	3 Producer	P005	1	56	19	9
1	3 Producer	P006	3	119	18	6
1	3 Producer	P007	2	88	9	5

50 filas seleccionadas.

```
PLAN_TABLE_OUTPUT
--------------------------------------------------------------------------------------------------------------------------

Plan hash value: 337528906

-------------------------------------------------------------------------------------------------------------------------------
| Id  | Operation                     | Name          | Rows  | Bytes |TempSpc| Cost (%CPU)| Time     | Pstart| Pstop |    TQ  |IN-OUT| PQ Distrib |
-------------------------------------------------------------------------------------------------------------------------------
|   0 | SELECT STATEMENT              |               |  8556 |  284K |       |   402   (2)| 00:00:05 |       |       |        |      |            |
|   1 |  PX COORDINATOR               |               |       |       |       |            |          |       |       |        |      |            |
|   2 |   PX SEND QC (RANDOM)         | :TQ10003      |  8556 |  284K |       |   402   (2)| 00:00:05 |       |       | Q1,03  | P->S | QC (RAND)  |
|*  3 |    FILTER                     |               |       |       |       |            |          |       |       | Q1,03  | PCWC |            |
|   4 |     HASH GROUP BY             |               |  8556 |  284K | 7408K |   402   (2)| 00:00:05 |       |       | Q1,03  | PCWP |            |
|   5 |      PX RECEIVE               |               |  171K | 5681K |       |   278   (2)| 00:00:04 |       |       | Q1,03  | PCWP |            |
|   6 |       PX SEND HASH            | :TQ10002      |  171K | 5681K |       |   278   (2)| 00:00:04 |       |       | Q1,02  | P->P | HASH       |
|*  7 |        HASH JOIN BUFFERED     |               |  171K | 5681K |       |   278   (2)| 00:00:04 |       |       | Q1,02  | PCWP |            |
|   8 |         BUFFER SORT           |               |       |       |       |            |          |       |       | Q1,02  | PCWC |            |
|   9 |          PART JOIN FILTER CREATE| :BF0000     | 57711 | 1352K |       |   214   (1)| 00:00:03 |       |       | Q1,02  | PCWP |            |
|  10 |           PX RECEIVE          |               | 57711 | 1352K |       |   214   (1)| 00:00:03 |       |       | Q1,02  | PCWP |            |
|  11 |            PX SEND HASH       | :TQ10000      | 57711 | 1352K |       |   214   (1)| 00:00:03 |       |       | S->P   | PCWP | HASH       |
|  12 |             PARTITION RANGE ALL|              | 57711 | 1352K |       |   214   (1)| 00:00:03 |     1 |1048575|        |      |            |
|  13 |              TABLE ACCESS FULL| PART_VUELOS   | 57711 | 1352K |       |   214   (1)| 00:00:03 |     1 |1048575|        |      |            |
|  14 |         PX RECEIVE            |               |  171K | 1671K |       |    64   (2)| 00:00:01 |       |       | Q1,02  | PCWP |            |
|  15 |          PX SEND HASH         | :TQ10001      |  171K | 1671K |       |    64   (2)| 00:00:01 |       |       | Q1,01  | P->P | HASH       |
|  16 |           PX BLOCK ITERATOR   |               |  171K | 1671K |       |    64   (2)| 00:00:01 |:BF0000|:BF0000| Q1,01  | PCWC |            |
|  17 |            TABLE ACCESS FULL  | PART_RESERVAS |  171K | 1671K |       |    64   (2)| 00:00:01 |:BF0000|:BF0000| Q1,01  | PCWP |            |
-------------------------------------------------------------------------------------------------------------------------------

Predicate Information (identified by operation id):
---------------------------------------------------

   3 - filter(COUNT(*)>10)
   7 - access("ID_VUELO"="VUE_ID_VUELO")
```

Otro ejemplo de ejecución con cambio de distribución entre los procesos en paralelo para la misma sentencia anterior podría ser el siguiente. Mediante la distribución *partition / none* se le pide al optimizador que al paralelizar la *join* entre las dos tablas, mapee las filas de la tabla conducida (VUELOS) sobre las particiones de la tabla conductora (RESERVAS). De este modo, los 57.711 vuelos se reparten sobre los ocho procesos consumidores asociados a las particiones de la tabla conductora.

La ejecución en paralelo resulta así:

```
SQL> select /*+PARALLEL (part_reservas) PQ_DISTRIBUTE (part_reservas partition, none) */
  2          detalles, aer_id_aero, aer_id_aero_destino, count(*), sum(importe)
  3  from part_vuelos, part_reservas
  4  where id_vuelo=vue_id_vuelo
  5  group by detalles, aer_id_aero, aer_id_aero_destino
  6  having count(*) >10;

SQL> select dfo_number, tq_id, server_type,  process,
  2     num_rows, bytes, waits, timeouts
  3  from v$pq_tqstat
  4  order by 1, 2, 3, 4, 5;
```

```
DFO_NUMBER        TQ_ID SERVER_TYP PROCESS       NUM_ROWS        BYTES        WAITS    TIMEOUTS
---------- ----------- ---------- ---------- ----------- ----------- ----------- ----------
         1           0 Consumer   P008             8619      241600           3           0
         1           0 Consumer   P009             8655      242632           3           0
         1           0 Consumer   P010             8698      243850           3           0
         1           0 Consumer   P011             8705      231677           3           0
         1           0 Consumer   P012             5778      161988           3           0
         1           0 Consumer   P013             5683      159305           3           0
         1           0 Consumer   P014             5739      160871           3           0
         1           0 Consumer   P015             5834      163559           3           0
         1           0 Producer   QC              57711     1605482           0           0
         1           1 Consumer   P000            21506      600746           3           0
         1           1 Consumer   P001            21669      605043           3           0
         1           1 Consumer   P002            21393      597173           3           0
         1           1 Consumer   P003            20764      579733           3           0
         1           1 Consumer   P004            21918      612123           3           0
         1           1 Consumer   P005            21334      595748           3           0
         1           1 Consumer   P006            21433      598580           3           0
         1           1 Consumer   P007            21096      588885           3           0
         1           1 Producer   P008            25822      723904           0           0
         1           1 Producer   P009            25691      720251           0           0
         1           1 Producer   P010            25627      718460           0           0
         1           1 Producer   P011            25817      704629           0           0
         1           1 Producer   P012            17182      481699           0           0
         1           1 Producer   P013            16967      475689           0           0
         1           1 Producer   P014            16968      475699           0           0
         1           1 Producer   P015            17039      477700           0           0
         1           2 Consumer   QC                 15         671          10           5
         1           2 Producer   P000                2          88          33           6
         1           2 Producer   P001                2          88          35           6
         1           2 Producer   P002                2          88          34           3
         1           2 Producer   P003                2          88          35           5
         1           2 Producer   P004                1          56          35           8
         1           2 Producer   P005                1          56          34           6
         1           2 Producer   P006                3         119          34           5
         1           2 Producer   P007                2          88          32           3

34 filas seleccionadas.


PLAN_TABLE_OUTPUT
--------------------------------------------------------------------------------------------------------------

Plan hash value: 3078294078

------------------------------------------------------------------------------------------------------------------------------
| Id  | Operation                        | Name         | Rows  | Bytes |TempSpc| Cost (%CPU)| Time     | Pstart| Pstop |    TQ  |IN-OUT| PQ Distrib |
------------------------------------------------------------------------------------------------------------------------------
|   0 | SELECT STATEMENT                 |              |  8556 |  284K |       |   402   (2)| 00:00:05 |       |       |        |      |            |
|   1 |  PX COORDINATOR                  |              |       |       |       |            |          |       |       |        |      |            |
|   2 |   PX SEND QC (RANDOM)            | :TQ10002     |  8556 |  284K |       |   402   (2)| 00:00:05 |       |       |  Q1,02 | P->S | QC (RAND)  |
|*  3 |    FILTER                        |              |       |       |       |            |          |       |       |  Q1,02 | PCWC |            |
|   4 |     HASH GROUP BY                |              |  8556 |  284K | 7408K |   402   (2)| 00:00:05 |       |       |  Q1,02 | PCWP |            |
|   5 |      PX RECEIVE                  |              |  171K | 5681K |       |   278   (2)| 00:00:04 |       |       |  Q1,02 | PCWP |            |
|   6 |       PX SEND HASH               | :TQ10001     |  171K | 5681K |       |   278   (2)| 00:00:04 |       |       |  Q1,01 | P->P | HASH       |
|*  7 |        HASH JOIN                 |              |  171K | 5681K |       |   278   (2)| 00:00:04 |       |       |  Q1,01 | PCWP |            |
|   8 |         BUFFER SORT              |              |       |       |       |            |          |       |       |  Q1,01 | PCWC |            |
|   9 |          PART JOIN FILTER CREATE | :BF0000      | 57711 | 1352K |       |   214   (1)| 00:00:03 |       |       |  Q1,01 | PCWP |            |
|  10 |           PX RECEIVE             |              | 57711 | 1352K |       |   214   (1)| 00:00:03 |       |       |  Q1,01 | PCWP |            |
|  11 |            PX SEND PARTITION (KEY)| :TQ10000     | 57711 | 1352K |       |   214   (1)| 00:00:03 |       |       |        | S->P | PART (KEY) |
|  12 |             PARTITION RANGE ALL  |              | 57711 | 1352K |       |   214   (1)| 00:00:03 |     1 |1048575|        |      |            |
|  13 |              TABLE ACCESS FULL   | PART_VUELOS  | 57711 | 1352K |       |   214   (1)| 00:00:03 |     1 |1048575|        |      |            |
|  14 |         PX PARTITION RANGE JOIN-FILTER|         |  171K | 1671K |       |    64   (2)| 00:00:01 |:BF0000|:BF0000|  Q1,01 | PCWP |            |
|  15 |          TABLE ACCESS FULL       | PART_RESERVAS|  171K | 1671K |       |    64   (2)| 00:00:01 |:BF0000|:BF0000|  Q1,01 | PCWP |            |
------------------------------------------------------------------------------------------------------------------------------

Predicate Information (identified by operation id):
---------------------------------------------------

   3 - filter(COUNT(*)>10)
   7 - access("ID_VUELO"="VUE_ID_VUELO")
```

En resumen, por ofrecer una comparativa de las diferentes ejecuciones de este ejemplo, los costes han sido los siguientes:

-**Sin paralelismo:** ejecución en 0,16 segundos, coste estimado de 1.296.

-**Con broadcast / none:** ejecución en 2,76 segundos, coste estimado de 402.

-**Con hash / hash:** ejecución en 0,77 segundos, coste estimado de 402.

-**Con partition / none:** ejecución en 2,42 segundos, coste estimado de 402.

De este modo, el impacto de hacer un *broadcast* sobre todos los servidores y distribuir sobre particiones por servidores queda reflejado en los tiempos. En este caso, por el volumen reducido de filas, el paralelismo no está ofreciendo ninguna mejora. Además, también hay que tener en cuenta que cada proceso servidor implica 512 kB de memoria en PGA y 1,5 MB si se usa compresión, pues el espacio para descomprimir la tabla en memoria no es despreciable.

/*+PARALLEL_INDEX (tabla, índice, grado) */
/*+NO_PARALLEL_INDEX (índice) */

La *hint* PARALLEL_INDEX permite determinar un grado de paralelismo para el uso de índices particionados independientemente de la cláusula de paralelismo con la que hayan sido creados. Obviamente, la *hint* NO_PARALLEL_INDEX inhibe el uso de paralelismo sobre el índice indicado.

Con lectura de índices en paralelo:

```
SQL> explain plan for
  2  select /*+PARALLEL_INDEX (part_vuelos, 2) */ count(*) from part_vuelos;

Explicado.

SQL> @?/rdbms/admin/utlxplp

PLAN_TABLE_OUTPUT
--------------------------------------------------------------------------------------------------
Plan hash value: 2099681975

--------------------------------------------------------------------------------------------------
| Id  | Operation            | Name             | Rows  | Cost (%CPU)| Time     | Pstart| Pstop |    TQ  |IN-OUT| PQ Distrib |
--------------------------------------------------------------------------------------------------
|   0 | SELECT STATEMENT     |                  |     1 |    41   (3)| 00:00:01 |       |       |        |      |            |
|   1 |  SORT AGGREGATE      |                  |     1 |            |          |       |       |        |      |            |
|   2 |   PX COORDINATOR     |                  |       |            |          |       |       |        |      |            |
|   3 |    PX SEND QC (RANDOM)| :TQ10000        |     1 |            |          |       |       |  Q1,00 | P->S | QC (RAND)  |
|   4 |     SORT AGGREGATE   |                  |     1 |            |          |       |       |  Q1,00 | PCWP |            |
|   5 |      PX BLOCK ITERATOR|                 | 57711 |    41   (3)| 00:00:01 |     1 |1048575|  Q1,00 | PCWC |            |
|   6 |       INDEX FAST FULL SCAN| IDX_PART_VUELOS_PK | 57711 |    41   (3)| 00:00:01 |     1 |1048575|  Q1,00 | PCWP |            |
--------------------------------------------------------------------------------------------------
```

Sin paralelismo:

```
SQL> explain plan for
  2  select /*+NO_PARALLEL_INDEX (idx_part_vuelos_pk) */ count(*) from part_vuelos;

Explicado.

SQL> @?/rdbms/admin/utlxplp

PLAN_TABLE_OUTPUT
---------------------------------------------------------------------------------------
Plan hash value: 3695827687


---------------------------------------------------------------------------------------
| Id  | Operation              | Name              | Rows  | Cost (%CPU)| Time     | Pstart| Pstop  |
---------------------------------------------------------------------------------------
|   0 | SELECT STATEMENT       |                   |     1 |    41   (3)| 00:00:01 |       |        |
|   1 |  SORT AGGREGATE        |                   |     1 |            |          |       |        |
|   2 |   PARTITION RANGE ALL  |                   | 57711 |    41   (3)| 00:00:01 |     1 |1048575|
|   3 |    INDEX FAST FULL SCAN| IDX_PART_VUELOS_PK | 57711 |    41   (3)| 00:00:01 |     1 |1048575|
---------------------------------------------------------------------------------------
```

Otras *hints*

El siguiente conjunto de *hints* no tiene una clasificación propia y corresponde más a definir una estrategia de ejecución determinada que a una indicación sobre formas y métodos de acceso, combinación o procesamiento de las filas.

Algunas de las siguientes *hints* indican una serie de premisas para la ejecución, como CURSOR_SHARING_EXACT, que manda reemplazar o no los literales de la consulta por variables. Otras indican formas especiales de acceder a los objetos, como APPEND, que pide al motor que inserte las filas en la parte final de una tabla. Y otras proporcionan preferencias de uso de caché, o indican en qué nodo de una ejecución distribuida ha de realizarse la compilación y ejecución del código. Incluso una *hint* permite etiquetar un nombre a la subconsulta para indicar a qué tabla aplicar una *hint* en casos en los que, por ejemplo, varias subconsultas referencien la misma tabla.

En definitiva, las siguientes *hints* son, cada una, única en su género. Tienen, cada una, una funcionalidad concreta y forman parte de las "inclasificables".

/*+APPEND */
/*+NOAPPEND */

Las personas que vivan cerca de un puerto de mar muy probablemente conozcan el efecto de las mareas. La luna ejerce una fuerza de atracción gravitacional sobre el agua y, cuando esta sale, el nivel del mar se eleva unos metros dando lugar a la marea alta, para descender poco a poco cuando la luna se va, dando paso entonces a la marea baja.

En los puertos, cuando la marea está baja, es posible ver una marca de humedad que indica dónde ha llegado a subir el agua durante la marea alta. Esta marca se llama en ingles *high water mark*, es decir, marca de altura máxima del agua.

En Oracle, haciendo alusión a este efecto marítimo, las tablas tienen una marca de tope llamada High Water Mark (HWM), que indica los bloques que han sufrido inserciones y, a partir de esta marca, aquellos que están completamente vacíos. Esta marca es importante sobre todo para las lecturas, pues si es preciso hacer un FULL SCAN de una tabla, el recorrido se hará hasta esa marca, ya que garantiza que los bloques siguientes están completamente vacíos y siempre lo han estado.

La *hint* APPEND indica al motor que debe buscar el primer bloque "seco", es decir, el bloque siguiente al último bloque que ha sufrido una inserción de algún tipo, para insertar a partir de ahí.

La forma convencional de insertar filas en una tabla intenta aprovechar los huecos que pueda haber como fruto de borrados. Cuando Oracle inserta filas en una tabla, utiliza una lista de bloques libres a modo de índice para localizar en qué bloques hay sitio para insertar una fila. No obstante, si el bloque tiene espacio libre (supongamos 1 kB) pero la fila ocupa más de ese espacio disponible, el proceso de inserción vuelve recursivamente a esta lista de bloques libres para pedir otro bloque candidato, sin tener garantías de que nuevamente la fila vuelva a caber en el siguiente bloque propuesto.

Esta gestión, realizada en una inserción de millones de filas, supone un alto coste respecto al trabajo total de inserción.

APPEND no solo proporciona una gestión rápida de los bloques y la inserción de sus filas, pues cuenta siempre con bloques enteros sin usar, sino que, además, evita tener que almacenar en *rollback* las filas que se están insertando, pues son todas las que hay a partir de la marca de agua. Así, se produce también un doble beneficio al evitar también las inserciones de *redo log* de esa gestión de UNDO.

En el capítulo de cargas de datos sobre un *data warehouse* se detalla también el uso de la cláusula NOLOGGING como estrategia de optimización de tiempo en la carga de datos de gran volumen, evitando además que la inserción en sí pase por los registros de *redo log* y mejorando aún más los tiempos de ejecución. Es conveniente volver a leer las consideraciones de uso de /*+APPEND */ y NOLOGGING a efectos de *backups* y el posible efecto de corrupción que pueden causar a los ficheros en caso de desastre.

El siguiente ejemplo muestra el comportamiento de un INSERT con /*+APPEND */ en una tabla vaciada con DELETE, y que ilustra el caso de la tabla eternamente creciente. El procedimiento PL/SQL a continuación carga inicialmente un millón de filas en la tabla.

```
SQL> create table test_hwm (id number);

Tabla creada.

SQL> begin
  2      for x in 1..1000000
  3      loop
  4        insert into test_hwm values (x);
  5      end loop;
  6  end;
  7  /

Procedimiento PL/SQL terminado correctamente.

SQL> commit;

Confirmación terminada.
```

Para medir el espacio físico que esta tabla ocupa, el procedimiento UNUSED_SPACE del paquete DBMS_SPACE proporcionará la información de los bloques ocupados y los disponibles, mostrando el nivel de posición de la HWM en la tabla.

```
SQL> variable bloques_total number
SQL> variable bytes_total number
SQL> variable bloques_sin_uso number
SQL> variable bytes_sin_uso number
SQL> variable ultimo_fichero_usado_id number
SQL> variable ultimo_bloque_usado_id number
SQL> variable ultimo_bloque_usado number
SQL> begin
  2      dbms_space.unused_space(
  3          segment_owner=>'VUELOS',
  4          segment_name=>'TEST_HWM',
  5          segment_type=>'TABLE',
  6          unused_blocks=>:bloques_sin_uso,
  7          unused_bytes=>:bytes_sin_uso,
  8          total_blocks=>:bloques_total,
```

```
  9            total_bytes=>:bytes_total,
 10            last_used_extent_file_id=>:ultimo_fichero_usado_id,
 11            last_used_extent_block_id=>:ultimo_bloque_usado_id,
 12            last_used_block=>:ultimo_bloque_usado);
 13  end;
 14  /

Procedimiento PL/SQL terminado correctamente.


SQL> select 'TEST_HWM' tabla, :bloques_sin_uso bl_no_uso, :bytes_sin_uso kb_no_uso,
  2         :bloques_total bl_total, :bytes_total kb_total,
  3          :ultimo_fichero_usado_id id_ult_fich, :ultimo_bloque_usado_id id_ult_bl,
  4          :ultimo_bloque_usado ult_bl_usado
  5    from dual;
```

TABLA	BL_NO_USO	KB_NO_USO	BL_TOTAL	KB_TOTAL	ID_ULT_FICH	ID_ULT_BL	ULT_BL_USADO
TEST_HWM	0	0	1664	13631488	5	45056	128

El segmento ocupa inicialmente 1.664 bloques, unos 13 MB.

Con la finalidad de volcar otro millón de filas posteriormente, con la *hint* /*+APPEND */, copiaré las filas a una nueva tabla llamada VOLCADO y borraré las filas de la tabla TEST_HWM con DELETE.

```
SQL> create table volcado as select * from test_hwm;

Tabla creada.

SQL> select count(*) from volcado;

  COUNT(*)
----------
   1000000

SQL> delete from test_hwm;

1000000 filas suprimidas.

SQL> commit;

Confirmación terminada.

SQL> begin
  2      dbms_space.unused_space(
  3          segment_owner=>'VUELOS',
  4          segment_name=>'TEST_HWM',
  5          segment_type=>'TABLE',
  6          unused_blocks=>:bloques_sin_uso,
  7          unused_bytes=>:bytes_sin_uso,
  8          total_blocks=>:bloques_total,
  9          total_bytes=>:bytes_total,
 10          last_used_extent_file_id=>:ultimo_fichero_usado_id,
 11          last_used_extent_block_id=>:ultimo_bloque_usado_id,
 12          last_used_block=>:ultimo_bloque_usado);
 13  end;
 14  /

Procedimiento PL/SQL terminado correctamente.
```

```
SQL> select 'TEST_HWM' tabla, :bloques_sin_uso bl_no_uso, :bytes_sin_uso kb_no_uso,
  2        :bloques_total bl_total, :bytes_total kb_total,
  3        :ultimo_fichero_usado_id id_ult_fich, :ultimo_bloque_usado_id id_ult_bl,
  4        :ultimo_bloque_usado ult_bl_usado
  5   from dual;
```

TABLA	BL_NO_USO	KB_NO_USO	BL_TOTAL	KB_TOTAL	ID_ULT_FICH	ID_ULT_BL	ULT_BL_USADO
TEST_HWM	0	0	1664	13631488	5	45056	128

Un borrado completo de todas las filas de una tabla con DELETE no mueve la HWM al principio de la tabla, de modo que un INSERT con /*+APPEND */ insertará las filas a partir del final de la tabla.

```
SQL> insert /*+APPEND */ into test_hwm
  2  select * from volcado;

1000000 filas creadas.

SQL> begin
  2      dbms_space.unused_space(
  3          segment_owner=>'VUELOS',
  4          segment_name=>'TEST_HWM',
  5          segment_type=>'TABLE',
  6          unused_blocks=>:bloques_sin_uso,
  7          unused_bytes=>:bytes_sin_uso,
  8          total_blocks=>:bloques_total,
  9          total_bytes=>:bytes_total,
 10          last_used_extent_file_id=>:ultimo_fichero_usado_id,
 11          last_used_extent_block_id=>:ultimo_bloque_usado_id,
 12          last_used_block=>:ultimo_bloque_usado);
 13  end;
 14  /

Procedimiento PL/SQL terminado correctamente.

SQL> select 'TEST_HWM' tabla, :bloques_sin_uso bl_no_uso, :bytes_sin_uso kb_no_uso,
  2        :bloques_total bl_total, :bytes_total kb_total,
  3        :ultimo_fichero_usado_id id_ult_fich, :ultimo_bloque_usado_id id_ult_bl,
  4        :ultimo_bloque_usado ult_bl_usado
  5   from dual;
```

TABLA	BL_NO_USO	KB_NO_USO	BL_TOTAL	KB_TOTAL	ID_ULT_FICH	ID_ULT_BL	ULT_BL_USADO
TEST_HWM	1664	13631488	3328	27262976	5	50048	128

La tabla, tras borrarse el millón de filas e insertarse la misma cantidad, pasa a ocupar el doble, pues las nuevas filas se han insertado a partir de la marca de final de tabla.

Además, dado que la *hint* /*+APPEND */ no pasa las filas por el espacio de UNDO, esta tabla no puede consultarse hasta que se haya realizado el *commit* o *rollback* de la transacción con APPEND.

```
SQL> select count(*) from test_hwm;
select count(*) from test_hwm
                          *
ERROR en línea 1:
ORA-12838: no se puede leer/modificar un objeto después de modificarlo en paralelo
```

Ni este, ni otro usuario en otra sesión. Sí es posible consultar las filas de la tabla (pues mientras no se ejecute el *commit*, la tabla sigue vacía) pero un UPDATE sufriría una espera, dado que el APPEND bloquea toda la tabla hasta el momento del *commit*.

```
SQL> connect test/test
Conectado.

SQL> select count(*) from vuelos.test_hwm;

  COUNT(*)
----------
         0

SQL> update vuelos.test_hwm set id=5 where id=1;
<en espera>
```

Una vez finalice la transacción, la tabla podrá volver a leerse y modificarse normalmente.

```
SQL> commit;

Confirmación terminada.

SQL> select count(*) from test_hwm;

  COUNT(*)
----------
   1000000
```

Mientras tanto, la otra sesión se verá liberada del bloqueo y continuará con el UPDATE.

```
SQL> update test_hwm set id=5 where id=1;

1 fila actualizada.
```

/*+CACHE */
/*+NOCACHE */

Una instancia de base de datos Oracle está formada por un conjunto de áreas de memoria y procesos que se encargan de gestionar toda la actividad transaccional y de consulta de una base de datos. En concreto, el área de memoria llamada SGA contiene una serie de cachés para reutilizar aquellas partes más importantes del funcionamiento de las aplicaciones, como la compilación y optimización de código SQL (en un área llamada *library cache*) o los bloques que se leen de las tablas antes de ser procesados para el cliente.

Esta área de *buffer* de bloques de datos se llama *db_cache* o área de *data buffers*. Ahí se mantienen los bloques y se van liberando según pasan a ser los últimos en usarse. Qué llegó antes y qué entró después en memoria queda registrado en una lista llamada LRU (*least recently used*, es decir, los usados más recientemente). En ella, los bloques más antiguos son reemplazados por bloques nuevos a medida que se leen nuevas tablas.

Las *hints* CACHE y NOCACHE determinan si los bloques de la tabla en lectura FULL SCAN se pondrán al principio de la lista de últimos utilizados y, por lo tanto, se mantendrán más tiempo en la caché para reutilizarse por otras consultas, o si los bloques irán al final de la lista de recientemente utilizados para que el gestor los considere los últimos en utilizarse y los primeros en reutilizarse para cargar nuevos bloques.

En general, aquellas tablas de acceso muy frecuente, no muy grandes en tamaño, son las candidatas a mantenerse en caché el mayor tiempo posible, y aquellas tablas de acceso poco frecuente no pasan por caché más de lo estrictamente necesario, pues el objetivo de esta caché de datos es mantener los bloques más frecuentemente accedidos.

En sí, las lecturas FULL SCAN van a la memoria, a la zona de últimos utilizados o, lo que es lo mismo, se procesan como NOCACHE, salvo que se trate de tablas pequeñas. Si la tabla tiene menos de 20 bloques o su ocupación es menor al 2 % de los bloques en caché, la procesa con CACHE. Si es una tabla mayor al 10 % de bloques en caché, la procesa con NOCHACHE. Si se trata de una tabla de tamaño intermedio, Oracle toma una decisión sobre procesarla con CACHE o NOCACHE en función de si los bloques tienen posibilidades de ser consultados en un futuro.

```
select /*+ FULL (paises) CACHE(paises) */ *
from paises;

select /*+ FULL (paises) NOCACHE(paises) */ *
from paises;
```

Estas *hints* no tienen un resultado visible en el plan de ejecución ni afectan a aspectos visibles en un informe AWR, pues solo afectan a cómo se procesan los bloques en la lista de LRU, pero un uso eficaz de esta *hint*, o de especificar CACHE o NOCACHE en la sentencia de CREATE TABLE, resulta en un uso mucho más eficiente de la memoria.

/*+PUSH_PRED */
/*+NO_PUSH_PRED */

Cuando una sentencia tiene una subconsulta, y fuera de esta se realiza una *join* con otras tablas, la *hint* PUSH_PRED fuerza a que esa *join* se evalúe dentro de la subconsulta incluyendo los filtros, creando una vista. A la inversa, NO_PUSH_PRED evita que esa *join* se evalúe dentro de la vista.

```
SQL> explain plan for
  2  select /*+NO_MERGE (r) PUSH_PRED (r) */ distinct c.CN_COMP compania,
  3         r.AER_ID_AERO origen,
  4         r.AER_ID_AERO_DESTINO destino
  5    from companias c, (select vue_id_vuelo, comp_id_comp,
  6                       AER_ID_AERO, AER_ID_AERO_DESTINO
  7                       from reservas, vuelos
  8                       where vue_id_vuelo=id_vuelo) r
  9   where c.id_comp=r.comp_id_comp(+)
 10     and c.id_comp='KLM';

Explicado.

SQL> @?/rdbms/admin/utlxpls

PLAN_TABLE_OUTPUT
------------------------------------------------------------------------------
Plan hash value: 154054642

------------------------------------------------------------------------------
| Id  | Operation                     | Name      | Rows  | Bytes | Cost (%CPU)| Time     |
------------------------------------------------------------------------------
|   0 | SELECT STATEMENT              |           |     1 |    24 |   313   (3)| 00:00:04 |
|   1 |  HASH UNIQUE                  |           |     1 |    24 |   313   (3)| 00:00:04 |
|   2 |   NESTED LOOPS OUTER          |           | 23343 |  547K |   311   (2)| 00:00:04 |
|   3 |    TABLE ACCESS BY INDEX ROWID| COMPANIAS |     1 |    16 |     1   (0)| 00:00:01 |
|*  4 |     INDEX UNIQUE SCAN         | COMP_PK   |     1 |       |     0   (0)| 00:00:01 |
|   5 |    VIEW PUSHED PREDICATE      |           | 23343 |  182K |   310   (2)| 00:00:04 |
|*  6 |     FILTER                    |           |       |       |            |          |
|*  7 |      HASH JOIN                |           | 23343 |  547K |   310   (2)| 00:00:04 |
|*  8 |       TABLE ACCESS FULL       | VUELOS    |  7493 |  139K |   137   (1)| 00:00:02 |
|   9 |       INDEX FAST FULL SCAN    | RES_PK    |  171K |  835K |   171   (2)| 00:00:03 |
------------------------------------------------------------------------------

Predicate Information (identified by operation id):
------------------------------------------------------------------------------

   4 - access("C"."ID_COMP"='KLM')
   6 - filter('KLM'="C"."ID_COMP")
   7 - access("VUE_ID_VUELO"="ID_VUELO")
   8 - filter("COMP_ID_COMP"='KLM')
```

Los pasos 6, 7 y 8 evalúan la *join* de vuelos y reservas con el filtro de compañías en una vista. El paso 5 corresponde al VIEW PUSHED PREDICATE. La misma sentencia con NO_PUSH_PRED compondrá un plan de ejecución distinto, aunque con el mismo coste final de ejecución estimado.

```
SQL> explain plan for
  2  select /*+NO_MERGE (r) NO_PUSH_PRED (r) */ distinct c.CN_COMP compania,
  3           r.AER_ID_AERO origen,
  4           r.AER_ID_AERO_DESTINO destino
  5  from companias c, (select vue_id_vuelo, comp_id_comp,
  6                        AER_ID_AERO, AER_ID_AERO_DESTINO
  7                     from reservas, vuelos
  8                     where vue_id_vuelo=id_vuelo) r
  9  where c.id_comp=r.comp_id_comp(+)
 10    and c.id_comp='KLM';

Explicado.


SQL> @?/rdbms/admin/utlxpls

PLAN_TABLE_OUTPUT
--------------------------------------------------------------------------------
Plan hash value: 3416781888
```

```
--------------------------------------------------------------------------------
| Id  | Operation                    | Name     | Rows  | Bytes | Cost (%CPU)| Time     |
--------------------------------------------------------------------------------
|   0 | SELECT STATEMENT             |          |   579 | 17370 |   313   (3)| 00:00:04 |
|   1 |  HASH UNIQUE                 |          |   579 | 17370 |   313   (3)| 00:00:04 |
|   2 |   NESTED LOOPS OUTER         |          | 23343 |  683K |   311   (2)| 00:00:04 |
|   3 |    TABLE ACCESS BY INDEX ROWID| COMPANIAS|     1 |    16 |     1   (0)| 00:00:01 |
|*  4 |     INDEX UNIQUE SCAN        | COMP_PK  |     1 |       |     0   (0)| 00:00:01 |
|   5 |    VIEW                      |          | 23343 |  319K |   310   (2)| 00:00:04 |
|*  6 |     HASH JOIN                |          | 23343 |  547K |   310   (2)| 00:00:04 |
|*  7 |      TABLE ACCESS FULL       | VUELOS   |  7493 |  139K |   137   (1)| 00:00:02 |
|   8 |      INDEX FAST FULL SCAN    | RES_PK   |  171K |  835K |   171   (2)| 00:00:03 |
--------------------------------------------------------------------------------

Predicate Information (identified by operation id):
---------------------------------------------------

   4 - access("C"."ID_COMP"='KLM')
   6 - access("VUE_ID_VUELO"="ID_VUELO")
   7 - filter("COMP_ID_COMP"='KLM')
```

Esta última, al contrario, ha aplicado los filtros y *joins* en el acceso a COMPANIAS y VUELOS. No se ha pasado el predicado al interior de la vista.

/*+PUSH_SUBQ */
/*+NO_PUSH_SUBQ */

Cuando una subconsulta no se desanida (ver *hint* UNNEST y NO_UNNEST) esta se ejecuta al final del plan de ejecución. Si el resultado de la subconsulta es pequeño y puede reducir considerablemente el volumen de filas a tratar en el resto de pasos de la ejecución, la *hint* PUSH_SUBQ forzará que esta subconsulta se ejecute cuanto antes. Si por el contrario la subconsulta fuera costosa y generase un gran volumen de filas, será mejor dejar esa ejecución para el final para no acarrear con toda esa cantidad de filas a lo largo del proceso.

En el siguiente caso, la subconsulta de la misma sentencia con NO_UNNEST para evitar que la subconsulta se desanide muestra unos resultados de costes completamente distintos con PUSH_SUBQ y NO_PUSH_SUBQ.

```
SQL> explain plan for
  2  select /*+PUSH_SUBQ (@sub)*/ distinct c.CN_COMP compania,
  3          v.AER_ID_AERO origen,
  4          v.AER_ID_AERO_DESTINO destino
  5    from vuelos v, companias c
  6   where v.id_vuelo in (select /*+no_unnest qb_name(sub) */ r.vue_id_vuelo
  7                          from reservas r
  8                         where r.vue_id_vuelo=v.id_vuelo)
  9     and c.id_comp=v.comp_id_comp
 10     and c.cn_comp='Alitalia';
Explicado.

SQL> @?/rdbms/admin/utlxpls

PLAN_TABLE_OUTPUT
-------------------------------------------------------------------------------
Plan hash value: 3637803207


-------------------------------------------------------------------------------
| Id  | Operation                     | Name      | Rows  | Bytes | Cost (%CPU)| Time     |
-------------------------------------------------------------------------------
|   0 | SELECT STATEMENT              |           |   361 | 12635 |   312   (2)| 00:00:04 |
|   1 |  HASH UNIQUE                  |           |   361 | 12635 |   312   (2)| 00:00:04 |
|*  2 |   FILTER                      |           |       |       |            |          |
|   3 |    MERGE JOIN                 |           |   361 | 12635 |   140   (2)| 00:00:02 |
|*  4 |     TABLE ACCESS BY INDEX ROWID| COMPANIAS |     1 |    16 |     2   (0)| 00:00:01 |
|   5 |      INDEX FULL SCAN          | COMP_PK   |     8 |       |     1   (0)| 00:00:01 |
|*  6 |     SORT JOIN                 |           |  2886 | 54834 |   138   (2)| 00:00:02 |
|   7 |      TABLE ACCESS FULL        | VUELOS    |  2886 | 54834 |   137   (1)| 00:00:02 |
|*  8 |    INDEX FAST FULL SCAN       | RES_PK    |     3 |    15 |   171   (2)| 00:00:03 |
-------------------------------------------------------------------------------


Predicate Information (identified by operation id):
-------------------------------------------------------

   2 - filter( EXISTS (SELECT /*+ PUSH_SUBQ QB_NAME ("SUB") NO_UNNEST */ 0 FROM
            "RESERVAS" "R" WHERE "R"."VUE_ID_VUELO"=:B1))
   4 - filter("C"."CN_COMP"='Alitalia')
   6 - access("C"."ID_COMP"="V"."COMP_ID_COMP")
       filter("C"."ID_COMP"="V"."COMP_ID_COMP")
   8 - filter("R"."VUE_ID_VUELO"=:B1)
```

Un coste resultante de 312 frente, para la misma ejecución con NO_PUSH_PRED, un coste total de 618.000.

```
SQL> explain plan for
  2  select /*+NO_PUSH_SUBQ (@sub) */ distinct c.CN_COMP compania,
  3          v.AER_ID_AERO origen,
  4          v.AER_ID_AERO_DESTINO destino
  5    from vuelos v, companias c
  6   where v.id_vuelo in (select /*+no_unnest qb_name(sub) */  r.vue_id_vuelo
  7                          from reservas r
  8                         where r.vue_id_vuelo=v.id_vuelo)
  9     and c.id_comp=v.comp_id_comp
 10     and c.cn_comp='Alitalia';

Explicado.


SQL> @?/rdbms/admin/utlxpls

PLAN_TABLE_OUTPUT
--------------------------------------------------------------------------------
Plan hash value: 179555642


--------------------------------------------------------------------------------
| Id  | Operation            | Name     | Rows  | Bytes | Cost (%CPU)| Time     |
--------------------------------------------------------------------------------
|   0 | SELECT STATEMENT     |          |     1 |    35 | 618K   (2)| 02:03:39 |
|   1 |  HASH UNIQUE         |          |     1 |    35 | 618K   (2)| 02:03:39 |
|*  2 |   FILTER             |          |       |       |           |          |
|*  3 |    HASH JOIN         |          |  7214 |  246K |  141   (2)| 00:00:02 |
|*  4 |     TABLE ACCESS FULL| COMPANIAS|     1 |    16 |    3   (0)| 00:00:01 |
|   5 |     TABLE ACCESS FULL| VUELOS   | 57711 | 1070K |  138   (2)| 00:00:02 |
|*  6 |    INDEX FAST FULL SCAN| RES_PK |     3 |    15 |  171   (2)| 00:00:03 |
--------------------------------------------------------------------------------


Predicate Information (identified by operation id):
---------------------------------------------------

   2 - filter( EXISTS (SELECT /*+ NO_PUSH_SUBQ QB_NAME ("SUB") NO_UNNEST */
               0 FROM "RESERVAS" "R" WHERE "R"."VUE_ID_VUELO"=:B1))
   3 - access("C"."ID_COMP"="V"."COMP_ID_COMP")
   4 - filter("C"."CN_COMP"='Alitalia')
   6 - filter("R"."VUE_ID_VUELO"=:B1)
```

En cualquier caso, en este tipo de experimentos, es muy recomendable evaluar el coste de la traza. Ambas ejecuciones han tardado unos 30 segundos y la traza de ejecución de ambas, es decir, la ejecución real del plan, resulta bastante similar en bloques procesados en memoria y filas resultantes, pese a parecer la segunda 2.000 veces más costosa que la primera.

```
select /*+PUSH_SUBQ (@sub)*/ distinct c.CN_COMP compania,
       v.AER_ID_AERO origen,
       v.AER_ID_AERO_DESTINO destino
 from vuelos v, companias c
where v.id_vuelo in (select /*+no_unnest qb_name(sub) */ r.vue_id_vuelo
                     from reservas r
                     where r.vue_id_vuelo=v.id_vuelo)
  and c.id_comp=v.comp_id_comp
  and c.cn_comp='Alitalia'
```

call	count	cpu	elapsed	disk	query	current	rows
Parse	1	0.00	0.00	0	0	0	0
Execute	1	0.00	0.00	0	0	0	0
Fetch	76	29.74	29.41	0	1591750	0	1120
total	78	29.74	29.41	0	1591750	0	1120

```
select /*+NO_PUSH_SUBQ (@sub) */ distinct c.CN_COMP compania,
       v.AER_ID_AERO origen,
       v.AER_ID_AERO_DESTINO destino
 from vuelos v, companias c
where v.id_vuelo in (select /*+no_unnest qb_name(sub) */  r.vue_id_vuelo
                     from reservas r
                     where r.vue_id_vuelo=v.id_vuelo)
  and c.id_comp=v.comp_id_comp
  and c.cn_comp='Alitalia'
```

call	count	cpu	elapsed	disk	query	current	rows
Parse	1	0.00	0.00	0	0	0	0
Execute	1	0.00	0.00	0	0	0	0
Fetch	76	28.84	29.19	0	1591750	0	1120
total	78	28.84	29.19	0	1591750	0	1120

Es decir, ambas ejecuciones han realizado las mismas operaciones de *row source*, aunque con planes de ejecución distintos.

Rows (1st)	Rows (avg)	Rows (max)	Row Source Operation
1120	1120	1120	HASH UNIQUE (cr=1591750 pr=0 pw=0 time=29197388 us cost=618218 size=35 card=1)
7317	7317	7317	FILTER (cr=1591750 pr=0 pw=0 time=27831412 us)
7707	7707	7707	HASH JOIN (cr=448 pr=0 pw=0 time=41405 us cost=141 size=252490 card=7214)
1	1	1	TABLE ACCESS FULL COMPANIAS (cr=6 pr=0 pw=0 time=62 us cost=3 size=16 card=1)
57711	57711	57711	TABLE ACCESS FULL VUELOS (cr=442 pr=0 pw=0 time=20234 us cost=138 size=1096509 card=57711)
7317	7317	7317	INDEX FAST FULL SCAN RES_PK (cr=1591302 pr=0 pw=0 time=29082529 us cost=171 size=15 card=3)

Plan de ejecución en la traza generada con TKPROF de PUSH_SUBQ

```
Rows      Execution Plan
-------   --------------------------------------------------
    0     SELECT STATEMENT    MODE: ALL_ROWS
 1120      HASH (UNIQUE)
 7317       FILTER
 7707        MERGE JOIN
    1         TABLE ACCESS    MODE: ANALYZED (BY INDEX ROWID) OF 'COMPANIAS' (TABLE)
57711          INDEX   MODE: ANALYZED (FULL SCAN) OF 'COMP_PK' (INDEX (UNIQUE))
 7317         SORT (JOIN)
    0          TABLE ACCESS   MODE: ANALYZED (FULL) OF 'VUELOS' (TABLE)
    0          INDEX   MODE: ANALYZED (FAST FULL SCAN) OF 'RES_PK' (INDEX (UNIQUE))
```

Plan de ejecución en la traza generada con TKPROF de NO_PUSH_SUBQ

```
Rows      Execution Plan
-------   --------------------------------------------------
    0     SELECT STATEMENT    MODE: ALL_ROWS
 1120      HASH (UNIQUE)
 7317       FILTER
 7707        HASH JOIN
    1         TABLE ACCESS    MODE: ANALYZED (FULL) OF 'COMPANIAS' (TABLE)
57711         TABLE ACCESS    MODE: ANALYZED (FULL) OF 'VUELOS' (TABLE)
 7317         INDEX   MODE: ANALYZED (FAST FULL SCAN) OF 'RES_PK' (INDEX (UNIQUE))
```

/*+QB_NAME (nombre_bloque) */

Como aparece en anteriores ejemplos, cuando una sentencia tiene varios bloques de ejecución como, por ejemplo, una sentencia con subconsultas, un INSERT as SELECT, etc., es posible nombrar cada bloque de ejecución con un nombre para referenciarlo en una *hint* en un nivel superior, por ejemplo, en la sentencia principal.

En el caso anterior, con el ejemplo de PUSH_SUBQ, el bloque de la subconsulta se nombra como SUB y, en caso de haber más de una, el PUSH_SUBQ solo aplicaría al bloque referenciado. En este caso, la sentencia que no se ha podido desanidar, etiquetada como @sub2, se evalúa al final del plan, como correspondería a su ejecución normal.

```
SQL> explain plan for
  2  select /*+PUSH_SUBQ (@sub)*/ distinct c.CN_COMP compania,
  3          v.AER_ID_AERO origen,
  4          v.AER_ID_AERO_DESTINO destino
  5   from vuelos v, companias c
  6  where v.id_vuelo in (select /*+no_unnest qb_name(sub) */ r.vue_id_vuelo
  7                       from reservas r
  8                       where r.vue_id_vuelo=v.id_vuelo)
  9    and c.id_comp=v.comp_id_comp
 10    and c.cn_comp='Alitalia'
 11    and v.aer_id_aero in (select /*+no_unnest qb_name(sub2) */cn_aero from aeropuertos
 12                       where ciu_id_ciudad=12);

Explicado.


SQL> @?/rdbms/admin/utlxpls

PLAN_TABLE_OUTPUT
------------------------------------------------------------------------------------

Plan hash value: 2296535488


------------------------------------------------------------------------------------
| Id  | Operation             | Name        | Rows  | Bytes | Cost (%CPU)| Time     |
------------------------------------------------------------------------------------
|   0 | SELECT STATEMENT      |             |    11 |   385 |   415   (2)| 00:00:05 |
|   1 |  HASH UNIQUE          |             |    11 |   385 |   415   (2)| 00:00:05 |
|*  2 |   FILTER              |             |       |       |            |          |
|*  3 |    HASH JOIN          |             |   361 | 12635 |   141   (2)| 00:00:02 |
|*  4 |     TABLE ACCESS FULL | COMPANIAS   |     1 |    16 |     3   (0)| 00:00:01 |
|   5 |     TABLE ACCESS FULL | VUELOS      |  2886 | 54834 |   137   (1)| 00:00:02 |
|*  6 |    INDEX FAST FULL SCAN| RES_PK     |     3 |    15 |   171   (2)| 00:00:03 |
|*  7 |    TABLE ACCESS FULL  | AEROPUERTOS |     1 |    12 |     3   (0)| 00:00:01 |
------------------------------------------------------------------------------------

Predicate Information (identified by operation id):
---------------------------------------------------

   2 - filter( EXISTS (SELECT /*+ PUSH_SUBQ QB_NAME ("SUB") NO_UNNEST */ 0
               FROM "RESERVAS" "R" WHERE "R"."VUE_ID_VUELO"=:B1) AND  EXISTS (SELECT /*+
               QB_NAME ("SUB2") NO_UNNEST */ 0 FROM "AEROPUERTOS" "AEROPUERTOS" WHERE
               "CN_AERO"=:B2 AND TO_NUMBER("CIU_ID_CIUDAD")=12))
   3 - access("C"."ID_COMP"="V"."COMP_ID_COMP")
   4 - filter("C"."CN_COMP"='Alitalia')
   6 - filter("R"."VUE_ID_VUELO"=:B1)
   7 - filter("CN_AERO"=:B1 AND TO_NUMBER("CIU_ID_CIUDAD")=12)
```

/*+CURSOR_SHARING_EXACT */

Si alguien consideró al leer el capítulo de "Uso de variables *bind*" la ventaja de definir a nivel de base de datos la sustitución de todos los literales expresados en las sentencias SQL mediante el parámetro CURSOR_SHARING a valores SIMILAR o FORCE como una panacea de la optimización, seguramente pasó muy por alto la recomendación de tener cuidado de no dejar ciego al optimizador para la evaluación de distribución de valores en una tabla.

En otras palabras, cuando el código no utiliza variables *bind*, por la razón que sea, y el administrador decide que toda la instancia tratará los literales como variables, aquellas sentencias en las cuales los filtros tengan una importancia condicionante para el plan de ejecución sufrirán un funcionamiento ineficiente precisamente por impedir al optimizador de costes evaluar los valores de esas variables y determinar un plan de ejecución distinto según sus valores.

El ejemplo mostrado en el capítulo es el de una supuesta tabla FACTURAS, con un campo ESTADO, con dos valores: PAGADO e IMPAGADO. Suponiendo que el 99,999 % de las facturas están pagadas, Oracle debería resolver dos planes de ejecución distintos: uno con FULL SCAN para la búsqueda de las facturas con estado PAGADO, y un INDEX RANGE SCAN para las búsquedas de las facturas con estado IMPAGADO.

Si la base de datos tiene el valor CURSOR_SHARING a FORCE o SIMILAR, el optimizador de costes verá ambas sentencias iguales, y ambas búsquedas las optimizará por igual, con el mismo plan de ejecución (seguramente el INDEX RANGE SCAN, pues al no tener más información, mejor usar un índice que no usarlo).

Con CURSOR_SHARING a FORCE o SIMILAR

```
select * from reservas_estado2 where estado=:"SYS_B_0";
```

Con CURSOR_SHARING a EXACT

```
select * from facturas where estado='PAGADO';
select * from facturas where estado='IMPAGADO';
```

El valor de CURSOR_SHARING está definido a EXACT, por defecto. Este es el comportamiento estándar.

No obstante, la mejora de Oracle 11g llamada Adaptive Cursor Sharing (*cursor sharing adaptativo*) permite que sea Oracle el que decida si sustituir las variables *bind* en caso de determinar que, usando histogramas, se podrían resolver dos planes de ejecución con costes considerablemente distintos.

En cualquier caso, la *hint* /*+CURSOR_SHARING_EXACT */ permite que una sentencia se evalúe sin sustitución de variables *bind* para los literales, permitiendo al optimizador considerar la evaluación de histogramas en la ejecución de la sentencia.

Habilitado el CURSOR_SHARING a SIMILAR, las ejecuciones sustituyen los literales, pero el uso de la *hint* CURSOR_SHARING_EXACT fuerza a realizar la compilación del código con el literal ID_VUELO= 78476.

```
SQL> show parameters cursor_sharing

NAME                                 TYPE                 VALUE
------------------------------------ -------------------- ------------------------------
cursor_sharing                       string               SIMILAR

SQL> select id_vuelo from vuelos where rownum<5;

  ID_VUELO
----------
     78475
     78476
     78477
     78479


SQL> select * from vuelos where id_vuelo=78476;

  ID_VUELO FECHA_VU DETALLES                                 AER COMP_ TVU CA AER
---------- -------- ---------------------------------------- --- ----- --- -- ---
     78476 30/05/04 VUELO78476                               BON AIREU INT SI BLB


SQL> select * from vuelos where id_vuelo=78475;

  ID_VUELO FECHA_VU DETALLES                                 AER COMP_ TVU CA AER
---------- -------- ---------------------------------------- --- ----- --- -- ---
     78475 12/06/04 VUELO78475                               SVL KLM   INT SI BLB


SQL> select * from vuelos where id_vuelo=78477;

  ID_VUELO FECHA_VU DETALLES                                 AER COMP_ TVU CA AER
---------- -------- ---------------------------------------- --- ----- --- -- ---
     78477 27/05/04 VUELO78477                               LSB AIRNS REG SI BLB


SQL> select /*+CURSOR_SHARING_EXACT */ * from vuelos where id_vuelo=78476;

  ID_VUELO FECHA_VU DETALLES                                 AER COMP_ TVU CA AER
---------- -------- ---------------------------------------- --- ----- --- -- ---
     78476 30/05/04 VUELO78476                               BON AIREU INT SI BLB


SQL> select sql_text from v$sqlarea where sql_text like '%vuelo%';

SQL_TEXT
--------------------------------------------------------------------------------
select /*+CURSOR_SHARING_EXACT */ * from vuelos where id_vuelo=78476
select * from vuelos where id_vuelo=:"SYS_B_0"
select id_vuelo from vuelos where rownum<:"SYS_B_0"
```

/*+DRIVING_SITE (tabla) */

En un entorno distribuido, donde varias bases de datos están conectadas con *database links*, las sentencias se optimizan en el sitio donde se ejecutan. Si una sentencia cruza datos de varias tablas y gran parte del peso de la ejecución está en el sitio remoto, la *hint* DRIVING_SITE fuerza a que la sentencia se resuelva en el sitio donde está ubicada la tabla pasada por parámetro.

```
SQL> explain plan for
  2  select object_name
  3    from objetos o, tablas@remoto t, indices@remoto i
  4   where o.object_name=t.table_name
  5     and t.table_name=i.table_name
  6     and t.owner='ADMINDBA';

Explicado.


SQL> @?/rdbms/admin/utlxpls

PLAN_TABLE_OUTPUT
-----------------------------------------------------------------------------

-----------------------------------------------------------------
| Id  | Operation          | Name     | Rows  | Bytes | Cost |
-----------------------------------------------------------------
|   0 | SELECT STATEMENT   |          |   749 | 55426 |  104 |
|*  1 |  HASH JOIN         |          |   749 | 55426 |  104 |
|*  2 |   HASH JOIN        |          |   424 | 21624 |   56 |
|   3 |    REMOTE          |          |    70 |  2380 |   24 |
|   4 |    REMOTE          |          | 11345 |  188K |   31 |
|   5 |   TABLE ACCESS FULL| OBJETOS  | 34404 |  772K |   47 |
-----------------------------------------------------------------


PLAN_TABLE_OUTPUT
-----------------------------------------------------------------------------

Predicate Information (identified by operation id):
-----------------------------------------------

   1 - access("O"."OBJECT_NAME"="T"."TABLE_NAME")
   2 - access("T"."TABLE_NAME"="I"."TABLE_NAME")

Note: cpu costing is off

19 filas seleccionadas.


SQL> explain plan for
  2  select /*+DRIVING_SITE (t) */ object_name
  3    from objetos o, tablas@remoto t, indices@remoto i
  4   where o.object_name=t.table_name
  5     and t.table_name=i.table_name
  6     and t.owner='ADMINDBA';

Explicado.
```

```
SQL> @?/rdbms/admin/utlxpls

PLAN_TABLE_OUTPUT
--------------------------------------------------------------------------------

--------------------------------------------------------------------------------
| Id  | Operation              | Name     | Rows  | Bytes | Cost |
--------------------------------------------------------------------------------
|   0 | SELECT STATEMENT REMOTE|          |   749 | 74900 |  104 |
|*  1 |  HASH JOIN             |          |   749 | 74900 |  104 |
|*  2 |   HASH JOIN            |          |   424 | 14416 |   56 |
|*  3 |    TABLE ACCESS FULL   | TABLAS   |    70 |  1540 |   24 |
|   4 |    TABLE ACCESS FULL   | INDICES  | 11345 |  132K |   31 |
|   5 |   REMOTE               |          | 34404 | 2217K |   47 |
--------------------------------------------------------------------------------

PLAN_TABLE_OUTPUT
--------------------------------------------------------------------------------

Predicate Information (identified by operation id):
---------------------------------------------------

   1 - access("A3"."OBJECT_NAME"="A2"."TABLE_NAME")
   2 - access("A2"."TABLE_NAME"="A1"."TABLE_NAME")
   3 - filter("A2"."OWNER"='ADMINDBA')

Note: fully remote operation, cpu costing is off
```

/*+DYNAMIC_SAMPLING (tabla | nivel)*/

En el capítulo del optimizador y sus modos se describe el proceso que Oracle sigue cuando no hay estadísticas para un objeto a partir de la versión Oracle 9i, que se resume en obtener una muestra dinámica basada en diez niveles de profundidad, siendo cero no realizar recogida dinámica de estadísticas y diez una recogida de datos tomando todos los bloques de la tabla como muestra.

La *hint* DYNAMIC_SAMPLING define para una sentencia un nivel de muestreo, en caso de que las tablas no tengan estadísticas recopiladas, y en caso de especificar una tabla, que ese muestreo se realice en el nivel definido para esa tabla.

En el siguiente ejemplo, todas las tablas tienen estadísticas recopiladas. Una vez borradas las estadísticas para la tabla RESERVAS y ejecutada la misma sentencia con un nivel de muestreo 4 (64 bloques de datos, para tablas sin analizar, con dos o más columnas en la cláusula WHERE), el optimizador considera la tabla RESERVAS con 174.000 filas.

```
SQL> explain plan for
  2      select vuelos.detalles, clientes.nif, ciudades.cn_ciudad, paises.cn_p
  3      from vuelos, reservas, ciudades, paises, clientes
  4      where vuelos.id_vuelo=reservas.vue_id_vuelo
```

```
   5        and reservas.cli_nif=clientes.nif
   6        and clientes.ciu_id_ciudad=ciudades.id_ciudad
   7        and ciudades.pai_id_pais=paises.id_pais
   8        and ciudades.id_ciudad=14;

Explicado.


SQL> @?/rdbms/admin/utlxpls

PLAN_TABLE_OUTPUT
--------------------------------------------------------------------------------------
Plan hash value: 1582226041
```

Id	Operation	Name	Rows	Bytes	Cost (%CPU)	Time
0	SELECT STATEMENT		5704	389K	482 (2)	00:00:06
* 1	HASH JOIN		5704	389K	482 (2)	00:00:06
* 2	HASH JOIN		5704	300K	344 (2)	00:00:05
3	TABLE ACCESS FULL	CLIENTES	9999	136K	27 (0)	00:00:01
4	MERGE JOIN CARTESIAN		171K	6684K	315 (2)	00:00:04
5	NESTED LOOPS					
6	NESTED LOOPS		1	24	4 (0)	00:00:01
* 7	TABLE ACCESS FULL	CIUDADES	1	14	3 (0)	00:00:01
* 8	INDEX UNIQUE SCAN	PAI_PK	1		0 (0)	00:00:01
9	TABLE ACCESS BY INDEX ROWID	PAISES	1	10	1 (0)	00:00:01
10	BUFFER SORT		171K	2673K	314 (2)	00:00:04
11	TABLE ACCESS FULL	RESERVAS	171K	2673K	311 (2)	00:00:04
12	TABLE ACCESS FULL	VUELOS	57711	901K	137 (1)	00:00:02

```
Predicate Information (identified by operation id):
---------------------------------------------------

   1 - access("VUELOS"."ID_VUELO"="RESERVAS"."VUE_ID_VUELO")
   2 - access("RESERVAS"."CLI_NIF"="CLIENTES"."NIF" AND
             "CLIENTES"."CIU_ID_CIUDAD"="CIUDADES"."ID_CIUDAD")
   7 - filter(TO_NUMBER("CIUDADES"."ID_CIUDAD")=14)
   8 - access("CIUDADES"."PAI_ID_PAIS"="PAISES"."ID_PAIS")

28 filas seleccionadas.


SQL> exec dbms_stats.delete_table_stats('VUELOS','RESERVAS');

Procedimiento PL/SQL terminado correctamente.

SQL> explain plan for
  2     select /*+DYNAMIC_SAMPLING (4) */ vuelos.detalles, clientes.nif,
ciudades.cn_ciudad, paises.cn_p
  3        from vuelos, reservas, ciudades, paises, clientes
  4        where vuelos.id_vuelo=reservas.vue_id_vuelo
  5        and reservas.cli_nif=clientes.nif
  6        and clientes.ciu_id_ciudad=ciudades.id_ciudad
  7        and ciudades.pai_id_pais=paises.id_pais
  8        and ciudades.id_ciudad=14;

Explicado.


SQL> @?/rdbms/admin/utlxpls

PLAN_TABLE_OUTPUT
--------------------------------------------------------------------------------------
Plan hash value: 1582226041
```

```
--------------------------------------------------------------------------------
| Id | Operation                    | Name     | Rows  | Bytes | Cost (%CPU)| Time     |
--------------------------------------------------------------------------------
|  0 | SELECT STATEMENT             |          | 5811  | 419K|  482   (2)| 00:00:06 |
|* 1 |  HASH JOIN                   |          | 5811  | 419K|  482   (2)| 00:00:06 |
|* 2 |   HASH JOIN                  |          | 5811  | 329K|  344   (2)| 00:00:05 |
|  3 |    TABLE ACCESS FULL         | CLIENTES | 9999  | 136K|   27   (0)| 00:00:01 |
|  4 |    MERGE JOIN CARTESIAN      |          | 174K| 7490K|  315   (2)| 00:00:04 |
|  5 |     NESTED LOOPS             |          |       |       |          |          |
|  6 |      NESTED LOOPS            |          |    1  |   24 |    4   (0)| 00:00:01 |
|* 7 |       TABLE ACCESS FULL      | CIUDADES |    1  |   14 |    3   (0)| 00:00:01 |
|* 8 |       INDEX UNIQUE SCAN      | PAI_PK   |    1  |      |    0   (0)| 00:00:01 |
|  9 |      TABLE ACCESS BY INDEX ROWID| PAISES |    1  |   10 |    1   (0)| 00:00:01 |
| 10 |     BUFFER SORT              |          | 174K| 3404K|  314   (2)| 00:00:04 |
| 11 |      TABLE ACCESS FULL       | RESERVAS | 174K| 3404K|  311   (2)| 00:00:04 |
| 12 |   TABLE ACCESS FULL          | VUELOS   | 57711 | 901K|  137   (1)| 00:00:02 |
--------------------------------------------------------------------------------

Predicate Information (identified by operation id):
---------------------------------------------------

   1 - access("VUELOS"."ID_VUELO"="RESERVAS"."VUE_ID_VUELO")
   2 - access("RESERVAS"."CLI_NIF"="CLIENTES"."NIF" AND
           "CLIENTES"."CIU_ID_CIUDAD"="CIUDADES"."ID_CIUDAD")
   7 - filter(TO_NUMBER("CIUDADES"."ID_CIUDAD")=14)
   8 - access("CIUDADES"."PAI_ID_PAIS"="PAISES"."ID_PAIS")

Note
-----
   - dynamic sampling used for this statement (level=4)
```

/*+OPTIMIZER_FEATURES_ENABLE ('version') */

Esta *hint* habilita una serie de funcionalidades basadas en la *release* especificada, de modo que la ejecución de la sentencia se realiza igual que en versiones anteriores. Es una *hint* muy útil para analizar un comportamiento del optimizador distinto durante una migración de versión de base de datos.

Por ejemplo, si una sentencia ofrecía un mejor coste en versión Oracle 10g R1 que una vez migrada a versión Oracle 11g R2, el estudio del plan de ejecución actual y el de las funcionalidades de optimización de la versión 10g podrán mostrar una diferencia en costes y dar una pista de cuál ha sido el motivo de la pérdida de rendimiento o, incluso, dejar la *hint* en esa sentencia en concreto para que se optimice en modo Oracle 10g.

Este parámetro se soporta desde la versión 10.1 y permite adoptar el comportamiento del optimizador de las distintas versiones anteriores de Oracle desde Oracle 8 hasta Oracle 11g R2 (8.0.0 | 8.0.3 | 8.0.4 | 8.0.5 | 8.0.6 | 8.0.7 | 8.1.0 | 8.1.3 | 8.1.4 | 8.1.5 | 8.1.6 | 8.1.7 | 9.0.0 | 9.0.1 | 9.2.0 | 9.2.0.8 | 10.1.0 | 10.1.0.3 | 10.1.0.4 | 10.1.0.5 | 10.2.0.1 | 10.2.0.2 | 10.2.0.3 | 10.2.0.4 | 10.2.0.5 | 11.1.0.6 | 11.1.0.7 | 11.2.0.1 | 11.2.0.2 | 11.2.0.3).

Tomando la siguiente sentencia, las distintas optimizaciones muestran que en Oracle 10g R2 el coste es incluso inferior al de Oracle 11g R2, pero revelan una optimización mucho más ineficiente emulando versiones anteriores como Oracle 9i u Oracle 8i

Con OPTIMIZER_FEATURES_ENABLE por defecto (11.2.0.2)

```
SQL> show parameters optimizer_features_enable

NAME                                 TYPE                               VALUE
------------------------------------ ---------------------------------- ---------
optimizer_features_enable            string                             11.2.0.2

SQL> set autotrace traceonly explain
SQL> SELECT ANYOTRIMESTRE, CN_PAIS PAIS, SUM(IMPORTE) TOTAL
  2  FROM TIEMPO, CLIENTES, CIUDADES, PAISES, RESERVAS
  3  WHERE FECHA_RESERVA=TIEMPO.FECHA
  4  AND PAI_ID_PAIS= ID_PAIS
  5  AND CIU_ID_CIUDAD= ID_CIUDAD
  6  AND CLI_NIF=NIF
  7  GROUP BY ANYOTRIMESTRE, CN_PAIS;

Plan de Ejecución
----------------------------------------------------------
Plan hash value: 3016822881
```

```
---------------------------------------------------------------------------------------------
| Id  | Operation                         | Name            | Rows  | Bytes | Cost (%CPU)| Time     |
---------------------------------------------------------------------------------------------
|   0 | SELECT STATEMENT                  |                 |     7 |   364 |   361   (6)| 00:00:05 |
|   1 |  HASH GROUP BY                    |                 |     7 |   364 |   361   (6)| 00:00:05 |
|   2 |   NESTED LOOPS                    |                 |       |       |            |          |
|   3 |    NESTED LOOPS                   |                 |     7 |   364 |   360   (6)| 00:00:05 |
|   4 |     VIEW                          | VW_GBC_17       |     7 |   210 |   357   (6)| 00:00:05 |
|   5 |      HASH GROUP BY                |                 |     7 |   371 |   357   (6)| 00:00:05 |
|*  6 |       HASH JOIN                   |                 |  176K | 9152K |   346   (3)| 00:00:05 |
|*  7 |        HASH JOIN                  |                 | 10333 |  292K |    33   (7)| 00:00:01 |
|   8 |         MERGE JOIN                |                 |    31 |   465 |     6  (34)| 00:00:01 |
|   9 |          TABLE ACCESS BY INDEX ROWID| PAISES        |     7 |    70 |     2   (0)| 00:00:01 |
|  10 |           INDEX FULL SCAN         | PAI_PK          |     7 |       |     1   (0)| 00:00:01 |
|* 11 |          SORT JOIN                |                 |    30 |   150 |     4  (50)| 00:00:01 |
|  12 |           VIEW                    | index$_join$_003|    30 |   150 |     3  (34)| 00:00:01 |
|* 13 |            HASH JOIN              |                 |       |       |            |          |
|  14 |             INDEX FAST FULL SCAN  | CIU_PAI_FK_I    |    30 |   150 |     1   (0)| 00:00:01 |
|  15 |             INDEX FAST FULL SCAN  | CIU_PK          |    30 |   150 |     1   (0)| 00:00:01 |
|  16 |         TABLE ACCESS FULL         | CLIENTES        |  9999 |  136K |    27   (0)| 00:00:01 |
|  17 |        TABLE ACCESS FULL          | RESERVAS        |  171K | 4010K |   311   (2)| 00:00:04 |
|* 18 |     INDEX UNIQUE SCAN             | PK_TIEMPO       |     1 |       |     0   (0)| 00:00:01 |
|  19 |     TABLE ACCESS BY INDEX ROWID   | TIEMPO          |     1 |    22 |     1   (0)| 00:00:01 |
---------------------------------------------------------------------------------------------
```

```
Predicate Information (identified by operation id):
---------------------------------------------------

   6 - access("CLI_NIF"="NIF")
   7 - access("CIU_ID_CIUDAD"="ID_CIUDAD")
  11 - access("PAI_ID_PAIS"="ID_PAIS")
       filter("PAI_ID_PAIS"="ID_PAIS")
  13 - access(ROWID=ROWID)
  18 - access("ITEM_1"="TIEMPO"."FECHA")

Note
-----
   - dynamic sampling used for this statement (level=2)
```

Con OPTIMIZER_FEATURES_ENABLE (10.1.0)

```
SQL> SELECT /*+ optimizer_features_enable('10.1.0') */ ANYOTRIMESTRE, CN_PAIS PAIS,
SUM(IMPORTE) TOTAL
  2  FROM TIEMPO, CLIENTES, CIUDADES, PAISES, RESERVAS
  3  WHERE FECHA_RESERVA=TIEMPO.FECHA
  4  AND PAI_ID_PAIS= ID_PAIS
  5  AND CIU_ID_CIUDAD= ID_CIUDAD
  6  AND CLI_NIF=NIF
  7  GROUP BY ANYOTRIMESTRE, CN_PAIS;


Plan de Ejecución
----------------------------------------------------------
Plan hash value: 2305475974
```

```
------------------------------------------------------------------------------------------
| Id  | Operation                      | Name        | Rows  | Bytes | Cost (%CPU)| Time     |
------------------------------------------------------------------------------------------
|   0 | SELECT STATEMENT               |             |     7 |   525 |   358   (3)| 00:00:05 |
|   1 |  SORT GROUP BY                 |             |     7 |   525 |   358   (3)| 00:00:05 |
|*  2 |   HASH JOIN                    |             | 45639 | 3342K |   354   (2)| 00:00:05 |
|   3 |    TABLE ACCESS FULL           | TIEMPO      |  2556 | 56232 |     9   (0)| 00:00:01 |
|*  4 |    HASH JOIN                   |             | 45639 | 2362K |   345   (2)| 00:00:05 |
|*  5 |     HASH JOIN                  |             |  2667 | 77343 |    34   (6)| 00:00:01 |
|   6 |      MERGE JOIN                |             |    16 |   240 |     6  (17)| 00:00:01 |
|   7 |       TABLE ACCESS BY INDEX ROWID| CIUDADES  |    30 |   150 |     2   (0)| 00:00:01 |
|   8 |        INDEX FULL SCAN         | CIU_PAI_FK_I|    30 |       |     1   (0)| 00:00:01 |
|*  9 |       SORT JOIN                |             |     7 |    70 |     4  (25)| 00:00:01 |
|  10 |        TABLE ACCESS FULL       | PAISES      |     7 |    70 |     3   (0)| 00:00:01 |
|  11 |      TABLE ACCESS FULL         | CLIENTES    |  9999 |  136K |    27   (0)| 00:00:01 |
|  12 |     TABLE ACCESS FULL          | RESERVAS    |  171K | 4010K |   309   (1)| 00:00:04 |
------------------------------------------------------------------------------------------
```

```
Predicate Information (identified by operation id):
---------------------------------------------------

   2 - access("FECHA_RESERVA"="TIEMPO"."FECHA")
   4 - access("CLI_NIF"="NIF")
   5 - access("CIU_ID_CIUDAD"="ID_CIUDAD")
   9 - access("PAI_ID_PAIS"="ID_PAIS")
       filter("PAI_ID_PAIS"="ID_PAIS")

Note
-----
   - dynamic sampling used for this statement (level=2)
```

Con OPTIMIZER_FEATURES_ENABLE (9.2.0.8)

Aunque el muestreo automático con *dynamic sampling* aparece en la versión Oracle 9i R2, el plan de ejecución se muestra como en la versión 9.2.0.8 y no informa del nivel de muestreo aplicado a la consulta, además de notificar que no hay información a nivel de costes relativos al uso de CPU.

```
SQL> SELECT /*+ optimizer_features_enable('9.2.0.8') */ ANYOTRIMESTRE, CN_PAIS PAIS, SUM(IMPORTE) TOTAL
  2    FROM TIEMPO, CLIENTES, CIUDADES, PAISES, RESERVAS
  3    WHERE FECHA_RESERVA=TIEMPO.FECHA
  4    AND PAI_ID_PAIS= ID_PAIS
  5    AND CIU_ID_CIUDAD= ID_CIUDAD
  6    AND CLI_NIF=NIF
  7    GROUP BY ANYOTRIMESTRE, CN_PAIS;
```

Optimización SQL en Oracle

```
Plan de Ejecución
------------------------------------------------------------
Plan hash value: 350916904

------------------------------------------------------------------
| Id  | Operation           | Name     | Rows  | Bytes | Cost |
------------------------------------------------------------------
|   0 | SELECT STATEMENT    |          |     7 |   525 |  527 |
|   1 |  SORT GROUP BY      |          |     7 |   525 |  527 |
|*  2 |   HASH JOIN         |          | 45639 | 3342K|  218 |
|   3 |    TABLE ACCESS FULL| TIEMPO   |  2288 | 50336 |    6 |
|*  4 |    HASH JOIN        |          | 45639 | 2362K|  207 |
|*  5 |     HASH JOIN       |          |  2667 | 77343 |   22 |
|*  6 |      HASH JOIN      |          |    16 |   240 |    5 |
|   7 |       TABLE ACCESS FULL| CIUDADES |  30 |   150 |    2 |
|   8 |       TABLE ACCESS FULL| PAISES  |     7 |    70 |    2 |
|   9 |      TABLE ACCESS FULL | CLIENTES| 9999 |  136K|   16 |
|  10 |     TABLE ACCESS FULL | RESERVAS | 171K| 4010K|  173 |
------------------------------------------------------------------

Predicate Information (identified by operation id):
---------------------------------------------------

   2 - access("FECHA_RESERVA"="TIEMPO"."FECHA")
   4 - access("CLI_NIF"="NIF")
   5 - access("CIU_ID_CIUDAD"="ID_CIUDAD")
   6 - access("PAI_ID_PAIS"="ID_PAIS")

Note
-----
   - cpu costing is off (consider enabling it)
```

Con OPTIMIZER_FEATURES_ENABLE (8.1.7)

En esta versión no existía el muestreo dinámico, y el plan de ejecución resuelve un coste mucho más elevado que en versiones posteriores.

```
SQL> SELECT /*+ optimizer_features_enable('8.1.7') */ ANYOTRIMESTRE, CN_PAIS PAIS, SUM(IMPORTE) TOTAL
  2    FROM TIEMPO, CLIENTES, CIUDADES, PAISES, RESERVAS
  3   WHERE FECHA_RESERVA=TIEMPO.FECHA
  4     AND PAI_ID_PAIS= ID_PAIS
  5     AND CIU_ID_CIUDAD= ID_CIUDAD
  6     AND CLI_NIF=NIF
  7   GROUP BY ANYOTRIMESTRE, CN_PAIS;

Plan de Ejecución
------------------------------------------------------------
Plan hash value: 3953105853

-----------------------------------------------------------------------------------
| Id  | Operation                    | Name        | Rows  | Bytes |TempSpc| Cost  |
-----------------------------------------------------------------------------------
|   0 | SELECT STATEMENT             |             |     7 |   525 |       | 66478 |
|   1 |  SORT GROUP BY               |             |     7 |   525 |  84M| 66478 |
|   2 |   NESTED LOOPS               |             | 1044K|   74M|       | 53660 |
|   3 |    NESTED LOOPS              |             | 45640 | 2362K|       |  8020 |
|*  4 |     HASH JOIN                |             |  2667 | 77343 |       |    19 |
|*  5 |      HASH JOIN               |             |    16 |   240 |       |     3 |
|   6 |       TABLE ACCESS FULL      | PAISES      |     7 |    70 |       |     1 |
|   7 |       TABLE ACCESS FULL      | CIUDADES    |    30 |   150 |       |     1 |
|   8 |      TABLE ACCESS FULL       | CLIENTES    |  9999 |  136K|       |    15 |
|   9 |     TABLE ACCESS BY INDEX ROWID| RESERVAS  |    17 |   408 |       |     3 |
|* 10 |      INDEX RANGE SCAN        | RES_CLI_FK_I |   17 |       |       |     2 |
|  11 |    TABLE ACCESS BY INDEX ROWID | TIEMPO    |    23 |   506 |       |     1 |
|* 12 |     INDEX UNIQUE SCAN        | PK_TIEMPO   |     1 |       |       |       |
-----------------------------------------------------------------------------------
```

```
Predicate Information (identified by operation id):
---------------------------------------------------

   4 - access("CIU_ID_CIUDAD"="ID_CIUDAD")
   5 - access("PAI_ID_PAIS"="ID_PAIS")
  10 - access("CLI_NIF"="NIF")
  12 - access("FECHA_RESERVA"="TIEMPO"."FECHA")

Note
-----
   - cpu costing is off (consider enabling it)
```

Agradecimientos

A Arturo Gutiérrez y a Jetro Marco, por su revisión y su confianza en este proyecto desde el principio. Pese a lo apretado de sus agendas, sacaron tiempo para aportar al documento original una visión crítica y constructiva de todo lo que necesitaba ser aplicado, explicado, ilustrado y de todo lo que era necesario contar y que se había omitido inicialmente. Gracias a ellos, el borrador inicial de 300 páginas creció hasta llegar a más de 400. Contar con ellos ha sido un placer y un lujo para mí.

A Raquel García Rojas, por su corrección ortográfica y de estilo tan rigurosa. Gracias a su lectura minuciosa, palabra por palabra, incluso de los aspectos más técnicos del libro. Sin ella muchas partes no se hubieran comprendido del todo bien por estar escritas en esta jerga nuestra de administrador.

A Rafa Cuchillo, por su diseño gráfico y por la ilusión que ha puesto en este proyecto. Gracias por acertar tanto en el gusto por el diseño de la composición visual y por las mejoras en las imágenes del interior.

A mi mujer, mi socia, mi aliada, Myriam, por vivir, comprender y compartir mi ilusión durante todo el proceso de elaboración de este libro, desde los primeros esbozos, los borradores, las revisiones y las muchas horas que ha compartido mi dedicación. Gracias a ella el libro se ha cocinado a fuego lento, porque me ha animado a rehacer las partes que no me satisfacían, a alejarme del concepto de libro técnico de las editoriales para concebir el libro a mi manera, a contar lo que considero que debía ser contado, y como debía ser contado, y a disfrutar del camino de escribir estas páginas sin presiones por la fecha de publicación.

A mis padres, Juan y Eulalia, por apoyarme en mi locura de estudiar lo que me gusta y poder dedicarme hoy en día a ello, por confiar en mis proyectos y por sufrirlos.

A mis tres hijos: Teo, Jordi y Gael, por inyectarme ilusión y emoción todos los días con sus sonrisas y su amor infinito.

Gracias.

Biblioteca recomendada y referencias

- Kimball R, Ross M. The Data Warehouse Toolkit. 2ª ed. Nueva York: John Wiley & Sons; 2002.

- Kyte T. Ask Tom Oracle. [En línea] disponible en: http://asktom.oracle.com

- Kyte T. Effective Oracle by Design. Columbus: McGraw-Hill; 2003.

- Kyte T. Expert Database Architecture. 2ª ed. Nueva York: APress Media; 2010.

- Kyte T. Expert One on Onc. Nucva York: APrcss Mcdia; 2005.

- Kyte T. "On Dynamic Sampling". Oracle Magazine, enero 2009. [En línea] disponible en: http://www.oracle.com/technetwork/issue-archive/2009/09-jan/019asktom-086775.html

- Lewis J. Oracle Core: Essential Internals for DBAs and Developers. Nueva York: APress Media; 2011.

- Lewis J. Oracle Scratchpad. [En línea] disponible en: http://jonathanlewis.wordpress.com

- Lewis J. Practical Oracle 8i. Boston: Addison-Wesley; 2000.

- Morales J. El blogoracle de Javier Morales. [En línea] disponible en: http://oraclexperto.blogspot.com

ORACLE DATABASE DOCUMENTATION LIBRARY

Documentación disponible en línea:
http://www.oracle.com/technetwork/indexes/documentation

- Oracle Database Administrator's Guide.
- Oracle Database Concepts.
- Oracle Database Data Warehousing Guide.
- Oracle Database Performance Tuning.
- Oracle Database PL/SQL Packages and Types Reference.
- Oracle Database PL/SQL Reference.
- Oracle Database SQL Reference.

Índice de ilustraciones

Índice analítico

www.ingramcontent.com/pod-product-compliance
Lightning Source LLC
Chambersburg PA
CBHW080547060326
40689CB00021B/4776

www.ingramcontent.com/pod-product-compliance
Lightning Source LLC
Chambersburg PA
CBHW080547060326
40689CB00021B/4776